全体性と無限

エマニュエル・レヴィナス
藤岡俊博 訳

講

目次

全体性と無限

序 …… 15

第I部 〈同〉と〈他〉

A 形而上学と超越 …… 39
1 不可視のものへの欲望 39
2 全体性の断絶 43
3 超越は否定性ではない 53
4 形而上学は存在論に先行する 56
5 〈無限〉の観念としての超越 67

B 分離と言説 …… 81
1 無神論あるいは意志 81
2 真 理 94
3 言 説 102
4 レトリックと不正 113

5 言説と倫理 117
6 〈形而上学的なもの〉と《人間的なもの》 126
7 対 面——還元不可能な関係 130

C 真理と正義 …… 141
1 問いただされる自由 141
2 自由の任命あるいは批判 146
3 真理は正義を前提とする 155
a) 光景の無始原——悪い霊 156
b) 表出は原理である 159
c) コギトと〈他人〉 160
d) 客観性と言語 162
e) 言語と注意 171
f) 言語と正義 174

D 分離と絶対者 …… 179

第Ⅱ部　内奥性と家政

A　生としての分離……189
1　志向性と社会的関係　189
2　《……によって生きること》（享受）。成就の概念　191
3　享受と自存性　199
4　欲求と身体性　201
5　〈自我〉の自己性としての情動性　205
6　享受の自我は生物学的なものでも社会学的なものでもない　209
B　享受と表象……214
1　表象と構成　216
2　享受と糧　224
3　元基と事物、用具的存在　229
4　感　性　237
5　元基の神話的形式　247

C　自我と依存……252
1　喜びとその翌日　252
2　生への愛　255
3　享受と分離　260
D　住　居……268
1　居　住　268
2　居住と《女性的なもの》　272
3　〈家〉と所有　275
4　所有と労働　278
5　労働、身体、意識　287
6　表象の自由と贈与行為　296
E　現象の世界と表出……310
1　分離は家政である　310
2　所産と表出　314

3 現象と存在 319

第Ⅲ部 顔と外部性

A 顔と感性……329
B 顔と倫理……342
1 顔と無限 343
2 顔と倫理 350
3 顔と理性 356
4 言説が意義を創設する 362
5 言語と客観性 370
6 〈他人〉と〈他者たち〉 376
7 相互人格的なものがもつ非対称性 381
8 意志と理性 384
C 倫理的関係と時間……392

1　多元的様態と主観性　392
2　交易、歴史的関係、顔　404
3　意志と死　416
4　意志と時間――忍耐　424
5　意欲の真理　431

第Ⅳ部　顔の彼方へ

A　愛の曖昧さ……456
B　エロスの現象学……459
C　繁殖性……480
D　エロスにおける主体性……487
E　超越と繁殖性……494
F　子であることと兄弟関係……501
G　時間の無限……506

結論

1 《似たもの》から〈同じもの〉へ 517
2 存在とは外部性である 518
3 有限と無限 522
4 創造 524
5 外部性と言語 526
6 表出と像 531
7 〈中性的なもの〉の哲学にあらがって 534
8 主体性 536
9 主体性の維持、内奥的生の現実と国家の現実、主体性の意味 537
10 存在の彼方へ 540
11 任命された自由 541
12 善性としての存在―〈自我〉―多元的様態―〈平和〉 545

訳者解説……………………………… 553

異同表 584

凡例

・本書は、Emmanuel Lévinas, *Totalité et infini: essai sur l'extériorité*, La Haye: Martinus Nijhoff, 1961 の全訳である。原書の版の詳細については、巻末「訳者解説」を参照されたい。なお、現在、最も入手しやすい「ポッシュ版」は、Emmanuel Lévinas, *Totalité et infini: essai sur l'extériorité*, Paris: Librairie Générale Française (Le livre de poche), 1990 である。

・訳文中で用いた記号類については、以下のとおりである。

（　）　原文における（　）
「　」　原文における « »
〈　〉　原文において冒頭を大文字にして強調している語句
［　］　原文における補足
《　》　術語として用いられている語句
〔　〕　訳者による補足・注記
傍点　原文におけるイタリック体（フランス語以外の語句がイタリック体になっている箇所は除く）

・原注は（1）、（2）の形で「部」ごとの通し番号とし、当該段落の直後に配置した。また、訳注は＊1、＊2の形で「章」（A、B、Cなど）ごとの通し番号とし、注本文は各章の末尾に置いた。

・訳注で触れたドイツ語訳と英語訳は、以下のとおりである。

ドイツ語訳：*Totalität und Unendlichkeit: Versuch über die Exteriorität*, übersetzt von Wolfgang Nikolaus Krewani, Freiburg / München: Karl Alber, 1987; 5. Aufl., 2014.

英語訳：*Totality and Infinity: An Essay on Exteriority*, translated by Alphonso Lingis, Pittsburgh: Duquesne University Press, 1969.

・聖書からの引用は、新共同訳に拠る。

全体性と無限

外部性についての試論

序

道徳《モラル》に欺《あざむ》かれていないかどうかを知るのがきわめて重要だということには、たやすく同意が得られるだろう。

明晰さ――精神が真なるものに開かれていること――とは、戦争のたえざる可能性を見てとることにあるのではないか。戦争状態は道徳を宙吊りにする。戦争状態は、いつの世も変わらず永遠だとされた制度や義務から永遠性を剝ぎとり、それによって無条件的な命法をすべて一時的に無効にする。戦争状態は、人間の行為にあらかじめ影を落とす。戦争は単に道徳が生きる糧《かて》にする試練の一つに――最大の試練として――数えられるだけではない。戦争は道徳を笑いの種にしてしまうのだ。万策を講じて戦争を予見し、戦争に勝利するための技法――つまりは政治――が、それゆえ理性の行使そのものとして重きをなすに至る。政治は、哲学が素朴さと対立するのと同じような仕方で、道徳と対立するのである。

存在が哲学的思考にとって戦争として啓示されるということ、そして戦争は単に最も明白な事実としてではなく、現実的なものの明白さそのものとして――あるいは、その真理として――哲学的思考を蝕《むしば》むということは、ヘラクレイトスの謎めいた断片[*1]を持ち出して証明するまでもない。戦争において、現実はみずからを覆い隠す言葉や像《イマージュ》を破り捨て、剝き出しで苛酷なものとして、のしかかってくる。苛酷な現実（冗語法のように響くではないか！）、事物の苛酷な教えである戦争は、幻想の飾り布を焼き尽くす[2]閃光を放つ、まさにその瞬間に、純粋な存在の純粋な経験として生起する。この暗い輝きのなかで輪郭を表す存在論的出来事とは、なんびとも逃れられないある客観的秩序によって、そのときまで各自の自己同一性に堅固に碇を下ろしていた諸存在が動き始め、《縛られず孤絶した者たち[3]》〔des absolus〕が動員されることである。いわゆる実力行使《エプルーヴ》〔＝力試し、力による決着〕とは、現実的なものの試練《エプルーヴ》のことだ。とはいえ、暴力とは負傷させ、殲滅することであるよりも、むしろ人々〔＝人格〕の連続性を中断し、もはや自分とは思えないような役割を彼らに演じさせ、約束だけでなく固有の実質をも裏切らせ、行為のそもそもの可能性を破壊に導くような行為を実行させることである。近代戦に限らず、どんな戦争もすでに、携える者自身に向かって牙を剝くような武器を用いている。戦争は、なんびともそこから距離をとることのできない秩序を創設する。だから、外部にあるものはなにもない。戦争は外部性を現出させるわけでも、他なるもの[4]を他なるものとして現出させるわけでもない。戦争は、〈同〉〔le Même〕の自己同一性を破壊するのだ。

　戦争において存在が示す面貌は、西洋哲学を支配する全体性の概念として捉えられる。全体性のなかでは、個体は、知らずに自分に命令を下してくる諸力の担い手に還元されてしまう。個体は、この全体性からみずからの意味[5]を（この全体性の外側では見えないような意味を）借り受ける。それぞれの現在がもつ唯一性は、その客観的意味を解き放つべく呼び求められる未来のために、たえず犠牲に捧げられる。なぜなら、究極的な意味だけが重要であり、最後の行為だけが諸存在をそれら自身に変容させるからである。それらがいま存在している姿は、のちに叙事詩のなかでまとうことになる、すでに成型された形態と同じなのだ。

道徳意識が政治人の冷笑的な眼差しに耐えうるのは[*6]、ただ平和への確信が戦争の明証性を支配する場合に限られる。かかる確信は、単なる対立者どうしの戯れからは得られない。戦争の結果として誕生した帝国間の平和は戦争にもとづいているからだ。そのような平和が、疎外された諸存在に失われた自己同一性を取り戻させることはない。そのためには存在との本源的《オリジネル》かつ独特《オリジナル》な関係が必要である。

歴史的には道徳は政治に対立するのだろうし、メシア的平和の終末論が戦争の存在論を上書きするに至ったときには、道徳は賢明さの働きや美しきものの規範の枠をはみ出て、自分こそが無条件的で普遍的であると自任することになるのだろう。だが、哲学者たちは終末論を信用しない。たしかに、彼らもまた平和を告知するために終末論の恩恵に浴する。彼らはかつて起こった戦争、いまも起こっている戦争のただなかで好きに働く理性から最終的な平和を演繹する。つまり、彼らは政治を道徳の基礎にするのである。しかし、彼らにとって、主観的で恣意的な未来の予見であり、明証性を欠いた啓示の産物であり、信仰の付随物である終末論は、至極当然のこととして〈臆見《オピニオン》〉に属するものである。

しかしながら、預言的終末論という並外れた現象は、哲学的明証性と同化することで思考における市民権を得たいなどとは断じて思っていない。なるほど、宗教や、神学においてさえ、終末論は託宣のように哲学的明証性を「補完する」ように見える。終末論の信念的推測は明証性よりも確実でありたいと欲する。あたかも終末論は、存在の究極目的を啓示することで、未来についての解明を明証性に付け加えるかのようである。しかし、明証性に還元されてしまうと、終末論はすでに、戦争に由来する全体性の存在論を受け入れたことになってしまう。終末論の真の射程は別のところにあるのだ。終末論はなんらかの目的論的体系を全体性に導入するのではないし、歴史の方向性を教えることに存するわけでもない。終末論は、全体性を超えた、あるいは歴史を超えた存在と関係づけるのであって、過去と現在を超えた存在と関係づけるのではない。かといって、全体性を取り囲むような空虚、望むものがそこにあると恣意的に信じることができ、それゆえ風のように自由な主体性の権利を増進しうるような空虚と関係づけるわけでもない。終末論とは、つねに全体性の外部にある剰余との関係である。あたかも客観的全体性によっては存在の真の広がりは埋め尽くされないかのようであり、それとは別の概念――無限の概念――が、全体性に対するこの超越、全体性には包含されえず、全体性と同じく本源的なこの超越を表現しなければならないかのようなのだ。

とはいえ、全体性と客観的経験のこの「彼方」は、単に否定的な仕方で記述されるわけではない。この「彼方」は、全体性および歴史の内部に、経験の内部に映し出されている。終末論的なものは、歴史の「彼方」としての資格にもとづき、諸存在を歴史と未来がもつ裁判権から引き離す――終末論的なものは諸存在を各自の十全な責任へと呼び起こし、責任を果たすように呼び求めるのである。歴史全体を裁きに従わせ、しかも、歴史の終わりをしるしづける数々の戦争に対してさえ外部的である終末論的なものは、おのおのの瞬間にその十全な意義[*7]〔signification〕を、その瞬間そのもののうちで取り戻させる。論議はすべて尽くされ、結審のときを迎えているのだ。重要なのは最後の裁きではなく、時間内のあらゆる瞬間での裁きであり、そこでは生者が裁かれる。終末論的な裁きの観念が含意するのは（ヘーゲルが誤って裁きの合理化を見た歴史の裁き[*8]とは反対に）、諸存在は永遠よりも「まえに」、歴史の完成よりもまえに、時が終わるよりもまえに、なおも時間が残っているうちに自己同一性を手にしているということ、諸存在は関係し合って実存しているが、それは自己にもとづいてであって全体性にもとづいてではないということである。歴史から溢れ出る存在という観念によって、存在に巻きこまれていると同時に人格的で、自分の訴訟に応じるべく呼ばれており、それゆえすでに成人であるような存在者たち〔*étant's*〕が可能となる。しかも、だからこそ彼らは、歴史の無名の発話《パロール》に唇を貸すのではなく、自分で話すことができる存在者なのである。平和は、こうした発話の能力として生起する。終末論的視覚は、発話がなされることのない戦争や帝国からなる全体性を打ち破る。終末論的視覚は、全体性として理解された存在内での歴史の終わりを目指すわけではない――そうではなく、全体性を乗り越えるような存在の無限と関係づけるのである。終末論は、その最初の「視覚」からすでに（それゆえ、これは実定宗教の啓示された臆見から区別される）、終末論の可能性そのものに、言い換えれば全体性の断絶に、文脈なき意義の可能性に到達する。道徳の経験は、この視覚から生じるのではない――道徳の経験が、この視覚を完遂するのである。倫理《エテイク》とは一つの光学《オプティク》〔＝物の見方〕なのだ。しかし、それは像《イマージュ》なき「視覚」、視覚がもつ全体的に俯瞰し、対象化する力を欠いた「視覚」であり、関係もしくは志向性である。ただし、志向性といっても、まったく別の型の志向性であって、それこそがまさに本書が記述しようと試みるものである。

〈存在〉との関係は、明証性の自然な場である表象のうちでしか生起しないのだろうか。戦争によってその苛酷さと普遍的潜勢力が明らかになる客観性は、〈存在〉が像や夢や主観的抽象物から区別されて意識にのしかかる際の唯一の形態、本源的な形態をもたらすのだろうか。対象の統握は、真理との紐帯が結び合わされる骨組みそのものに等しいのだろうか。これらの問いに、本書は否と答える。平和には、終末論しかありえない。とはいえ、それは客観的に肯定される平和は知によって知られるのではなく信仰によって信じられる、という意味ではない。このことが意味するのは、なによりもまず、平和は戦争が発見する〔＝覆いを剝がす〕客観的歴史のうちに収まることはない、ということだ。この戦争の終わりとしてであれ、歴史の終わりとしてであれ。

しかし、戦争の経験は、道徳に反駁するのと同じように、終末論にも反駁するのではないか。私たちは全体性の反駁不可能な明証性を認めることから始めたのではなかったか。

実を言うと、終末論が平和を戦争に対立させてからこのかた、戦争の明証性は本質的に偽善的な文明のうちで、言い換えれば、そのときから敵対し合うものと化した〈真〉と〈善〉

に同時に結びついた文明のうちで維持されている。もしかすると、偽善のうちに、人間に偶然そなわる卑しい欠陥だけでなく、哲学者と預言者に同時に結びついた世界の根深い断裂をも認めるべきときかもしれない。

しかし、哲学者にとって、戦争と全体性の経験は、経験および明証性そのものと一致するのではないか。そして、哲学それ自体も、結局、明証性を始点として生きる試み、隣人たちの臆見および自分自身の主観性の錯覚や空想に逆らって生きる試みとして定義されるのではないか。平和の終末論は、こうした経験の外部にある以上、臆見や主観的な錯覚で生きているのではないか。ただし、哲学的明証性がもはや「全体性」という言葉では語られえない状況に独力で向かわせるのであれば別である。また、哲学的な知が始まる場である非‐知が、無そのものではなく、単に対象の無と一致するのであれば別である。哲学のかわりに終末論を置くのでも、諸々の終末論的な「真理」を哲学的に「証明する」のでもなく――全体性の経験から出発して、全体性が破られるような状況にさかのぼることは可能である。実は、この状況の方が全体性それ自体を条件づけるのである。そうした状況とは、他人[*9]〔autrui〕の顔における外部性の、あるいは超越の輝きである。厳密に展開するなら、この超越の概念は、無限《アンフィニ》という言葉で表現される。無限のこの啓示はいかなる教義的内実の受諾にも導くことはないし、無限の観念の超越論的真理の名において教義的内実の哲学的合理性を主張するのは誤りだろう。というのも、先ほど記述した客観的確実性の手前にさかのぼり、そこにとどまる仕方は、超越論的方法と呼ぶのが通例となっているものに近いからだ。もっとも、この概念のなかに、超越論的観念論のさまざまな技術的手続きまで含み入れる必要はないのだが。

精神にとって暴力とは自分に不適合な存在を迎え入れることだが、だとすれば暴力は、みずからの真理を明証性において統御する哲学の導き手である自律の理想と矛盾をきたすのだろうか。しかし、無限との関係——デカルトが〈無限〉の観念と呼ぶもの[*10]——は、臆見とはまったく別の意味で、思考から溢れ出てしまう。臆見は、思考に触れられると風のように消え去ってしまうか、すでにこの思考に内在していたことが判明するものである。無限の観念においては、つねに思考の外部にあり続けるものが思考される。無限の観念は、あらゆる臆見の条件であるとともに、あらゆる客観的真理の条件でもある。無限の観念とは、自分自身で発見するものと臆見から受けとるものとの区別に委ねられる以前の精神である。

たしかに、無限との関わりは、経験という言葉では語られえない——無限はそれを思考する思考から溢れ出るからである。まさにこの溢出において無限の無限化そのものが生起するのであり、だからこそ無限との関係は、客観的経験という言葉とは別の言葉で語らなければならないのである。しかし、経験というものが、まさに絶対的に他なるものとの関係を——言い換えれば、思考からたえず溢れ出るものとの関係を——意味するとすれば、無限との関係は経験の最たるものを成し遂げることになる。

最後に、終末論的視覚は、みずからの個人的なエゴイズムや、さらにはみずからの救済を考慮しておこなう人格の抗議を全体性の経験に対置するわけではない。このような自我[*11]

〔moi〕の純粋な主観主義にもとづく道徳の表明は——戦争や、戦争があらわにする全体性や、諸々の客観的必然性によって反駁されてしまう。私たちは、戦争の客観主義に、終末論的視覚に由来する主体性を対置する。無限の観念は歴史の裁きから主体性を解放し、この主体性が、いかなる瞬間においても裁きのために熟しており、そして——のちに示すように(1)——主体性ぬきには不可能なこの裁きに参加すべく、いわば呼び求められていることを宣言する。戦争の苛酷な法が砕け散るのは、無限に——客観性よりも客観的な無限に——衝突することによってであり、存在から切断された無力な主観主義に衝突することによってではないのである。

(1)　本書四三一頁以下を参照。

個別の諸存在は、彼らの外部性が消え去ってしまうような、ある〈全体〉のうちで自分の真理を打ち明けるのだろうか。それとも反対に、存在の究極的な出来事は、この外部性のまったき輝きのなかで演じられるのだろうか——私たちの出発点だった問いは、このことに帰着する。

したがって、本書は主体性の擁護をもって任じるものである。だが、本書は主体性を、全体性に対抗する純粋にエゴイスト的な抵抗の次元でも、死をまえにした不安においてでもなく、無限の観念に基礎をもつものとして捉えることになる。

本書は、全体性の観念と無限の観念を区別したうえで、無限の観念の哲学的優位を主張しながら進むことになる。本書は、無限が〈同〉と〈他〉の関係のなかでどのように生起するのか、乗り越え不可能な個別のものと人格的なものとが、無限のこの生起が演じられる領野そのものを、どのようにいわば磁化するのかを語っていく。生　起《プロデュクシオン》という言葉は、存在の実効化（出来事が「起こる《ス・プロデュイ》」、自動車が「生産される《ス・プロデュイ》」）を指すと同時に、存在の照明ないし呈示（論拠が「提示される《ス・プロデュイ》」、俳優が「登場する《ス・プロデュイ》」）を指す。この動詞の曖昧さは、ある存在体《アンテイテ》の存在が力を発揮すると同時にみずからを啓示するという操作の本質的な曖昧さを言い表している。

無限の観念は、制限を与えてくるものと自分の外部でまったく出会うことがない存在体、あらゆる制限から溢れ出し、それゆえ無限であるような存在体を映し出すために主体性がたまたまつくりあげる概念ではない。無限な存在体の生起は無限の観念から分離されえない。なぜなら、まさに無限の観念とそれが観念である当の無限との不均衡においてこそ――限界のこの乗り越えが生起するからである。無限の観念は、無限の存在様式――すなわち無限の無限化である。無限がまず存在し、そのあとでみずからを啓示するわけではない。無限の無限化は、啓示として、その観念が私〔*moi*〕のうちに埋めこまれることとして生起する。自分の自己同一性に固定され、分離した存在、すなわち〈同〉、〈自我〉が、自己同一性の力だけでは内包も受容もできないものを、それでも自分のなかに内包するという、およそ途方もない事実のうちで、無限の無限化は生起する。主体性は、こうした不可能な要請を実現する。すなわち、内包しうるよりも多くを内包するという驚くべき事実を、である。本書は、主体性を、〈他人〉を迎え入れるものとして、歓待性〔hospitalité〕として提示していく。無限の観念は歓待性において完遂されるのである。志向性において思考は対象との合致であり続けるから、志向性によっては意識はその根底的次元では定義されない。志向性としてのあらゆる知は、すでに無限の観念を、すなわち非合致の最たるものを前提としている。

自分の収容能力よりも多くを内包することは、存在の全体を思考によって抱握ないし包含すること、あるいは少なくとも、存在の全体を構成的思考の内部の戯れによって事後的に解明しうることを意味するわけではない。自分の収容能力よりも多くを内包すること――それは思考された内容の枠組みをたえず破砕させること、内在性の障壁をまたぎ越すことである。しかも、存在へのこの下降が、あらためて下降の概念に還元されることはないのである。ある哲学者たちは、現実的なものへのこの下降を、現実態《アクト》〔＝行為〕の概念（あるいは、それを可能にする受肉の概念）によって表現しようと努めてきた。その場合、純粋な知として解釈される思考の概念が、現実的なものを光の戯れとして維持することになるだろう。思考の現実態――現実態としての思考――が、現実態を思考する思考、もしくは現実態を意識化する思考に先立つとされる。現実態の概念には、本質的に暴力が含まれる。これは思考の超越には欠けている他動性の暴力である。思考は、あらゆる冒険を経ても、なお自分自身に閉じこめられている。思考の冒険は、結局のところ、純粋に想像上のものか、あるいはオデュッセウスが踏破したような、わが家に戻るための冒険だからである。現実態のうちで本質的な暴力として発生するのは、存在を内包せんと申し立てる思考に対して当の存在が有する剰余、無限の観念の驚異である。したがって、意識の受肉が理解されうるのは、合致を超えて、《観念されたもの》による観念の溢出——すなわち無限の観念——が意識を揺り動かす場合に限られる。無限の観念は、無限の表象ではなく、活動性《アクティヴィテ》そのものを支えている。活動性が対置される観想的思考、知、批判は、この同一の基礎を有している。かたや無限の表象と化すことのない無限の観念こそが、活動性と観想に共通の源泉なのである。

したがって、意識とは、表象を介して存在と同等になることでも、存在と表象とのこの合致が探し求められる十全な光に向かうことでもなく、この光の戯れ——この現象学——から溢れ出ることであり、その究極的な意義が——ハイデガーが考えるのとは反対に——暴露する〔*dévoiler*（＝幕を剥ぐ）〕ことに帰着しないような諸々の出来事を成し遂げることである。たしかに哲学はこうした出来事の意義を発見する〔dé-couvre（＝覆いを‐剥がす）〕が、これらの出来事が生起するとき、発見（もしくは真理）[*12]がそれらの運命であるわけではない。先行するいかなる発見も、本質的に夜のものであるこれらの出来事の生起を照らし出すことはない。あるいは、顔の迎え入れ、および正義の働き《ウーヴル》[*13]——これらは真理そのものが誕生するための条件である——が暴露として解釈されうることもない。現象学とは一つの哲学的方法であるが、現象学——つまり、光のもとに置くことによる了解——が存在それ自体の究極的な出来事を構成するわけではない。〈同〉と〈他〉の関係は、つねに〈同〉による〈他〉の認識に帰着するわけではないし、暴露とはすでに根本的に異なるとはいえ、〈同〉に対する〈他〉の啓示にさえ帰着するわけではない。[2]

（2） 本書の終わりで、私たちが顔の彼方に位置づける諸関係を論じる際に出会う諸々の出来事は、ノエマを思念するノエシスとしても、企図を実現する能動的介入としても、そしてもちろん質量のうちに流入する物理的諸力としても記述されえない。ここで問題となる存在内の接続状態《コンジョンクテュール》にもしかすると最もふさわしいのは、ニーチェ〔Friedrich Nietzsche〕が『ヴァーグナーの場合〔*Cas Wagner*〕』の末尾で使用したいと考えていた意味での劇〔drame〕という言葉かもしれない。そこでニーチェは、この語がいつも誤って行為《アクシオン》と翻訳されてきたことを嘆いている。しかし、この語から生じる両義性ゆえに、私たちはこの言葉を用いるのを断念する（『ヴァーグナーの場合』第九節。「ドラマ（戯曲）〔Drama〕という言葉がつねに「筋〔Handlung〕」と訳されてきたのは、美学にとって真の不幸であった。〔…〕古代のドラマは大きなパトス的場面を念頭にしていた〔…〕。ドラマという言葉はドリス語源のもので、しかもドリス語の慣用法にしたがえばそれは、「事件〔Ereignis〕」、「物語〔Geschichte〕」を意味するが、この両語とも司祭的意味においてである。最古のドラマが描きだしたのは、祭祀の基礎となっている土地の伝説、「神聖な物語」である（――それゆえ行為〔Tun〕ではなくて、出来事〔Geschehen〕である。すなわち、δρᾶν はドリス語においては「行為する」の意味では全然ない）」（「ヴァーグナーの場合」、『偶像の黄昏　反キリスト者』原佑訳、『ニーチェ全集』第一四巻、筑摩書房（ちくま学芸文庫）、一九九四年、三一八頁））。

フランツ・ローゼンツヴァイク*14の『救済の星』における全体性の観念への異議申し立てに私たちは強い感銘を受けており、同書は引用するにはあまりにも頻繁に本書のなかに姿を見せている。しかし、本書で用いられた諸概念の提示とその展開は、すべてを現象学的方法に負っている。志向的分析とは、《具体的なもの》の探求である。概念は、それを定義する思考の直の眼差しに捉えられたとしても、この素朴な思考の知らないうちに、この思考には思いもよらない地平に植えつけられていることが明らかになる。これらの地平が概念に意味を付与する——これがフッサールの本質的な教えである。(3) 文字どおりに受けとられたフッサール現象学において、こうした思いもよらない諸地平が今度はそれ自身、対象を思念する思考として解釈されるとしても、なんら問題ではない！ 重要なのは、対象化する思考の糧《かて》になっている忘れられた経験が、この対象化する思考から溢れ出る、という考えである。思考の形式的構造——ノエシスのノエマ——が覆い隠すにもかかわらず、この構造を支え、それを具体的意義へと復元するような諸々の出来事において、この構造が破裂することは、必然的ではあるが分析的ではないような一つの演繹*15を構成する。これは、本書の説明の際には、「言い換えれば」とか「まさに」とか「これがそれを成就する（＝成し遂げる）」とか「これはそれとして生起する」といった言葉で示される。

（3）『エトムント・フッサール 一八五九—一九五九（Edmund Husserl 1859-1959）』（「フェノメノロギカ叢書（Phaenomenologica）」第四巻（一九五九年））七三—八五頁に収められた拙論を参照（エマニュエル・レヴィナス『実存の発見——フッサールとハイデッガーと共に』佐藤真理人・小川昌宏・三谷嗣・河合孝昭訳、法政大学出版局（叢書・ウニベルシタス）、一九九六年に所収の論文「表象の没落」）。

本書で、存在に関する観想的思考および存在それ自体の全貌的な提示が現象学的演繹[*16]によって立ち戻る意義は、非理性的なものではない。根本的な外部性への、それゆえ形而上学的と呼ばれる切望、なによりもまず「存在させる[*17]〔laisser être〕」ことが必要な、この形而上学的な外部性の尊重が――真理を構成する。この根本的な外部性への切望が本書の作業を突き動かしており、理性の主知主義への本書の忠誠をあかしだてている。とはいえ、客観性という理想に導かれた観想的思考によって、この切望が汲み尽くされるわけではない。観想的思考は、この切望が抱く野心には届かない。倫理的諸関係が――あとで本書が示すように――超越を最後までやり遂げるはずなのは、倫理の本質がその超越的志向にあるからであり、あらゆる超越的志向がノエシス‐ノエマ構造をもっているわけではないからである。倫理はそれ自体ですでに一つの「光学〔＝物の見方〕」である。倫理は、超越を独占するとされる思考の観想的な行使を準備することに限定されるわけではない。観想〔＝理論〕と実践の伝統的な対立は、形而上学的超越を起点とすることで消え去るだろう。形而上学的超越においては、絶対的に他なるものとの関係、あるいは真理が打ち立てられるのであり、倫理こそが、この超越の王道なのだ。これまで観想と実践のあいだの関わりは、連帯もしくは階層関係としてしか考えられてこなかった。活動性は、それに光をあてる諸々の認識に依拠している。物質の、魂の、社会の統御――すなわち、技術、道徳、政治――を認識は行為に要求する――それが認識の純粋な行使に必要不可欠な平和をもたらすからである。私たちは、その先へとおもむく。そして、観想と実践を混同しているように映る危険を承知のうえで、両者を形而上学的超越の様式として取り扱う。見かけ上の混同は意図的なものであり、本書のテーゼの一つをなすものだ。フッサール現象学によって、このように倫理から形而上学的外部性に移行することが可能になったのである。

この序文を進めるうちに、私たちはその最初の一文が示していた本書の主題から遠く離れてしまった。試みた作業の意味を迂回せずに語るべきだったこの予備的文章においてさえ、ほかの数多くの事柄がすでに問題となっている。いずれにせよ、哲学的探究というものは、インタヴューのように、あるいは託宣や知恵のように質問に答えるわけではない。そもそも、一冊の書物について、まるで自分がそれを書かなかったかのように、まるで自分が最初の批評者であるかのように語ることができるだろうか。そうすることで、自分の主題を追い求めた論述を集約して堅苦しく整理する際に陥る、避けがたい独断的態度を解きほぐすことができるだろうか。こうした狩猟の波乱万丈にもちろん関係のない読者の眼には、この論述は獲物がまったく保証されていない難解さの密林に映ることだろう。少なくとも、いくつかの小道が無味乾燥で、第I部が息がつまるからといって、読む気を失うことのないよう読者の方にはお願いしたい。第I部が予備的性格をもつことは強調しておかなければならないが、そこでは本書のあらゆる研究の地平が素描されているからである。

しかし、著者と読者のあいだに書物そのものによって張られた遮蔽幕に穴を開けようとする序文の言葉は、名誉を賭けた誓いの言葉として差し出されるわけではない。序文の言葉は、単に言語の本質そのものに含まれているものである。すなわち、自分の文章を前書きや注釈によって不断に解体し、語られたことを前言撤回し、語られたことが自己満足に陥る避けがたい儀式性のなかですでに誤解されていたものを、格式ばらずに語り直そうと試みることなのである。

訳注

*1　ヘラクレイトスの断片五三を参照。「戦いは万物の父であり、万物の王である。それはある者を神とし、ある者を人間とした。またある者を奴隷とし、ある者を自由人とした」（『初期ギリシア自然哲学者断片集1』日下部吉信編訳、筑摩書房（ちくま学芸文庫）、二〇〇〇年、三一六頁）。

*2　レヴィナスが捕虜収容所で執筆したメモでは、事物を飾りたて、事物に幻想としての意味をまとわせている秩序が「飾り布（draperie）」と呼ばれており、戦争とともに「飾り布」が落下し、事物が意味を喪失するに至る状況が喚起されている（『レヴィナス著作集1　捕囚手帳ほか未刊著作』三浦直希・渡名喜庸哲・藤岡俊博訳、法政大学出版局、二〇一四年、一三六頁などを参照）。

*3　原語は des absolus で、「絶対的な、完全な」、「高圧的な、断定的な」などを意味する形容詞 absolu を名詞化したもの。形容詞 absolu は「許す、放免する」を意味する動詞 absoudre の語源 absolvere（「（義務や告発から）解放する」）の過去分詞 absolutus に由来する。本訳では、こうした含意が強調されている場合には、代名動詞 s'absoudre を「縛られず孤絶する」と訳す。形容詞および名詞に関しても、単に「絶対的」、「絶対者」とすべき箇所を除いて同様に訳出する。

*4　本訳では、autre を「他者」ないし「他なるもの」、つねに人間を表す語である autrui を「他人」と訳し、「〈同〉（le Même）」と対比的に用いられる大文字の l'Autre を「〈他者〉」ないし「〈他〉」と訳す。本書での autre / autrui / Autre の使い分けの基準はかならずしも明確ではないが、「他なるもの、

〔*autre*〕としての〈他者〉〔L'*Autre*〕とは〈他人〉〔*Autrui*〕である」（本書一一四—一一五頁）のように、語としての訳し分けを必要とする箇所もある。

＊5　本訳では、sensを「意味」と訳し、場合によって「方向」の意味を付け加えている（後注＊7も参照）。

＊6　原語はle regard railleur du politiqueで、du politiqueは「《政治的なもの》の」とも解釈できるが、「眼差し（regard）」という語との関連から「政治人」と訳す。ドイツ語訳（den spöttischen Blick des Politikers）、英語訳（the mocking gaze of political man）も同様の解釈を採っている。

＊7　動詞signifierの名詞化であるsignificationは、signifierされた帰結である「意味、意義」を指す場合と、signifierする働きである「意味作用」を指す場合がある。本訳では、文脈に応じて「意義」または「意味作用」と訳し、両方の含意がこめられている場合には、いずれかを先に出して「意義〔＝意味作用〕」のように記す。本書では「意味、意義」を表す場合に、前注＊5で触れたsensとこのsignificationは区別されていないが、一九七二年の『他者のユマニスム』（小林康夫訳、書肆風の薔薇（叢書言語の政治）、一九九〇年）ではsensがもつ「方向」の含意が強調され、文化的多元主義のもととなるさまざまな意義（signification）に「方向づけ（orientation）」を与える「唯一の意味（le sens unique）」が、自己ではない他者へと向かう跳躍として記述されることになる。なお、本訳ではsensとsignificationを区別するため、それぞれに「意味」と「意義」の訳語を与えているが、ゴットロープ・フレーゲ（一八四八—一九二五年）による「意義（Sinn）」と「意味（Bedeutung）」の有名な区別とはさしあたり関係がない。

＊8　「世界審判としての世界史」については、ヘーゲル『法の哲学』（一八二一年）第三四〇節などを参照（『法の哲学II』藤野渉・赤沢正敏訳、中央公論新社（中公クラシックス）、二〇〇一年、四二七頁）。

＊9　前注＊4を参照。「他人」とは「自分以外のひと」という程度の意味であり、日本語に含まれる「無

関係のひと」というニュアンスはない。

＊10　デカルト『省察』（一六四一年）の「第三省察」で述べられる「永遠で、無限で、全知で、全能で、自分以外の万物の創造者たる、ある最高の神を理解する観念」（『省察』山田弘明訳、筑摩書房（ちくま学芸文庫）、二〇〇六年、六六頁）を指す。

＊11　本訳では、基本的に定冠詞がついた le moi は術語として「自我」と、定冠詞がない場合には人称代名詞の強勢形として「私」と訳し、適宜ルビをふる。なお、特に大文字の Moi に関しては、両方の含意をこめて「〈私＝自我〉」と訳した箇所がある。

＊12　真理を「合致（adaequatio）」とみなす伝統的な真理概念に対して、ハイデガーが「発見的であること（entdeckend-sein）」としての真理概念を対置していることについては、『存在と時間』（一九二七年）第四四節を参照（『存在と時間』上、細谷貞雄訳、筑摩書房（ちくま学芸文庫）、一九九四年、四四三頁以下）。

＊13　本書の主要概念の一つである œuvre は、「働き、業」という能動的な側面と、その結果として生み出された「所産」という受動的な側面の双方を指しており、前者がおおむね一般的な意味で用いられるのに対して、後者には術語としての役割が与えられている（特に第Ⅲ部Cの2「交易、歴史的関係、顔」で詳述される）。「所産」としての œuvre については、第Ⅰ部Bの訳注＊5も参照。

＊14　フランツ・ローゼンツヴァイク（一八八六―一九二九年）は、ドイツのユダヤ系哲学者。主著に『ヘーゲルと国家』（一九二〇年）、『救済の星』（一九二一年）がある。また、マルティン・ブーバー（一八七八―一九六五年）と共同でおこなった聖書のドイツ語訳でも知られる。レヴィナスは「二つの世界のあいだで」（フランツ・ローゼンツヴァイクの道）」（一九六三年）（『困難な自由』（増補版・定本全訳）、合田正人監訳、三浦直希訳、法政大学出版局（叢書・ウニベルシタス）、二〇〇八年所収）や、「フランツ・ローゼンツヴァイク――ある近代ユダヤ思想」（一九六五年）（『外の主体』合田正人訳、みすず書房、一

九九七年所収）などの論考をローゼンツヴァイクに捧げている。

*15 文脈からも、またイタリックで強調されていることからも、当然「演繹（déduction）」ではなく「還元（réduction）」の語が予想されるところで、実際、本書の編集を担当したジャック・タミニョーは、これが編集上のミスだったと明言している。「現象学的演繹ではなく、現象学的還元と読まなければならない。レヴィナスが援用していた現象学が演繹の問題だったことは一度もない」（Jacques Taminiaux, « La genèse de la publication de *Totalité et Infini* », *Cahiers de philosophie de l'Université de Caen*, n° 49, 2012, p. 81）。だが、レヴィナス本人はというと、この「誤植」を第二版以降で修正しなかったどころか、むしろ「演繹」の方が正しいと結論すべき記述を残している。「私たちなりのやり方でではあるが、これは、抽象的な意味の範囲ないし「舞台」を構成しつつ、そこから「具体的な状況」を導く一種の演繹である。現象学から着想を汲んだ仕方で、『全体性と無限』以来、しばしば実践されている」（『外の主体』前掲、八〇頁）。したがって、仮にタミニョーの証言どおり、もともとは「演繹」ではなく「還元」だったとしても、最終的に印刷に付された「演繹」の語をレヴィナスが保持したことは事実である。本書の成立の経緯については「訳者解説」を参照。

*16 前注を参照。

*17 「存在させる（sein lassen）」は、ハイデガーの用語。ハンマーは釘を打つ「ため」にある、といったように、「……するためにある」という「用具性（Zuhandenheit）」をそなえた存在者を、その用具的性格において発見し、そのような存在者として存在しているとおりにすることを意味する（『存在と時間』第一五―一八節を参照）。また、フライブルクに留学中のレヴィナスが聴講していたと思われる一九二八／二九年講義『哲学入門』では、道具の使用的交渉の根底に横たわる「事物を存在させること（Sein-lassen der Dinge）」が提示されている（『哲学入門』、『ハイデッガー全集』第二七巻、茅野良男＋ヘルムート・グロス訳、創文社、二〇〇二年、一〇一頁以下を参照）。

マルセル・ヴァールとジャン・ヴァールに

第I部　〈同〉と〈他〉

A　形而上学と超越

1　不可視のものへの欲望

「本当の生がここにはない」。それでも私たちは世界に存在している。[*1] 形而上学は、このアリバイのなかで生まれ、続けられている。形而上学は「ほかの場所」、「別の仕方」、「他なるもの」へと向けられる。事実、思考の歴史のなかでまとってきた最も一般的な形態のもとでは、形而上学は私たちにとってなじみ深い世界から——この世界をふちどる、あるいは、この世界に隠された未踏の大地がいかなるものであれ——、私たちが住む「わが家」から出発して、異邦なる《自己の外》、彼の地に向かう運動として現れている。

この運動の終着点——ほかの場所または他なるもの——は、すぐれた意味で他なると言われている。いかなる旅も、風土や景観の変化も、終着点に向かう欲望を充たすことはできない。形而上学的に欲望された〈他〉は、私が食べるパン、私が住む国、私が眺める風景のような「他なるもの」ではないし、しばしば私自身が私自身にとってそうであるような、この

「他者」としての「私」でもない。[*2] これらの現実を、私はあたかも単に不足していたかのように「むさぼる」ことができるし、かなりの程度まで自分を充足させることができる。まさにこのことによって、これらの現実の他性は、思考し、所有する者としての私の自己同一性に吸収されてしまう。形而上学的欲望は、まったくの他なるものを、絶対的に他なるものを目指す。欲望についての通常の分析では、形而上学的欲望がもつ特異な野心には歯が立たないだろう。普通の解釈によれば、欲望《デジール》の土台には欲求《ブゾワン》があるとされる。だとすれば、欲望は、貧しく不完全な、あるいは過去の偉大さを喪失した存在の特徴を示すことになってしまう。欲望は失われたものについての意識と同じになってしまう。欲望は本質的に郷愁であり、帰りたいつらさということになってしまう。だが、そうなると、欲望は本当の意味での他なるものが存在するなどとは思いもよらない、ということになってしまう。

　形而上学的欲望は、帰ることを切望しているわけではない。なぜなら、形而上学的欲望は、私たちが生まれたはずもない国への欲望だからである。いかなる自然とも異質な国、私たちの祖国だったこともなく、決して足を踏み入れることもないような国への欲望だからである。形而上学的欲望は、先行するいかなる類縁関係にも依拠していない。充たしえない欲望。というのも、私たちは、充たされた欲望とか、性的な欲求とか、さらには道徳的な、宗教的な欲求といったことを軽々しく口にするからだ。愛もまた同じように、ある崇高な飢えの充足とみなされる。こうした言葉づかいが可能なのは、私たちの欲望の大半が、そして愛もまた純粋ではないからだ。充足しうる欲望が形而上学的欲望と似ているとしても、それは単に充足が得られない落胆において、そして不十分さや欲望の高まりにおいてのみであって、こうした高まりが、まさに官能をなすのである。形而上学的欲望には別の志向がある――形而上学的欲望は、それを単に補充しうるすべての彼方を欲望する。形而上学的欲望は善性〔bonté〕のようなものだ――〈欲望されたもの〉は、欲望を埋めるのではなく、欲望をえぐるのである。

〈欲望されたもの〉によって養われる寛大さ、その意味で、隔たりの消失ではないような関係、接近ではないような関係である。あるいは、寛大さと善性の本質により肉薄するならば、遠隔や分離からその肯定性がやって来るような関わりである。というのも、この寛大さは、いわば自分の飢えによって養われるからだ。遠隔が徹底的なものになるのは、ただ、欲望が《欲望をそそるもの》を予期する可能性ではない場合のみ、欲望が《欲望をそそるもの》を事前に思考しない場合のみ、欲望があてもなく《欲望をそそるもの》に、言い換えれば予期不可能な絶対的他性に、死におもむくようにして向かう場合のみである。欲望が絶対的なものになるのは、欲望する存在が死をまぬがれない存在であり、〈欲望されたもの〉が不可視の場合である。不可視性は関わりの不在を指すのではない。不可視性は、与えられていないもの、それについての観念が存在しないものとの関わりを含意している。視覚は、観念と事物の合致、包含する了解である。非合致とは、観念の単なる否定や不明瞭さを指すのではなく、光と夜の埒外での、そして諸存在に尺度をあてがう認識の埒外での、〈欲望〉の尺度なき法外さを指す。〈欲望〉とは、絶対的に〈他なるもの〉への欲望である。充足される飢え、癒やされる渇き、鎮められる欲情の外部で、形而上学は充足を超えて〈他なるもの〉を欲望する。その際には、身体のいかなる動作によってもこの切望を軽減することはできないし、ありふれた愛撫を試してみることも、また斬新な愛撫を考案することもできない。充足なき〈欲望〉であって、これがまさに〈他なるもの〉の遠隔、他性、外部性を聞きとる。観念に合致しないこの他性は、〈欲望〉にとっては、ある意味をもつ。この他性は、〈他人〉の他性として、そして〈至高者〉の他性として聞きとられる。高さという次元そのものが[1]、形而上学的〈欲望〉によって開かれるのである。この高さがもはや天空ではなく〈不可視のもの〉であることは、高さそのものが高揚することであり、高さの高貴さである。《不可視のもの》のために死ぬこと——これこそが形而上学である。しかし、このことは欲望が行為〔＝現実態〕なしに済ましうることを意味しない。ただし、この場合の行為とは、完遂でも、愛撫でも、典礼でもない。

（1）「魂を高いところから見させてくれる研究としては、不可視なものである現実的なものに関係する研究のほかには、認めることができないね」（プラトン〔Platon〕『国家〔*République*〕』五二九b（Editions Guillaume Budé, Paris〔*Œuvres complètes*, tome 6-7, texte établi et traduit par Emile Chambry, Les Belles Lettres, 1932-34〕)）。

《不可視のもの》に向かわんとする大それた野心である。というのも、二〇世紀における人間をめぐる苛烈な経験は、人間の思考がさまざまな欲求に支えられており、かかる欲求が社会や歴史を説明すること、そして飢えと恐怖は人間のあらゆる抵抗や自由を凌駕しうることを教えているからである。こうした人間の悲惨——事物や悪人が人間に行使するこうした支配力、この動物性——については疑う余地がない。しかし、人間であることとは、人間とはそういうものだと知ることである。自由とは、自由が危機に瀕しているのを知ることである。しかし、知ることであれ、意識化することであれ、それは非人間性の瞬間を回避し、予防するための時間を手にすることである。このように裏切りの時をたえず先延ばしにすることと——人間と非人間の紙一重の差異——が前提としているのは、まさに善性の無私無欲性[*3]〔＝脱利益内存在〕であり、絶対的に〈他なるもの〉への欲望あるいは高貴さであり、形而上学の次元なのである。

2　全体性の断絶

形而上学の終着点が示すこの絶対的な外部性を、そして、この運動が内的な戯れや単なる自己の自己への現前には還元されないということを、証明こそしないものの主張しているのは、超越的《トランサンダン》という語である。形而上学的な運動は超越的であって、欲望かつ非合致としての超越は必然的に一つの上昇的超越〔transascendance〕である[(2)]。形而上学者はこの運動を超越によって名指すが、この超越の注目すべき点は、それが表現する隔たりが——あらゆる隔たりとも異なって——外部的存在が実存する様態に含まれるということだ。この超越の形式的特徴——他なるものであること——が、その内実をなす。それゆえ、形而上学者と〈他なるもの〉は全体になることがない。形而上学者は絶対的に分離されているのである。

（2）私たちは、この用語をジャン・ヴァール〔Jean Wahl〕から借用している。「超越の観念について〔Sur l'idée de la transcendance〕」、『人間的実存と超越〔*Existence humaine et transcendance*〕』(Editions de la Baconnière, Neuchâtel, 1944) 所収を参照。私たちは、この研究で提起されている諸主題から多くの着想を得ている。

形而上学者と〈他なるもの〉が可逆的であるようななんらかの相関関係をなすことはない。各項を左から右に読んでも右から左に読んでも違いがないような関係の可逆性は、一方と他方を対にする。そのとき、二つの項は、外部から見える一つの体系のうちで補完し合うことになるだろう。そのとき、超越とされていたものは体系の統一性に吸収されることになり、かかる統一性は〈他なるもの〉の根本的な他性を破壊してしまうだろう。不可逆性が意味しているのは、単に〈他〉が〈同〉に向かうのとは別の仕方で〈同〉は〈他〉に向かうということではない。仮にその可能性があったとしても、それが考慮の対象になることはない。なぜなら、〈同〉と〈他〉の根本的分離が意味するのは、まさに、〈同〉と〈他〉の相関関係の外に場を占めて、この往路と復路が対応するかいなかを記録することは不可能である、ということだからだ。さもなければ〈同〉と〈他〉は共通の眼差しのもとで結合され、両者を分離する絶対的な隔たりは埋められてしまう。〈他なるもの〉の他性、その根本的な異質性が可能となるのは、出発点にとどまって関係への入り口になること、相対的にではなく絶対的に〈同じもの〉であることを本質とするような項との関わりにおいて〈他なるもの〉が他なるものである場合だけである。ある項が絶対的に関係の出発点にとどまることが可能なのは、その項が〈私＝自我〉である場合に限られる。

私《モワ》であるとは、座標系にもとづいて手にしうる一切の個体化を超えて、内実としての自己同一性を有することである。自我《モワ》とは、つねに同じものであり続ける存在のことではなく、その実存の本質が自己同定することにある存在、自分に起こるすべての事柄を通過して、みずからの自己同一性を再発見することにある存在のことである。自我は、自己同一性の最たるものであり、自己同一化の本源的な働き《ウーヴル》である。〈自我《モワ》〉は、そのあらゆる変容を経ても、なお自己同一的である。〈自我〉はこうした変容を表象し、思考する。異質なものがそこに抱握されうる普遍的な自己同一性は、主体の、一人称の骨組みを有している。普遍的な思考とは「私は考える」のことである。

さらに別の意味でも、〈自我《モワ》〉はそのあらゆる変容を経ても、なお自己同一的である。たしかに、思考する自我は、思考するのを自分で聴いたり、自分のうちなる深みにおののいたりするのであり、自己にとって一人の他者である。こうして、自我はみずからの思考の例の素朴さを発見する。つまり、「自分に先駆けて〔＝敢然と〕」歩くのと似て、この思考は「自分に先駆けて」思考するのである。自我は自分が思考するのを聴き、自分が独断的で、自己に対して異質であることに不意に気づく。しかし、〈自我〉は、この他性をまえにしても〈同じもの〉のままであり、自己と混ざり合っているのであって、不意を突くこの「自己」に背《そむ》くことはできない。ヘーゲル現象学――ヘーゲル現象学では、自己意識とは区別されざるものの区別である――が表現しているのは、思考された諸対象の他性のうちで自己同定するような、そして自己と自己との対立にもかかわらず自己同定するような、〈同〉の普遍性である。「私は私自身を私自身から区別する、そしてこの過程において私にとって無媒介的に〔＝直接的に〕〔明らかなのは〕、区別されているものが区別されていない、ということである。〈私〉、この〈同名異人《オモニム》〉たる私は、私自身を押しのけるが、区別され、異なるものとして定立されたものは、無媒介的に区別されているかぎりで、私にとってはあらゆる差異を奪われている③」。差異は差異ではなく、他なるものとしての私《ジュ》は一人の〈他者〉ではない。ヘーゲルにとって無媒介的な明証性は一時的なものという性格を含みもっているが、それをこの引用から取りあげることはしないでおく。嫌悪として体験されるような自己を押しのける自我、倦怠として体験されるような自己に釘づけになった自我――これらは自己意識の様式であり、自我と自己との引き裂きえない自己同一性に依拠している。自分を一人の他者とみなす私《ジュ》の他性が詩人の想像力を打つことができるのは*4、まさにこの他性が〈同〉の戯れにほかならないからである。自己による自我の否定――これは、まさに自我の自己同一化の様式の一つなのである。

（3）　ヘーゲル〔G. W. F. Hegel〕『精神現象学〔*Phénoménologie de l'Esprit*〕』（Traduction〔Jean〕Hyppolite）〔Aubier Montaigne, Paris, 1941〕、一二七―一二八頁〔第四版では「一三九―一四〇頁」に訂正されている。なお、レヴィナスの引用はイポリットの訳文と正確に同じではない〕。

〈自我〉のうちでの〈同〉の自己同一化は、「〈私《モワ》〉は〈私《モワ》〉である」という単調な同語反復として生起するのではない。そうだとすれば、《AはAである》という形式主義には還元できない自己同一化の独自性から注意が逸《そ》らされてしまう。自己による自己の抽象的な表象を考察するのではなしに、この自己同一化を捉えなければならない。一人の自我《モワ》と一つの世界のあいだの具体的関係から出発しなければならない。世界とは、自我には無縁で敵対的なものであるから、本来なら自我を変質させるはずだ。ところが、自我と世界との真の本源的な関係、まさに自我がそこで〈同〉の最たるものとして明らかになる関係は、世界内での滞在〔*séjour*〕として生起する。世界という「他なるもの」に対抗する〈自我〉の様態〔＝手法〕とは、世界内でわが家〔*chez soi*〕に存在することで滞在し、自己同定することである。当初は他なるものであった世界にいるにもかかわらず、〈自我〉は原住者である[*5]。〈自我〉とは、まさにこの変質による大転換である。〈自我〉は世界のうちに場所と家を見いだす。住むとは、身を保つ〔*se tenir*〕仕方そのものである。尾に嚙みついて自分をつかむ例の蛇【無限記号「∞」】のもととなったウロボロスの蛇】のようにではなく、自分にとって外的な大地のうえで自分を保ち、なにかをなしうる身体としてである。「わが家」とは、一個の容れ物ではなく、そこで私がなにかをなしうる場所であり、他なる現実に依存する私が、この依存にもかかわらず、あるいは、この依存のおかげで自由であるような場所である。歩くだけで、行為する〔faire〕だけで、一切の事物をつかみ、掌握するには十分である。ある意味では、すべてがこの場所にあり、結局のところ、すべてが私の手の届くところにある。星々でさえ、少しばかり計算をし、私と星々とを分かつ媒介物ないし中間物を勘定すれば、私の手の届くところにあるのだ。場所《リユー》、すなわち環境《ミリユー》〔＝あいだの場所〕が、この中間物〔＝手段〕を提供している。すべてがここにあり、すべてが私に属している。場所の本源的な掌握とともに、すべてがあらかじめ掌握され、すべてが包摂されている〔com-pris《モワ》〔＝理解されている〕〕のだ。所有する可能性、言い換えれば、最初だけ、そして私との関わりにおいてのみ他なるものにすぎないものの他性それ自体を中断する可能性――それが〈同〉の様態である。世界のなかで、私はわが家にいる〔＝気兼ねなくくつろいでいる〕。というのも、世界は所有に供されることもあれば、所有を拒むこともあるからである。（絶対的に他なるものはといえば、単に所有を拒むのではなく所有に異議を申し立てるのだが、まさにそれによって所有を確たるものと認めることもある。）世界の他性が自己の自己同一化に変わるという、この大転換を真剣に受けとめなければならない。この自己同一化の「諸契機」――身体、家、労働、所有、家政《エコノミー》――が、〈同〉の形式的な骨組みに貼りつけられた経験的で偶然的な所与として現れるはずはない。これらの契機こそが、この構造を組み立てる関節〔articulations〕なのだ。〈同〉の自己同一化は、空疎な同語反復でも、〈他〉との弁証法的対立でもなく、エゴイズムの具体性である。このことは形而上学の可能性にとって重要である。〈同〉が単なる〈他〉との対立によって自己同定するとすれば、〈同〉はすでに、〈同〉と〈他〉を包含する一つの全体性の一部をなすことになってしまう。そのとき、私たちの出発点だった形而上学的欲望の野心——絶対的に〈他なるもの〉との関係——は打ち消されてしまうだろう。しかるに、《形而上学的なもの》からの形而上学者の分離——この分離はエゴイズムとして生起する——は両者の関係のただなかでも維持されるのであって、この関係の単なる裏面なのではない。

　しかし、エゴイズムとして生起する〈同〉は、〈他なるもの〉から即座にその他性を奪うことなしに、どうやって〈他なるもの〉との関係に入りうるのか。この関わりは、どのような本性のものなのか。

　厳密に言えば、形而上学的関係は表象ではありえない。なぜなら、表象にあっては〈他〉は〈同〉のうちで溶解してしまうからだ。あらゆる表象は、本質的に超越論的構成として解釈されるのである。形而上学者が関わりをもつ〈他なるもの〉、形而上学者が他なるものとして承認する〈他なるもの〉は、単に別のところにあるわけではない。プラトンの〈イデア〉は、アリストテレスの表現によれば、どこかの場所にあるわけではないのだが、[*6]〈他なるもの〉もこれと事情は同じである。〈自我〉の権能[*7]〔*pouvoir*（＝権力）〕は、〈他なるもの〉の他性が指し示す隔たりを飛び越えることはないだろう。たしかに、これ以上ないほど内密な私の内密性であっても、無縁なものや敵対的なものとして私に現れるし、さまざまな日用品や食物、私たちが住む世界でさえ、私たちにとっては他なるものである。しかし、自我と住まわれた世界との他性は形式的なものにすぎない。この他性は、私が滞在する世界のなかでは私の権能の下に落ちる――これは、すでに示したとおりである。形而上学的な〈他なるもの〉が他なるものなのは、形式的ではない他性、自己同一性の単なる裏面ではないような他性によってであり、〈同〉への抵抗からなる他性によってではなく、一切の主導性《イニシアティヴ》、〈同〉の一切の帝国主義より古い他性によってである。〈他なるもの〉の内実そのものを構成するような他性による〈他なるもの〉。〈同〉に制限を加えるのではない他性による〈他なるもの〉である。というのも、〈同〉に制限を加えるのであれば、〈他なるもの〉は厳密には〈他なるもの〉ではないからだ。共通の境界線をもつことで、〈他なるもの〉は体系の内部で依然として〈同じもの〉ということになってしまう。

絶対的に〈他なるもの〉とは、〈他人〉〔Autrui〕である。〈他人〉は私《モワ》と同列の員数に入ることはない。私が「君」や「私たち」と言う場合の集団は「私《ジュ》」の複数形ではない。そこでの私《モワ》や君《トワ》は、ある共通概念に属する個人ではない。所有も、数の統一性〔＝単位〕も、概念の統一性も、私を他人に結びつけることはない。共通の祖国の不在が〈他者〉を――〈異邦人〉にする。わが家をかき乱す〈異邦人〉である。しかし、〈異邦人〉とは自由な者という意味でもある。彼に対して私はなにかをなす〔＝権能を及ぼす〕ことができない。たとえ私が彼を意のままにできるとしても、彼は本質的な面で私の掌握から逃れる。彼は完全には私の場所のうちにあるわけではないのである。しかし、〈異邦人〉と共通概念をもたない私もまた、彼と同様に類《ジャンル》を欠いている。私たちは〈同〉と〈他〉なのだ。ここでの《と》〔*et*〕という接続詞は、加算を指すのでも、ある項が別の項に及ぼす権能を指すのでもない。これから私たちが示そうと努めるのは、〈同〉と〈他〉の関わり〔*rapport*〕が――私たちはこれにあまりにも法外な条件を課すように見えるかもしれないが――言語《ランガージュ》である、ということだ。実際、言語が成し遂げる関わりとは、諸項がこの関わりにおいて隣接しておらず、〈他〉は〈同〉と関わっているのに〈同〉に対して超越者であり続ける、というものである。〈同〉と〈他〉の関係――すなわち形而上学的関係――は、本源的には言説〔discours〕として演じられる。言説において、「私《ジュ》」という――唯一的で原住する個別の存在者の――自己性にまとめられていた〈同〉は、自己から抜け出るのである。

関係している諸項が一つの全体性を形成するわけではないような関係は、したがって、存在の一般組成《エコノミー》のなかでは、〈私＝自我〉から〈他者〉へ向かうものとして、対面[*8]〔*face-à-face*〕として、根本的な隔たりを――言説の、善性の、〈欲望〉の隔たりを――描き出すものとしてしか生起しえない。一方が他方との関わりにおいて他なるものである多種多様な諸項は、悟性の俯瞰的操作に供され、悟性による総合活動がそれらのあいだに隔たりを確立するが、先の隔たりはこうした隔たりには還元されえない。自我とは、存在の論理的規定である〈同〉と〈他〉が、あとからおまけとして一つの思考のなかに反映されうる助けとなるような偶然的形成物ではない。他性が存在のなかに生起するためにこそ、一つの「思考」が必要であり、一人の〈私＝自我〉が必要なのだ。関わりの不可逆性が生起しうるのは、この関わりが、その項の一つによって超越の運動そのものとして成し遂げられるときのみであり、この運動の記録や心理学的な創作としてではなく、この隔たりの踏破として成し遂げられるときのみである。「思考」、「内奥性[*9]〔intériorité〕」は、存在の裂け目そのものであり、超越の（反映ではなく）生起である。私たちがこの関係を認識するのは――まさにその点で驚くべき関係なのだが――私たちがこの関係を実行する場合に限られる。他性は、私を起点としてでしか可能ではないのだ。

私《モワ》と〈他人〉のあいだの隔たりを維持することからして、そして全体性の再構成を妨げる分離、超越のうちで要請される根本的分離を維持するという、まさにそのことからして、言説は自我の実存のエゴイズムを断念することができない。しかし、言説のうちに身を置くという、まさにそのことは、このエゴイズムへの権利を他人に認め、それによって自己を正当化することである。自我が超越者のまえで自己を肯定すると同時に身をかがめるような弁明〔apologie〕は、言説の本質に含まれている。言説が行き着く善性――このことは、のちに示すとおりである――、言説がそこに一つの意義を求める善性は、こうした弁明の契機を失うことはないだろう。

全体性の断絶は、たがいに呼び合う諸項、あるいは少なくとも同列に並ぶ諸項を単に区別することで得られる思考の操作ではない。全体性を打ち破る空虚が、全体化し、俯瞰する宿命をもつ一つの思考に対抗して維持されうるのは、この思考が範疇《カテゴリー》に逆らうような〈他者〉の面前にいる場合に限られる。思考とは、あたかも対象とそうするように、〈他者〉とともに一つの全体を構成することではない。思考とは話すことに存する。全体性を構成することなく〈同〉と〈他〉のあいだで確立される紐帯〔lien〕を、私たちは宗教[*10]〔religion〕と呼びたいと思う。

しかし、〈他〉は絶対的に〈他なるもの〉であり続けることができると述べること、〈他〉は言説の関わりのうちにしか入らないと述べることは、歴史といえども――歴史は〈同〉の自己同一化であるから――〈同〉と〈他〉を全体化するなどと言い張ることはできない、と述べることである。絶対的に〈他なるもの〉――内在の哲学は、言うところの歴史の共通平面で、その他性を超克するのだが――は、歴史のただなかでも、みずからの超越を保ち続けている。〈同〉とは、本質的に、多種多様なもののうちでの自己同一化、もしくは歴史、体系である。キルケゴールが考えたのとは異なり、体系を拒むのは私《モワ》ではなく〈他者〉なのだ。

3　超越は否定性ではない

超越の運動は、不満を抱えた人間が自分の置かれた条件を拒む際に用いる否定性からは区別される。否定性は身を落ち着けた存在、わが家にいるような場所に置かれた存在を前提としている。否定性とは、この形容詞の語源的な意味での家政的《エコノミック》な事実である。労働は世界を変形するが、変形する当の世界を支えとしている。物質は労働に抵抗するが、労働は材料の抵抗から恩恵を受ける。抵抗は依然として〈同〉の内部にあるのだ。否定する者と否定されるものは、ともに置かれ、体系を、言い換えれば全体性を形成する。技術者の職に就き損ねた医者、富を欲する貧者、苦しむ病人、わけもなく鬱屈する鬱症者は、自分の条件に逆らいつつも、やはり各自の地平に結びつけられたままである。彼らが欲する「別の仕方」や「ほかの場所」は、依然として、彼らが拒む《この地》[*11]に由来している。絶望に打ちひしがれて無ないし永遠の生を欲する者は、《この地》に全面的な拒否を言い渡す。しかし、こうした自殺志願者や信仰者にとっても、死はやはり悲劇的なものである。神は、いつでもあまりに早く私たちを御前に召すのである。ひとは《この地》を欲する。否定性に限界があることは、死が連れていく根本的な未知への恐怖においてたしかめられる。(4) 否定しつつも、否定する当のものに逃げ場を求めるこのやり方は、〈同〉ないし〈自我〉の輪郭を素描するものである。拒否された世界の他性は、〈異邦人〉の他性ではなく、歓待し、保護する祖国の他性なのだ。形而上学は否定性と同じではないのである。

（4）「時間と他者〔Le Temps et l'Autre〕」〔『選択・世界・実存〔*Le choix, le monde, l'existence*〕』（『哲学コレージュ年報〔Cahiers du Collège philosophique〕』）（Grenoble: Arthaud, 1947）〕、一六六頁における死と未来についての指摘を参照〔エマニュエル・レヴィナス『時間と他者』原田佳彦訳、法政大学出版局（叢書・ウニベルシタス）、一九八六年、六〇頁以下〕。この指摘は、多くの点でブランショ〔Maurice Blanchot〕の見事な分析（*Critique*, n° 66, pp. 988 sq.）と一致している〔モーリス・ブランショ「可能的な死」、『文学空間』粟津則雄・出口裕弘訳、現代思潮社、一九六二年所収〕。

たしかに、私たちにとってなじみ深い諸存在から形而上学的他性を引き出そうとすることで、根本的なものだというこの他性の性格に異議を申し立てることはできる。《この地》を埋め尽くすのはさまざまな完全態〔＝美点〕の精彩を欠いた像にすぎず、こうした完全態の最上級を言い表せば形而上学的他性は得られるのではないか、というのだ。しかし、さまざまな不完全態〔＝欠点〕を否定したところで、この他性の概念化には十分ではない。まさに完全態は概念化を乗り越え、概念から溢れ出し、隔たりを指し示すからだ。完全態を可能にする理念化は、限界への移行、言い換えれば、超越であり、他なるものへの、絶対的に他なるものへの移行である。《完全なるもの》の観念とは、無限の観念である。限界へのこの移行が指し示す完全態は、否定性が事をおこなう諾〔*oui*〕と否〔*non*〕の共通平面にはとどまらない。反対に、無限の観念は高さを、高貴さを、上昇的超越[*12]を指し示す。それゆえ、デカルトにおける《不完全なるもの》の観念に対する《完全なるもの》の観念の優位は、その価値をそのまま保ち続けている。[*13]《完全なるもの》の観念と無限の観念は、《不完全なるもの》の否定には還元されない。否定性に超越は無理なのだ。超越が指し示すのは、私の現実とは無限に隔たった、ある現実との関係であるが、かといって、この隔たりがこの関係を破壊することはないし、〈同〉の内部の諸関係では生じるように、この関係がこの隔たりを破壊することもない。また、この関係が〈他〉のうちへの植えつけや〈他〉との混同と化すことはないし、この関係が〈同〉の自己同一性そのもの、〈同〉の自己性を侵害することもない。関係が弁明に口を閉ざさせたり、自己背離《アポスタジー》や脱自的恍惚《エクスターズ》と化すこともない。私たちは、こうした関係を形而上学的と呼んだのだった。否定性との対比によってこの関係を肯定的と形容するのは時期尚早であるし、いずれにしても不十分である。この関係を神学的と形容するのは誤りだろう。この関係は、否定命題であれ肯定命題であれ、そのいずれにも先立つのであって、この関係だけが、否《ノン》も諾《ウイ》も最初の言葉ではないような言語を創設するのである。この関係を記述することが、まさに本研究の主題である。

4　形而上学は存在論に先行する

観想的関係が形而上学的関係のお気に入りの図式だったのは偶然ではない。知ないし観想が意味するのは第一に存在との関係であるが、これは《認識する存在》が《認識された存在》の現出するがままに任せる関係であって、その際に《認識する存在》は《認識された存在》の他性を尊重し、いかなる点でも《認識された存在》にこの認識関係によって刻印を与えることはない。その意味では、形而上学的欲望は観想の本質ということになるだろう。しかし、観想はまた、知解《アンテリジャンス》――存在のロゴス――を、言い換えれば、《認識する存在》に対して《認識された存在》の他性が消失するようなかたちで、これに接近する仕方をも意味する。この段階では、認識の過程は《認識する存在》の自由と渾然一体となる。《認識する存在》は、自分にとって他なるもので制限を加えてくることがあるようななにものにも出会わないのである。《認識された存在》から他性を奪うこの仕方が成し遂げられうるのは、ただこの存在が、それ自身は一つの存在ではない第三項――中立項――を通して思念される場合に限られる。この第三項において、〈同〉と〈他〉の出会いの衝撃は和らげられることになる。この第三項は、思考された概念として現れることがある。そのとき、実在する個々のものは、思考された《一般的なもの》のうちで自己を放棄する。[*14] また、第三項は感覚とも呼ばれうる。感覚においては、客観的性質と主観的情動《アフェクシオン》が渾然一体となるからである。さらに、第三項は存在者から区別された存在としても現出することがある。すなわち、この存在は、存在しない（言い換えれば、存在者としては措定されない）のと同時に、それにもかかわらず存在者がみずからを行使する働き《ウーヴル》と一致するから、虚無というわけではない。存在者としての厚みを欠いたこの存在は、そこでさまざまな存在者が知解可能になるような光である。諸存在の知解としての観想には、存在論という一般的な称号がふさわしい。〈他〉を〈同〉に連れ戻す存在論は自由を奨励するが、かかる自由は〈同〉の自己同一化であり、〈他〉によって疎外されることがない。ここで観想が踏みこんでいる道とは、形而上学的〈欲望〉や、この〈欲望〉が生きる糧《かて》にする外部性の驚異を断念する道である。――しかし、観想は、外部性の尊重であるかぎりで、形而上学のもう一つの本質的構造を浮かびあがらせる。観想は、存在の知解――あるいは存在論――に際して、批判的であろうとする配慮をもっている。観想はみずからの自発性がもつ独断と素朴な恣意性を発見し、存在論的な営みの自由を問いただすのである。このとき、観想は、この自由な営みの恣意的な独断の起源にたえずさかのぼる仕方で、この自由を行使するよう努める。こうした遡行それ自体が存在論的な歩み、自由の営み、観想であり続ける定めにあるとすれば、事は無限退行に行き着いてしまうだろう。したがって、観想がもつ批判的志向は、観想と存在論の彼方に観想を連れていくことになる。批判は、存在論のように〈他〉を〈同〉に還元するのではなく、〈同〉の営みを問いただす。〈同〉を問いただすこと――これは〈同〉のエゴイスト的な自発性においてはなされえない――は、〈他〉によってなされる。〈他人〉の現前によって私の自発性が問いただされることを、私たちは倫理と呼ぶ。〈他人〉の異質性(=異邦性)――〈他人〉が〈私=自我〉や、私の思考や所有物に還元されえないこと――は、まさに、私の自発性を問いただすこととして、倫理として成し遂げられる。形而上学、超越、〈同〉による〈他〉の、〈私=自我〉による〈他人〉の迎え入れは、〈他〉によって〈同〉が問いただされることとして、言い換えれば倫理として具体的に生起する。かかる倫理こそが知の批判的本質を成し遂げるのだ。そして、批判が独断に先行するのと同じように、形而上学は存在論に先行するのである。

西洋哲学は、たいていの場合、存在論だった。存在論とはすなわち、存在の知解を保証する中間的で中立的な項を媒介とした、〈他〉の〈同〉への還元である。

　こうした〈同〉の優位性が、ソクラテスの教えだった。私のうちにあるもの以外には〈他人〉からなにも受けとらないこと。あたかも外側からやって来るものを私ははるか昔から手にしていたかのようにである。なにも受けとらないこと、つまりは自由であるということだ。自由は自由意志の気まぐれな自発性とは似ていない。自由の究極的な意味は、こうした〈同〉における永続性に由来しており、この永続性が〈理性〉である。認識とは、この自己同一性を繰り広げていくことである。認識とは、自由なのだ。理性とは結局のところ他なるものを無力化し（＝中性化し）、包含する自由の現出である、と言っても驚くには及ばない。至高の理性は自分自身しか認識しないし、他のなにものもそれに制限を加えないということが、これまで語られてきたからだ。〈他〉が主題もしくは対象と化すような――〈他〉が現れるような、言い換えれば、明るみに身を置くような――〈他〉の無力化は、まさに〈他〉の〈同〉への還元である。存在論的に認識することとは、直面した存在者のうちにあって、この存在者そのものではないもの、この異邦人そのものではないものを捕えること、この存在者がそれによって、いわばみずからを裏切り、地平に身を委ね、みずからを与えることになるものを捕えることである。かかる地平において、この存在者は姿を消しながら現れ、掌握する手がかりを与え、概念となる。認識することとは、虚無を起点として存在を把握すること、もしくは存在をふたたび虚無に連れ戻すこと、存在からその他性を奪うことに帰着する。こうした成果は、光が最初の光線を放つやいなや獲得される。照らすことは、存在からその抵抗を奪うことである。なぜなら、光はある地平を開き、空間を空《から》にする――つまりは無を起点にして存在を引き渡すからだ。（西洋哲学に特徴的な）媒介は、それが隔たりを狭めることに限定されるのなら意味をもたない。

というのも、諸項間が無限に隔たっているとしたら、どうやって媒介物が間隔を狭めるというのだろうか。こうした間隔は、無限に隔たった標柱のあいだでは飛び越えられないものとして現れるのではないか。ある外的で異質な存在が媒介物に身を委ねるためには、どこかで大きな「裏切り」が生起しなければならないのである。事物の場合には、それらが概念化されたときに降伏が成し遂げられる。人間の場合には、自由な人間を他の人間の支配下に導くような恐怖政治によって、こうした降伏が得られるかもしれない。事物の場合、存在論の働き《ウーヴル》は、（唯一実在するものである）個々のものを、その個体性ではなく一般性で把握することに存する（学というものは、一般性の学しか存在しない）。そこでは、〈他〉との関係は、私が自分のうちに見いだす第三項を通してしか成し遂げられない。ソクラテス的な真理の理想は、したがって〈同〉の本質的な充実状態に、自己性という〈同〉の自己同一化に、〈同〉のエゴイズムにもとづいている。哲学とは、自我論《エゴロジー》*15なのだ。

無媒介なものの哲学とみなされているバークリーの観念論も、存在論的問題に応えたものである。バークリーは、対象がもつ諸性質そのもののうちに、対象が自我に差し出す手がかりを見いだしていた。すなわち、私たちを事物から最も遠ざける諸性質のうちに事物の体験された本質を認めることで、彼は主体と対象を分離する隔たりを踏破していたのである。《体験されたもの》と自分自身との合致は、思考と存在者の合致として現れていた。知解の働き《ウーヴル》は、この合致に宿っていた。つまり、バークリーはすべての感覚的性質を触発《アフェクシオン》の体験のうちにふたたび落としこんでいるのである。

現象学的媒介は別の道をたどるが、そこでは「存在論的帝国主義」はいっそう目につくものになっている。真理の媒体《メディウム》となるのは、存在者の存在である。存在者に関する真理は、それに先立つ存在の開かれを前提としている。存在者の真理は存在の開かれに由来すると述べることは、ともかくも、存在者の知解可能性は私たちと存在者の合致ではなく非合致に由来すると述べることである。存在者が了解されるのは、思考が存在者を超越して、存在者の輪郭が示される地平で存在者に尺度をあてがうかぎりにおいてである。現象学にとって、フッサール以来、全体的に見て、現象学は地平の観念の売りこみに努めている。個々のものが概念にもとづいて現れるのと同様に、存在者はそれを凌駕する下地のうえに現れるのである。しかし、存在者と思考の非合致をつかさどるもの――存在者の自存性と外来性を保証する存在者の存在――は、ある燐光、明度、寛大な晴れやかさである。実存者の実存することは知解可能性に変換され、実存者の自存性は光をあてられることによって降伏となる。存在を起点として存在者に接近することは、存在者を存在させると同時に、それを了解する〔＝包摂する〕ことである。実存することの空虚と無――それは、まったき光であり燐光でもある――によって、理性は実存者を捕える。存在を起点とすることで、また、存在者がそこで輪郭を有しつつも自分の面貌を失っている光の地平を起点とすることで、実存することは知解を宛先とした呼びかけそのものになる。もしかすると『存在と時間』が主張したのは、たった一つのテーゼだったのかもしれない。すなわち、存在は存在了解（それは時間として展開される）と不可分であること、存在はすでに主体性への呼びかけであるということだ。

ハイデガー存在論の優位[5]は、「存在者を認識するには、あらかじめ存在者の存在を了解していなければならない」という自明の理にもとづくのではない。存在が存在者に優先すると主張することは、すでに哲学の本質についての意見表明であって、一人の存在者である誰かとの関係（倫理的関係）を、存在者の把握と支配を可能にして正義を自由に従属させるような、非人称的な存在者の存在との関係（知の関係）に従属させることである。自由というものが〈他〉のただなかにあっても〈同〉であり続ける仕方を表すとすれば、知こそが（知において存在者は非人称的存在を介して与えられる）自由の究極的な意味を保持することになる。わが身を与えるのを拒絶する存在者への、その意味で存在者の最たるものである〈他人〉への義務が正義には含まれるが、自由はかかる正義に対立することになってしまう。存在者との関係の一切を存在との関係に従属させるハイデガー存在論は、倫理に対する自由の優位をはっきりと示している。もっとも、ハイデガーにあっては、真理の本質が作動させる自由は、自由意志の原理ではない。自由は存在への服従から生まれる。人間が自由を手にしているのではなく、自由の方が人間を手にしているのだ[*16]。しかし、自由と服従をこうして真理の概念のうちで和解させる弁証法が前提とするのは、〈同〉の優位性である。西洋哲学の全体が、この優位性に向かって進んでおり、それによって定義されるのである。

（5）『形而上学道徳雑誌〔*Revue de Métaphysique et de Morale*〕』一九五一年一月号の拙論「存在論は根源的か〔L'ontologie est-elle fondamentale?〕」〔エマニュエル・レヴィナス『われわれのあいだで――《他者に向けて思考すること》をめぐる試論』合田正人・谷口博史訳、法政大学出版局（叢書・ウニベルシタス）、一九九三年所収〕を参照。

存在論として繰り広げられる存在との関係は、存在者を理解したり把握したりするために存在者を無力化することにある。したがって、存在との関係は、他なるものそれ自体との関係ではなく、〈他〉の〈同〉への還元なのである。まさに、これが自由の定義でもある。すなわち、他なるものとあらゆる仕方で関係するにもかかわらず、他なるものに対抗して自分を維持し、自我の自足性を確固たるものにすることである。主題化および概念化は――両者はそもそも切り離せないが――〈他〉との平和ではなく、〈他〉の抑圧ないし所有である。所有はたしかに〈他〉を肯定しはするが、〈他〉の自存性の否定のただなかでそうするのだ。「私は考える〔＝われ思う〕」は「私はできる」[*17]に――存在するものの我有化に、現実の搾取に――帰着する。第一哲学としての存在論は、力《ピユイツサンス》の哲学である。存在論は国家や、全体性の非暴力に行き着くが、この非暴力が生きる糧《かて》にしている暴力、国家の圧政のなかで現れる暴力から身を守ることはない。ひとびとを和解させるべき真理が、そこでは無名のかたちで存在する。普遍性が非人称的なものとして提示されるのであって、そこにはまた別の非人間性があるのだ。

すでに存在を忘却しているとして、そして「主体」や技術的な力の概念に歩みを進めているとしてソクラテスの哲学を告発するハイデガーは、存在の真理への服従としての思想をソクラテス以前の哲学に見いだしているが、そのときでさえ存在論の「エゴイズム」は維持されている。存在の真理への服従は、空間の支えとなる場所の統一性をつくりあげる、建て耕す実存として成就すると言われる。大地のうえ、天空の蒼穹のもとでの現前、神々の待機、そして死すべき者たちどうしの付き合いを、ハイデガーは、建てることと耕すことに等しい《もの》のかたわらでの現前のうちに統一する。そうすることで、ハイデガーは、他人との関係を、西洋の歴史全体がそうしたのと同じく、大地に属して所有し、建てるような定住諸民族の運命のうちで繰り広げられるものとして理解する。所有とは、〈他〉が私のものになることで〈同〉となる、このうえない形式である。人間がもつ技術的な権能の至上権を告発しながら、ハイデガーは所有という技術以前の権能を称揚するのである。もちろん、ハイデガーの分析は客体的対象としての事物から出発するわけではないが、そこには事物が従う偉大な風景のしるしが刻印されている。存在論は自然の存在論と化す。この場合の自然とは、非人称的な繁殖性、顔なき寛大な母、個別の諸存在の母型、尽きることのない事物の質料のことである。[*18]

権能の哲学である存在論、〈同〉を問いただすことのない第一哲学としての存在論は、不正の哲学である。〈他人〉との関わりを存在一般との関係に従属させるハイデガー存在論は

——存在者によって隠された存在の忘却に由来する技術的情熱に立ち向かうとはいえ——無名のものの傘下にとどまるのであって、宿命的にまた別の力に、帝国主義的支配に、圧政に導くのである。この圧政は、物象化された人間たちにまで技術を単純に拡張したものではない。この圧政は、異教的な[*19]「魂の気分」に、土地への根づきに、隷属した人間たちが主人に捧げるような崇拝にまでさかのぼる。存在者の上位にある存在、形而上学の上位にある存在論——それは正義の上位にある自由（たとえ観想の自由だとしても）である。これは〈他者〉への義務の上位にあるような、〈同〉のうちなる運動である。

　これらの項の順番を逆転させなければならない。哲学的伝統にとって、〈同〉と〈他〉のあいだの係争〔*conflits*（＝ともに打ち合うこと）〕が解決されるのは、〈他〉が〈同〉に還元される観想によってか、具体的には国家の共同体によってである。しかし、国家の共同体において、〈自我〉は、知解可能であるとはいえ無名のものである権力のもとで全体性から圧制的抑圧を被り、この抑圧のうちに戦争を再発見する。そして、〈同〉が還元不可能な〈他人〉を考慮に入れる場である倫理は、臆見《オピニオン》に属するとされている。本書が努めるのは、他性とのアレルギーなき関係を言説のうちに見いだすこと、そこに〈欲望〉を見いだすことである——〈欲望〉において、本質からして〈他〉を殺すものである権能は、〈他〉の面前で、また「一切の良識に反して」、殺人の不可能性、〈他〉の考慮、あるいは正義と化すのである。私たちの努力は、具体的には、無名の共同体のうちで〈私＝自我〉と〈他人〉の社会を——つまりは言語と善性を——維持することにある。この関係は哲学未満のものではない。なぜなら、この関係は自我に暴力を加えるものではないし、外側から突然、意に反して、あるいは臆見のように知らずに自我に課されるものでもないからだ。より正確に言えば、この関係は、一切の暴力を超えて、自我を全面的に問いただすような暴力によって課される。倫理的な関わりは、自由と権能の同一視である第一哲学に対抗するからといって、真理に逆らっているわけではない。倫理的な関わりは絶対的外部性としての存在に向かうのであり、真理への歩みを駆りたてる志向そのものを成し遂げるのである。

　無限に隔たった存在――言い換えれば、みずからの観念から溢れ出る存在――との関係とは、私たちがこの存在の意義についていかなる問いを立てうるとしても、存在者としての威光がこうした問いのなかですでに呼び出されるような関係である。私たちは、この存在者について自問するのではなく、この存在者に問いかける。この存在者は、つねに面を向けるのである。存在論――存在の了解、抱握――が不可能なのは、ハイデガーが『存在と時間』の最初の数頁で反論しているパスカルが述べていたように[*20]、存在についてのいかなる定義もすでに存在の認識を前提としているからではない。存在論が不可能なのは、存在一般の了解が〈他人〉との関係を支配することができないからである。〈他人〉との関係の方が、存在一般の了解をつかさどっているのだ。〈他人〉という存在者の存在を考察するときでさえ、私は〈他人〉との社会から身を引き離すことができない。存在了解もすでに存在者に対して語られており、この存在者は、主題のなかで身を差し出しつつも、当の主題の背後にふたたび姿を現す。この「〈他人〉に語ること」――こうした対話者としての〈他人〉との関係、一人の存在者との関係――は、一切の存在論に先行する。この関係こそが、存在内の究極的関係である。存在論は形而上学を前提とするのである。

5　〈無限〉の観念としての超越

先ほど形而上学は観想の図式のうちに再発見されていたが、この図式によって形而上学はあらゆる脱自的振る舞いから区別されていた。《認識する存在》が《認識された存在》のうちに植えつけられること、脱自によって〈彼方〉に入りこむことを観想は排している。観想は認識であり、関わりであり続ける。たしかに、表象が存在との本源的な関わりをなすわけではない。それでも表象には特権が与えられている。それは、まさに〈自我〉の分離を思い出す可能性としてである。そして、さまざまな種のあいだの呪術的交わりや、弁別されたさまざまな秩序の混同のかわりに、諸存在が自分の持ち場につきつつも、たがいに交流し合うという精神的関わりを対置したことは、「驚嘆すべきギリシア民族」[*21]の不朽の功績であり、これこそが哲学の創設そのものだったということになるだろう。『パイドン』の冒頭で自殺を糾弾するソクラテスは、〈神的なもの〉との単純で無媒介的な結合にある誤った精神主義を拒否しており、こうした結合を脱走と形容している。[*22]ソクラテスは、《この地》を発った認識の道のりが困難であることは避けられない、と宣言する。[*23]《認識する存在》は《認識された存在》から分離されたままなのだ。自我と神を混同することなく順に啓示し、それらを相互に根拠づけ合う明証の別々の二契機として啓示するデカルトの第一明証の曖昧さは、分離の意味そのものを特徴づける。そうすることで〈自我〉の分離は、偶然的でも一時的でもないものとして確証される。私《モワ》と神のあいだの徹底的で必然的な隔たりは、存在そのもののうちで生起する。その点で、哲学的超越は、諸宗教の——秘跡をおこなうもの、という広く経験されているこの語の通常の意味での宗教の——超越とは異なる。後者の超越は、すでに（あるいは、なおも）自分が向かう存在のうちに潜りこむ融即[*24]であって、この存在は、そこへと超越してくる存在に暴力を加えるのと同じように、これを見えない網の目に絡めとるのである。

関係なるものが含意する紐帯が関係の超越によって切断されないような、しかしまた、この紐帯が〈同〉と〈他〉を一つの〈全体〉に統一することもないような、こうした〈同〉と〈他〉の関係は、実際、デカルトが記述した次の状況のうちで見定められている。すなわち、いかなる仕方でも〈無限〉を内包することができず、そこから分離されている「私は考える」が、「無限の観念」と呼ばれる関係を〈無限〉とのあいだで取り結ぶ状況である。たしかに、デカルトによれば、事物や、数学的・道徳的な諸概念もまた、それらの観念を介して私たちに現前しつつ、その観念から区別されている。しかし、事物に関しては、それらの「表象的」実在性と「形相的」実在性[*25]との全面的な合致が排されていないのに対して、無限の観念の例外的な点は、この観念における《観念されたもの》〔*ideatum*〕が当の観念をはみ出すところにある。〈無限〉以外なら、どの観念についても、私たちはどうにか自力で説明できたかもしれないのだ。さしあたり私たちは、事物の観念が私たちのうちに現前することの真の意義についてはなにも裁定を下さないし、また、分離された〈無限〉の実在を、無限の観念を有する存在の有限性によって証明するデカルト的論証にも与《くみ》しないが（というのも、なんらかの実在を証明するにあたって、当の証明や実在問題に先立つ状況を記述することには、おそらく大した意味がないからだ）、次のことを強調しておくのは重要である。すなわち、〈無限〉から分離され、〈無限〉を思考する自我に対する〈無限〉の超越が、いわば〈無限〉の無限性そのものの尺度となる、ということだ。《観念されたもの》と観念を分離する隔たりが、ここでは《観念されたもの》の内実そのものをなすのである。無限とは超越者としての超越的存在がもつ固有性であり、無限は《絶対的に他なるもの》である。超越者とは、私たちのうちにはその観念しか存在しえないような、唯一の《観念されたもの》である。超越者は、無限であるがゆえに、その観念から無限に遠いところに――言い換えれば外部に――あるのだ。

　無限、超越者、〈異邦人〉を思考することは、したがって対象を思考することではない。しかし、実を言うと、対象としての輪郭をもたないものを思考することは、思考する以上のことをなすこと、あるいは思考するよりも良いことをなすことである。私たちのあらゆる表象においては心的作用とその対象が分離されているが、超越の隔たりはこれらを分離する隔たりと同じではない。というのも、対象が身を置く隔たりは、対象の所有を、言い換えれば、対象の存在を宙吊りにすることを排するものではない――実際には、それを含意する

――からである。超越の「志向性」は、志向性という種類のなかでも唯一のものである。対象性と超越の差異は、本書の全分析を一般的に指し示すものとなるだろう。《観念されたもの》が思考の収容能力から溢れ出るような、そうした観念が思考のうちに現前することについては、アリストテレスの能動知性の理論[*26]のみならず、非常にしばしばプラトンが立証するところだ。「頭のしっかりした」(6)人間から生まれる思考に対して、プラトンは神に由来する狂気の価値、すなわち「翼ある思考」(7)の価値を肯定する。ただし、ここでの狂気には非理性的な意味はない。それは「神的本質をもった、習慣および規則からの断絶」(8)にほかならない。第四種の狂気[*27]とは、イデアにまで舞いあがる理性そのもの、すぐれた意味での思考である。神による所有＝憑依《ポセッション》――熱狂〔＝神がかり〕――は、非理性的なものではなく、孤独な（のちに私たちが「家政的《エコノミック》」と呼ぶ）思考ないし内的な思考の終わりであり、新しきものおよび《本体的なもの》〔nouménè〕の真の経験の始まりである――これは、すでに〈欲望〉である。

（6）『パイドロス』二四四a。
（7）『パイドロス』二四九a。
（8）『パイドロス』二六五a。

デカルトの〈無限〉の観念という概念が指すのは、思考する者に対して全面的な外部性を保ち続けるような存在との関係である。この概念が指すのは、触知できないものとの接触、触れられたものの完全性を毀損することのない接触[*28]である。無限の観念が私たちのうちにあると主張することは、プラトンが『パルメニデス』で言及している、形而上学の観念が隠しもつとされる矛盾[9]、すなわち〈絶対者〉との関係は〈絶対者〉を相対的なものにするという矛盾を、純粋に抽象的で形式的なものとみなすことである。外部的存在の絶対的外部性は、この存在が現出することで単純に失われはしない。この存在は、関係のうちで現前しながらも、当の関係に「縛られず孤絶して〔s'absout〕」いるからだ。しかし、無限の観念によって成し遂げられる近さにもかかわらず〈異邦人〉が無限に隔たっていること、この観念が指す比類なき関係のこうした複雑な構造が記述されなければならない。形式的にこれを対象化と区別するだけでは十分ではない。

（9）『パルメニデス』一三三b—一三五c、一四一e—一四二b。

いまや、無限の観念という、見かけ上はまったく空虚に見えるこの概念の脱形式化もしくは具体化を語る言葉を示さなければならない。〈無限〉の観念によって成就する、有限のうちなる無限、《より少ないもの》のうちなる《より多いもの》は、〈欲望〉として生起する。それは〈欲望をそそるもの〉を所有することで鎮められる〈欲望〉としてではなく、《欲望をそそるもの》によって充たされるかわりに呼び起こされる〈無限〉の〈欲望〉としてである。完全に無私無欲な〈欲望〉――善性である。しかし、〈欲望〉と善性は、〈同〉のうちで行使される〈自我〉の「否定性」、権能、支配を〈欲望をそそるもの〉が停止するような関係を具体的に前提としている。これは私が〈他人〉に贈与できる世界の所有として、言い換えれば、顔と対面した現前として、肯定的な仕方で生起する。というのも、顔と対面した現前、〈他人〉へと向かう私の方向づけが眼差しの貪欲さを失いうるのは、それが手ぶらで他者に近づくことはできないという寛大さに変わるときだけだからである。いまや可能的に共有のものである、言い換えれば、語られることのできる事物のうえに成り立っているこの関係――これが言説の関係である。〈他者〉が私のうちなる〈他者〉の観念をはみ出しながら現前する様態を、私たちはまさしく顔と呼ぶ。この仕方は、私の眼差しのもとに主題として姿を現すことでも、一つの像《イマージュ》をかたちづくる諸性質の総体として陳列されることでもない。〈他人〉の顔は、私に委ねる形態的な像を、そして私の尺度やその《観念されたもの》の尺度に見合った観念――合致した観念――をたえず破壊し、そこから溢れ出る。〈他人〉の顔は、それがもつ諸性質を介してではなく、自体的《カタウト》に現出する。〈他人〉の顔は、みずからを表出する（＝表現する）のだ。現代の存在論に反して、顔は非人称的な〈中性的なもの〉の暴露ではなく表出であるような真理概念をもたらす。存在者は、存在のあらゆる覆いや一般性を貫通することで、自分の「形態」のなかに自分の「内実」の全体を開陳し、最終的には形態と内実の区別を撤廃するのである（このことは、主題化する認識のなんらかの変容によってではなく、まさに「主題化」が言説に転換することによって達成される）。観想的な真理および誤謬の条件は〈他者〉の発話――〈他者〉の表出――であり、いかなる嘘もすでにこれを前提としている。しかし、表出の第一の内実は、この表出そのものである。言説のなかで〈他人〉に接近することは〈他人〉の表出を迎え入れることであり、そこで〈他人〉は、思考が〈他人〉からもぎとってくるような観念をたえず溢れ出る。つまり、これは〈自我〉の収容能力以上に〈他人〉を受け入れることである。これはまさに無限の観念をもつことを意味する。しかし、これはまた、教えられるということをも意味する。〈他人〉との関わりないし〈言説〉はアレルギー的ではない関わり、倫理的な関わりであるが、迎え入れられたこの言説は教え〔enseignement〕である。しかし、教えは産婆術には帰着しない。教えは外部からやって来て、私が内包する以上のものを私にもたらす。暴力的ではない教えの他動性のうちで、顔の公現《エピファニー》そのものが生起する。アリストテレスによる知性の分析は、絶対的に外部にあって戸口からやって来るような、[29]そしてそれにもかかわらず理性の至上の活動をいささかも毀損せずにそれを構成するような能動知性を発見しているが、早くもこの分析は師の他動的活動を産婆術に対置するものである。というのも、理性は自己を放棄することなしに、受け入れることのできる状態になるからである。

最後に、無限の観念から溢れ出る無限は、私たちのうちなる自発的な自由を審問する。無限は、この自由に命令を下し、自由を裁き、自由をその真理へと連れていく。〈自我〉を起点としないかぎり〈無限〉の観念の分析に到達することはできないが、この分析は主観的なものの乗り越えによって締めくくられることになる。

本書全体を通じて私たちが用いていく顔の概念は、そのほかにも数々の見通しを開いてくれる。まず顔の概念は、私の意味付与〔*Sinngebung*〕に先立つ意味《サンス》、それゆえ私の主導性《イニシアティヴ》や権能に左右されない意味の概念に私たちを導く。また、顔の概念は、存在に対する存在者の哲学的先行性、権能にも所有にも訴えることのない外部性、さらには、プラトンにおけるように想起の内奥性には還元されないが、みずからを迎え入れる自我を保護するような外部性を意味する。最後に、顔の概念は《無媒介的なもの》の概念を記述することを可能にする。《無媒介的なもの》の哲学は、バークリーの観念論においても、現代の存在論においても、実現していない。存在者は存在の開かれのなかでしか暴露されないと述べることは、[*30]私たちは決して存在者そのものと直接にともにいることはないと述べることである。《無媒介的なもの》は、呼びかけ〔interpellation〕であり、いわば言語の命法である。接触という観念は、《無媒介的なもの》の本源的様式を表してはいない。接触は、すでに主題化であり、地平への準拠である。《無媒介的なもの》とは、対面である。

《ここ》から逃れた人間が、典礼的な高揚ないし神秘的な高揚の特権的瞬間に到達するような本当の生、あるいは死ぬことで到達するような本当の生をほかの場所に位置づける超越の哲学と、まったき「他なるもの」(それが戦争の原因である)が〈同〉に包含されて歴史の終極で消え去るときに本当の意味で存在はつかみとられるとする内在の哲学のはざまで、私たちが記述しようとしているのは、地上的実存ないしは私たちがそう呼ぶところの家政的実存の展開における〈他〉との関係である。この関係は、神的な全体性にも人間的な全体性にも至ることのない関係であり、歴史の全体化ではなく無限の観念であるような関係である。こうした関係が、まさに形而上学そのものである。歴史はさまざまな視点――反省なるものも依然として視点の重みを背負っている――が有する個別主義から解放された存在が現出するような特権的次元ではない、ということになる。歴史が私《モワ》と他者を非人称的な精神のうちで統合しようと申し立てたところで、こうした自称の統合は残忍さであり、不正であって、つまりは〈他人〉を黙殺することである。人間たちのあいだの関わりである歴史は、〈他者〉が私《モワ》との関わりにおいて超越的であり続けるという、〈他者〉に対する〈自我〉の立ち位置を黙殺する。私が自分の力で歴史の外部にいることはないにしても、私は他人のうちに、歴史に対する絶対的な一点を見いだす。それは他人と融合することによってではなく、他人と話すことによってである。歴史は歴史のさまざまな断絶に苛《さいな》まれており、かかる断絶のうちで歴史にはある裁きが下されている。人間が本当の意味で〈他人〉に接近するとき、人間は歴史から引き離されるのである。

訳注

＊1　ランボー『地獄の季節』（一八七三年）「錯乱Ｉ」からの引用。「なんという生活でしょうか！　真の生活というものがないのです。わたくしたちはこの世にいるのではないのです」（『ランボー全詩集』宇佐美斉訳、筑摩書房（ちくま文庫）、一九九六年、二七〇頁）。

＊2　ランボー「見者の手紙」（一八七一年五月）の一節を受けている。「わたしというのは一人の他人で

す」(『ランボオの手紙』祖川孝訳、角川書店(角川文庫)、一九五一年、三九頁)。

＊3 原語は désintéressement で、「無私無欲、没利害」を意味するとともに、美学用語としては主観的な利害関心を離れた美的判断を意味するカントの「関心なき適意(das interesselose Wohlgefallen)」を指す。一九七〇年代以降のいわゆる後期著作において、レヴィナスは、スピノザの「存在することの努力(conatus essendi)」やハイデガーの存在への「気遣い(Sorge)」を批判的に捉える際、「内存在性(intéressement)」からの超脱として désintéressement を術語化していく。問題になっているのは、みずからの事実的な存在に第一の価値を置き、「利益＝内存在(inter-esse)」の保存を正当化する哲学的伝統からの離脱である。本書では、この含意はそれほど展開されておらず、他者への贈与的態度である「寛大さ、気前良さ」を意味する générosité とほぼ同義で用いられている。

＊4 前注＊2を参照。

＊5 原語 autochtone の語源は、「それ自身(autos)」と「大地(khthôn)」の合成語であるギリシア語 autokhthôn で、生まれた土地にそのまま住む者を意味し、後出の「異邦人(étranger)」と対をなしている。神話的文脈では、大地から生まれた者も指す。また、「土着」という意味から、あとでハイデガー批判の文脈で語られる「異教(paganisme)」の関連語でもある。

＊6 アリストテレス『自然学』二〇三a八を参照。「[…]プラトンは、宇宙の外側には何らの物体も存在せず、また諸イデアも——それらはどこかに存在するというものではないのだから——やはりそこに存在しないとしつつ、しかし感覚される事物のうちにも、かのイデアのうちにも無限なるものがあるとしている」(内山勝利訳、『アリストテレス全集』第四巻、岩波書店、二〇一七年、一三〇頁)。

＊7 レヴィナスは pouvoir という語に、主体が他なるものに対して行使する力と、みずからの行為の可能性という二つの意味を与えており、フッサールの「私はできる(Ich kann)」およびハイデガーの「存在可能(Seinkönnen)」の双方が念頭に置かれている。本訳では、pouvoir を基本的に「権能」と訳し、必

要に応じて「権力」ないし単に「力」の訳語を与えている。

＊8　ポッシュ版では face à face とハイフンが削除されているが、初版にないハイフンが第二版でつけられている箇所がある（初版二二九頁七行目）ことを考慮し、名詞的に用いられている場合には、ハイフンが入った face-à-face を本来の表記とみなす。

＊9　おもに第Ⅱ部で詳述される概念である intériorité には「内奥性」の訳語をあて、形容詞 intérieur も「内奥的」と訳す。「内奥性」は、家や住居によって可能となる「内部」と、心性として現れる「内面」を同時に指す語である。ただし、特に術語として用いられていない場合には、「内部（性／的）」、「内在（性／的）」とした箇所がある。

＊10　「宗教（religion）」の語源としては、「集める」を意味するラテン語 relegere とする説と、「結ぶ」を意味する religare とする説がある。ここでは後者が念頭に置かれているものと思われる。

＊11　「この地」と訳した ici-bas には「現世、此岸」という宗教的含意もある。なお、レヴィナスは、一九三二年の論文「マルティン・ハイデガーと存在論」のなかで、ハイデガーの Dasein（現存在）を être ici-bas と翻訳していた（ドイツ語訳の指摘による）。同論文は『実存の発見——フッサールとハイデッガーと共に』（佐藤真理人・小川昌宏・三谷嗣・河合孝昭訳、法政大学出版局（叢書・ウニベルシタス）、一九九六年）に収められている。

＊12　ポッシュ版は、transascendance を transcendance と誤って修正している。

＊13　私が《不完全なもの》であることを理解するのは、私のうちに《完全なもの》の観念があるからだとする、デカルト『省察』（一六四一年）「第三省察」の議論を参照。なお、この箇所は第Ⅲ部三七三—三七四頁で直接引用されている。

＊14　ポッシュ版ではこの一文のあとで改行されているが、第三項の例示が続くため、初版に従って段落分けはおこなわない。ドイツ語訳・英語訳も同様だが、英語訳は別の段落分けをおこなっている（後出の

「――しかし、観想は」以降)。

＊15 フッサール『デカルト的省察』(一九三一年)第一三節を参照。「超越論的現象学と呼ばれる学問的作業」においては、「超越論的な自己経験の広大な領土が遍歴されなければならない」とされ、それゆえこの学問の「最初で唯一の対象は、哲学する者としての私の超越論的な我」であり、この学問は「純粋な自我論(Egologie)」であると言われる(『デカルト的省察』浜渦辰二訳、岩波書店(岩波文庫)、二〇〇一年、六二頁以下)。

＊16 ハイデガー「真理の本質について」(一九三〇年)を参照。「人間は自由を性質として「所有」しているのではなく、精々のところその逆が当て嵌まる、すなわち、自由が、つまり脱‐存しつつ露現しつつある現‐有が、人間を所有しているのであり、而もただ自由だけが或る一つの〈歴史的〉人間形態に、すべての歴史を初めて根拠づけるとともに際立たせている関聯つまり全体としての有るものそれ自身への関聯を、授けるという程根源的に、人間を所有しているのである」(『道標』辻村公一＋ハルトムート・ブフナー訳、『ハイデッガー全集』第九巻、創文社、一九八五年、二三三頁)。

＊17 「私はできる(je peux)」は、フッサールが「運動感覚《キネステーゼ》」を論じる際に用いた表現。「私は手で運動感覚的に触れることで知覚し、同様に眼で見ることで知覚し、等々と知覚し、常にそのように知覚することができる。その際、これら器官がもつ運動感覚は、「私はする」という仕方で経過し、私の「私はできる(Ich kann)」に従うことになる」(『デカルト的省察』前掲、一七四頁)。

＊18 この段落は、ハイデガーの講演「建てること、住むこと、考えること」(一九五一年)を念頭に置いている(『技術とは何だろうか――三つの講演』森一郎編訳、講談社(講談社学術文庫)、二〇一九年所収)。

＊19 「異教的」と訳した形容詞 païen は、「農民」を意味する paganus を語源とし、非キリスト教が田舎(pagus)のひとびとにおいて長く存続したことから(リトレ『フランス語辞典』)、キリスト教に対する

異教（paganisme）を指す語として通常用いられる。語源との関連から、本書ではこの語に「土俗信仰」のニュアンスが含まれることも指摘しておく。

*20 ハイデガーは、『存在と時間』（一九二七年）第一節で、「存在は最も普遍的な概念である」、「存在という概念は定義不可能である」、「存在は自明の概念である」という三つの先入見を列挙し、この第二の予断について、パスカルの「幾何学の精神について」の一節を注で引用している。

*21 カント『純粋理性批判』第二版（一七八七年）の序文の言葉。「数学は、人間的理性の歴史が達しうる最も古い時代から、ギリシア人という驚嘆すべき民族において学の確実な道を歩んできた」（『純粋理性批判』上、原佑訳、平凡社（平凡社ライブラリー）、二〇〇五年、四二頁）。

*22 プラトン『パイドン』六二Bを参照。ソクラテスは、ある秘教の教義で語られていることについて、「それによると、われわれ人間はある牢獄の中にいて、そこから自分自身を解放して、逃げ出してはならないのである」と説明する（『パイドン——魂の不死について』岩田靖夫訳、岩波書店（岩波文庫）、一九九八年、二四頁）。

*23 プラトン『パイドン』末尾（一〇七C以下）で語られる、肉体を離れた魂の旅路のことか。「さて、そうであれば、この旅路はアイスキュロスの『テレポス』で言われているようなものではない。というのは、かれは単純な道がハデスへと通じていると言っているが、僕にはその道は単純でもないし一つでもないように思われるからだ」（『パイドン』前掲、一五四頁）。

*24 「融即（participation）」は、フランスの民族学者リュシアン・レヴィ＝ブリュール（一八五七—一九三九年）の用語で、「未開」社会の心性（mentalité）において、事物や現象が「それ自身であると同時にまたそれ自身以外のもの」でもありうる事態を指す。この心性にとって「一と他」、「同と異」などの対立は、一方を肯定した場合に他方を否定する必然を含まないという（『未開社会の思惟』上、山田吉彦訳、岩波書店（岩波文庫）、一九五三年、九四頁以下を参照）。なお、レヴィナスにはレヴィ＝ブリュールに関

する論考（一九五七年）もある（「レヴィ＝ブリュールと現代哲学」、『われわれのあいだで――《他者に向けて思考すること》をめぐる試論』合田正人・谷口博史訳、法政大学出版局（叢書・ウニベルシタス）、一九九三年所収）。

＊25 「表象的実在性（realitas objectiva）」と「形相的実在性（realitas formalis）」の区別に関しては、デカルト『省察』「第三省察」を参照（『省察』前掲、六六頁以下）。「形相的実在性」がものがそれ自体においてもつ実在性を指すのに対して、「表象的実在性」はものが観念において表象されているかぎりでの実在性を指す。デカルト『哲学原理』（一六四四年）第一部第一七節も参照。

＊26 アリストテレス『魂について』第三巻第五章を参照。「そしてこの知性は、離在し、作用を受けず、混交せず純粋であり、その本質的あり方において活動実現状態にある。〔…〕そしてこの知性は、分離されて存在し、まさにそれであるところのものであり、それ以外ではない。そしてこれだけが、不死であり永遠である」（中畑正志訳、『アリストテレス全集』第七巻、岩波書店、二〇一四年、一五二頁）。

＊27 プラトン『パイドロス』二六五Bで言われる恋の狂気。「そしてぼくたちは、この神がかりによる狂気を、四人の神々がつかさどる四通りのものに区分した。すなわち、予言の霊感はアポロンが、秘儀の霊感はディオニュソスが、他方また詩的霊感はムゥサの神々が、第四番目のそれはアプロディテとエロースとがつかさどるものとしたうえで、そのなかでも恋の狂気こそ最もよきものであると主張した」（『パイドロス』藤沢令夫訳、岩波書店（岩波文庫）、一九六七年、一〇八―一〇九頁）。

＊28 ポッシュ版は、ne compromet pas を ne compromet que と誤って修正している。

＊29 アリストテレス『動物発生論』七三六b二八を受けたものか。「そうすると残るところは、理性だけが外から〔後で〕体内に入り、これだけが神的なものである、ということである。なぜなら、身体的活動は理性の活動とは何の関係もないからである」（島崎三郎訳、『アリストテレス全集』第九巻、岩波書店、一九六九年、一六二―一六三頁）。

＊30　ポッシュ版は、ne se dévoile que を ne se dévoile pas と誤って修正している。

B　分離と言説

1　無神論あるいは意志

〈無限〉の観念は、〈他〉に対する〈同〉の分離を前提としている。しかし、この分離が〈他〉との対立に依拠することはありえない。こうした対立は、単純に反定立的なものとなるだろう。定立と反定立は、たがいを押しのけつつも、たがいを呼び合っている。定立と反定立が対立として現れるのは、それらを抱握する俯瞰的眼差しに対してである。定立と反定立はすでに一つの全体性を形成しているのであり、この全体性は無限の観念によって表現される形而上学的超越を統合することで、それを相対的なものにしてしまう。絶対的超越は、統合しえないものとして生起しなければならない。したがって、みずからの観念から溢れ出る〈無限〉、それゆえこの観念（非合致的観念の最たるもの）が宿る〈自我〉から分離された〈無限〉の生起が分離を必要とするなら、次のことが不可欠になる。すなわち、無限が私のうちなる観念に対して身を置く超越と単に相関的であったり相互的であったりするのではない仕方で、この分離が〈私＝自我〉のうちで成し遂げられること、この分離が単に超越の論理的反駁ではないこと、そして〈他者〉からの〈自我〉の分離がある肯定的な運動から生じること、である。相関関係は、超越にとって十分な範疇ではない。

私《モワ》に対する〈他者〉の超越の相反物ではないような〈自我〉の分離は、観念的議論にふける夢想家たちだけが考える可能性ではない。この分離は、具体的な道徳的経験の名において考察に課される——私が私自身に要求するのを許す事柄は、私が〈他人〉に要求する権利がある事柄とは比較にならないのである。実に平凡なものではあるが、この道徳的経験は形而上学的な非対称性を指し示している。すなわち、外側から自分を見ること、そして自己や他者たちという言葉を同じ方向性で用いるのは根本的に不可能であるということ、それゆえ全体化も不可能であるということだ。そして、社会的経験の次元では、この次元に導き、それに意味を付与するような相互主観的経験を忘却するのは不可能である、ということである。これは、現象学者たちの言葉を信じるなら、隠しようのないものである知覚が科学的経験に意味を付与するのと同様の事態である。

〈同〉の分離は、内奥的生、心性のかたちで生起する。心性は存在内の一つの出来事をなす。はじめから心性によって定義されておらず、抽象的に定式化すると矛盾がひそかに生じてしまうような諸々の項について、心性はそれらの接続状態《コンジョンクテュール》を具体的なものにする。実際、心性の独特な役割は、単に存在を反映することにはない。すでに心性は一つの存在様態であり、全体性への抵抗なのだ。思考ないし心性は、この様態が要請する次元を開く。心性の次元は、ある存在がみずからの全体化に向ける抵抗の圧力のもとで開かれる。心性は根本的分離という事態である。すでに述べたように、コギトは分離の証拠となるものだ。「第三省察」によれば、私たちのうちなる観念を無限に凌駕する存在――デカルトの用語法では神――がコギトの明証の基底にはある。しかし、コギトにおけるこの形而上学的関係の発見は、時系列的に言えば、この哲学者の第二の手続きをなすにすぎない。「論理的」秩序から区別された時系列的秩序が存在しうること、手続きのなかにいくつもの契機が存在しうること、そもそも手続きなるものが存在すること――これこそが分離である。実際、時間を介することによって、存在はいまだ存在しないものである。このことは存在を無と混同するわけではなく、存在をそれ自身との隔たりにおいて維持するものである。存在は突然に存在するのではない。存在より古い存在の原因でさえ、依然として来たるべきものである。存在の原因は、あたかもその結果より事後的であるかのように、結果を介して思考されたり認識されたりする。こうした「あたかも……かのように〔comme si...〕」は錯覚を示すものとされ、その可能性はなんでもないことのように語られている。しかるに、この錯覚は根拠のないものではなく、ある肯定的な出来事をなしている。先行するものの事後性――論理的には不条理な逆転――は、記憶や思考を介することでしか生起しないと言われる。しかし、記憶や思考という「真である度合いが低い」現象は、まさに存在内の大転回《レヴォリューシオン》として解釈されなければならない。だから、観想的思考も、すでに――それを下支えする、より深遠な構造である心性の力によってであるが――分離を組み立てる関節をなしている。分離は思考のなかに反映されるのではなく、思考によって生み出される。そこでは〈あと〉ないし〈結果〉が、〈まえ〉ないし〈原因〉を条件づけている。〈まえ〉は現れるのであり、端的に迎え入れられるのである。同様に、ある場所〔*lieu*〕のうちにある存在も、心性を介することで、この場所から自由であり続ける。ある場所に定位し、そこに身を置く存在は、この場所に別のところから訪れた者である。コギトの現在は、みずからを凌駕する絶対者のうちにあとから支えを発見するにもかかわらず、ほんの一瞬ではあるが、《私が考えている《コギト》》あいだは、たった独りで自分を下支えしている。過去に横滑りすることや未来にふたたびつかみとられることを気にかけない十全な若さを誇るこうした瞬間が存在しうること（そして、コギトの自我が絶対者にひもづけられるには、こうした引き剝がしが必要だということ）、結局のところ時間の秩序ないし時間の隔たりそのものが存在するということ――こうしたすべてが形而上学者と《形而上学的なもの》との存在論的分離を組み立てる関節をなす。意識を有する存在のうちに《無意識的なもの》や《暗黙のもの》がいくら含まれていたとしても関係はないし、知られざる決定論にすでにつながれているのだといって、かかる存在の自由を告発したとしても関係はない。ここでの無知は、自己の無知――事物が横たわっていることによる自己の無知――とは比較にならない超脱《デタシュマン》である。この無知は、心性の内奥性に根拠をもっており、自己の享受に際した肯定的なものである。収監された存在は、自分の監獄についてなにも知らないまま、わが家にいる。こうした錯覚の力《プヴオワール》——ここに錯覚なるものがあったとすればだが——が、この存在の分離をなすのである。

思考する存在は、まず、この存在を一つの全体に統合されたものとみなす眼差しに差し出されるように見える。だが、実際には、この存在は死んだときにはじめて全体に統合される。生があるかぎり、この存在には《われ関せずの態度》が、暇《いとま》が、先延ばしが残されており、こうした先延ばしが、まさに内奥性なのだ。全体化が成し遂げられるのは、ただ歴史においてのみ——歴史記述家たちの歴史においてのみ——であって、言い換えれば、生き残りたちのもとにおいてである。全体化が依拠するのは、歴史家たちによる歴史の時系列的秩序は自然と類比的な即自的存在の骨組みを描き出すという主張であり、確信である。普遍的歴史の時間が存在論的な下地であり続ける。そこでは、個別の存在たちが紛れて見えなくなり、数えあげられ、少なくともそれらの本質が要約されるのである。点としての契機である誕生と死、および両者を隔てる間隔は、生き残りである歴史家のこうした普遍的時間のうちに収納される。内奥性そのものは「虚無」であり「単なる思考」であって、思考でしかない。歴史記述家の時間において、内奥性とは、そこではすべてが可能な非‐存在である。というのも、そこではなにも不可能ではないからだ——狂気に属する「すべてが可能だ」である。この可能性は、なんらかの本質存在《エッサンス》ではない、言い換えれば、ある存在の可能性ではないのだ。ところで、分離した存在がありうるためには、そして歴史の全体化が存在の究極的構想とならないためには、生き残りにとっては終わりである死が単にこの終わりにならないことが必要である。生き残りたちの持続においては、死ぬことは着弾点のような終わりに導くのだが、こうした行き先とは別の行き先が死ぬことのうちになければならない。分離が指し示しているのは、ある存在者が身を落ち着けて自分自身の運命を手にする可能性、言い換えれば、普遍的歴史の時間のなかで占める位置によって誕生と死の現実が記帳されるのではない仕方で生き、そして死ぬ可能性である。内奥性とは、歴史から自分の意義をまったく汲みとることのない誕生と死の可能性そのものである。内奥性は、全体性が構成される場である歴史的時間とは異なる秩序、そこではすべてがペンディングになっている秩序、歴史的にはもはや可能でないものが相変わらず可能であり続ける秩序を創設する。無から生じるはずの分離した存在の誕生、絶対的な始まりは、歴史的には不条理な出来事である。歴史的連続性のうちにあって、新しい起源の突端をたえず刻みこもうとする意志から生まれる活動もまた同様である。これらの矛盾は、心性によって乗り越えられる。

誕生に――自然に――含まれるすでに成し遂げられたものを、記憶は取り戻し、反転させ、宙吊りにする。繁殖性は、死という点としての瞬間を逃れる。記憶を介して、私は事後的に過去に遡行して自分を根拠づける。起源の絶対的過去の時点では、受け入れる主体を有しておらず、それゆえ宿命としてのしかかってきたものを、こんにち私は引き受ける。記憶を介して私は引き受け、あらためて問いただす。記憶は不可能性を実現する。記憶は事後的に過去《パセ》の受動性《パシヴィテ》を引き受け、過去を統御するのだ。歴史的時間の逆転としての記憶は、内奥性の本質である。

歴史記述家の全体性のうちでは、〈他者〉の死は一つの終わり〔*fin*〕である。終わりというこの地点を介して、分離した存在は全体性に身を投げ入れ、その結果、死ぬことが乗り越えられ、過去のものになるのであり、この地点以降、分離した存在は、その実存が積み重ねてきた遺産によって続いていくのである。しかるに、心性は運命に——「過去でしかないもの」に化すことだとされる運命に——抵抗する実存を摘みとる。内奥性は、単なる損失《パシフ》〔＝ただ受動的なもの〕に変容して、自分とは無縁の帳簿に載せられることの拒否である。死の不安は、まさに終止することのこの不可能性、足りない時間とまだ残っている謎めいた時間との曖昧さのうちにある。それゆえ、死は一つの存在の終わりには還元されない。ひとは未来を迎え入れ、投企し、ある程度までは未来を自己から引き出すが、「まだ残っている」ものはこうした未来とはまったく異なっている。さまざまな投企に応じてすべてが到来する存在にとって、死とは絶対的な出来事、絶対的にア・ポステリオリな出来事であって、いかなる権能にも、否定にすら差し出されることがない。死ぬことが不安と等しいのは、死にゆく存在は終わりを迎えながらも終わらないからである。この存在は、もはや時間を有しておらず、言い換えれば、自分の足をどこにも運んでいくことができないのだが、それによってひとが行けないところにおもむき、窒息するのである。だが、いつまでだというのか。歴史という共通の時間に準拠しないということは、次のことを意味する。すなわち、死をまぬがれない実存は、歴史の時間と平行には進まない次元のなかで、そして絶対者であるかのようなこの歴史の時間との関わりによって位置づけられるわけではない次元のなかで展開される、ということだ。だから、誕生と死のあいだにある生は、狂気でも、不条理でも、逃亡でも、臆病さでもない。この生が流れ過ぎる固有の次元のなかで、生は一つの意味をもつのであり、死に対する勝利が一つの意味をもちうるのである。この勝利は、あらゆる可能性が終わったあとに差し出される新しい可能性ではない。この勝利とは息子のうちでの復活であって、死の断絶は息子において包含されるのである。死——可能事の不可能性のうちで窒息すること——は、後裔への通路を開く。繁殖性は依然として人格的な関係であるが、それは一つの可能性として「私《ジュ》」に差し出されるわけではない[10]。

(10)　本書四八〇頁を参照。

〈一者〉の時間が〈他者〉[*1]の時間のなかに落下するようなことがありうるとすれば、分離した存在などないだろう。つねに否定的な仕方ではあるが、魂の永遠性の観念が表現していたのは、このことである。すなわち、死者が他者の時間のなかに落下することへの拒否であり、共通の時間から自由になった人格的な時間である。共通の時間が「私《ジュ》」の時間を吸収する定めにあるとしたら——死は終わりということになるだろう。しかし、歴史にただ統合されてしまうことへの拒否が指すのが、生き残りの時間に則した死後の生の継続や、生が始まりに先立って存在することだとしたら、始まりも終わりも、徹底的と呼ばれうる分離や内奥性となるような次元を刻みこんだことには少しもならないだろう。あたかも多元性に共通する時間を通じた永続性――つまりは全体性――が分離という事態を支配するかのように、相変わらず内奥性を歴史の時間に挿入することになってしまうだろう。

したがって、死が生き残りの確認する終わりと一致しないからといって、これが意味するのは、死をまぬがれないが過ぎ去る《パセ》こともできない実存が死後もなお現存するということではないし、死をまぬがれない存在が人間みなに共通する大時計の鐘が告げる死のあとも生き残るということでもない。また、フッサールがそうするように、内的時間を客観的時間のなかに位置づけ、それによって魂の永遠性を証明するとしたら誤りだろう。

普遍的時間に属する点としての始まりと終わりは、自我《モワ》を生き残りによって語られる三人称にしてしまう。内奥性は、本質的に自我の一人称と結びついている。分離が徹底的なものになるのは、ただ、おのおのの存在が自分の時間を、言い換えれば、内奥性を有する場合だけであり、おのおのの時間が普遍的時間に吸収されない場合だけである。内奥性の次元があるおかげで、存在は概念に身を拒み、全体化に抵抗する。これは〈無限〉の観念に必要な拒否であるが、〈無限〉の観念が自分の力でこの分離を生み出すのではない。誕生と死を可能にする心的生は、可能事と不可能事を超えた存在内の一次元、非存在《ノン・エッサンス》〔＝非本質〕という一次元である。心的生は、歴史のなかに陳列されることはない。内奥的生の非連続性は、歴史的時間を中断する。歴史に優位があるとする説は、存在の了解にとっては、内奥性が犠牲に捧げられるような一つの選択である。本書は、別の選択肢を提案する。《現実的なもの》

は、単にその歴史的客観性のうちでのみ規定されるべきでなく、歴史的時間の連続性を中断する秘密を起点として、さまざまな内奥的志向を起点としても規定されるべきである。社会の多元的様態は、この秘密を起点とすることでしか可能ではない。社会の多元的様態が、この秘密をあかしだてている。人間の全体性という観念を思い描くのが不可能であることを、私たちはかねてより知っている。なぜなら、人間はみな内奥的生をもっており、人間集団の総体的運動を把握する者にさえ、この内奥的生は閉ざされているからだ。〈自我〉の分離を起点とした社会的現実への接近は、「普遍的歴史」のなかに飲みこまれはしない。「普遍的歴史」のなかに現れるのは、さまざまな全体性だけだからだ。具体的な知覚が科学的世界の意義にとって決定的なままであるのと同様に、分離した〈自我〉を起点とした〈他者〉の経験は、さまざまな全体性の理解にあたっての意味の源泉であり続ける。神を飲み下したと信じるクロノスが飲み下すのは、ただの石なのである。[*2]

　ひそやかさ《ディスクレシオン》〔＝離散性〕ないし死の間隔は、存在と無のあいだの第三の概念である。

　間隔と生の関係は、潜勢態と現実態《アクト》[*3]の関係とは異なる。間隔の独自性は、二つの時間のあいだにあることである。私たちは、この次元を《死時》[*4]〔temps mort（＝タイムアウト）〕と呼びたいと思う。《死時》が刻印する全体化された歴史的持続との断絶とは、まさに創造が存在内でおこなっている断絶にほかならない。デカルトの言う連続的創造を要求する時間の非連続性が教えているのは、被造物の分散そのものと多元性である。行動の始点となる歴史的時間のあらゆる瞬間は、どれも、つまるところ誕生であり、それゆえ歴史の連続的時間を、すなわち所産《ウーヴル》*5の時間であって意志の時間ではないような時間を破るものだ。内奥的生とは、《現実的なもの》が多元性として実存する唯一の様態である。のちに私たちは、自己性であるこの分離を、より詳細に検討していく——それは享受という根底的現象においてである。[11]

(11) 第Ⅱ部を参照。

分離した存在が、そこから分離されている当の〈存在〉に融即することなく、たった独りで実存のうちに維持されるような完全な分離を、無神論と呼ぶことができる——ただし、分離した存在は、場合によっては信仰を介してこの〈存在〉に密着することも可能である。だが、融即との断絶は、この能力のうちにも含意されているのだ。ひとは神の外側で、わが家で生き、私《モワ》であり、エゴイズムである。魂——《心的なもの》の次元——は分離の成就であり、当然のごとく無神論者なのだ。無神論ということで私たちが理解するのは、要するに《神的なもの》の肯定に先立つのと同じく、その否定にも先立つような態度であり、融即の断絶である。この断絶を起点とすることで、自我は《同じもの》として、私《モワ》として自己を定立するのである。

無神論が可能な存在を立ちあげたこと、すなわち、自己原因《カウサ・スイ》ではなかったにもかかわらず独立した眼差しと発話を有していてわが家にいるような存在を立ちあげたことは、間違いなく創造者の偉大な栄光である。自己原因であることなく、みずからの原因との関わりにおいて第一であるように条件づけられた存在を、私たちは意志〔volonté〕と呼ぶ。心性が、このような存在の可能性である。

のちほど、心性は感性〔sensibilité〕として、享受の元基〔élément〕として、エゴイズムとして詳論される。享受のエゴイズムのなかで、意志の源泉であるエゴが芽吹く。個体化の原理をもたらすのは、心性であって、質料ではない。《これなるもの《トデ・ティ》》の個別性も、単独の諸存在が一つの総体に統合されるのを妨げないし、全体性の関数として——そこでは、この単独性は消失してしまう——実存するのを妨げない。ある概念の外延に属する諸々の個体は、この概念を介して一つとなる。諸々の概念の方は、それらの階層関係において一つとなる。諸概念の多様性が一つの全体を形成するのである。概念の外延に属する諸個体は、偶有的なものであれ、本質的なものであれ、なんらかの属性からおのおのの個体性を引き出すが——それでも、この属性は、かかる多様性のなかに潜在的にある統一性になんら対立することはない。この統一性は非人称的理性の知において現勢化することになる。非人称的理性の知は、諸個体の観念となることで、あるいは歴史によって諸個体を全体化することで、それらの個別性を統合する。多様性に属する諸項を、ライプニッツの『モナドロジー』におけるように、究極的なものとされるなんらかの質的な種別化によって区別してみても、分離がもつ絶対的間隔は得られない。『モナドロジー』では、各モナドにはある差異が内属しており、この差異がなければ、モナドのあるものと「他のもの」を区別できないという[12]。諸差異は依然として性質であって、類の共同体に向かわせる。神的実体のこだまであるモナドは、神的実体の思考のうちで一つの全体性を形成しているのである。それに対して、言説のために要請される多元性が由来しているのは、各項に「恵みとして与えられて」いる内奥性であり、心性であり、自分自身へのエゴイスト的で感性的な準拠である。感性は、自我のエゴイズムそのものを構成する。これは《感覚するもの》であって《感覚されたもの》ではない。万物の尺度としての人間[*6]——言い換えれば、なにものによっても尺度をあてがわれない人間——、万物を比較しつつ自分は比較されえない人間は、感覚の《感じること》において確立する。感覚は一切の体系を解体する。ヘーゲルが彼の弁証法の起源に置いたのは、《感覚されたもの》であって、感覚における《感覚するもの》と《感覚されたもの》の統一ではない。[*7]『テアイテトス』のなかで[13]プロタゴラスの説がヘラクレイトスの説に近いものとされているのは偶然ではない。[*8]あたかもパルメニデス的存在が生成として粉砕され、事物の客観的流れとは別の仕方で展開するためには、《感覚するもの》の単独性が必要であるかのようなのだ。複数の《感覚するもの》からなる多様性は、生成が可能となる様式そのものということになるだろう——思考は、この生成のうちに、運動してはいるものの、統一性を生み出す普遍法則のもとに整序される存在だけを再発見するわけではないだろう。そのような場合にのみ、生成は存在の観念と根本的に対立する観念としての価値を獲得するのであり、あらゆる統合への抵抗を名指すものとなる。この抵抗は、ヘラクレイトスによれば、二度浸《つ》かることはないとされる河、そしてクラテュロスによれば、ただの一度も浸かることはないとされる河のイメージが表現するものだ。[*9] パルメニデス的一元論を破壊する生成の概念が成し遂げられるのは、ひとえに感覚の単独性によってなのである。

（12）『モナドロジー〔*Monadologie*〕』第八項（いわゆる「不可識別者同一の原理」を述べた第九項も参照。「しかも、各モナドは他の各モナドと異なっているはずだ。じっさい自然のなかでは、二つの存在が互いにまったく同じようであってそこに内的差異すなわち内在的規定に基づく差異を見いだせない、ということは決してない」（ライプニッツ『モナドロジー 他二篇』谷川多佳子・岡部英男訳、岩波書店（岩波文庫）、二〇一九年、一七頁））。

（13）一五二a－e。

2　真理

分離ないし自己性が幸福の享受のうちで本源的に生起するのはどのようにしてなのか、そして、かかる享受のうちで、分離した存在が、自分にとって超越的であり続ける〈他者〉に弁証法的にも論理的にもなんら負うことがない自存性をたしかなものとするのはどのようにしてなのかを、のちに私たちは示すことになる。私たちが無神論と呼んだ、この絶対的な自存性――対立することで措定されるわけではない自存性――の本質は、抽象的思考の形式主義のうちで尽くされるわけではない。この自存性は、家政的《エコノミック》実存のまったき充溢のうちで成

就するのである。(14)

（14）第Ⅱ部を参照。

しかし、分離した存在の無神論的な自存性は、関係を指すものである無限の観念との対立によって措定されるのではなく、この関係を唯一可能にするものだ。無神論的分離は〈無限〉の観念によって要求されているとはいえ、この観念が分離した存在を弁証法的に呼び起こすわけではない。〈無限〉の観念——〈同〉と〈他〉の関係——が分離を取り消すことはない。分離は超越において確証されるのである*10。実際、〈同〉が〈他〉と合流しうるのは、まったく安全に〈他〉のうえで休らうかわりに、真理を探究する際の危うさと危険においてのみである。分離がなければ、真理はなかったことだろうし、存在しかなかったことだろう。真理——接点すれすれの接触よりもわずかな接触——は、無知や錯覚や誤謬の危険があるために、「隔たり」を埋め合わせることはないし、《認識するもの》と《認識されたもの》の結合に行き着くことも、全体性に行き着くこともない。実存哲学の諸説に反して、この接触は存在にあらかじめ根づくことによって養われるのではない。真理の探究は、さまざまな形態の現れのなかで展開される。さまざまな形態をそれとして弁別する特徴とは、まさに隔たりを保ったそれらの公現《エピファニー》である。根づき、すなわち、あらかじめ本源的に結ばれた連結は、融即を存在の至高の範疇の一つとして維持することになるだろうが、それに対して真理の概念はこの範疇の君臨に終止符を打つ。融即することは、〈他者〉に準拠する一つの仕方ではある。これは、いかなる点でも〈他者〉との接触を失うことのないままに、自分自身の存在を支え、広げていくことである。融即を破ることも接触を維持することではあるが、これはみずからの存在をもはやこの接触からは引き出さないことである。ギュゲース[*11]のように、見られることなく見ることなのだ[15]。そのためには、たとえ全体の部分であるにせよ、ある存在がみずからの存在を自身の境界線から――自身の定義から――ではなく自己から引き出すこと、ある存在が自存的に実存し、存在内で占める場所を示してくれる諸関係にも、また〈他人〉がもたらしてくれる承認にも依存しないことが必要である。ギュゲースの神話は、それと認められずに〔＝承認なしに〕実存する〈自我〉と内奥性の神話そのものである。たしかに、こうした〈自我〉や内奥性は、罰せられることのないあらゆる罪の可能性ではある――しかし、これは内奥性の代価であり、それが分離の代価なのだ。内奥的生、自我、分離は、根こぎそのものであり、非‐融即であり、それゆえ誤謬と真理の両価的可能性である。認識する主体は、全体の部分ではない。なぜなら、この主体はいかなるものとも境を接していないからだ。この主体が真理に向ける切望は、自分に欠けている存在を陰刻彫りにした素描ではない。真理は分離のうちで自律した存在を前提としている――真理の探究は、まさに欲求のうちにある欠乏には依拠しない関係である。真理を探し求め、手に入れることは、関わりのうちに入ることだが、それは自己とは異なる物によって定義されるからではなく、ある意味では、なにも欠けてはいないからである。

（15）これとは対照的に、事物は詩的な仕方で「盲目のひとたち」と言われうる。J・ヴァール〔Jean Wahl〕「主観的辞書〔Dictionnaire subjectif〕」、『詩・思考・知覚〔*Poésie, pensée, perception*〕』（Calmann-Lévy, 1948）を参照〔ただし、レヴィナスの指示は誤っており、章題は「主観的辞書」ではなく「個人的辞書の冒頭〔Début d'un Dictionnaire individuel〕」（雑誌初出時は「個人的辞書〔Dictionnaire individuel〕」）が正しい。また、引用箇所も、その章ではなく「芸術、哲学、知覚〔Art, Philosophie, Perception〕」と題された断章に見いだされる。「事物という観念。この観念には、一種の自己に閉じた円環、自己のうちなる輝きが含まれる。事物は盲目のひとのようである」（二二三頁）〕。

とはいえ、真理の探究は、観想より根底的な出来事である。たとえ観想的探究が真理と名づけられている外部性との関係の特権的様式だとしても、である。分離した存在の分離が相対的なものでも〈他なるもの〉から遠ざかる運動でもなく、心性として生起したがゆえに、〈他なるもの〉との関係は遠ざかる運動を逆向きにやり直すことではなく、〈欲望〉を通じて〈他なるもの〉におもむくことに存する。観想それ自体も、みずからの終着点の外部性を〈欲望〉から借用している。というのも、真理の探究を導く外部性の観念は〈無限〉の観念としてのみ可能だからである。外部性へ、絶対的に他なるものへ、〈無限〉へ向かう魂の転換を、この魂の自己同一性そのものから演繹することはできない。かかる転換は、この魂の尺度には合わないからである。それゆえ、無限の観念は〈私＝自我〉からスタートするのでも、自分の空虚に正確に尺度をあてがう〈私＝自我〉の欲求からスタートするのでもない。

この観念において、運動は《思考する者》からではなく《思考されたもの》からスタートする。これは、かかる逆転を提示する唯一の認識——ア・プリオリなき認識——である。〈無限〉の観念は、語の強い意味でみずからを啓示する。自然宗教なるものはないのだ。しかし、この例外的な認識は、まさにそれゆえに、もはや対象の認識ではない。無限は認識の「対象」ではなく——もしそうだとすれば、無限は観想する眼差しの尺度に還元されてしまう——《欲望をそそるもの》、つまり〈欲望〉を呼び起こすものであり、言い換えれば、たえず自分が思考する以上に思考するような思考が接近できるものである。だからといって、無限は眼差しの地平を凌駕する巨大な対象であるわけではない。無限の無限性に尺度をあてがうのは〈欲望〉である。なぜなら、〈欲望〉とは、尺度《ムズュール》がまさに不可能であるという尺度だからだ。〈欲望〉が尺度をあてがう尺度なき法外さ《デムズュール》こそが、顔である。だが、ここに私たちは〈欲望〉と欲求の区別をも、ふたたび見いだす。〈欲望〉とは〈欲望をそそるもの〉が活気づける切望である。〈欲望〉はその「対象」を起点として生まれるのであり、〈欲望〉とは啓示である。それに対して、欲求とは〈魂〉の空虚であり、主体からスタートするものである。

真理は他なるもののうちに探し求められるが、探し求めるのはなにも不足していない者である。隔たりは飛び越えることができないと同時に、飛び越えられる。分離した存在は、充足しており、自律的だが、それでも他なるものを探求する。この探求は、欲求のうちにある不足によって——さらには失った財の想起によっても——駆りたてられてはいない。こうした状況が、言語である。他なるものから分離した存在が他なるもののうちで損なわれるのではなく、他なるものに話しかけるような場に、真理は出来する。言語は、接点すれすれの接触によってでさえ他なるものに触れることがないが、他なるものに呼びかけたり命じたりすることで、あるいは、こうした諸関係の廉直さの全体をもって他なるものに従うことで、他なるものに到達する。分離と内奥性、真理と言語——これらが無限の観念ないし形而上学の範疇である。

享受の心性によって、エゴイズムによって、そして〈自我〉が自己同定する場である幸福によって生起する分離においては、〈自我〉は〈他人〉を知らずにいる。しかし、幸福を超えたところにある〈他者〉への〈欲望〉[*12]は、この幸福を、そして世界内で《感性的なもの》がこのように自律していることを要求する。たとえこの分離が〈他者〉から分析的にも弁証法的にも演繹されないとしても、そうなのだ。人格的生を恵みとして与えられた自我、無神論者と化した自我は——この無神論には不足するところがなく、いかなる運命にも統合されることがない——〈他者〉の現前に由来する〈欲望〉のなかで乗り越えられる。〈欲望〉が欲望となるのは、すでに幸福な存在においてである。欲望とは、幸福な者の不幸であり、贅沢な欲求なのだ。

すでに自我は卓越した意味で実存している。実際、自我をまず実存者として思い描いたうえで、幸福が属性としてこの実存に付加される仕方で、あとから幸福を恵みとして与えられたものとして自我を思い描くことはできない。自我は、享受によって分離したものとして、言い換えれば、幸福なものとして実存するのであって、純然たる自分の存在を幸福のために犠牲にすることもありうる。自我は、卓越した意味で実存するのであり、存在を超えて実存するのである。しかし、〈自我〉の存在は、〈欲望〉において、いっそう高いところに現れる。〈自我〉は、ほかならぬ自分の幸福を〈欲望〉のために犠牲にしうるからである。かくして、〈自我〉は、享受すること（幸福）と欲望すること（真理および正義）を介することで、存在を超えたところ、その突端、その極みに位置することになる。存在を超えたところ、である。実体《スユブスタンス》という古典的概念に対して、欲望はある種の逆転を示している。欲望において、存在は善性と化す。みずからの存在の極み、幸福の最盛期にある存在、エゴイズムのうちにあり、エゴとして措定されるこの存在は、いまや自己最高記録を破り、他なる存在に心を奪われるのである。このことが表すのは、ある根本的な逆転であるが、存在がもつ諸機能のうちの任意の一つの逆転、目的から逸《そ》らされた機能なのではなく、存在するという営みそのものの逆転である。この逆転によって、実存するという自発的運動は宙吊りになり、なにものにも凌駕されないこの存在の弁明に別の意味が与えられるのである。

飽くことを知らない欲望である。それは、この欲望が無限の飢えに応えているからではなく、そもそも糧《かて》を呼び求めていないからである。飽くことを知らない欲望だが、それは私たちの有限性によるものではないのだ。愛は豊穣と貧窮の息子である、というプラトンの神話[*13]は、豊かさそのものの貧しさとして解釈されうるだろうか。あるいは、失ったものへの欲望としてではなく、絶対的な〈欲望〉として、すなわち自分自身を所有していて、それゆえすでに絶対的な仕方で「二本足で立った」存在のうちで生起する〈欲望〉として解釈されうるだろうか。アリストパネスが展開する両性具有の神話を棄却するプラトン[*14]は、〈欲望〉や哲学は、流謫ではなく原住的実存を前提とした、郷愁ならざるものだという性格を垣間見ていたのではないか。〈欲望をそそるもの〉の現前、つまりは啓示された現前による、存在の絶対性の侵食としての欲望である。分離にあって自分を自律的なものと感得する存在のうちで、〈欲望をそそるもの〉は〈欲望〉をえぐるのである。

　しかし、プラトン的な愛は、私たちが〈欲望〉と呼んだものとは一致しない。〈欲望〉の第一の運動の目的は、不死性ではなく、〈他者〉、〈異邦人〉である。〈欲望〉は絶対的にエゴイスト的ではないものであり、その名は正義である。〈欲望〉は、あらかじめ縁続きだった諸存在を、ふたたび結びつけるのではない。一神教がもたらした創造の観念の偉大な力は、この創造が《無からの》〔*ex nihilo*〕ものだという点にある。それは、この創造が造化神による質料の形態化よりも奇跡的な業《ウーヴル》を表すからではない。この創造においては、分離され、創造された存在が、単に父から生じたというだけでなく、父に対して絶対的に他なるものであるからだ。子であること《フィリアリテ》それ自体が自我の運命にとって本質的なものとして現れうるのは、人間がこの《無からの創造》の記憶を保持している場合に限られる。この記憶がなければ、息子は真の他者ではないからである[*15]。最後に言えば、幸福と欲望を分ける隔たりによって、政治と宗教が分けられる。政治は、相互承認を、言い換えれば、平等を目指す。政治は幸福を保証する。そして、政治的法は、承認をめぐる闘争を完遂させ、確たるものとするのである。それに対して、宗教は〈欲望〉であって、承認をめぐる闘争ではまったくない。宗教は平等な者たちの社会に生じうる剰余である。栄光ある謙譲、責任および犠牲の剰余であって、これこそが平等そのものの条件である。

3　言説

真理は〈同〉と〈他〉の関係の様相である、と主張することは、主知主義に対立することではなく、主知主義の根拠となっている切望をたしかなものにすること、すなわち知性を照らし出す存在の尊重をたしかなものにすることである。分離の独自性は分離した存在の自律にある、と私たちには思われた。そして、この事実からして、《認識するもの》は認識において、より正確には、認識せんとする野心において、認識された存在に融即するのでも結合するのでもない。真理の関係は、このように内奥性の次元を――すなわち心性を――含んでおり、そこに形而上学者は〈形而上学的なもの〉と関わりつつも立てこもったままでいるのである。しかし、私たちはまた、隔たりを飛び越えると同時に飛び越えることのない、この真理という関わりが――「彼岸」とともに全体性を形成するのではなく――言語に依拠するものであることを示した。これは諸項が関係に縛られず孤絶する〔*s'absolvent*〕ような関係であり、関係のうちにあっても縛られず孤絶したままである関係である。この孤絶化がなければ、形而上学の絶対的な隔たりは見せかけのものになるだろう。

対象の認識は、諸項が関係に縛られず孤絶するような関わりを保証しない。客観的認識は、どれほど無私無欲な〔＝没利害的な〕ものであり続けたとしても、認識する存在がどのように〈現実的なもの〉と接したのかを、いつまでも刻印として帯びている。真理は暴露〔＝幕を剝ぐこと〕であると認めることは、暴露する者の地平に真理を関係づけることである。認識と視覚を同一視するプラトンは、『パイドロス』の馬車の神話のなかで、真理を観想する魂の運動と、《真なるもの》はこの走行との関わりにおいてあるという《真なるもの》の相対性とを強調している。[*16] 暴露された存在は、私たちとの関わりにおいてあるのであり、自体的《カタウト》にあるわけではないのである。古典的な用語法に従うなら、純粋経験への野心であり、存在の受容性である感性は、悟性によって型を与えられて、はじめて認識となる。現代的な用語法に従うなら、私たちはある投企との関わりにおいてのみ暴露をおこなう。労働の場合、私たちは、私たちが構想した目標との関わりによってのみ存在と接する。[*17]〈一者〉が認識のうちでみずからの統一性を失うという、認識がもたらす変様について、プラトンは『パルメニデス』で言及している。[*18] 他なる存在の純粋経験という、語の絶対的な意味での認識は、他なる存在を自体的《カタウト》に維持しなければならないとされる。

対象がこのように《認識するもの》の投企と労働に準拠するのは、客観的認識というものが、つねに乗り越えられた存在、つねに解釈されるべき存在との関係だからである。「これはなにか」という問いは、「これこれのもの」としての「これ」と接する。なぜなら、客観的に認識することとは、《歴史的なもの》、《なされたこと〔＝つくられたこと〕》、《すでになされたこと（＝すでにつくられたこと）》、《すでに乗り越えられたこと》を認識することだからである。《歴史的なもの》は、過去によってのみ定義されるわけではない。[*19]《歴史的なもの》も過去も、話題にされうる主題として定義される。それらが主題化されるのは、まさにそれら自身はもう話さないからである。《歴史的なもの》は、自分自身の現前には永遠に不在である。ここで私たちが言いたいのは、《歴史的なもの》はみずからの現出の背後で消え去る、ということだ。《歴史的なもの》の現れはつねに表面的かつ両義的なものであり、その起源や原理（＝根源）はつねに別のところにあるのだ。《歴史的なもの》とは、現象――現実性《レアリテ》なき実在性《レアリテ》――である。カントの図式によれば、世界は時間の流れのうちで構成されるのだが、この流れには起源がない。みずからの原理（＝根源）を失った無始原的なこの世界――現象の世界――は、《真なるもの》の探究に応えるものではなく、享受を充実させるものである。享受とは充実状態そのものであって、たとえ外部性が《真なるもの》の探究に対抗して逃げ出したところで、それに苛立たせられることはまったくない。こうした享受の世界が形而上学的野心を充実させることはない。《主題化されたもの》の認識は、つねに起こりうる事実の欺瞞化に対して繰り返しなされる闘争にほかならない。《主題化されたもの》の認識は、事実の偶像崇拝、言い換えれば、話すことのないものを《呼び出すこと》〔invocation〕であると同時に、さまざまな意義と欺瞞からなる克服できない多元性である。あるいは、この認識は《認識するもの》を終わりのない精神分析へ、少なくとも自己自身のうちに真の起源を探す絶望的な探究へ、目覚めようとする努力へと誘う。

存在が逃げ出すことも自分を裏切ることもなく私たちに関わってくる、自体的《カタウト》なものの現出は、それが暴露される〔＝幕を剝がされる〕ことではまったくない。つまり、それを解釈の主題とみなすような眼差し、対象を支配する絶対的立場に座すような眼差しに対して、この自体的《カタウト》なものが発見される〔＝覆いを剝がされる〕ことでは、まったくないのだ。自体的《カタウト》な現出は、私たちがそれに対してとりうるいかなる立場にも左右されずに存在が私たちにみずからを語ること、この存在がみずからを表出することである。そこでは、対象の可視性にそなわるすべての条件に反して、存在は自分とは他なるものの光のなかに場を占めるのではなく、現出のうちで自分自身を現前させる。この現出は当の存在をただ予告するだけのものでなければならず、この存在はかかる現出それ自体を指揮するものとして現前している――この存在は、それをただ現出させるだけの現出に先立って現前しているのだ。絶対的経験とは、暴露ではなく啓示である。すなわち、《表出されたもの》と表出する者との一致であり、その点で、まさに特権的なものである〈他人〉の現出、形態を超えた顔の現出である。現出をたえず裏切ってしまう形態――その際、この現出は〈同〉に合致するがゆえに、成型された形態として凝固してしまう――は、〈他者〉の外部性を失わせる。顔は生き生きとした現前であり、顔とは表出である。形態において、存在者は主題としてさらされることで隠蔽されてしまうが、表出の生はかかる形態を解体することにある。顔は話す。顔の現出は、それだけですでに言説なのだ。プラトンの言葉によれば、現出する者は自分自身を救援する。*[20] 現出する者は、自分が差し出す形態を、たえず解体するのである。

　このように〈同〉に合致した形態を解体して〈他者〉として現前する仕方が、意味すること〔signifier〕、あるいは意味《サンス》を有することである。意味しながら現前するとは、話すことである。顔[*21]の現前において、あなたを見据える眼差しの先端として明確化するこの現前は、語られているのだ。このように意義《シニフィカシオン》〔＝意味作用〕ないし表出は、まさに意味することが与え《ドネ》ることではない、いかなる直観的所与《ドネ》からも截然と分けられる。意義は、理念的本質ではない、すなわち知的直観に差し出される関係、この点で眼に差し出される感覚と依然として類比的であるような関係ではない。意義はすぐれて外部性の現前なのである。言説は、単に直観の（あるいは思考の）変様ではなく、外部的存在との本源的な関係である。言説は、知的直観を欠いた存在の嘆かわしい欠陥――あたかも孤独な思考である直観こそが関係における一切の廉直さの範型であるかのように――ではない。意味は現前の生起である。意味は理念的本質として生起するわけではない。意味は現前によって語られ、教えられるのである。そして、教えは〈同〉の思考である感性的直観ないし知的直観には還元されない。現前に意味を与えることとは、明証性には還元不可能な出来事である。この出来事が直観に入ることはない。この出来事は、可視的な現出より直接的な現前であると同時に、遠く離れた現前――他なるものの現前――である。迎え入れる者を支配するような現前、高みから訪れる予見不可能な現前、それゆえ自分の新しさそのものを教えるような現前である。この現前は、嘘をつきうる存在者の率直な現前、言い換えれば、自分が差し出す主題を自由に扱えるような存在者の率直な現前である。そこで、この存在者は、対話者としての率直さを隠蔽することができず、つねに顔をあらわにして闘うのだ。顔面《マスク》を通して、眼が、隠蔽しえない眼の言語が貫いてくる。眼は輝くのではない。眼は話すのである。真理と虚偽、真摯さと隠蔽の二者択一は、絶対的な率直さの関係に身を置く者、隠しえない絶対的な率直さに身を置く者がもつ特権である。

活動《アクシオン》は表出しない。活動は意味を有するものの、活動が私たちを動作者へと導くとき、当の動作者は不在である。所産《ウーヴル》を起点にして誰かと接することは、このひとの内奥性に押し入るようなものである。他者は内密性《アンティミテ》〔＝私生活〕のただなかで不意に襲われる。他者は、そこで自分をさらしはするが、歴史の登場人物と同様、自分を表出することはない⒃。所産はそれをなしたひとを意味するが、間接的に、三人称でそうするのである。

⒃　後論を参照。

たしかに、言語を行為《アクト》として、行動に属する振る舞いとみなすこともできる。だが、そうすると、顔においては啓示者と《啓示されたもの》が一致するという言語の本質が取り落とされてしまう。この一致は、私たちより高いところに位置することによって――教えることによって――成し遂げられる。そして、反対に、さまざまにおこなわれる振る舞いや行為の方が、語と同様に、啓示と――言い換えれば、のちに見るように教えと――化すことがありうる。それに対して、人物をそのひとの行動から再構成することは、私たちの既得の学知の働《ウーヴル》きである。

絶対的経験とは、暴露ではない。主観的地平を起点に暴露する〔＝幕を剝ぐ〕ことは、《本体的なもの》を早くも取り逃すことである。他人が自体的《カタウト》なものであり続けながらも関係のうちに入るという純粋経験の項となるのは、対話者のみである。この純粋経験において他人がみずからを表出する際、私たちは借り物の光のなかで一つの「視点」にもとづいて他人を暴露する必要がない。十全な認識たる認識が探し求める「客観性《オブジェクティヴィテ》」は、対象《オブジェ》の客観性を超えたところで成し遂げられる。どんな主観的運動にも左右されないものとして現前するのが、対話者である。対話者の様態は、自己を起点とすること、異邦人であること、そしてそれにもかかわらず私《モワ》に対して現前することにある。

しかし、この「物自体」との関わりは、『デカルト的省察』の第五省察のフッサールの有名な分析によれば「生ける身体」の構成として始まるとされる、認識の極限に見いだされるわけではない。フッサールが「原初的領分」[*22]と呼ぶもののうちでの〈他人〉の身体の構成、このように構成された対象と、それ自体が一つの「私はできる」として内部から経験される私の身体との超越論的「対化」[*23]、他人のこの身体を他我として了解すること——以上のことは、構成の記述とみなされる諸段階のそれぞれにおいて、対象の構成が〈他人〉との関係に変容することを隠蔽してしまう。〈他人〉との関係は、この関係をそこから引き出そうと試みられている当の構成と同じくらい本源的なのである。原初的領分は私たちが〈同〉と呼ぶものに相当するが、これが絶対的に他なるものに向かうのは、ひとえに〈他人〉の呼び声

〔appel〕によってである。対象化する認識と比べたとき、啓示は真の逆転をなす。たしかに、ハイデガーにおいて、共同存在は客観的認識には還元不可能な他人との関係として位置づけられているが[*24]、結局のところ、この共同存在も存在一般との関係に、了解に、存在論に依拠している。ハイデガーは、存在のこの下地を、すべての存在者が浮かびあがる地平として、あらかじめ据えている。あたかも地平と、それが含む限界の観念、視覚に固有のものである限界の観念が、関係を織りなす究極的な骨組みであるかのようだ。さらに、ハイデガーにおいては、相互主観性とは共同存在であり、〈私＝自我〉と〈他者〉に先立つ私たちであって、中性的な相互主観性である。しかるに、対面〔face-à-face〕こそが、社会を告知すると同時に、分離された〈自我〉の維持を可能にするのである。

　社会の特徴は宗教であるとするデュルケーム[*25]は、一方では〈他者〉との関わりをこのように光学的に解釈することを、すでに乗り越えていた。私が〈他人〉と関わりをもつのは、〈社会〉を通してのみである。〈社会〉は単に個人や対象からなる多様性ではないし、私が関わりをもつ〈他人〉は〈全体〉の単なる一部でも、ある概念の単独性でもない。《社会的なもの》を通して他人に到達することは、《宗教的なもの》を通して他人に到達することである。以上によって、デュルケームは《対象的なもの《オブジェクティフ》》の超越とは別の超越を垣間見させてくれるのである。しかし、デュルケームにとって、《宗教的なもの》はすぐさま集団表象に帰着してしまう。表象の構造が、つまりは表象を下支えする対象化する志向性の構造が、《宗教的なもの》それ自体の究極的解釈の役を務めるのである。

ガブリエル・マルセルの[26]『形而上学日記』と、ブーバーの[27]《我-汝》において個々に現れた思想潮流のおかげで、客観的認識に還元しえないものとしての〈他人〉との関係は、付随するさまざまな体系的展開についてひとがどのような態度を選ぶかはさておき、突飛なものという性格をもたなくなった。ブーバーは、実践によって導かれるという〈対象〉との関係と、〈汝〉としての〈他者〉、パートナーであり友としての〈他者〉に到達する対話的関係を区別した。ブーバーは、この考えを彼の著作のなかで中心的な位置を占めるフォイエルバッハ[17]に見いだした、と控えめに主張している。だが、実際[28]には、この考えがその力強さをあますところなく獲得するのはブーバーがそれを展開する分析においてであり、そこでこそ、この考えは現代思想への重要な貢献として現れているのである。しかし、〔たがいに君＝汝(tu)で呼び合う〕友達口調は〈他者〉を相互関係に置いてしまうのではないか、そしてこの相互性がはたして本源的なのかどうかと問うことができる。他方で、ブーバーにおいて《我-汝》の関係は形式的な性格を保持している。だから、この関係は、人間と人間を結びつけるのと同様に、人間と事物を結びつけることができるのである。《我-汝》の形式主義は、いかなる具体的構造をも規定していない。《我-汝》は、出来事《エヴエヌマン》(*Geschehen*)であり、ぶつかり合いであり、了解である。しかし、《我-汝》は、友愛とは別の生、すなわち家政《エコノミー》や、幸福の追求や、事物との表象的関係を(なんらかの逸脱や頽落や病気とする以外には)説明することができない。一種の尊大な精神主義のなかにあって、これらの別の生は探査もされず、説明もされないままである。本研究は、以上の点に関してブーバーを「添削する」などという愚かな野心はもっていない。本研究は、〈無限〉の観念を起点とすることで、異なる視野に身を置くものだ。

（17）M・ブーバー〔Martin Buber〕「人間の問題〔Das Problem des Menschen〕」、『対話的生〔*Dialogisches Leben*〕』〔Müller, Zürich, 1947〕、三六六頁〔M・ブーバー『人間とは何か』児島洋訳、理想社〔実存主義叢書〕、一九六一年、六九頁以下〕を参照。ブーバーへの影響については、モーリス・S・フリードマン〔Maurice S. Friedman〕の次の論文における注を参照。「マルティン・ブーバーの知の理論〔Martin Buber's theory of knowledge〕」（*The Review of Metaphysics*, Décembre 1954）、二六四頁。

〈他〉を知り、〈他〉に到達したい、という野心は、他人との関係のうちで成し遂げられる。他人との関係は言語の関係のうちに入りこんでおり、言語の本質とは、呼びかけ、呼格である。他者に呼びかけるやいなや、他者はその異質性をそのままに維持され、確認される。たとえそれが、あなたとは話せない、と当の他者に言うためであれ、他者を病人に分類するためであれ、他者に死刑を宣告するためであれ、そうなのだ。つかまれ、傷つけられ、暴力を加えられながらも、同時にこの他者は「尊重されて」いる。《呼び出されたもの》〔l'invoqué〕とは、私が理解するものではない。《呼び出されたもの》は、範疇のもとにあるわけではない。《呼び出されたもの》とは、私が話しかける相手である。《呼び出されたもの》は、自己にしか準拠せず、何性《キディテ》をもっていないのである。とはいえ、呼びかけの形式的構造を展開しておかなければならない。

　認識の対象は、つねにできあがったものであり、すでになされたものであり、乗り越えられたものである。《呼びかけられたもの》〔l'interpellé〕は発話へと呼び求められており、その発話の本質は自分の発話を「救援する」こと——現前することである。この現在は、持続のうちで謎めいた仕方で固定された諸瞬間からなるのではなく、これらの瞬間を救援し、その責任を担う一つの現前によって、流れゆくこれらの瞬間がやむことなく取り戻されることからなっている。このやむことなさが現在を生み出すのであり、それが現在の現在化——すなわち現在の生——である。あたかも話す者の現前によって、発声された語を書かれた語という過去に導く不可避的な運動が逆転するかのようである。表出とは、こうした現働的なものの現働化である。現在は（いわば）過去とのこの闘争、この現働化のうちで生起する。発話がもつ唯一的な現働性が、発話が現れる状況、発話が延長していくように思われる状況から当の発話を引き離す。発話の現働性は、書かれた発話からはすでに奪われてしまったもの、すなわち統御《メトリーズ》〔＝師であること〕をもたらす。発話は、単なる記号である以上に、本質的に師に属する《マジストラル》ものである。発話がなによりもまず教えるのは教えそのものであって、発話はこの教えの助けを借りることでのみ、事物や観念を（産婆術のように私《モワ》のうちに呼び覚ますのではなく）教えることができるのである。観念が私に教示するのは、それらを私に現前させる〔＝提示する〕師、それらを問題にする師を起点としてである。客観的認識が達する対象化と主題は、すでに教えに依拠している。対話のなかで事物を問いただすことは、事物の知覚の変様ではなく、それらの対象化と一致する。私たちが対話者を迎え入れたとき、対象が差し出される。師——教えと《教える者》との一致——の方は、なんらかの事実ではない。教える師が現出する現在は、事実の無始原《アナルシー》〔＝無秩序〕を乗り越えている。ヘーゲル主義者たちが望むのとは異なり、言語がそうだとされる客観的な所産《ウーヴル》のうちで自己意識に受肉を提供することを口実にして、言語が意識の条件となるのではない。言語が描き出す外部性——〈他人〉との関係——は、所産の外部性とは似ていない。なぜなら、所産の客観的外部性は、すでに言語が、言い換えれば超越が創設する世界に位置づけられているからである。

4　レトリックと不正

どんな言説も外部性との関係である、というわけではない。

私たちが言説のなかで接近するのは、たいていの場合、私たちの師である対話者ではなく、対象や子ども、あるいはプラトンが述べるように群衆としての人間である[18]。教育指導的な、あるいは精神誘導的な私たちの言説は、レトリックであって、隣人に策を弄する者の立場に立っている。だから、ソフィストの技術は、真理をめぐる真の言説ないし哲学的言説が定義される際の対比的な主題になっているのである。いかなる言説にも不在なわけではないレトリック、哲学的言説が乗り越えようとするレトリックは、言説に抵抗する（あるいは教育指導《ペダゴジー》や民衆煽動《デマゴジー》や精神誘導《プシカゴジー》では言説へと仕向ける)[*29]。レトリックは正面からではなく斜めから〈他者〉と接する。もっとも、事物と接するように〈他者〉と接するわけではない。レトリックは、あくまでも言説であり、あらゆる術策を通して〈他人〉へと向かい、〈他人〉の諾《ウィ》を懇請するからである。しかし、レトリックに(そしてプロパガンダや世辞や外交などに)特有の本性は、このような自由を腐敗させるところにある。それゆえ、レトリックは暴力の最たるもの、言い換えれば不正なのだ。これは生気のないものに行使される暴力ではなく——そうだとすれば、それは暴力ではない——一つの自由に対して行使される暴力だが、自由とは、まさに自由であるかぎり、腐敗しえないものでなければならないだろう。レトリックは自由に範疇《カテゴリー》をあてがう術を心得ている。レトリックは、ある本性についてそうするように、自由について判断を下すように思われる。レトリックが提起するのは「この自由の本性とはなにか」という語義矛盾の問いである。

(18)『パイドロス』二七三d。

レトリックに含まれる精神誘導、民衆煽動、教育指導を放棄することは、真の言説のうちで他人と正面から接することである。そのとき、存在はいささかも対象ではなく、あらゆる支配の外にいる。一切の客観性からのこの解放が存在にとって肯定的に意味しているのは、顔におけるその現前化、その表出、その言語である。他なるものとしての〈他者〉とは〈他人〉である。〈他人〉を「存在させる」には言説の関係が必要である。〈他人〉が主題としてみずからを示す場である純粋な「暴露」は、それゆえ〈他人〉を十分に尊重してはいない。このように言説のうちで正面から接することを、私たちは正義と呼ぶ。真理が出来するのは、存在が自分自身の光で輝く絶対的経験においてだとすれば、かかる真理は真の言説ないし正義のうちでしか生起しない。

対話者が絶対的存在として（言い換えれば、範疇から逃れた存在として）現前する、この対面での絶対的経験は、プラトンにとっては〈イデア〉の仲介なしには構想できないとされる。非人称的な関わりや非人称的な言説は、孤独な言説、すなわち理性に、自分自身と会話する魂[*30]にもとづいているように思われる。しかし、思考する者が捉えるプラトン的イデアは、崇高化され、完全なものになった対象と等しいのだろうか。『パイドン』が強調する〈魂〉と〈イデア〉の類縁関係[*31]は、思考に対する存在の透過性を表現した観念論的《イデアリスト》な隠喩にすぎないのか。《イデア的なもの》のイデア性は諸性質を最上級にまで増大させたものに還元されるのか、それとも、諸存在が顔をもつような、言い換えれば、諸存在がおのおのに固有のメッセージのうちで現前するような領域へと私たちを連れていくのだろうか。ヘルマン・コーエンは――彼はこの点でプラトン主義者だが――ひとはイデアしか愛せない、と主張していた[*32]。しかし、〈イデア〉の概念とは、結局のところ、他なるものが〈他人〉に変容することに等しいのだ。プラトンにとって、真の言説とは自分自身を救援できるものである[*33]。私《モワ》に差し出される内容は、それを思考した者から分離できないのであって、このことは言説を発した当人が問いに応答することを意味する。プラトンにとって、思考は、さまざまな真なる関わりが非人称的に連鎖したものに還元されるのではなく、複数の人格と相互‐人格的な関わりを前提としている。ソクラテスの霊《ダイモーン》は産婆の技術そのものに介入するが、産婆の技術それ自体はひとびとに共通のものにもとづいている[(19)]。イデアを仲介とした共同体は、対話者たちのあいだに純然たる平等を確立することはない。『パイドン』のなかで、持ち場を守る者にたとえられている哲学者は、神々の管轄下にある[*34]。哲学者は神々と対等ではないのだ。頂点に理性的存在が位置するような諸存在の階層関係は、超越されうるのだろうか。神の高みは、どのような新しい純粋さに対応するのだろうか。人間を宛先とした諸々の発話や活動——これらは、つねにある程度まではレトリックであり、交渉（「そこで私たちは人間たちと談判している[*35]」）である——すなわち群衆としての人間を宛先とした発話に、プラトンは神々の心にかなおうとして用いられる言葉を対置している[(20)]。対話者たちは平等ではない[*36]。真理に到達した言説とは神との言説であって、神は私たちの「召使い仲間」ではないのである[(21)]。社会は《真なるもの》の観想に由来するのではない。われらが師たる他人との関係が、真理を可能にするのである。かくして真理は社会的な関わりと結びつくのであって、この関わりが正義である。正義は、他人のうちに私の師を認めることにある。複数の人格のあいだの平等は、それ自体ではなにも意味しない。平等には家政的《エコノミック》な意味があって、貨幣を前提としており[*37]、すでに正義に依拠している。きちんとした正義は他人から始まるのである[*38]。正義は、他人としての特権、他人の統御〔＝師であること〕の承認であり、レトリックの外部で他人に接近することである。レトリックは策略であり、支配であり、搾取だからだ。この意味で、レトリックの乗り越えと正義は一致するのである。

(19) 『テアイテトス』一五一a。
(20) 『パイドロス』二七三e。
(21) 同所。

5 言説と倫理

思考の客観性と普遍性の根拠を言説に据えることはできるだろうか。普遍的思考は、おのずから言説よりも古いのではないか。発話するとき、精神は他の精神がすでに思考しているものを想起するのであって、両者は共通の観念に参与しているのではないか。だが、思考の共同性なるものがあったとすれば、諸存在間の関係としての言語はありえなかったはずだ。首尾一貫した言説は一つである。普遍的思考には伝達《コミユニカシオン》は不要である。ある理性がある理性にとって他なるものであることはできない。理性の存在そのものが単独性を放棄することにあるのに、理性が一つの自我であったり他の自我であったりすることが、どうして可能なのか。

万物の尺度たる人間という観念は、無神論的分離の観念と、言説の根拠の一つをもたらすものだが、ヨーロッパの思想は、この観念を懐疑主義とみなし、たえずこれと闘ってきた。ヨーロッパの思想にとって、感覚する自我は〈理性〉を根拠づけることはできず、自我の方が理性によって定義づけられていた。一人称で発話する理性は、〈他者〉を宛先とすることなく、独話《モノローグ》をつむいでいるのである。そして、反対に、一人称で発話する理性が真の人格性に到達し、自律的人格の特徴である至高性を再発見するのは、普遍的になることによってのみだとされる。分離した思考者たちが理性的になるのは、思考するという彼らの個人的で個別の行為が、この唯一普遍的な言説の契機として姿を現す場合に限られる。思考する個人のうちに理性があるとすれば、それは彼が自分自身の言説に入りこむ場合に限られるだろう。そこでは、語の語源的な意味で思考が思考者を了解する、つまり思考が思考者を包含することになる。

しかし、思考者を思考の一契機とすることは、言語がもつ啓示の機能を、諸概念の首尾一貫性を言い表す言語の首尾一貫性に限定することである。この首尾一貫性において、思考者の唯一的自我は蒸発してしまう。だとすると、言語の機能は、この首尾一貫性を破る「他なるもの」、それゆえ本質的に非合理的な「他なるもの」を除去することに帰着してしまうだろう。興味深い帰結である。言語とは〈他〉と〈同〉を調和させることで〈他〉を除去するもの、ということになるのだ！　しかるに、表出の機能においては、言語はまさに、自分が宛先とする他者、呼びかけ呼び出す他者を維持する。もっとも、言語は、表象され、思考された存在として他者を呼び出すことに存するのではない。しかし、だからこそ言語は、主体

－客体関係には還元できない関係、すなわち〈他者〉の啓示を創設するのである。記号体系としての言語が構成されうるのは、ただこの啓示においてである。呼びかけられた他者は《表象されたもの》でも《与えられたもの》でもない。また、ある側面ではすでに一般化に供されているような《個別のもの》でもない。言語は、普遍性と一般性を前提とするどころか、唯一それらを可能にするものだ。言語が前提とするのは、複数の対話者であり、多元性である。対話者たちの交際[*39]〔commerce〕は、一方の他方による表象ではないし、言語という共通平面での普遍性への融即でもない。すぐあとで述べるように、対話者たちの交際は倫理的なものである。

　プラトンは、真理の客観的秩序、おそらくは書かれたもののうちで非人称的に打ち立てられる秩序と、生き生きとした存在のうちなる理性との差異を固持している。後者は「生き生きとして魂をもった言説」、それゆえ「自分を守ることができ、〔…〕誰に対して語るべきで、誰のまえで口をつぐむべきかを心得ている[22]」言説である。したがって、この言説は、まえもってつくられた内的論理を繰り広げることではなく、自由がもつありとあらゆる危うさをともなって、思考者どうしの闘争のなかで真理を構成することである。言語という関わりが前提とするのは、超越であり、徹底的な分離であり、対話者どうしの異質性〔＝異邦性〕であり、私《モワ》に対する〈他者〉の啓示である。別の言い方をすれば、言語が話されるのは、関係をなす諸項のあいだの共同性がないところ、共通平面がなく、それがはじめて構成されるべきところである。言語は、こうした超越のうちに場を占めている。それゆえ、〈言説〉とは、絶対的に異質な〔＝異邦的な〕なにかの経験であり、純粋な「認識」ないし「経験」であって、驚きがもたらす外傷なのだ。

(22)『パイドロス』二七六a。

絶対的に異質なもの〔＝異邦的なもの〕だけが、私たちに教示することができる。そして、私にとって絶対的に異質なもの——あらゆる類型学、類《ジャンル》、性格学、分類に逆らうもの——でありうるのは、それゆえ最終的には対象の彼方にまで進出していく「認識」の終着点となりうるのは、ただ人間だけである。他人の異質性〔＝異邦性〕、他人の自由そのものである！ 自由な存在だけが、たがいに異質でありうる。こうした諸存在に「共通の《モワ》」自由が、まさにそれらを分離するものである。「純粋認識」、すなわち言語は、ある意味で私に関わっていないような存在との関わりからなる。あるいは、こう言ってよければ、この存在は、自己と完全な仕方で関わっている——自体的《カタウト》である——かぎりでのみ私と関わるような存在、あらゆる属性を超えたところに場を占めるような存在である。あらゆる属性を超えたところ、というのも、属性の効果とは、まさにこの存在を形容すること、言い換えれば、他の諸存在と共通のものにそれを還元することにあるとされるからだ。要するに、この存在は、丸裸であるような存在なのだ。

隠喩によってではあるが、事物が裸であるのは装飾を欠いている場合だけである。むき出しの壁、味気ない風景がそうだ。事物は、つくられた目的である機能を達成することに埋没しているときには、すなわち、消え去るほどまでに自分固有の究極目的に根本から従属しているときには、装飾を必要としない。事物は、そのときみずからの形態のもとで消え去るのである。個々の事物の知覚とは、これらの事物が形態のうちに完全には埋没しない、という事態である。そのとき、事物はそれ自体として浮かびあがり、自分の形態を貫き、穴を開けるのであり、それらを全体性に結びつけるような関係には解消されない。ある面では、事物はつねに工業都市のようである。そこでは、すべてが生産という目的に適合しているのに、煙に煤《すす》けて、廃物と悲しみでいっぱいのこれらの工業都市は、それ自体として存在してもいるからだ。ある事物にとって、裸性とは、みずからの究極目的に対してその存在がもっている剰余である。これは事物の不条理さ、無用さであって、それ自体は形態との関わりにおいてしか現れないものの、形態とは際立った対照をなし、形態を欠いているのだ。事物は、つねに不透明さであり、抵抗であり、醜さ[*40]である。叡智的太陽は見る眼やそれが照らす対象の外に位置する、というプラトンの考えは、それゆえ事物の知覚を正確に記述している。対象は、固有の光をもつのではなく、借りものの光を受けとるのである。

そのあとで、この裸の世界に新しい究極目的を——内的な究極目的を——導き入れるのは、美である。科学や芸術を介して暴露する〔＝幕を剝ぐ〕ことは、本質的に言って、元基に一つの意義をまとわせることであり、知覚を乗り越えることである。事物を暴露する〔＝幕を剝ぐ〕こととは、形態を介して事物を照らし出すことである。すなわち、事物の機能や美を感知することで、全体における場所をこの事物に見つけてやることである。

言語の働き《ウーヴル》は、まったく別のものだ。言語の働きとは、一切の形態から解放されていながら、それ自身で自体的《カタウト》にある意味をもつような裸性との関わりに入ることにある。この裸性は、私たちが光をあてるまえに意味するのであり、（善悪や美醜のような）価値の両価性を背景にした欠乏としてではなく、つねに肯定的な価値として現れる。このような裸性が、顔である。顔の裸性は、私が顔を暴露する〔＝幕を剝ぐ〕がゆえに私《モワ》に差し出されるもの、それゆえ顔の外部にある光のなかで、私《モワ》や、私の権能や、私の眼や、私の知覚に差し出されるようなものではない。顔は私《モワ》の方を向いたのだ――これこそが、まさに顔の裸性である。顔はそれ自体で存在するのであり、ある体系に従うことによってではない。

もっとも、裸性は、みずからの体系を失った事物の不条理さや、一切の形態を貫く顔の意義のほかに、さらに第三の意味をもちうる。すなわち、羞恥において感じられるような、また嫌悪や欲望において他人に対して現れる身体の裸性である。しかし、この裸性は、いずれにせよ、つねに顔の裸性に準拠している。顔を介して絶対的に裸であるような存在だけが、みだらに裸になることもできるのだ。

しかし、私《モワ》の方を向く顔の裸性と、形態に照らされた事物の暴露のあいだの差異は、単に二つの「認識」の様式を隔てるのではない。顔との関係は対象の認識ではないのだ。顔の超越は、同時に、顔が入りこむこの世界に不在であること、ある存在が離郷していることであり、異邦人の、無一物者の、プロレタリアの境遇である。自由である異質性〔＝異邦性〕

は、悲惨としての異質性でもある。自由は〈他なるもの〉として〈同〉に現前する。〈同〉の方は、つねに存在に原住する者であり、つねに自分の住居で特権に浴している。他者、自由な者は、異邦人でもある。他者の顔の裸性は、寒さに震え、自分が裸であることに恥じている身体の裸性へと延長される。自体的《カタウト》な実存は、世界のうちなる一個の悲惨である。そこにある私《モワ》と他者のあいだの関わりは、レトリックを超えた関わりである。

懇願し、要求するこの眼差し——ほかでもなく要求するからこそ懇願するこの眼差し——、すべてに権利をもつがゆえにすべてを奪われたこの眼差し、（ひとが「与えることで事物を問題にする」のとまったく同様に）ひとが与えることで認識するこの眼差し——このような眼差しが、まさに顔としての顔の公現《エピファニー》である。顔の裸性とは、赤貧（＝裸になること）なのだ。他人を認識することとは、飢えを認識することである。〈他人〉を認識すること——それは与えることである。しかし、これは師に、主君に与えることであり、高さの次元で「あなた」として接する相手に与えることである。

私《モワ》に所有された世界——享受に差し出された世界——がエゴイスト的な立場とは無関係の視点から感知されるのは、寛大さにおいてである。「客観的なもの」とは、単に平静な観想の対象ではない。あるいは、むしろ平静な観想の方が、贈与によって、譲渡不可能な所有物の廃止によって定義されるのである。〈他人〉の現前は、このように私の喜ばしい世界の所有を問いただすことに等しい。《感性的なもの》の概念化は、すでに、私のものを〈他人〉の便宜に供するにあたっての、私の実質や私の家という生身の肉におけるこの切断に由来する。このように私のものを〈他人〉の便宜に供するなかで、事物が商品になりうる地位に降りていくことが準備される。この始原的な所有権放棄が、のちの貨幣を介した一般化の条件となるのだ。概念化は、最初の一般化であり、客観性を条件づけるものである。客観性は、譲渡不可能な所有物の廃止と合致する。このことは〈他者〉の公現《エピファニー》を前提としている。一般化にまつわる問題のすべては、こうして客観性の問題として立てられる。一般的で抽象的な観念にまつわる問題は、客観性を構成済みのものとして前提することはできない。一般的な対象は、感性的対象ではなく、ただ一般性と理念性への志向のうちで思考されたものにすぎない。というのも、一般的で抽象的な観念をめぐる唯名論の批判は、それでも克服されていないからだ。理念性と一般性へのこの志向がなにを意味するのかを、さらに言わなければならないのである。知覚から概念への移行は、知覚された対象の客観性の構成に属している。知覚を身にまとった理念性への志向を通じて、〈同〉のうちで自己同定する主体である孤独な存在が諸理念の超越的世界の方に進んでいく、というような仕方で、理念性への志向という言葉を使ってはならない。〈対象〉の一般性は、エゴイスト的で孤独な享受を超えて〈他人〉に向かう主体の寛大さと相関している。それ以後、主体は、享受という排他的な所有のうちに、この世界の財の共同性を生じさせるのである。

他人を認識することは、したがって所有された事物の世界を通って他人に到達することであるが、同時に贈与によって共同性と普遍性を創設することでもある。言語が普遍的なのは、言語が《個別的なもの》から《一般的なもの》への移行そのものだからであり、言語が私の事物を他人に差し出すからである。話すことは、世界を共通のものにすること、共通の場所〔＝常套句〕をつくり出すことである。言語は、概念の一般性に従うのではなく、共同所有の土台を築く。言語は享受の譲渡不可能な所有物を廃止する。言説における世界は、もはや分離――すべてが私に与えられているわが家――における世界ではない。この世界は、私が与えるもの――伝達可能なもの、思考されたもの、普遍的なもの――である。

それゆえ、言説とは、事物からも〈他者たち〉からも離れているような二つの存在の悲愴な衝突ではない。言説は愛でもない。他人の超越は、他人の卓越であり、高さであり、主人たる姿であると同時に、他人の悲惨、離郷、異邦人としての権利をその具体的な意味のうちに包含している。異邦人の、寡婦の、孤児の眼差しであり、私は与えることでしか、あるいは拒むことでしか、この眼差しを認識することができない。私は与えるのも拒むのも自由だが、必然的に事物を介することになる。ハイデガーにおけるように、事物は場所の根拠ではないし、大地のうえでの（そして「天空のもとで、人間たちと一緒に、神々を待ちながらの」）私たちの現存を構成する全関係の精髄ではない。〈同〉と〈他〉の関わり、私による〈他〉の迎え入れこそが究極の事実であって、そこで事物はひとが建てるものとしてではなく、ひとが与えるものとして出現するのである。

6　〈形而上学的なもの〉と《人間的なもの》

無神論者として絶対者と関わることは、聖なるものの暴力から純化された絶対者を迎え入れることである。無限の聖潔性――言い換えれば、その分離――が現前する高さの次元では、無限はみずからに向けられる眼を焼くことはない。無限は話すのであって、直面することが不可能な、自我を不可視の網の目に絡めとるような神話的形式をもつわけではない。無限はヌミノーゼ[*41]ではないのだ。無限に接する自我は、無限と接触することで消えてなくなるわけでも、自己の外に運び去られるわけでもなく、分離されたままでいるのであり、《われ関せずの態度》を保ち続ける。無神論者である存在だけが〈他者〉と関わることができ、しかもすでにこの関係に縛られずに孤絶する〔*s'absoudre*〕ことができる。超越は、融即による超越者との結合とは区別される。形而上学的関係――無限の観念――は、ヌーメンではない《本体的なもの》に結びつける。この《本体的なもの》は、実定諸宗教の信者たちがもつ神の概念とは区別される。実定諸宗教の信者たちは、融即の束縛から十分に解き放たれてはおらず、知らないうちに神話に潜りこんでいる自分を受け入れているのである。無限の観念、形而上学的関係は、神話なき人類の黎明である。ただし、神話から純化された信仰、一神教的な信仰は、それ自体が形而上学的な無神論を前提としている。啓示とは、言説である。啓示を迎え入れるには、この対話者の役割に適した存在、分離した存在が必要である。無神論こそが、自体的《カタウト》な真の神との本来の関係の条件なのだ。とはいえ、この関係は、融即から区別されるのと同様に、対象化からも区別される。神の発話を聞くことは、ある対象を認識することに帰着するのではなく、私《モワ》のうちにあるその観念から溢れ出るような、デカルトがその「表象的実在性[*42]」と呼ぶものから溢れ出るような、ある実体と関わることに帰着する。認識され、主題化されるだけで、この実体はもう「自分自身に即す」ことをやめる。言説において、この実体は異質（＝異邦的）でありながら現前するが、こうした言説が融即を宙吊りにする。そして、言説は対象の認識を超えて、社会的な関わりをめぐる純粋経験を創始する。社会的な関わりにあっては、存在が自分の実存を他なるものとの接触から引き出すことはない。

超越者を異邦的なものや貧しきものとして位置づけることは、すなわち、神との形而上学的関係が人間や事物に対する無知のなかで成し遂げられるのを禁じることである。神的なものの次元は、人間の顔を起点として開かれる。〈超越者〉との関係とは――関係といっても〈超越者〉によるいかなる支配からも自由なものだが――社会的な関係である。〈超越者〉、無限に〈他なるもの〉は、この関係においてこそ、私たちに懇請し、訴えかけるのである。存在のうちにあって、〈他人〉の近さ、隣人の近さは、みずからを表出する絶対的な（言い換えれば、あらゆる関係からも解放された）現前の啓示が生じる際の不可避の契機である[*43]。かかる現前の公現は、まさに〈異邦人〉や寡婦や孤児の顔のうちで、みずからの悲惨を介して私たちに懇請することに存する。形而上学者の無神論――これが肯定的に意味しているのは、〈形而上学的なもの〉との私たちの関わりは倫理的な振る舞いであって、神学ではないということ、そして、たとえそれが類比による神の諸属性の認識であっても、なんらかの主題化ではないということである。神が最高度の究極の現前へと高まっていくのは、人間たちに与えられた正義に相関するものとしてである。神に向けられた眼差しが神を直接に知解できないのは、私たちの知解が限定的だからではなく、無限との関係が〈他者〉の全面的〈超越〉に魅惑されることなくこれを尊重するからであり、人間のうちにこの〈超越〉を迎え入れるという私たちの可能性が、対象を主題化し、包含する了解より遠くにおもむくからである。より遠くに、というのは、まさにこの可能性がこうして〈無限〉の方におもむくからだ。直接の知解と称されている、神の神聖なる生への融即としての神の知解は不可能である。なぜなら、融即とは神的なものに加えられる否認であり、対面以上に直接的なものはないからである。対面は廉直さそのものなのだ。不可視の神とは、単に想像を絶する神を意味するのではなく、正義において接近可能な神を意味する。倫理《エティク》とは、精神的な光学《オプティク》である。主体‐客体関係は倫理を反映してはいない。主体‐客体関係に通じる非人称的な関係にあっては、そして人間の現前を一切排したところでは、不可視とはいえ人称的である神に接することはないのである。《理念的なもの》とは、単に、最高度に存在するような存在ではないし、《客観的なもの》の崇高化や、愛する者の孤独のうちで生じるような〈君〉の崇高化でもない。神へと通じる隘路が生起するためには、正義の働き《ウーヴル》が――対面の廉直さが――必要なのであり、ここでは「見神」がこの正義の働きと合致するのである。それゆえ、形而上学は、社会的な関係が演じられるところで——私たちの人間どうしの関わりのうちで——演じられる。人間どうしの関係から分離されるなら、神のいかなる「認識」もありえない。〈他人〉こそが、形而上学的真理の場所であり、神との私の関わりに不可欠のものである。〈他人〉は媒介者の役割を演じるわけではまったくない。〈他人〉は神の受肉でもない。顔において〈他人〉は脱受肉化しているのであって、まさにかかる顔を介することで、〈他人〉は神がみずからを啓示する高さの現出となるのである。私たちの人間どうしの関係こそが、ほとんど垣間見られたことのない研究領野を記述するのであり（この領野で、ひとはたいてい内実が「心理学」でしかないような、いくつかの形式的範疇で満足している）、神学的な諸概念にそれらが含みもつ唯一の意義を与えるのである。倫理の、言い換えれば、人間と人間の関係——意義〔＝意味作用〕、教え、正義——のこの優位を打ち立てること、他の諸関係すべてが（特に、美学的なものであれ、存在論的なものであれ、非人称的な崇高さと本源的に接触させるように私たちに思われる諸関係が）よりどころとする還元不可能な構造の優位を打ち立てることは、本書の目的の一つである。

　形而上学は、倫理的な関わりのうちで演じられる。倫理から引き出される意義がなければ、神学の諸概念は空虚で形式的な枠組みにとどまる。悟性の領域においてカントが感性的経験に割り当てていた役割は、形而上学では人間相互の関係に帰着する。そして、最後に、道徳的な諸関係を起点としてこそ、形而上学のあらゆる主張は「精神的」な意味をもつのであり、事物の虜《とりこ》となり、融即の犠牲者となった想像力が私たちの諸概念に付与する一切から純化されるのである。倫理的関係は、聖なるものとのあらゆる関係に抗する仕方で、関係を取り結ぶ者の知らないうちに当の関係がもちかねないあらゆる意義を排除することによって定義される。ある倫理的関係を取り結ぶとき、私は、自分が作者ではない劇、あるいは私よりも先に他者が結末を知っている劇のなかで演じることになるような役割を認めるのを拒むし、救済の劇であれ、劫罰の劇であれ、私の意に反して演じられたり、私を弄《もてあそ》んだりするような劇であれば、それに出演するのを拒む。このことは悪辣な傲慢と同じではない。というのも、これはいささかも服従を排除しないからだ。ただし、服従は、まさに誰かが思い描いたり予示したりする謎めいた意図への非意志的な融即とは区別される。人間相互の関係に帰着しえないものはすべて、宗教の優れた形態ではなく、その永遠に原始的な形態を表しているのである。

7　対　面――還元不可能な関係

私たちの分析は、一つの形式的構造に導かれている。それは私たちのうちなる〈無限〉の観念である。〈無限〉の観念をもつためには、分離したものとして実存しなければならない。この分離が〈無限〉の超越にただ呼応するものとして生起することはありえない。さもなければ、分離は相関関係のうちに位置づけられ、それによって全体性が復元されて、超越は見せかけのものになってしまう。しかるに、〈無限〉の観念とは、超越そのものであり、超越合致する観念からの溢出である。全体性が構成されえないのは、〈無限〉が統合されるがままにならないからである。全体化を妨げるのは、〈自我〉の不十分さではなく、〈他人〉の〈無限〉なのだ。

〈無限〉から分離された存在は、それにもかかわらず形而上学のうちで〈無限〉と関わっている。この存在は、分離が有する無限の間隔を破棄しないような関わりによって〈無限〉と関わっている。分離のこの間隔は、それゆえあらゆる間隔とも異なるものだ。形而上学においては、存在はみずからが吸収しえないもの、語の語源的な意味で了解する＝包摂《コンプランドル》することのできないものとの関わりのうちにある。この形式的構造の肯定的な面——〈無限〉の観念をもつこと——は、具体的には言説に等しい。そして、言説は倫理的関係として明確化されるのである。いかなる概念の共同性にも全体性にも行き着かない、《この地》の存在と超越的存在との関係——関係なき関係——のために、私たちは宗教という語を割り当てる。

　超越的存在とそこから分離された存在が同一の概念に参与する（＝融即する）ことはできないとする超越の否定的記述は、デカルトにも依然として見られる。実際、デカルトは、存在するという用語が神と被造物に適用される際の両義的な意味を主張している。この説は、類比的属性をめぐる中世の神学を経由して、アリストテレスにおける、ただ類比的なものにすぎない存在の統一という考え方にさかのぼる。[*44] プラトンでは、この説は存在に対する〈善〉の超越[*45]のなかに含まれている。存在の多元性は数の統一のなかで消え去ることも、一つの全体性に統合されることもない、とする多元主義哲学があったとすれば、この説はその根拠として役立ったはずである。全体性および存在の抱握ないし存在論が、存在の最後の秘密を握っているわけではない。宗教においては、〈全体〉が不可能であるにもかかわらず〈同〉と〈他〉の関わりが存続するが、こうした宗教――〈無限〉の観念――こそが究極的な構造なのだ。

〈同〉と〈他〉が、それらを抱握する一つの認識のうちに入りこむことはありえない。分離した存在が、みずからを超越するものと取り結ぶ諸関係は、全体性を背景として生起するわけではないし、体系として結晶化することもないのだ。しかし、私たちは〈同〉と〈他〉を一緒に名指してはいないだろうか。これらを一緒に名指す語の形式的な総合は、すでに一つの言説の、言い換えれば、全体性を破る超越との接続状態《コンジョンクテュール》の一部をなしている。〈同〉と〈他〉の言葉上の隣接関係がすでに位置づけられている両者の接続状態とは、私《モワ》による〈他者〉の、額と面を突き合わせた迎え入れである。全体性には還元されえない接続状態である。というのも、「向かい合い」という位置関係は「……の隣」の変様ではないからだ。私が〈他人〉を「と」という接続詞《コンジョンクシオン》で自分に結びつけることがあったとしても、そのときでさえ〈他人〉は私に対面し続けるし、顔においてみずからを啓示し続ける。宗教が、この形式的全体性の基底にあるのだ。そして、私がほかならぬ本書で問題になる分離と超越をあたかも最後の絶対的な見通しのもとにあるかのように言い表すとしても、存在それ自体の骨組みであると私が主張するこれらの関係は、私の対話者たちをまえに現前しておこなわれる言説のただなかで、すでに結ばれている。かならずや〈他者〉は、私が抱く〈無限〉の観念を通じて、私に面を——敵対的なものとして、友として、私の師として、私の生徒として——向けるのだ。たしかに反省によってこうした対面を意識化することはできるが、反省という「自然に反した」立場は意識の生における一つの偶発事ではない。反省は自己の問いただし、批判的態度を含意するが、こうした批判的態度それ自体が、〈他者〉の面前で、〈他者〉の威光のもとで生起するのである。このことは、のちに示すことになるだろう。対面は究極的な状況であり続けるのだ。

訳注

*1　初版のみ小文字になっている。第二版以降に従う。

*2　ギリシア神話でクロノスは天空神ウラノスと地女神ガイアから生まれたティタンたちの末弟。ウラノスを去勢して天界の王位を簒奪したが、自分もわが子に王位を奪われる運命にあると知り、姉妹のレアとのあいだに生まれた子を次々と飲みこんだ。しかし、末子のゼウスだけは、レアが赤子と偽ってクロノスに石を飲ませたために救われた。

*3　ポッシュ版では、puissance が誤って naissance となっている。

*4　この概念については、第Ⅳ部五一一頁も参照。

*5　「所産」の意味での œuvre の初出箇所である（序の訳注*13を参照）。

*6　プロタゴラスに帰される言葉で、後出のプラトン『テアイテトス』で紹介されている。

*7　ヘーゲル『精神現象学』（一八〇七年）の本論第一章「感覚的確信」の議論を参照。

*8　プラトン『テアイテトス』一五二Dを参照。「〔…〕すべてのものは運動あるいは更に一般的な動きというものからなり、また相互の混和からなるともいうのである。そしてちょうどこれらすべてのものをわ

れわれはあると言っているけれども、これらに対してこの語を用いるのは正しくないというのだ。なぜなら、何ものもいかなる時においてもあるということはないので、始終なるのだからというのである。そしてこのことについては、パルメニデスを除くすべての智者が相並んで同一歩調をとっているとみてよい。すなわちプロタゴラスとヘラクレイトスがそうであり、またエムペドクレスがそうである」（『テアイテトス』田中美知太郎訳、岩波書店（岩波文庫）、一九六六年、四一頁）。

＊9　運動し、変化する物事については真実を語ることができないと判断したひとたちについて、アリストテレスは『形而上学』一〇一〇a一〇以下で述べている。「そしてこの判断から、これまで述べてきたうちの最も極端な意見も現われたのである、それはヘラクレイトスの徒をもって自任する人々の意見、ことにクラティロスのいだいていたそれで、この人に至っては、ついになにごとも語るべきではないと考えられ、わずかに指頭を動かしうるのみであった。そしてかれは、ヘラクレイトスが二度と同じ川に足を踏み入れることはできないと言ったのを遺憾とした、というのは、かれ自らは一度もできないと思ったからである」（『形而上学』上、出隆訳、岩波書店（岩波文庫）、一九五九年、一四〇―一四一頁）。レヴィナスは、自身の「ある（il y a）」の概念を、この議論と結びつけている（『時間と他者』原田佳彦訳、法政大学出版局（叢書・ウニベルシタス）、一九八六年、一七頁を参照）。

＊10　ドイツ語訳・英語訳に従って、reposer sur lui の lui は l'Autre と解釈する。

＊11　プラトン『国家』三五九D以下に登場するリュディアの羊飼い。正しいひとと不正なひとのそれぞれに、なんでも望むがままのことができる力を与えた場合になにが起こるかを議論する文脈で語られる挿話。ある日、ギュゲースは、地震のあとにできた大地の裂け目のなかに指輪を見つける。指輪の玉受けを内側に回すと自分の姿がほかのひとたちには見えなくなることを発見したギュゲースは、これを悪用して王の妃と通じたのち、王を殺害して王権を奪った（『国家』上、藤沢令夫訳、岩波書店（岩波文庫）、一九七九年、一〇八頁以下を参照）。

＊12　ポッシュ版のみ小文字になっている。初版に従う。

＊13　プラトン『饗宴』二〇三B以下で、ディオティマがソクラテスに語る話を参照。「すなわちアフロディテが生れたとき、神々は祝宴を催したが、その中にはメティス（巧智の神）の子ポロス（術策の神）もいました。そこで食事が終った頃に、ペニヤ（窮乏）は御馳走を当てこんで乞食をしに来て、戸口に立っていたのでした。ところがポロスは神酒（葡萄酒はまだなかった）にたべ酔ってゼウスの園に這入ってゆき、そこで酔い草臥れて深い眠りに落ちました。するとペニヤは、困窮のあまり、ポロスによって子を得ようという一策を案出し、その傍に臥してエロスを孕んだのでした」（『饗宴』（改版）、久保勉訳、岩波書店（岩波文庫）、一九六五年、一〇八頁）。ポロスは「豊富」とも訳される。

＊14　かつて人間の性には男女両性のほかに、男女の両性を結合した一つの性があったと語るアリストパネスの神話（プラトン『饗宴』一八九C以下）。人間が神々に挑戦するほどの力をもつに至ったため、ゼウスが彼らをすべて二つに切り裂いた。それ以後、人間は切り裂かれた半身を追い求めて一緒になろうとするのだという（『饗宴』前掲、七八頁以下）。

＊15　英語訳は、この一文のあとに段落を分けている。

＊16　プラトン『パイドロス』二四六A以下を参照。「そこで、魂の似すがたを、翼を持った一組の馬と、その手綱をとる翼を持った馭者とが、一体になってはたらく力であるというふうに、思いうかべよう。〔…〕われわれ人間の場合、まず第一に、馭者が手綱をとるのは二頭の馬であること、しかも次に、彼の一頭の馬のほうは、資質も血すじも、美しく善い馬であるけれども、もう一頭のほうは、資質も血すじも、これと反対の性格であること、これらの理由によって、われわれ人間にあっては、馭者の仕事はどうしても困難となり、厄介なものとならざるをえないのである」（『パイドロス』藤沢令夫訳、岩波書店（岩波文庫）、一九六七年、五八頁）。

＊17　nous l'abordons のl'がなにを指すのかは不明瞭である。英語訳は《現実的なもの》としているが、

ドイツ語訳に従って「存在」としておく。

＊18 プラトン『パルメニデス』一三九B以下の「一なるもの」をめぐる議論を参照。「それは自分自身と同じということもないし、異なる他のものと同じということもない。またさらに自分自身とは異なるということもないし、他の異なるものから異なるということもないだろうというのだ」（田中美知太郎訳、『プラトン全集』第四巻、岩波書店、一九七五年、四四頁）。

＊19 ドイツ語訳に従って、pas のあとに que を補って読む。

＊20 プラトン『パイドロス』二七五E以下を参照。書かれた言葉は「自分だけの力では、身をまもることも自分をたすけることもできない」のに対して、「この書かれた言葉と兄弟の関係にあるが、しかし父親の正嫡の子である」もう一つの言葉の方は、「それを学ぶ人の魂の中に知識とともに書きこまれる言葉、自分をまもるだけの力をもち、他方、語るべき人々には語り、黙すべき人々には口をつぐむすべを知っているような言葉」だと言われる（『パイドロス』前掲、一三七頁）。

＊21 初版からすべて image となっているが、ドイツ語訳に従って visage と訂正する（英語訳は訂正していない）。

＊22 「原初的領分（sphère primordiale）」は、フッサールが他者論で用いる用語 primordiale Sphäre を訳したもので、私に固有で本質的なものの領野を指す。

＊23 「対化（accouplement）」は、前注と同じくフッサールが他者論で用いる用語 Paarung を訳したもの。私に固有の領野に現れたある物体が、私固有の身体と類似したものとして「対」をなすこと。

＊24 「共同存在」の原語は coexistence で、ハイデガーの Mitsein の訳語（『存在と時間』（一九二七年）第二六節を参照）。

＊25 フランスの社会学者エミール・デュルケーム（一八五八―一九一七年）による宗教の定義を参照。「宗教とは、聖なる事物、すなわち分離され禁止された事物に関わる信念と実践とが連動している体系で、

あり、それらの信念と実践とは、これに従うすべての人びとを、教会と呼ばれる同一の道徳的共同体に結びつけている。われわれの定義を占めるこの第二の要素は、第一の要素に劣らず本質的である。というのも宗教の観念が教会の観念と不可分であることを示すことで、それは、宗教がすぐれて集合的なものであるはずだ、ということを予見させるからである」（『宗教生活の基本形態——オーストラリアにおけるトーテム体系』上、山﨑亮訳、筑摩書房（ちくま学芸文庫）、二〇一四年、九五—九六頁）。

＊26　ガブリエル・マルセル（一八八九—一九七三年）は、フランスの哲学者。主著に『形而上学日記』（一九二七年）、『存在と所有』（一九三五年）など多数。

＊27　マルティン・ブーバー（一八七八—一九六五年）は、オーストリア生まれのユダヤ系宗教哲学者。主著に『我と汝』（一九二三年）など多数。

＊28　Buber les expose を Buber l'expose と訂正する。

＊29　「教育指導（pédagogie）」、「民衆煽動（démagogie）」、「精神誘導（psychagogie）」のすべてに含まれる合成語要素 -agogie は、「導く」を意味するギリシア語 agein に由来する。

＊30　プラトン『ソピステス』二六三Eのエレアからの客人の発言を参照。「ではまず、〈思考〉と〈言表〉とは同じものではないかね。違う点はただ、一方は魂の内において音声を伴わずに、魂自身を相手に行なわれる対話（ディアロゴス）であって、これがわれわれによって、まさにこの〈思考〉という名で呼ばれるにいたったということだけではないか？」（藤沢令夫訳、『プラトン全集』第三巻、岩波書店、一九七六年、一五三—一五四頁）

＊31　たとえば、プラトン『パイドン』七九Dのソクラテスの発言を参照。「だが、魂が自分自身だけで考察する時には、魂は、かなたの世界へと、すなわち、純粋で、永遠で、不死で、同じように有るものの方へと、赴くのである。そして、魂はそのようなものと親族なのだから、魂が純粋に自分自身だけになり、また、なりうる場合には、常にそのようなものと関わり、さまようことを止め、かの永遠的なものと関わ

りながら、いつも恒常的な同一の有り方を保つのである。なぜなら、魂はそういうものに触れるからである。そして、魂のこの状態こそが知恵（フロネーシス）と呼ばれるのではないか」（『パイドン――魂の不死について』岩田靖夫訳、岩波書店（岩波文庫）、一九九八年、七六頁）。

＊32 ヘルマン・コーエン（一八四二―一九一八年）は、ドイツのユダヤ系哲学者で、マールブルク学派の創始者。この箇所は、『ユダヤ教を源泉とした理性の宗教』（一九一九年）の第九章「宗教的愛の問題」からの引用。「いかにしてひとはイデアを愛することができるのか。これには、こう答えなければならない。いかにしてひとはイデア以外のものを愛することができるのか、と」(Hermann Cohen, *Religion der Vernunft aus den Quellen des Judentums: eine jüdische Religionsphilosophie*, Wiesbaden: Marix Verlag, 2008, S. 209)。

＊33 前注＊20を参照。

＊34 プラトン『パイドン』六二D以下で、哲学者は喜んで死のうとする、と言うソクラテスに反論するケベスの発言を参照。「なぜなら、もっとも思慮のある者（哲学者）たちが、存在するもののうちで最善の監督者である神がかれらを監督してくれている、その配慮のうちから立ち去るというのに、憤慨しないというのは理屈に合わないからです。というのは、かれは、自由の身になれば、自分で自分自身をより善く配慮するだろうとは思わないからです。いや、無思慮な人ならばそういうことを考えるかもしれません。主人からは逃亡すべきである、と。そして、善い主人からは逃亡すべきではなく、むしろ、できるだけかれのもとに留まるべきである、とは考えないでしょう。こうして、かれは無考えに脱走するでしょう。しかし、思慮分別のある人は自分自身より優れた方のもとにいつも居ようと望むでしょう」（『パイドン』前掲、二五頁）。

＊35 引用符に入っているが、出所は不明。おそらく、原注（20）で参照されるプラトン『パイドロス』二七三Eで、神々の心にかなおうとする話と対比される「人間相手の話や行為」のことを指すものと思われ

る。ここでソクラテスが批判する弁論術では、真実そのものを伝えることよりも「真実らしくみえるもの」によって説得させることが重要であり、その議論が本書の「レトリック」の問題と結びつけられている（『パイドロス』前掲、一二八頁以下を参照）。

＊36　ポッシュ版では、égaux のあとのセミコロンが誤ってカンマに修正されている。

＊37　レヴィナスが「貨幣（argent）」にもとづいた正義を重視していることは、論文「自我と全体性」（一九五四年）（『われわれのあいだで――《他者に向けて思考すること》をめぐる試論』合田正人・谷口博史訳、法政大学出版局（叢書・ウニベルシタス）、一九九三年所収）や「同害刑法」（一九六三年）（『困難な自由』（増補版・定本全訳）、合田正人監訳、三浦直希訳、法政大学出版局（叢書・ウニベルシタス）、二〇〇八年所収）などでも述べられている。

＊38　「まずわが身を省みよ（Charité bien ordonnée commence par soi-même＝立派な慈善は自分自身から始まる）」というフランス語の成句をもじった表現。

＊39　本書で commerce という語は、多元性をなす対話者どうしの倫理的関係を指す一方で、第Ⅲ部では個別の人間存在が相互性をまとって交換可能なものとなる関係をも指している。そのため、前者には「交際」、後者には「交易」の訳語をそれぞれあてている。

＊40　プラトン『国家』五〇八C以下を参照。「「ぼくが〈善〉の子供と言っていたのは、この太陽のことなのだと理解してくれたまえ。〈善〉はこれを、自分と類比的なものとして生み出したのだ。すなわち、思惟によって知られる世界において、〈善〉が〈知るもの〉と〈知られるもの〉に対してもつ関係は、見られる世界において、太陽が〈見るもの〉と〈見られるもの〉に対してもつ関係とちょうど同じなのだ」（『国家』下、藤沢令夫訳、岩波書店（岩波文庫）、一九七九年、八二頁）。

＊41　「ヌミノーゼ（das Numinöse）」は、ドイツの宗教哲学者ルドルフ・オットー（一八六九―一九三七年）が『聖なるもの』（一九一七年）で提示した概念。理性的・概念的には理解不可能な宗教的感情で、

「被造者感情」、「戦慄すべき」、「接近不可能」等々の要素を含んでいる（『聖なるもの』久松英二訳、岩波書店（岩波文庫）、二〇一〇年を参照）。

＊42　第I部Aの訳注＊25を参照（ただし、「実在性」の原語は、ここでは réalité ではなく existence である）。

＊43　原文は un moment inéluctable de la révélation, d'une présence absolue… となっているが、英語訳に従って révélation のあとのカンマを削除し、「みずからを表出する絶対的な〔…〕現前の啓示」と続けて読む。

＊44　アリストテレス『形而上学』一〇一六b三三を参照。「だがつぎに、(2)或るものどもは(a)数において一つであり、(b)或るものどもは種において、(c)或るものどもは類において、また(d)或るものどもは類比によって一つである」（『形而上学』上、前掲、一七二頁）。

＊45　プラトン『国家』五〇九Bを参照。「〔…〕〈善〉は実在とそのまま同じではなく、位においても力においても、その実在のさらにかなたに超越してあるのだが」（『国家』下、前掲、八五頁）。「存在の彼方の（au-delà de l'être / ἐπέκεινα τῆς οὐσίας）《善》」は、『実存から実存者へ』（一九四七年）以来のレヴィナスの中心テーマである。「〈善〉を存在の彼方に位置づけるプラトンの定式が、この研究を導くもっとも一般的でもっとも空虚な指標である」（『実存から実存者へ』西谷修訳、筑摩書房（ちくま学芸文庫）、二〇〇五年、九頁）。

C　真理と正義

1　問いただされる自由

形而上学ないし超越は、外部性を切望する知性の働き《ウーヴル》のうちに認められる。この働きが〈欲望〉である。しかし、外部性への欲望は、客観的認識のうちではなく、正義として提示された〈言説〉のうちで、そして顔に対してなされる迎え入れの廉直さのうちで作動するように私たちには思われた。だが、この分析は、伝統的には知性が応えるものである真理の使命を否認してしまうのではないか。正義と真理の関わりとは、どのようなものなのか。

実際、真理は知解可能性から分けられない。認識することとは、単に事実確認をおこなうことではなく、つねに了解することなのだ。また、認識するとは正当化《ジュスティフィエ》することであるというふうに、道徳的次元との類比によって正義《ジュスティス》〔＝正しさ〕の概念を介入させて言われることもある。事実の正当化とは、なされたこと、成し遂げられたこと、過ぎ去ったことという性格を、つまりは、それ自体として私たちの自発性の障害物となる撤回不可能なことという性格を、当の事実から取り除くことである。しかし、事実は私たちの自発性の障害物となるから不正である、と述べることとは、自発性そのものは問いただされないことを、そして自由な営みは規範に服すのではなく、かかる自由な営みこそが規範であることを前提としている。しかしながら、知解可能性への気遣いは、障害物を斟酌しない行動を生み出す態度とは根本的に区別される。知解可能性への気遣いは、反対に、対象のある種の尊重を意味するのだ。障害物が理論的な〔＝観想的な〕正当化ないし理由を要求する事実となるには、この障害物を乗り越える行動の自発性が抑制されること、言い換えれば、この自発性それ自体が問いただされることが必要だった。そのとき、私たちは、なにものも斟酌しないような活動から、事実の考慮〔*considération*〕へと移行するのである。観想を可能にするとされる例の行為の宙吊りは、跳躍や衝動的運動に身を任せずに隔たりを保つような自由の留保に由来する。真理が生じる場である観想とは、自分を信用しない存在が有する態度である。知がなんらかの事実の知となるのは、当の知が同時に批判である場合だけであり、みずからを問いただして自分の起源の彼方にさかのぼる場合だけである（これは、自分の起源より高いところを探し求める点で、そして創造された自由を確証ないし記述する点で、自然に反した運動である）。

このような自己批判は、自己の弱さの発見としても理解されうるし、自己の無価値さの発見としても理解されうる。言い換えれば、挫折の意識としても理解されうるし、有責性の意識としても理解されうる。最後の場合、自由を正当化することは、自由を証明することではなく、自由を正しきものにすることである。

ヨーロッパの思想には、無価値さを挫折に従属させる伝統、道徳的な寛大さそれ自体を客観的思考のさまざまな必然性に従属させる伝統の優位があるのを見分けることができる。自由の自発性が問いただされることはない。自由が制限されることだけが悲劇的であり、物議を醸すのだ。自由が問いただされるのは、自由がなんらかの仕方で自分自身に押しつけられる場合に限られる。私が自分の実存を自由に選ぶことができていたなら、すべては正当化されることになるだろう。いまだ理性を欠いたままの私の自発性が挫折することで、理性と観想が目覚める。つまり、知恵の母たる痛みがあったのだろう。暴力を抑制し、人間どうしの諸関係に秩序を導き入れる必要性は、ただ挫折のみから訪れるのだ。政治理論は、万人が認める自発性という価値から正義を引き出してくる。私の自由を他者たちの自由と調和させながら、この自発性の最高度の営みを世界の認識によって保証しなければならないのだ。

こうした立場は、万人が認める自発性の価値だけでなく、理性的存在が全体性のうちに位置づけられる可能性をも認めることになる。自発性の批判は、自我が世界のなかで占める中心的な場所を問いただす挫折によって生み出されるが、かかる批判は、それゆえ自分自身の挫折や全体性について反省する力《プヴオワール》を、そして自己から引き抜かれて《普遍的なもの》のうちで生きる自我の根こぎを前提とする。こうした自発性の批判は、観想も真理も根拠づけることなく、あらかじめそれらを想定している。それは世界の認識を起点とするのであって、すでに認識から、すなわち挫折の認識から生まれる。かかる挫折の認識は、すでに観想的なものだ。

以上のことに対して、道徳的な無価値さの意識によって生み出される自発性の批判は、真理に先立ち、全体を考慮することに先立つのであり、《普遍的なもの》のなかで自我が崇高化することを前提としていない。無価値さの意識の方は、なんらかの真理ではないし、事実の考慮でもない。私が道徳に反しているという最初の意識は、私が事実に従属することではなく、〈他人〉に、〈無限〉に従属することである。全体性の観念と無限の観念は、まさにこの点で異なる。前者は純粋に観想的であり、後者は道徳的なのだ。自分自身を恥じることのできる自由が真理の根拠となる（それゆえ、真理は真理からは演繹されない）。〈他人〉は、はじめから事実であったり障害物であったりするわけではないし、死で私を脅かすわけでもない。〈他人〉は私の恥のなかで欲望されているのだ。権能と自由がもつ正当化されざる事実性を発見するために必要なのは、この事実性を対象として考慮することでも、〈他人〉を対象として考慮することでもなく、無限をみずからの尺度にすること、言い換えれば、無限を欲望することである。自分自身の不完全さを認識するには、デカルトならそう言うだろうが、無限の観念、《完全なるもの》の観念が必要である。《完全なるもの》の観念とは、観念ではなく欲望である。これは〈他人〉の迎え入れ、道徳意識の始まりであり、それが私の自由を問いただす。このように無限の完全態をみずからの尺度にする仕方は、それゆえ観想的な考慮ではない。この仕方は、恥《として》成就する。恥において、自由は、みずからの営みそのもののうちで、自分が殺人者であることを発見するのである。また、この仕方は、恥

《のなかで》成就する。恥において、自由は恥の意識のうちに自分を発見するのと同時に、恥そのもののうちに自分を隠すのである。恥は、意識や明るさの構造をもつのではなく、裏返しの方向に向けられている。恥の主体は、私の外部にあるのだ。言説と〈欲望〉において、他人は対話者として、私がなにかをなすことができない者、私が殺すことができない者として現前するのだが、かかる言説と〈欲望〉が先述の恥の条件であり、そこで私は、私《モワ》であるかぎりで、無垢な自発性ではなく、簒奪者であり、殺人者なのだ。それに対して、無限、〈他なるもの〉としての〈他〉は、他なる私自身が有する観想的な観念とは合致しない。このことは、無限が私の恥を生じさせ、私を支配するものとして現前するという、ただそれだけの理由から、すでにそうなのだ。無限の実存は正当化されているのであって、この実存が第一の事実であり、無限の完全態そのものの同義語である。そして、他者が私を任命しうるのは、すなわち、それ自体としては恣意的な私の自由を任命しうるのは、結局のところ、私自身が自分を〈他者〉の〈他者〉であると感じることができるからだ。しかし、このことは、きわめて複雑な諸構造を通してはじめて得られる。

道徳意識が他人を迎え入れる。これは私の諸々の権能に対する抵抗の啓示である。この抵抗は、より大きな力として私の権能を挫折させるのではなく、私の権能の素朴な権利、生きる者としての私の輝かしい自発性を問いただす。自由が独力で自分を正当化するのではなく、自分が恣意的で暴力的だと感じるとき、道徳が始まる。《知解可能なもの》の探求、そしてまた知の批判的な本質の現出、存在が自分の条件の手前にさかのぼること——これらは一度に始まるのである。

2 自由の任命あるいは批判

実のところ、実存は自由の刑に処されているのではなく、自由として任命されている。[*1] 自由は裸でいるわけではない。哲学することとは、自由の手前にさかのぼることであり、自由を恣意性から自由にするような任命を発見することである。批判としての知、自由の手前への遡行としての知は――自分の起源の手前になんらかの起源を有するような存在においてしか――つまりは創造された存在においてしか――生じえない。

批判あるいは哲学が、知の本質である。しかし、知の固有性は、知が対象に向かうことができるということにはない。対象に向かう運動は、知と他の諸行為に共通する運動だからだ。知の特権は、みずからを問いただすことができるということ、自分自身の条件の手前に進出していくことにある。知が世界から退隠しているのは、知が世界を対象としてもつからではない。知が世界を主題としてもち、それを一つの対象としうるのは、知の営みが、いわば自分を下支えする条件そのものを手にすることに、《手にする》というこの行為までも下支えする条件を手にすることにあるからだ。

このような手による掌握、自分の条件の手前への進出は、行為としての認識を対象に導く素朴な運動によって当初は隠されているが、これらはなにを意味するのだろうか。このような問いただしは、なにを意味するのだろうか。このような問いただしは、認識という素朴な行為によって思念された事物の了解に関して提起される諸々の問いを、認識全体について繰り返すことには還元されえない。もしそうだとすれば、認識そのものを認識することは、対象を扱う他の諸科学と同列になる一つの心理学をつくり出すことに帰着してしまう。そのとき、心理学や認識論で提起される批判的問いは、たとえば、認識はいかなる確実な原理に由来するのか、とか、認識の原因はなにか、といったことを問うことに帰着してしまう。なるほど、その場合には無限退行が避けられず、自分の条件の手前への遡行や根拠の問題を提起する権能は、そうした不毛な行程に還元されてしまう。根拠の問題を認識についての客観的認識と同一視することは、自由は自分自身にしか根拠づけられないと最初から考えることである。自由——〈同〉による〈他〉の規定——は、表象およびその明証性の運動そのものというわけだ。根拠の問題を認識そのものの認識と同一視することは、まさに根拠づけるべき自由の恣意性を忘れることである。批判を本質とする知は、客観的認識には還元されえない。かかる知は〈他人〉へと導く。〈他人〉を迎え入れることは、私の自由を問いただすことである。

ひとはコギトの認識を客観的認識とは区別したいと考えるかもしれないが、知の批判的本質は、こうしたコギトの認識の彼方にまで私たちを導く。コギトの明証性においては、認識が働くまでもなく認識と《認識されたもの》が合致し、それゆえ認識には現在の関与《アンガジュマン》に先行するいかなる関与も含まれていない。さらに、そこでは認識はたえず始まりにあるのであって、状況のうちにはない（この点は、そもそも、条件も過去ももたない現在の純粋経験であるあらゆる明証性に固有のことである）――以上のようなコギトの明証性は、批判的要求を満足させることはできない。なぜなら、コギトの始まりはコギトに先行するものであり続けるからである。たしかに、自分自身の条件をつかみとる実存の目覚めであるがゆえに、コギトは始まりを示すものではある。しかし、この目覚めは〈他人〉から訪れるのだ。コギト以前の実存は、あたかも自分が自己にとって異質であり続けているかのように、自分の夢を見ている。自分は夢を見ているのではないか、と疑うがゆえに、この実存は目覚めるのである。懐疑によって、実存は確実性を探求するように仕向けられる。しかし、この疑い、この懐疑の意識は、〈完全なるもの〉の観念を前提としている。こうして、コギトの知は〈師〉との関係に――無限の観念または〈完全なるもの〉の観念に――向かわせるのだ。〈無限〉の観念は、《私は考える》の内在性でも、対象の超越でもない。デカルトにおいて、コギトは神という〈他なるもの〉をよりどころにしている。この〈他なるもの〉が、プラトン的な師のようにかつて見たものの想起を単に呼び起こすことなく、あらかじめ魂に教えを施し、魂のなかに無限の観念を据えたのである。

みずからの条件を動揺させる行為としての知は、まさにそのことからして、一切の行為の上部で演じられる。被造物においては、自由の不確実性と自由が正当化に訴えることが結び合わさっているが、ある条件を起点にしつつ、この条件の手前に遡行することが被造物というこの地位を記述するとすれば、そして知が被造物としての一活動であるとすれば、条件のこの動揺と正当化は〈他人〉からやって来る。主題化から逃れるのは〈他人〉だけである。主題化が主題化の根拠として役立つことはありえない。なぜなら、主題化はすでに主題化が根拠づけられていることを前提とするからであり、主題化はみずからの素朴な自発性のうちで自分自身に確信を抱いた自由の営みだからだ。それに対して、〈他人〉の現前は〈他人〉の主題化と同じではなく、それゆえ、このように素朴で自分自身に確信を抱いた自発性を要求しない。他人の迎え入れは、その事実《イプソ・ファクト》からして、私の不正の意識である――すなわち、自由が自分自身に対して抱く恥である。哲学というものが、批判的な仕方で知ることに、言い換えれば、みずからの自由を正当化してくれる根拠を探求することに、すなわち、みずからの自由を正当化することに存するとすれば、哲学とは道徳意識とともに始まる。道徳意識において〈他なるもの〉は〈他人〉として現前するのであり、そこでは主題化の運動が逆転する。逆転といっても、これは他人によって思念される主題として「自分を認識すること」に帰着するわけではない。そうではなく、ある要請に、ある道徳性に従うことである。〈他人〉が私に尺度をあてがう際の眼差しは、私が〈他人〉を発見するときの眼差しとは比較されえない。〈他人〉が場を占める高さの次元は、存在の最初の湾曲のようなものだ。〈他人〉の特権、超越の高低差は、この湾曲に由来する。〈他人〉は形而上学的なのである。〈他人〉が超越的なのは、〈他人〉が私《モワ》と同様に自由だからではない。反対に、〈他人〉の自由は〈他人〉の超越それ自体に由来する一つの優越性である。批判によるこうした逆転は、なにに存するのだろうか。主体は「自己のため（＝対自的）」にある。主体は、存在するかぎり、自分を表象し、自分を認識する。しかし、自分を認識したり自分を表象したりしながら、主体はみずからを所有して支配し、自己自身のうちに自己同一性に反駁するようなものがあれば、それへと自己同一性を拡大する。こうした〈同〉の帝国主義が、まさに自由の本質なのだ。実存の様式としての「自己のため〔＝対自〕」が指し示すのは、生きるという素朴な意欲と同じくらい根本的な、自己への執着である。しかし、自由によって、私が、私のうちなる非‐自我や私の外の非‐自我に額を突き出して〔＝厚かましく〕対面するように位置づけられるとしても、そして自由がかかる非‐自我を否定したり所有したりすることに存するとしても、〈他人〉をまえにしては自由も後退する。〈他人〉との関わりは、認識とは異なり、享受や所有、自由に変わることがない。〈他人〉は、この自由を支配する要請として、それゆえ私のうちで起こるあらゆることよりも本源的なものとして、重きをなす。並外れたものである〈他人〉の現前は、〈他人〉を殺すことはできないという私が身を置く倫理的不可能性のうちに刻まれており、〈他人〉によって権能《プヴォワール》の終焉が指し示される。私が〈他人〉になにかをなす《プヴォワール》〔＝権能を及ぼす〕ことができないのは、私が〈他人〉についてもちうるあらゆる観念から〈他人〉が絶対的に溢れ出るからである。

たしかに、自我はみずからを正当化するために別の道に踏みこむこともできる。すなわち、全体性のなかでみずからをつかもうとする道である。スピノザからヘーゲルに至る、意志と理性を同一視する哲学が切望するのは、そうした自由の正当化であるように私たちには思われる。この哲学は、デカルトに反して、真理から自由な働き《ウーヴル》という性格を取り除き、自我と非‐自我の対立が消え去るところ、すなわち非人称的理性のただなかに、真理を位置づける。自由は維持されず、普遍的秩序を反映したものに連れ戻されるのであり、この普遍的秩序が、存在論的証明における神のように、それだけで自分を下支えし、正当化するのである。自分を下支えし、正当化するという、この特権によって、普遍的秩序は、いまだ主観的なものであるデカルト的意志の働き《ウーヴル》の彼方に位置づけられるのであり、かかる特権がこの秩序の神的な尊厳をなす。その場合、知とは、自由が自分自身の偶然性を告発し、全体性のなかで消失するような道ということになる。だが、実際には、この道は〈他〉に対する〈同〉のかつての勝利を隠蔽してしまう。このように明証性という孤独な確実性の恣意性のうちで自由が維持されなくなるとき、そして孤独な者が《神的なもの》という非人称的な現実と結びつくとき、自我はこの崇高化のうちで消滅する。西洋の哲学的伝統にとって、〈同〉と〈他〉のあらゆる関係は、それがもはや〈同〉の支配的地位の肯定でないときには、普遍的秩序のうちなる一つの非人称的関係に連れ戻されてしまうのだ。哲学それ自体も、人格のかわりに観念を、対話者のかわりに主題を、呼びかけの外部性のかわりに論理的関わりの内在性を置き換えたものと同じになってしまう。存在者たちは、観念や存在や概念という〈中性的なもの〉に連れ戻される。自由の恣意性や、〈中性的なもの〉のなかでの自由の消滅から逃れるために、私たちはまさに自我を無神論的かつ創造されたもの――自由ではあるが、自分の条件の手前にさかのぼることができるもの――として取り扱ったのだった。「主題化」や「概念化」に身を委ねることのない〈他人〉をまえにして、自我とはそうしたものなのだ。〈中性的なもの〉のなかでの溶解から逃れるように意欲すること、知を〈他人〉の迎え入れとして位置づけることは、人格神による精神主義を維持せんとする敬虔な試みではなく、言語のための条件そのものである。この条件を欠くならば、哲学的言説それ自体も失錯行為に、すなわち中断されることのない精神分析や文献学や社会学のための口実にすぎなくなってしまう。これらのうちでは、言説としての外観さえ〈全体〉のなかで消え去ってしまうのだ。発話することとは、断絶することと開始することの可能性を前提としている。

被造物の実存することそのものとして、つまり根拠づける〈他者〉に向かって条件を超えて遡行することとして知を位置づけることは、他律的なさまざまな臆見を取り除いて自己のうちに自己の根拠を求めてきた哲学的伝統の全体から離別することである。知の最終的な意味とは、自己のための（＝対自的な）実存ではなく、〈他人〉の現前のもとでの自己の問い直し、自己以前への回帰である、と私たちは考える。〈他人〉の現前——特権的な他律——は、自由と衝突するのではなく、自由を任命する。自己に対する恥、〈他者〉の現前と欲望は、知の否定ではない。知とは、これらを組み立てる関節《アルティキュラシオン》そのものである。理性の本質は、人間に一つの根拠とさまざまな権能を保証することではなく、人間を問いただし、正義へと誘《いざな》うことにあるのだ。

それゆえ、形而上学とは、自我の「自己のため（＝対自）」を吟味して、そこに存在への絶対的なアプローチのための堅固な地所を探し求めることに存するのではない。形而上学の究極的な手続きが追い求められるのは、「汝自身を知れ」のうちにではないのだ。「自己のため」が限定的だとか自己欺瞞[*2]だとかいう理由からではなく、「自己のため」がそれ自体では自由にすぎない、言い換えれば、恣意的で正当化されざるもの、その意味で憎むべきものだからである。[*3]「自己のため」とは、私《モワ》であり、エゴイズムなのだ。なるほど、自我の無神論は、融即の断絶と、それゆえみずからの正当化——言い換えれば、外部性への依存——を探し求める可能性を示しているが、その際、依存する存在は、不可視の網の目に絡めとられてこの依存のうちに吸収されることはない。つまり、この依存《デパンダンス》は同時に自存《アンデパンダンス》性を維持するのである。これが対面の関係である。真理の探究は卓越した意味で個人的な働き《ウーヴル》であり、デカルトが見てとったように、つねに個人の自由に連れ戻されるのであって、こうした真理の探究のなかで無神論は無神論として肯定されていた。しかし、無神論は、それがもつ批判的な力《プヴォワール》によって、みずからの自由の手前に連れ戻される。前方に向かってまっすぐに働く自発的な自由と、自由がみずからを審問し、かくして自分の先を行くことができる批判との統一体——これが被造物と呼ばれる。単に《無からの創造》であることが創造の驚異なのではない。啓示を受け入れることのできる存在、自分は創造されており、自分を問いただすべきであることを学びうる存在に行き着くことに、創造の驚異があるのだ。創造の奇跡とは、道徳的な存在を創造することにある。このことは、まさに無神論を前提とするのと同時に、無神論を超えて、無神論をなす自由の恣意性に対する恥をも前提としている。

　したがって、私たちは、一切の存在論を超えた〈他人〉への本源的な通路を正義と不正のうちに見いだすかわりに〈他人〉との関わりを存在論に従属させるハイデガーとも（そもそ

も ハイデガーは対話者や〈師〉との関わりを存在論に還元できるかのように存在論を捉えている）徹底的に対立する。集団のなかで〈他人〉の実存は私たちに関係してくるが、それは私たち全員にとってすでになじみのある存在に〈他人〉が参与しているからではないし、私たちが自分のために屈服させたり利用したりすべきであるような〈他人〉の権能や自由によるのでもない。また、認識の過程や共感のほとばしりのなかで自分を〈他人〉と混ぜ合わせる場合に、あたかも〈他人〉の実存が厄介事であるかのようにして、私たちが乗り越えなければならなくなる〈他人〉のさまざまな属性との差異によるのでもない。〈他人〉が私たちを触発するのは、乗り越えるべき、包含すべき、支配すべき者としてではない——そうではなく、私たちから独立した他なるものとして、である。私たちが〈他人〉と結びうるあらゆる関係の背後で、〈他人〉はふたたび絶対者として現れる。私たちが正義と不正のうちに発見するのは、そして本質的に教えであるような言説が実現するのは、絶対的な存在者を迎え入れる、こうした様態である。他人の迎え入れ——これは能動性と受動性の同時性を表現する語だが——によって、他者との関係は、ア・プリオリとア・ポステリオリ、能動性と受動性といった、事物にとっては有効な諸々の二分法の外に位置づけられる。

しかし、私たちはまた、主題化と同一視された知から出発して、この知の真理がどのように他人との関係へと——言い換えれば、正義へと——連れ戻すのかも示したいと思う。というのも、私たちの議論全体の意味は、あらゆる哲学がもつ根絶しがたい信念に異議を唱えることにあるからだ。すなわち、客観的認識こそが超越との究極的な関係である、そして〈他人〉は——どれほど事物と異なっていようが——客観的に認識されるべきである、いかに〈他人〉の自由がかかる認識の郷愁を失望させるはずだとしてもそうである、というものだ。私たちの議論全体の意味は、他人は知から永遠に逃れると主張することではなく、他人について認識や無知を話題にする意味はまったくないと主張することにある。というのも、超越の最たるものであり、知の条件である正義は、そう望まれるのとは異なって、ノエマの相関者たるノエシスではいささかもないからだ。

3　真理は正義を前提とする

自分を正当化することを気遣うことのない自我の自発的自由は、分離した存在の本質存在《エッサンス》に刻みこまれた可能性である。分離した存在の、とはつまり、もはや融即することのない、そしてそのかぎりで自分自身からみずからの実存を引き出してくる存在、内奥性の次元からやって来る存在、ギュゲース[*4]の運命と一致した存在の、ということだ。ひとびとはギュゲースを見つめているが見えてはおらず、ギュゲースの方はこの者たちが見えており、しかも自分が見られていないことを知っているのだ。

しかし、ギュゲースの立ち位置には、世界に独りでいる存在が有する、言い換えれば、そのひとにとっては世界が一個の光景であるような存在が有する罰せられなさが含まれてはいないだろうか。そして、このことは孤独な自由の、そして孤独であるがゆえに抗議も受けず、罰せられることもない自由の条件そのもの、つまりは確実性の条件そのものではないだろうか。

この沈黙した世界——言い換えれば、この純粋な光景——とは、真の認識が接近しうるものではないのだろうか。知の自由の営みを、いったい誰が罰することができるというのか。あるいは、より正確に言えば、確実性のうちで現出する自由の自発性が問いただされることはありうるのだろうか。真理は、正義の手前にあるような自由——なぜなら、これは独りでいる存在の自由だから——の相関者なのではないだろうか。

a）光景の無始原——悪い霊

しかし、発話を起点に私たちのもとにやって来るのではない絶対的に沈黙した世界は、無‐始原的で、原理《プランシップ》〔＝根源〕を欠いた、始まりを欠いたものになるだろう。たとえ発話が嘘偽りのものだったとしても、そうである。思考はなんら実体的なものには衝突しないだろう。現象は最初の接触からすでに仮象へと格下げされ、その意味で、両義性のうちに、悪い霊[*5]の疑いのうちに身を置くことになるだろう。悪い霊は、嘘を言うために現出するわけではない。悪い霊は、はっきりと現出しているように見える諸事物の背後に、可能なものとして身を置くのである。諸事物が像《イマージュ》ないし幕の地位に落ちる可能性があることによって、それらが純粋な光景として現れることも同時に規定され、悪い霊がうちに宿っている襞が告げられる。そこから生じるのは普遍的な懐疑の可能性であって、懐疑はデカルトに訪れた個人的な出来事《アヴァンテュール》ではないのだ。この懐疑の可能性が、現れそのものを構成する。感性的経験のうちで生起する現れであれ、数学的明証性のうちで生起する現れであれ、そうなのだ。フッサールは事物の自己現前の可能性を認めてはいたが、彼はこの自己現前の本質的な未完状態のうちに、そして「諸側面」からなる映画をまとめあげる「総合」がいつでも破裂しうることのうちに、かかる両義性を再発見していたのである。

ここでの両義性は、二つの概念や二つの実体、二つの特性のあいだの混同によるものではない。この両義性は、すでに現れてしまっている世界のなかで生起する両義性ではない。また、これは存在と無の混同でもない。現れるものがなんらかの虚無に格下げされることはまったくないからだ。だが、この仮象は、虚無ではないとはいえ、なんらかの存在――内的なものであれ――でもない。実際、この仮象は、どうあっても即自ではないのだ。仮象は冷やかしの意図のようなものから生じる。ほんの一瞬まえに自分に《現実的なもの》が提示されていたとしても、そして《現実的なもの》の仮象が存在の皮膚そのもののように輝いていたとしても、そのひとは手玉にとられてしまう。というのも、《本源的なもの》ないし《究極的なもの》は、裸の状態で輝いていた際の皮膚すらも、みずからを告知したり隠蔽したり、模倣したり変形したりする覆いであるかのように、すでにそれを捨て去ってしまうからである。たえず更新されるこの両義性に由来し、現象の現れそのものを構成する懐疑は、十分に一義的な世界のなかにはっきりと区別されて置かれた諸存在を誤って混同してしまうような眼差しについて、その鋭さ如何を審問するわけではない。さらに、懐疑は実際にはたえまない生成に支えられているこの世界の諸形態の恒常性を審問するわけでもない。懐疑は現れるものの真摯さに関わる。あたかも、この沈黙した未決の現れのうちで嘘がつかれているかのようであり、誤謬の危険はまやかしに由来するかのようであり、沈黙は発話の様態にすぎないかのようなのだ。

沈黙した世界は、他人から私たちのもとにやって来る世界である。この場合の他人が悪い霊だとしても、そうなのだ。この世界の両義性は、冷やかしのうちに巧みに入りこんでいる。それゆえ、沈黙とは単なる発話の不在ではない。発話は、陰険に押し殺された笑いのように、沈黙の底に沈んでいるのだ。沈黙は言語の裏面である。つまり、対話者は記号を与えたが、あらゆる解釈から逃れてしまったということだ。これがひとを恐れさせる沈黙である[*6]。発話とは、他人が、発せられた記号を救援すること、記号を介した自分自身の現出に立ち会うこと、この立ち会いによって両義性を解消することである。

悪い霊の嘘は、真なる発話に対立する発話ではない。悪い霊の嘘は《見せかけのもの》と《真剣なもの》の中間にあり、懐疑する主体はそこで息づいているのだ。悪い霊の嘘は、あらゆる嘘の彼方にある。普通の嘘の場合でも、発話する者はたしかに身を隠しはするが、身を隠すこの発話ゆえに発話からは抜け出せず、結果として反駁されうることになる。言語の裏面とは、言語を破壊しようとする笑いのようなものだ。際限なく響きわたっているこの笑いのなかでは、欺瞞もまた新たな欺瞞に包まれるのであり、決して本当の発話に依拠することもなく、始まるということもない。諸事実からなる沈黙した世界の光景には、魔法がかけられている。あらゆる現象は、覆い隠し、無限に欺《あざむ》き、現在性《アクテユアリテ》を不可能にする。これはシェイクスピアやゲーテが魔女たちの場面で登場させる、ほのめかしの迷宮を通して意思疎通をおこなう、あの冷笑的存在たちがつくり出す状況である。そこで語られるのは反言語であって、応答することは滑稽さを身にまとうことと同じなのだ。

b) 表出は原理である

現れの両価性は〈表出〉によって克服されるが、〈表出〉とは私《モワ》への他人の現前化であり、意義《シニフィカシオン》〔＝意味作用〕という本源的な出来事である。意義を理解することは、関係の一つの項から別の項に向かうことではないし、所与のうちにさまざまな関係を見てとることでもない。所与を受けとることは、所与をすでに《教えられたもの》として——〈他人〉の表出として——受けとることである。みずからの世界を介して自分を表示する神を神話のように前提としなければならない、ということではない。世界は、私たちに提供されたもの《プロポゼ》として私たちの主題に——そして私たちの対象に——なる。世界は、ある本源的な教えからやって来る。科学的な研究でさえ、この教えのなかに身を落ち着け、この教えを要請するのだ。世界は他人の語る言語のなかで差し出されており、さまざまな命題《プロポジシオン》〔＝提供されたもの〕がこの世界を携えている。他人こそが現象の原理〔＝根源〕である。現象が他人から演繹されるということではない。つまり、仮象から物自体に導く歩みに似た動きをとって、記号から——この場合は事物が記号になるが——この記号を与える対話者に遡行することで他人が再発見されるわけではない。演繹とは、すでに与えられた対象に適用される思考方法だからだ。対話者は演繹されえない。あらゆる証明は、対話者と私《モワ》の関係を前提としているからだ。どんな象徴体系も、この関係を前提としている。それは単に、当の象徴体系をたがいに理解し、その約束事を──『クラテュロス』のプラトンによれば、こうした約束事は恣意的にはつくられない[*7]──設けなければならないからではない。所与が記号として、ある発話者を表示する記号として現れるためには、すでにこの関係が必要である。この記号の《意味されたもの《シニフィエ》》がなんであれ、そしてそれが永遠に解読できないとしても、このことに変わりはない。そして、所与がただ与えられるというそのことのためにも、所与は記号として機能しなければならない。ある記号を介して、この記号を意味するものとしてみずからを表示する者は、記号の《意味されたもの《シニフィエ》》ではなく、記号を発信し、記号を与える。データ《ドネ》は贈与者《ドナー》に向かわせるが、この差し向けは因果関係ではないし、記号とその意義の関わりでもない。このことは、のちほど詳述する。

c)　コギトと〈他人〉

コギトも、こうした夢の反復に開始点を提供するわけではない。デカルトのコギトのうちには、第一の確実性（とはいえ、デカルトにとって、これはすでに神の実在に依拠しているのだが）、つまりそれ自体では正当化されない恣意的な停止点がある。対象についての懐疑には、懐疑という営みそのものの明証性が含まれる。この営みを否定したところで、この営みをふたたび肯定することになるだろう。実のところ、コギトのうちでみずからのさまざまな明証性を否定する《思惟する主体》は、この否定の働き《ウーヴル》そのものの明証性に行き着くが、それは否定をおこなった当の次元とは異なる次元においてである。だが、とりわけ《思惟する主体》が行き着く明証性の肯定も、最終的もしくは原初的な肯定ではまったくない。今度は、この肯定が懐疑に付されうるからだ。だとすれば、第二の否定の真理が肯定されるのはさらに深い次元でのことになるが、今度もまた否定をまぬがれることはない。そのつど踏破される隔たりは同じではないから、これは単なるシーシュポスの労働ではない。これは、たえずより深まっていく深淵への下降運動であり、私たちが別のところで肯定と否定の彼方の《ある》と呼んだものである。[*8] まさにこうした深淵への目もくらむほどの下降作業ゆえに、そしてこうした次元の変化ゆえに、デカルトのコギトは普通の意味での推論でも直観でもない。デカルトが身を投じている無限否定の働き《ウーヴル》は、間違いなく、融即との訣別を果たした無神論的主体の働きだが、この主体は（感性による快諾[*9]は可能だとしても）肯定が不可能なままであり続ける。デカルトが身を投じた運動とは、主体を目もくらむほどに引きずりこんでいく深淵への運動であり、主体は停止することができないのだ。

　懐疑によって現出する否定性のうちで、自我は融即を破りはするものの、自分一人ではコギトのうちに停止点を見いだすことはない。然り〔*oui*〕と言うことができるのは、私《モワ》ではない――〈他者〉である。肯定は〈他者〉からやって来る。〈他者〉が経験の端緒にあるのだ。デカルトは、確実性を探し求める際、この目もくらむような下降における次元の変化のうちで、すでにその最初のところで停止している。それはなぜかと言えば、実際にはデカルトは無限の観念を手にしていて、否定の背後で肯定が回帰することをあらかじめ推しはかることができているからだ。しかし、無限の観念を手にするとは、〈他人〉をすでに迎え入れたということなのである。

d）客観性と言語

こういうわけで、沈黙した世界とは無‐始原的なものということになるだろう。そこでは知は始まりえないだろう。しかし、沈黙した世界はすでに――無意味と紙一重の――無‐始原的なものとして意識に現前しており、この現前は訪れることのない発話の待機中にある。だから、沈黙した世界の現前は、〈他人〉との関係のただなかで、〈他人〉が発信する記号として現れる。たとえ〈他人〉が顔を隠しているとしても、言い換えれば、〈他人〉が自分の発信する記号にもたらすべき救援から姿を消しているとしても――だから〈他人〉は両義性のうちでこの記号を発信するわけだが――そうなのだ。口をつぐんだ発話にさえ無関心な、絶対的な仕方で沈黙している世界、この世界を表示する者、そしてこの世界を表示することでみずからを表示する者が――悪い霊のように仮象を通じて嘘をつくためであれ――仮象の背後にいるなどとは思わせてくれないような沈黙をまとって沈黙している世界――それほどまで沈黙した世界であれば、光景として差し出されることさえありえないだろう。

事実、光景が鑑賞される〔＝観想される〕のは、光景が意味をもつ場合に限られる。《有意味なもの》は「見られたもの」や「感性的なもの」のあとに来るものではない。これらは、それ自体としては無意味とされ、私たちの思考がア・プリオリな諸範疇に従ってなんらかの仕方で練りあげたり変様したりするものとされているが、そうではないのだ。

現れを意義に結びつける断ちがたい紐帯があると理解していたために、これまでは現れを意義のあとに来るものとする試みがなされてきた。それは、現れを私たちの実践的な行動の合目的性のなかに位置づけることによってだった。ただ現れるだけのもの、「純粋な客観性」、「ただ客観的なもの」は、この実践的な合目的性の残滓にすぎず、この合目的性からみずからの意味を借りてくるとされた。ここから観想に対する気遣いの優先や、了解への認識の根づきが生じている。了解こそが世界の「世界性」に達し、対象が現れる際の地平を開示するというのだ。

対象の客観性〔＝対象性〕は、こうして過小評価される。あらゆる実践的な行動の土台に表象を据える古きテーゼは――主知主義とみなされて――あまりにも性急にその信用を剝奪されている。どれほど透徹した眼差しであっても、事物のうちに用具的存在としての機能を発見することはできないとされる。だが、道具を事物として見てとるには、単に行為を中断するだけで十分なのだろうか。

そもそも、実践的な意義が意味の本源的な領野なのだろうか。実践的な意義は、それが現れる当の一つの思考が現前することを前提としていて、この思考の眼下でかかる意味を獲得するのではないだろうか。実践的な意義は、自分自身の進行過程をたどるだけで、こうした思考を出現させるのに十分なのだろうか。

実践という資格をもつかぎり、意義〔＝意味作用〕は、結局のところ、みずからの実存そのものを目指して実存するような存在へと向かわせる。それゆえ、意義は自分自身が目的〔＝終わり〕であるような一つの終着点から借用される。したがって、事物が意味を獲得していく系列には、意義を理解する者がこの系列の目的〔＝終わり〕として必要不可欠である。意義が含意する差し向けは、この差し向けが自分から自分になされるようなところがあれば、そこで——すなわち享受において——終わりを迎えるだろう。諸存在がみずからの意味をそこから借用してくる進行過程は、実のところ、単に有限《フィニ》であるだけではなく、合目的性《フィナリテ》として、本質上、ある終着点に向かうことに、つまりは終わる《フィニール》ことに存する。ところで、到達点とは、あらゆる意義がまさに消失する地点である。享受——すなわち充足であり、自我のエゴイズムである——とは一つの到達点であり、諸存在は、享受に通じる途上に場を占めているか、そこから離れているかに応じて、この到達点との関わりのなかで手段としての自分の意義を得たり失ったりする。しかし、手段それ自体は、この到達点では自分の意義を失う。目的〔＝終わり〕は、達せられてしまえば無意識のものとなる。無意識の充足という無垢は、それ自体がまどろみだというのに、いかなる権利をもって事物を意義で照らし出すというのだろうか。

実のところ、これまで意義は、つねに関係のレベルで捉えられてきた。関係は、知解可能な——直観的に固定された——内実としては現れてこなかった。関係が意味するものであり続けたのは、この関係そのものも参入する諸関係の体系によってである。それゆえ、西洋哲学全体を通じて——プラトンの最後期の哲学以降——《知解可能なもの》の知解は運動として現れ、決して直観としては現れていないのである。関係なるものをすべて、それらを固定し、内実とみなす眼差しの相関物に変えたのが、フッサールである。フッサールがもたらしたのは、内実そのものに内在する意義〔＝意味作用〕および知解可能性の観念であり、内実の明度という観念である（明度は、判明的区別《ディスタンクシオン》よりも、むしろ明晰《クラルテ》さの方にある。判明的区別は、対象を別の物から切り離すがゆえに関係性だからである）。しかし、こうした光のなかでの自己現前が、それ自体で一つの意味をもちうるのかどうかは定かではない。だから、観念論、すなわち主体による意味付与〔*Sinngebung*〕が、意味のこの実在論の全体を仕上げるのだ。

実際には、意義は充足した存在という究極的統一体が断絶するところでしか維持されない。事物が意義をもち始めるのは、依然として「道半ば」にある存在の気遣いにおいてである。それゆえ、この断絶から意識それ自体が引き出されるのだ。だとすれば、《知解可能なもの》とは、存在の不充足さや一時的な貧しさ、存在が自分自身の成就の手前に滞在していることに由来することになるだろう。しかし、完成した存在こそが到達点だとすれば、そして現実態が潜勢態以上のものだとすれば、こうしたことはいかなる奇跡によるものなのか。

むしろ、こう考えるべきではないだろうか。つまり、充足を問いただすこと——これも充足の一つの意識化だが——は、充足の挫折からやって来るのではなく、合目的性の進行過程が原型として役立たないような、ある出来事からやって来るのだ、と。幸福を台無しにする意識は幸福を凌駕するのであり、私たちを幸福に通じる道に連れ戻してはくれない。幸福を台無しにする意識、幸福や合目的性に、そして用具的存在やその使用者の合目的的な連鎖に一つの意義を付与する意識は、合目的性からやって来るのではない。存在が意識に提供される場である客観性は、合目的性の残滓ではない。使用する手、享受する口や鼻孔、眼や耳に差し出されるとき、対象は対象であるのではない。用具的存在や糧《かて》の存在は世界のなかで演じられるが、客観性は、これらが世界から切り離されたときの残りものではない。客観性は、ある言説のなかに、すなわち世界を提供する〔＝前に置く〕ような対談〔＝支え合い〕のなかに定立される〔＝置かれる〕。こうした提供＝命題〔＝前に置くこと〕は、体系や宇宙や全体性を構成しない二つの点のあいだで交わされる。

対象の客観性と対象の意義は、言語からやって来る。差し出される主題として対象が置かれるこの仕方は、意味するという事実を包みこんでいる。ただし、それは対象を固定する思考者を意味されたもの《シニフィエ》に（つまりは同一の体系に属するものに）向かわせるという事実のことではなく、《意味するもの《シニフィアン》》、すなわち記号を発する者を現出させるという事実のことである。《意味するもの》は、絶対的な他性であるにもかかわらず、思考者に話しかけ、それゆえ主題化する、言い換えれば、世界を提供する〔＝命題化する〕のである。世界は、まさに提供されたもの〔＝前に置かれたもの〕として、表出として、意味《サンス》を有しているが、この同じ理由から、決して原本《オリジナル》にはならない。ある意義にとって、それが有体的な仕方で

〔*leibhaft*〕与えられたり、自分の存在を余すところのない現れのうちで出し尽くしたりすることがあったとすれば、それは不条理だからである。しかし、意味を有するものが原本にはならないからといって、それは劣った存在というわけではないし、それが模倣したり反映したり象徴したりするような現実に向かわせているわけでもない。《有意味なもの》は、なんらかの《意味するもの《シニフィアン》》に向かわせる。記号は《意味されたもの《シニフィエ》》を意味するようには《意味するもの《シニフィアン》》を意味しない。《意味されたもの《シニフィエ》》は、決して完全なる現前にはならない。つねに《意味されたもの《シニフィエ》》は今度はそれ自体が記号になるのであって、まっすぐな率直さをまとってやって来るわけではない。《意味するもの《シニフィアン》》、すなわち記号を発する者は、記号を介しているにもかかわらず、みずからを主題として提供する〔＝前に置く〕ことなく、正面にいる。たしかに《意味するもの《シニフィアン》》が自分について話すことはありうる。だが、そのとき彼は、彼自身が《意味されたもの《シニフィエ》》として、それゆえ今度は記号として示されることになる。《意味するもの《シニフィアン》》である〈他人〉は、自分についてではなく世界について話しながら、発話のなかで現出する。〈他人〉は、世界を提供しながら、すなわち世界を主題化しながら現出するのである。

主題化が〈他人〉を現出させるのはなぜかと言えば、世界を定立し、差し出す命題〔＝提供〕は、宙に浮いているのではなく、この命題を受けとって〈他人〉の方に向かう者への応答を約束しているからだ。そして、この命題を受けとる者が〈他人〉の方に向かうのは、彼が〈他人〉のこの命題のうちに、問うことの可能性を受けとるからである。問いとは、ただ驚きによってのみ説明されるのではなく、問いが宛てられる者の現前によっても説明される。命題は、数々の問いと応答が張りめぐらされた領野で交わされる。命題は一つの記号だが、この記号は、すでにみずからを解釈しており、自分自身の鍵を携えている。解釈されるべき記号のなかに、解釈をおこなう鍵がこうして現前すること――これこそが、命題における〈他者〉の現前であり、自分の言説を救援できる者の現前であり、あらゆる発話がもつ教える者〔＝教師〕としての性格である。口頭による言説こそが、充溢した言説なのだ。

　意義ないし知解可能性は、即自的であり続ける〈同〉の自己同一性に由来するのではなく、〈同〉に訴えかける〈他者〉の顔に由来する。意義が生じるのは、〈同〉が欲求をもつからではないし、なにかが〈同〉に不足しているからでもない。また、この不足を埋めることのできるすべてが、それによって意味を得るからでもない。意義は、〈他者〉を欲望する〈同〉、自分に不足してはいないものを欲望する〈同〉に対する〈他者〉の絶対的剰余のうちにある。〈同〉はさまざまな主題を通して〈他者〉を迎え入れるが、こうした主題は〈他者〉が――その際に与えられる記号から姿を消すことなく――〈同〉に提供したり〈同〉から受けとったりするものである。意義は、世界を語ったり聞いたりする〈他者〉に由来する。〈他者〉の言語や聴解が、まさに世界を主題化するのである。意義の起点となる言葉《ヴェルブ》のうちで、世界は主題化されると同時に解釈されるのであり、そこでは《意味するもの《シニフィアン》》は自分が発信する記号から決して切り離されず、記号を開陳すると同時に、たえずそれを取り戻す。なぜなら、事物を定立する語にこうしてつねに救援が与えられるということが、言語の唯一無二の本質だからである。

諸存在の意義は、合目的性という視野のもとではなく、言語という視野のもとで現出する。全体化に抵抗する諸項、すなわち関係に縛られず孤絶して、かえって関係を明示することになる諸項のあいだの関係が可能になるのは、ただ言語としてである。この場合、ある項が他の項に抵抗することは、他性がもつ不明瞭で敵対的な残滓に由来するのではなく、反対に、つねに教えをもたらすものである発話が私に向ける注意の、尽きることのない剰余に由来する。実際、発話はつねに、発話が放出した単なる記号だったものを取り戻すことであり、発話のうちで不明瞭だったものを明らかにしようと、たえず新たに約束することである。

意味をもつこととは、ある絶対者との関わりによって自分を位置づけること、言い換えれば、知覚には吸収されないこの他性の方から訪れることである。このような他性が可能なのは、ただ驚異的な豊穣さとして、注意の尽きることのない剰余としてであって、この注意は、自分自身の現出を明らかにすることを目指してつねに再開される言語の努力のうちで生じる。意味をもつこととは、教えること、ないし教えられることであり、話すこと、ないし語られうることなのである。

合目的性や享受の視野のもとで意義が現れるのは労働においてのみであり、労働は享受が妨げられることを前提としている。しかし、享受が対象からなる世界、言い換えれば、すでに発話が鳴り響く世界のうちで作動していたのでなければ、妨げられた享受はそれ自体ではいかなる意義も生み出さず、ただ苦痛を生み出すだけだろう。

　起源の機能は、ある座標系のなかで自分を参照するような一つの目的（＝終わり）（意識の対自のようなもの）には帰着しない。始まりと終わりは、同じ意味で究極的概念であるわけではない。「対自（＝自己のため）」は自閉し、充足して、あらゆる意義を失う。対自は、接する者にとって、他のあらゆる現れと同じように謎めいたものとして現れる。起源であるのは、自分の謎を解く鍵を携えているもの、この謎の答えを携えているものである。言語がもつ例外的な点は、自分の現出に立ち会うということである。発話は、発話について説明をおこなうことに存する。発話とは教えである。現れが一つの固定された形態であり、すでに誰かがそこから身を引いているのに対して、言語において成し遂げられるのは、ある現前が間断なく流れこむことであり、この現前は、あらゆる現れと同じく形態的な、自分自身の現れという避けられない幕を引き裂く。現れは啓示するとともに隠すものだが、発話の方は、つねに新しくなる全面的率直さのうちで、あらゆる現れに含まれる避けられない隠蔽を克服することである。このことによって、あらゆる現象に一つの意味《サンス》（＝方向）が――方向づけが――与えられるのである。

　どの現れも起こりうる隠蔽であるような世界、始まりを欠いた世界の魅惑とつねなる両義性が断ち切られるときにはじめて、知の始まりそのものが可能になる。発話は、こうした無始原《アナルシー》に原理（＝根源）を導入する。発話は魅惑を解く。なぜなら、発話にあっては、発話する存在は自分の現れを保証しており、自分を救援し、自分自身の現出に立ち会っているからだ。発話するものの存在は、こうした立ち会い〔＝援助〕のうちで実効化される。私が見つめているのを見つめる顔のうちで早くも芽生えている発話は、啓示という第一の率直さを導入する。発話との関わりによって、世界は方向づけられる、言い換えれば、一つの意義を得る。発話との関わりによって、世界は始まる。ただし、このことは《世界は発話に行き着く》という定式と同じではない。世界は語られるのであり、それゆえ主題となりうるし、提供され〔＝命題化され〕うる。諸存在が命題〔＝提供〕のうちに入ることが、それらが意義を得ること〔*prise de signification*〕という本源的な出来事である。諸存在の算式的な表現自体の可能性も、このように意義を得ることを起点にして打ち立てられるのだ。そういうわけで、発話はあらゆる意義の——さまざまな道具やあらゆる人間の所産《ウーヴル》の——起源である。なぜなら、あらゆる意義が帰着する差し向けの体系は、みずからの働きそのものの原理を——すなわち自分を解く鍵を——発話によって受けとるからである。言語が象徴体系の様態なのではない。あらゆる象徴体系の方が、すでに言語に従っているのだ。

e)　言語と注意

存在が自分の現前に立ち会うこと——発話とは教えである。教えは、単に、すでに私《モワ》と〈他人〉に共通している抽象的で一般的な内実を伝達することではない。教えは、単に、果実をすでに宿した精神を分娩させるという、つまるところ補助的な機能を引き受けるわけではない。与えることで、すなわち現象を《与えられたもの〔＝所与〕》として提示することで、唯一発話のみが共同性を創設するのである。発話は主題化することで与える。《与えられたもの》は、ある文の本題である。文のなかで、現れは主題として固定されることで現象性を失う。沈黙した世界、際限なく増幅される曖昧さ、溜まり水、神秘とみなされる欺瞞でまどろむ水[*10]――こうしたものとは反対に、命題は現象を存在者に、外部性に、私の思考には内包されない〈他者〉の〈無限〉に関係づける。命題は定義をおこなう。対象をその類《ジャンル》のなかに位置づける定義が前提としているのは、無定形の現象をその渾然状態から救い出すことで、現象の起源である〈絶対者〉を起点にして、この現象を方向づけ、主題化するような定義である。あらゆる論理的定義は――出自によるもの〔per genesim〕であれ、類と種差によるもの〔per genus et differentiam specificam〕であれ――すでにこの主題化を、文が鳴り響く世界へのこの参入を前提としている。

真理の客観化そのものも、言語へと向かわせる。無限からはあらゆる定義が切り出されるが、当の無限は定義されないし、眼差しに差し出されることもない。そのかわり、無限はみずからを表示する。それも、主題としてではなく《主題化するもの》として、そのひとを起点にしてあらゆる事物が自己同一的に固定されうる者として、である。しかし、また無限は、それを表示する所産《ウーヴル》に立ち会いながら表示をおこなう。無限は、単にみずからを表示するだけでなく、話すのであり、顔なのだ。

両義性と渾然状態の終焉としての教えは、現象の主題化である。記号がまさにそうであるこの主題化の行為をやり直しながら――すなわち話しながら――自分自身で現前する者によって現象が私に教えられたからこそ、いま私は欺瞞に翻弄されるのをやめ、対象を考慮しているのである。他人の現前は、諸事実からなる無始原的な魔術を打ち破る。世界が対象となるのである。なにかが対象である、主題であることとは、私がそれについて誰かと話せるものであるということであり、このひとは現象の遮蔽幕に穴を開け、私をそのひとに連合させたのである。この連合《アソシアシオン》〔＝社会化〕がいかなる構造をもつのかはのちに述べるが、この構造は——すでに予想されているとおり——道徳《モラル》としてのみ可能である。したがって、真理は私と〈他者〉の関わり、つまりは正義にもとづく。真理の起源に発話を据えることは、視覚の孤独を前提とする暴露〔＝幕を剝ぐこと〕を真理の第一の働き《ウーヴル》とみなすのをやめることである。

言語の働き《ウーヴル》としての、〈師〉が私に行使する活動としての主題化は、謎めいた情報なのではなく、私の注意を宛先とした呼び声である。注意とそれが可能にする明瞭な思考は、意識そのものであって、意識が洗練されたものではない。しかし、私のうち《モワ》にある卓越した至高の注意は、本質的に、ある呼び声に応答するものである。注意がなにかに対する注意であるのは、注意が誰かに対する注意だからである。出発点が外部にあることが注意にとって本質的であり、注意とは自我の緊張そのものである。学校がなければ、いかなる思考も明瞭にはならないのであって、学校こそが学知の条件である。学校においてこそ、自由を傷つけるのではなく成就するような外部性、すなわち〈師〉の外部性が顕現する。思考の明瞭化は、二人でなければできない。思考の明瞭化とは、もとから手にしていたものを見つけ出すことにはとどまらないからだ。だが、教師〔＝教えるもの〕の最初の教えとは、教師としての現前そのものであって、表象はそこからやって来るのである。

f) 言語と正義

しかし、注意を呼びかける《教えるもの〔＝教師〕》は意識から溢れ出る、というのはなにを意味しうるのか。《教えるもの》は、どうやってそれが教える意識の外に存在するのか。《教えるもの》が意識の外部にあることは、思考された内実がそれを思考する当の思考の外部にあることと同じではない。思考する当の思考に対する、思考された内実の外部性は、この思考によって引き受けられるのであり、その意味で意識から溢れ出ることはない。思考に触れるもののうちには思考から溢れ出ることのできるものはなにもなく、すべては自由に引き受けられる。なにもない、ただし思考の自由そのものを裁く裁き手だけは別である。発話によって現象に意味を与え、それらを主題化することを可能にする〈師〉の現前は、なんらかの客観的な知に差し出されるのではない。その現前そのものからして、〈師〉の現前は私《モワ》とともに社会をなすのだ。魅惑された世界の魅力を打破し、自我には不可能な然りを述べ、〈他人〉としてのこれ以上ない肯定性をもたらすような存在が現象内に現前することは、その事実から《イプソ・ファクト》して、社会化〔as-sociation（＝連合）〕である。しかし、始まりに従うことは、始まりについての知ではない。まったく反対に、あらゆる客観化は、すでにこのように始まりに従うことと自体に従っている。存在の経験の最たるものとしての社会化は、暴露する〔＝幕を剝ぐ〕ことがない。社会化を啓示されたものの暴露——顔の経験——と呼ぶことはできるが、そうすると、この暴露の独自性がぼかされてしまう。孤独な確実性の意識とは、あらゆる知が、顔についてもちうる知さえもが演じられる場であるが、こうした暴露にあっては、まさにこの意識すら消失してしまうのだ。実際、確実性は、私の自由に依拠しており、その意味で孤独なものだ。私が所与を引き受けることを可能にするア・プリオリな諸概念によってであれ、（デカルトにおけるように）意志による賛同によってであれ、《真なるもの》の責任を負うのは、結局は独りである私の自由である。社会化、師の迎え入れは、その正反対である。社会化にあっては、私の自由の行使が問いただされるのだ。私の自由が問いただされる状況を道徳意識と呼ぶなら、まさに社会化ないし〈他人〉の迎え入れこそが道徳意識である。この状況の独自性は、単にそれが認知的意識に対して形式的なアンチテーゼをなすからではない。自己の問いただしは、自己がすでに自分自身をこのうえなく厳格に統御していればいるほど、それだけ厳しいものとなる。このように、目標に近づけば近づくほど目標が遠ざかっていくことが、道徳意識の生である。私自身への私の要求の増大は、私《モワ》に向けられる裁きをより重いものにし、私の責任を増大させる。私に向けられる裁きを私が引き受けることは決してないというのは、こうした非常に具体的な意味においてである。引き受けることの不可能性こそが、かかる道徳意識の生そのもの——その本質——なのだ。私の自由が最後の言葉を手にしているのではない。私は独りではないからだ。そして、道徳意識だけが自分自身から抜け出るのだと、いまや私たちは言うだろう。さらに別の言い方をすれば、道徳意識において、私はいかなるア・プリオリな枠組みの尺度とも合わないような経験を――すなわち概念なき経験を――するのだ。ほかの経験は、すべて概念的なものである、言い換えれば、私のものとなる、あるいは私の自由の管轄に属する。私たちがいましがた記述したのは、飢えの秩序の管轄にも飽満の秩序の管轄にも属さないような、道徳意識の本質的な飽くことのなさである。まさにそのようなものとして、私たちは右で欲望を定義したのだった。道徳意識と欲望は、意識の数ある様態と同じような様態なのではなく、意識の条件である。道徳意識と欲望は、具体的には〈他人〉の裁きを通じて〈他人〉を迎え入れることである。

存在を現出させるのは、教えの他動性であって、想起の内奥性ではない。社会が真理の場なのだ。私を裁く〈師〉との道徳的関わりが、《真なるもの》に私が賛同する自由を下支えしている。こうして言語が始まる。私に話しかける者、言葉を通じて私にみずからを提供する者は、私を裁く他人という根本的な異質性〔＝異邦性〕を保持している。私たちの関係は決して反転できない。この支配的地位が他人を即自的なものとして私の知の外側に措定するのであり、この絶対者との関わりにおいて所与〔＝与えられたもの〕は一つの意味を得るのだ。

諸観念の「伝達」や対話の相互性には、すでに言語の深遠な本質が隠れている。この本質は〈私＝自我〉と〈他者〉のあいだの関係の不可逆性、〈他者〉であり《外部にあるもの》であるというその立ち位置と一致する〈師《メートル》〉の〈師であること《メトリーズ》〔＝統御〕〉のうちに宿っている。実際、言語が話されうるのは、ただ、対話者が自分の言説の始まりである場合、それゆえ対話者が体系の彼方にとどまり続ける場合、対話者が私と同じ平面上にはいない場合だけである。対話者は〈君《トゥ》〉ではなく〈あなた《ヴ》〉なのだ。対話者は、主人たる姿で啓示されている。つまり、外部性は《師であること》と一致するのだ。こうして私の自由は〈師〉によって審問されるが、この〈師〉は私の自由を任命することができる。自由の至高の営みである真理が可能になるのは、それからである。

訳注

＊1　サルトルへの反論。「自由であるとは、自由であるべく呪われていることである」（ジャン゠ポール・サルトル『存在と無——現象学的存在論の試みⅠ』松浪信三郎訳、筑摩書房（ちくま学芸文庫）、二〇〇七年、三六三頁）。

＊2　「自己欺瞞（mauvaise foi）」は、サルトルの用語で、意識が自己自身に否定を向ける態度（自己に対する不誠実）を指す（『存在と無』第一部第二章を参照）。

＊3　「自我は憎むべきものだ」という、パスカル『パンセ』（一六七〇年）（ブランシュヴィック版四五五、ラフュマ版五九七）の一節を受けている（『パンセ』前田陽一・由木康訳、中央公論社（中公文庫）、一九七三年、二九二頁）。

＊4　第Ⅰ部Bの訳注＊11を参照。

＊5　「悪い霊（malin génie）」は、デカルト『省察』（一六四一年）「第一省察」に登場する genius malignus を訳したもの。「それゆえ、真理の源泉である最善の神ではなく、ある悪しき霊で、しかも最高の力と狡知をもった霊が、あらゆる努力を傾注して私を欺こうとしている、と想定してみよう」（『省察』

山田弘明訳、筑摩書房（ちくま学芸文庫）、二〇〇六年、四一頁）。

＊6 パスカル『パンセ』の一節「この無限の空間の永遠の沈黙は私を恐怖させる」（ブランシュヴィック版二〇六、ラフュマ版二〇一）を受けている（『パンセ』前掲、一四六頁）。

＊7 プラトン『クラテュロス』三九〇D以下のソクラテスの発言を参照。「そしてクラテュロスが言っていることは真実なのだ。つまり、名前は事物に対して本性的に〔自然的に〕定まっているということ、そして、だれでもかれでもが名前を作る技術者ではなくて、かの者――それぞれの事物に対して本性的に定まっている名前を手本として眺めて、それの形を文字と綴の中に入れることのできる者だけが、そうなのだということは、真実なのだ」（水地宗明訳、『プラトン全集』第二巻、岩波書店、一九七四年、二七頁）。

＊8 「ある（il y a）」は、レヴィナスが『実存から実存者へ』や「時間と他者」（いずれも一九四七年）などで提示した概念。あらゆる存在者が消え去ったあとも残存する「存在一般」を指す。

＊9 第Ⅱ部二五三頁および第Ⅱ部Cの訳注＊1を参照。

＊10 一九四八年の哲学コレージュ講演「発話と沈黙」を参照。レヴィナスは、同時代の哲学や文学で沈黙が称揚されていることに批判的に言及し、沈黙はむしろ「澱んだ水、すなわち、憎悪や腹黒い意図や諦めや臆病さが沈着した溜まり水でもある」とする。「つらく重々しい沈黙、パスカルにとって恐ろしいものであったあの「無限の空間」からくる沈黙が忘れられている。沈黙した世界の非人間性が忘れられている」（『レヴィナス著作集2 哲学コレージュ講演集』藤岡俊博・渡名喜庸哲・三浦直希訳、法政大学出版局、二〇一六年、六七頁）。

D　分離と絶対者

〈同〉と〈他〉は、関わりのうちに身を置くと同時に、この関わりに縛られず孤絶し、絶対的に分離したままであり続ける。〈無限〉の観念が、かかる分離を要求する。〈無限〉の観念は、存在の究極的な構造として、存在の無限性そのものの生起として位置づけられた。これを具体的に成就するのは社会である。しかし、分離のレベルで存在と接することは、堕落状態にある存在と接することではないのか。いま要約した立場は、パルメニデスからスピノザやヘーゲルに至るまで主張された、統一《ユニテ》性という古き特権に背馳する。分離や内奥性などというものは、理解不可能であり非合理的だとされるだろう。そのとき、〈同〉と〈他〉を結ぶ形而上学的認識は、こうした堕落の反映だとされるだろう。形而上学は、分離を撤廃して統一するように努めるとされる。形而上学的存在は、形而上学者たる存在を吸収するはずだとされる。形而上学が始まる場である事実上の分離などというものは、錯覚や誤謬の結果だとされる。分離した存在が自分の形而上学的源泉に回帰する途上で踏破する旅程、統一によって仕上がるような歴史の契機である形而上学は、一つのオデュッセイアであり、その憂慮であり、郷愁だとされる。だが、統一性の哲学は、〈無限〉や〈絶対者〉や〈完全なるもの〉においては考えられない、こうした偶然的な錯覚や頽落がどこに由来するのかを一度も述べることができなかった。

　分離を堕落や欠乏、あるいは全体性の一時的断絶とみなすことは、欲求が証示する分離のほかには、いかなる分離も認めないということである。欲求が証拠だてるのは《欲求に追われた者〔＝骨折り仕事をする人〕》の空虚や不足、外部への依存、欲求に追われた存在の不十分さであるが、その理由は、まさにこの者が自分の存在をすっかり所有してはいないからであり、つまりはこの存在が厳密に言って分離されていないからである。ギリシアの形而上学がたどった道の一つは、〈一なるもの《ユニテ》〉への回帰、〈一なるもの〉との融合を探求することだった。だが、ギリシアの形而上学は、〈善〉を《存在すること《エッサンス》》の全体性から分離されたものとみなしており、それゆえ全体性が《彼方》を許容しうるような構造を（いわゆる東洋思想の手をまったく借りずに）垣間見ている。〈善〉は即自的に〈善〉であって、〈善〉を欠いた欲求との関わりで〈善〉なのではない。さまざまな欲求〔＝生活必需品〕と比べるなら、〈善〉は奢侈品である。だからこそ、〈善〉は存在の彼方にあるのだ。啓示とは真理が表出される場であり、私たちが探し求めるまえに真理の方が私たちを照らし出すような場だが、右でこうした啓示に暴露〔＝幕を剝ぐこと〕を対置したとき、すでに即自的な〈善〉の概念がふたたび採用されていたのだった。[*1]〈一者〉を起点とした《存在すること》の現れを流出や降下によって表すとき、プロティノスはパルメニデスに立ち返っている。プラトンは〈善〉から存在を演繹しようなどとはしていない。プラトンは全体性を乗り越えるものとして超越を位置づけているのである。欲求の脇で――欲求の充足とは空虚を埋めることに帰着する――苦痛や不足のあとに来るわけではない切望を垣間見ているのも、またプラトンである。私たちはこうした切望のうちに〈欲望〉の構図を認めるが、〈欲望〉とは、なにも不足していない者の欲求であり、自分の存在をすっかり所有して、みずからの充溢の彼方におもむく者、〈無限〉の観念を有する者の切望である。あらゆる《存在すること》の上部という〈善〉の〈場所〉は、神学ではなく哲学の最も深遠な教え――決定的な教え――である。〈無限〉が自分が包含することのない存在をみずからの外側に認めるという逆説――そして、分離した存在とのこの隣接関係のおかげでみずからの無限性そのものを成就するという逆説――一言でいえば創造の逆説は、いまやその奇抜さをいくらか失うのだ。

しかし、これ以後は、分離を〈無限〉の単純な縮減、転落と解釈することを放棄しなければならない。〈無限〉からの分離は、〈無限〉と両立しうるのであって、〈無限〉からの単なる「頽落」ではない。有限者と無限者を形式的に抽象性のうちで結びつける諸関係よりも良い諸関係、すなわち〈善〉の諸関係は、見かけのうえでの縮減を通して告知される。有限性を超越のなかに――有限性はそこで〈欲望〉や善性に到達する――位置づけるかわりに、抽象的思考を介して分離（および被造物）の有限性に着目した場合に限り、縮減ということが問題になる。人間的実存をめぐる存在論――哲学的人間学――は、悲愴さをもって有限性を強調しながら、こうした抽象的思考をたえず言葉を換えて言い直しているだけである。実のところ、問題になるのは、〈善〉という概念そのものが唯一意味を得る場である一つの秩序なのだ。それは社会である。関係が結びつけるのは、たがいに補完し合う諸項、つまりは相互に不足するところのある諸項ではなく、充実している諸項である。この関係が〈欲望〉であり、それこそが自己を所有するに至った諸存在の生なのだ。具体的に考えられた無限、言い換えれば、無限の方に向かう分離した存在を起点として考えられた無限は、みずからを乗り越える。別の言い方をすれば、無限は〈善〉の秩序をみずからに開くのだ。無限の方に向かう分離した存在を起点とすることで無限は具体的に考えられると述べるとき、私たちは分離した存在から出発する思考を相対的な〔＝関係的な〕ものとして前提しているわけではまったくない。分離こそが、思考と内奥性の構成そのもの、言い換えれば、自存性のうちでの関係の構成そのものなのだ。

〈無限〉が生起するのは、分離した存在に場を譲るべく収縮[*2]することで、全体性としての侵食を諦《あきら》めることによってである。こうして、存在の外への道を切り開くような諸関係が素描される。循環的に自分自身に閉じこもるのではなく、分離した存在に場を譲るために存在論的な広がりから身を退ける、そうした一つの無限は神的な仕方で実存する。無限は、全体性を超えたところに一つの社会を創設する。分離した存在と〈無限〉のあいだに打ち立てられる諸々の関わりによって、創造時の〈無限〉の収縮に含まれていた縮減的なところが贖《あがな》われる。人間が創造を贖うのだ。神との社会は、神に付け足されることではないし、神と被造物を分ける間隔の消失でもない。全体化との対照によって、私たちはこの社会を宗教と呼んだ。創造者たる〈無限〉の制限と多様性は、〈無限〉の完全性と両立しうる。むしろ、これらがこの完全性の意味を組み立てる関節なのだ。

無限は〈善〉の秩序をみずからに開く。これは形式論理の諸規則に背馳する秩序というわけではなく、それらを乗り越える秩序である。欲求と〈欲望〉の区別は、形式論理には反映されえない。形式論理では、欲望はつねに欲求の形式のなかに流しこまれるからだ。パルメニデスの哲学がもつ力は、もっぱら形式的なこの必要性に由来する。しかし、〈欲望〉の秩序――たがいに不足するところのない異邦人どうしの関係の秩序――肯定性をまとった欲望の秩序――は、《無からの創造》の観念を通じて確証される。そのとき、自分を補うものに飢えた、欲求に追われた存在の次元は消え去って、実存が実存の諸々の必要性を宙吊りにするという安息日の実存の可能性が創始される。実際、ある存在者が存在者であるのは、この存在者が自由である場合、言い換えれば、依存を前提とする体系の外側にある場合に限られる。自由にもたらされるあらゆる制約は、存在にもたらされる制約である。このことを理由に、多様性は、諸存在が隣接関係によって相互に制限し合うという存在論的な堕落だとされている。パルメニデスからプロティノスを通ってこのかた、私たちは別様に考えるには至っていない。なぜなら、多様性は一つの全体性のうちに統一されたものとして私たちに現れていたからである。多様性は、そもそも説明の不可能な、全体性の見かけでしかありえなかった。だが、《無からの創造》の観念が表現しているのは、全体性には統一されないような多様性である。被造物は〈他者〉に依存する実存ではあるが、そこから分離される一部分であるかのように依存するわけではない。《無からの創造》は、体系を打破し、ある存在を一切の体系の外側に、言い換えれば、その存在の自由が可能になるような場に置く。創造は被造物に依存の痕跡を残すが、これは比類なき依存である。依存する存在は、この例外的な依存《デパンダンス》、この関係から、自分の自存性《アンデパンダンス》そのもの、体系に対する外部性を引き出してくる。創造された実存の本質的なところは、その存在が制限されているという性格にあるのではない。被造物の具体的な構造は、この有限性から演繹されるわけではないのだ。創造された実存の本質的なところは、それが〈無限〉から分離されていることにある。この分離は、単に否定であるわけではない。心性として成就することで、この分離はまさに〈無限〉の観念にみずからを開くのである。

思考と自由は、分離と〈他人〉の考慮から私たちのもとにやって来る――この説はスピノザ主義の対極にあるものだ。

訳注

＊1　プロティノスは、三世紀の新プラトン主義哲学者。主著に『エンネアデス』がある。レヴィナスは、一九六三年の論文「他者の痕跡」（『実存の発見――フッサールとハイデッガーと共に』佐藤真理人・小川昌宏・三谷嗣・河合孝昭訳、法政大学出版局（叢書・ウニベルシタス）、一九九六年所収）で、「存在の彼方」を語った哲学者の一人としてプロティノスを挙げている。また、一九八三年の論文「《一者》から《他者》へ――超越と時間」（『われわれのあいだで――《他者に向けて思考すること》をめぐる試論』合田正人・谷口博史訳、法政大学出版局（叢書・ウニベルシタス）、一九九三年所収）の冒頭にも、ややまとまった『エンネアデス』の読解がある。

＊2　「収縮（contraction）」という語は、一六世紀のカバリストであるイサク・ルーリア（一五三四―七二年）が提示した「収縮（ツィムツーム）」の概念を想起させる。この教説によると、神は創造にあたって、被造物が存在できる場を空けるために、みずから収縮したとされる。収縮したのち、神の光が空間内に流れ入ってくるが、それを受けとめる「器」が神の栄光の重みに耐えきれずに破裂し（「器の破壊（シェビラート・ハ・ケリーム）」）、飛び散った断片をふたたび集めて器を修復する作業が課されるという（「修復（ティクーン）」）。

第II部　内奥性と家政

A　生としての分離

1　志向性と社会的関係

形而上学的関係を無私無欲なもの[*1]〔＝脱利益内存在的なもの〕として、またあらゆる融即から解放されたものとして記述するからといって、この関係のうちに志向性を、すなわち同時に近さであり隔たりでもある《……についての意識》を認めるのは誤りだろう。実際、このフッサールの用語が対象との関係、《措定されたもの》や《主題的なもの》との関係を思わせるのに対して、形而上学的関係は主体と対象を結びつけるわけではない。私たちの主張が反主知主義だというのではまったくない。私たちは、実存哲学者たちとは違って、その存在において尊重されている存在者――その意味で絶対的に外部の、言い換えれば、形而上学的な存在者――との関係の根拠を、世界内存在や、ハイデガーの言う現存在の気遣い〔*souci*〕と行為〔*faire*〕に置くことはない。行為、つまりは労働の方が、すでに超越者との関係を前提としているのだ。対象化作用《アクト》というかたちをとった認識は形而上学的関係の水準にはない、と私たちに思われるのは、対象として観想された外部性――主題――が抽象化の速度に応じて主体から遠ざかっていくからではなく、反対に外部性が主体から十分には遠ざからないからだ。対象の観想は、活動《アクシオン》とまったく近いものであり続け、自分の主題を意のままにするのであり、それゆえ観想が演じられる次元では、ある存在が他の存在に制限を加えるのである。形而上学は触れることなく接する。形而上学の様態〔＝手法〕は、行為《アクト》ではなく、社会的関係である。それにもかかわらず社会的関係こそが経験の最たるものだ、というのが私たちの主張である。実際、社会的関係は、みずからを表出する存在者、言い換えれば、即自的で〔＝自己のうちに〕あり続ける存在者のまえに場を占めている。対象化作用と形而上学を区別するからといって、私たちは主知主義の告発に進んでいくのではなく、主知主義を非常に厳密に展開する方向に進んでいく――ただし、それは知性が即自的な存在を欲望するとすれば、の話である。したがって、示さなければならないのは、超越と類比的な諸関係と超越そのものの諸関係との相違である。超越そのものの諸関係は〈他〉に通じる。私たちは〈無限〉の観念の助けを借りることで〈他〉の様態を見定めることができた。超越と類比的な諸関係の方は――なかでも対象化作用は――たとえ超越をよりどころにしたとしても、〈同〉のうちにとどまっている。

〈同〉のただなかで生起する諸関係の分析――この第II部はそれに割かれる――によってこれから記述されるのは、実際には分離が有する間隔である。分離の形式的な構図は、あらゆる関係がもっている構図、すなわち諸項間の隔たりとそれらの結合との同時性ではない。分離においては、諸項の結合はすぐれた意味での分離を維持するのだ。存在は、関係のうちにありながら、この関係に縛られず孤絶し、関係のなかで絶対的なものとなる。分離の具体的な分析、すなわち分離を成し遂げる存在（そして、分離を分析することで、たえず分離を成し遂げる存在）が試みる分析は、分離を内奥的生として、あるいは心性として認めることになるだろう。このことは、すでに示したとおりである。だが、この内奥性の方は、これから《わが家にいること》〔présence chez soi〕として現れることになる。《わが家にいること》が意味するのは、居住〔habitation〕であり、家政〔économie〕である。心性とそれが開くさまざまな展望によって、形而上学者と《形而上学的なもの》を分離する隔たりと、全体化に対する両者の抵抗とが維持される。

2　《……によって生きること》（享受）。成就の概念

私たちは「おいしいスープ」[*2]、空気、陽光、見世物、労働、想念、睡眠、等々によって生きている。これらは表象の対象ではない。私たちは、これらによって生きているからだ。また、ペンはペンのおかげで書くことができる文字に対する手段だが、私たちがそれによって生きる当のものは、こうしたペンと同じように「生の手段」であるわけでもない。コミュニケーションが文字の目的であるのと同じように生の目的であるわけでもない。私たちがそれによって生きる事物は、道具ではないし、語のハイデガー的な意味での用具的存在でさえな

い。これらの事物の存在《エグジスタンス》は、それらをハンマーや針や機械の存在と同じように描き出す功利的な図式では汲み尽くせない。これらは、ある程度までは、つねに――ハンマーや針や機械でさえ――享受〔jouissance〕の対象であり、すでに装飾を施され、美化されたものとして「嗜好」に差し出されているのである。さらに言えば、道具を用いることが合目的性を前提とし、《他なるもの》への依存《デパンダンス》を示しているのに対して、《……によって生きること》〔vivre de...〕は、まさに自存性《アンデパンダンス》を描き出している。享受とその幸福の自存性であり、これがあらゆる自存性の本源的な構図である。

逆から見ると、幸福の自存性は、つねになんらかの内実に依存している。息を吸う、見つめる、食事をする、働く、ハンマーや機械を操ったりする――幸福とは、こうしたことの喜び、あるいは労苦なのだ。幸福が内実に依存することは、原因に対する結果の依存ではない。生がそれによって生きる内実は、実存のさまざまな手段のようには、あるいは実存の「運転」に必要な燃料のようには、この生の維持にとって、かならずしも必要不可欠ではない。あるいは、少なくとも、そうしたものとして生きられてはいない。私たちは死ぬときにはこうした内実と一緒に死ぬわけだし、ときには、それがないくらいなら死んだ方がましだと思うこともあるのだ。とはいえ、現象学的には、滋養の「契機」は、たとえば《糧《かて》にする》〔se nourrir（＝食べる）〕という事実に含まれているし、この事実の本質そのものでさえある。このことを納得するために生理学者や経済学者の知識の助けを借りる必要はまったくない。元気回復の手段としての糧〔nourriture〕は《他なるもの》の〈同〉への変容であり、この変容が享受の本質には含まれている。《他なるもの》と認められた他のエネルギー――のちに見るように、これはこのエネルギーに向かう行為それ自体を下支えするものと認められるエネルギーである――は、享受において、私のエネルギー、私の力、私《モワ》になる。この意味では、あらゆる享受は養分補給である。飢えは欲求であり、欠乏の最たるものであって、まさにこの意味で《……によって生きること》は生を満たすものを単に意識化することではない。これらの内実は、生きられている。それらは生に養分を補給するのだ。ひとは自分の生を生きる。生きる《ヴィーヴル》とは他動詞のようなものであり、生の内実がこの動詞の直接目的補語である。そして、これらの内実を生きるという行為も、事実そのもの《イプソ・ファクト》からして、生の内実である。（実存哲学者たち以来）他動詞となった実存する《エグジステ》という動詞と直接目的補語との関係は、実際には糧との関わりに似ている。糧との関わりのうちには、対象との関わりがある一方で、同じく生を養い、生を満たすものであるこの関わりとの関わりが同時に存在するからだ。ひとは単に自分の苦しみや喜びを実存するだけでなく、さまざまな苦しみや喜びによって実存している。行為がみずからの活動性そのものを糧にするこの仕方が、まさに享受である。だから、パンによって生きることは、パンを心に表象することではないし、パンに働きかけることでも、パンを介して働きかけることでもない。もちろん、自分のパンは稼ぎとらなければならないし、パンを稼ぎとるには、そのための糧を得なければならない。それゆえ、私が食べるパンは、それによって私が自分のパンと自分の生活を稼ぎとるものでもあるのだ。だが、労働し、生きるためにパンを食べるとはいえ、私は自分の労働や自分のパンによっても生きている。パンや労働は、パスカル的な意味で、実存という裸の事実から私の気を逸《そ》らすもの[*3]ではないし、私の時間の空虚を占拠するものでもない。享受とは、私の生を満たすありとあらゆる内実についての究極的な意識である。享受は、これらの内実を抱握するのだ。私が稼ぎとる生は、裸の実存ではない。それは労働や糧からなる生である。これらは単に生の懸案事となるだけでなく、生を「占拠し」、生を「楽しませる」のであり、生はそれらの享受なのだ。たとえ生の内実が私の生を保証するのだとしても、手段がすぐに目的として求められ、この目的の追求が今度は目的と化す。このように、事物はつねに必要最低限以上のものであり、それらが生の優美さをつくり出している。私たちは自分の暮らしを保証する労働によって生きているが、同じく自分の労働によっても生きている。なぜなら、この労働が生を満たす（楽しいものにしたり悲しいものにしたりする）からだ。「自分の労働によって生きる」ことの第一の意味は——事態がしかるべき状態にあるなら——この第二の意味に戻ってくる。見られた対象は対象として生を占拠するが、この対象を見ること《ヴィジョン》は生の「喜び」となる。

そこには見ることを見ることがある、というわけではない。生と、事物への生の依存《デパンダンス》との関わりは享受であり、享受は幸福であるかぎり自存性《アンデパンダンス》である。生のさまざまな行為は、直線的にその究極目的に向けられているようなものではない。私たちは意識についての意識のなかで生きているが、意識についてのこの意識は反省ではない。この意識は、知ではなく享受であり、これから述べるように生のエゴイズムそのものである。

したがって、私たちはさまざまな内実によって生きていると述べることは、実存するという裸の事実として重要な私たちの生を保証する条件に訴えるかのように私たちはこれらの内実に訴えるのだ、と主張することではない。生という裸の事実は、決して裸ではない。生とは、存在しているという裸の意志、この生についての存在論的な気遣い〔*Sorge*〕ではない。生と生の諸条件そのものとの関わりは、この生の糧となり、内実となる。生とは、生への愛であり、私の存在そのものではないが、私の存在よりも大切なさまざまな内実――考える、食べる、眠る、読書する、働く、日向《ひなた》ぼっこをする――との関わりなのだ。私の実体から区別されつつもそれを構成する、こうした内実が、私の生の値打ちをつくり出す。オデュッセウスが冥府で訪問した影たちの実存のような純粋で裸の実存に還元されると、生は影となって溶解してしまう。生とは、本質存在《エッサンス》に先行しない事実存在《エグジスタンス》である。[*4] 生の本質存在が、生の値打ちをつくり出す。そして、ここでは価値が存在そのものを構成するのだ。生の現実は、すでに幸福の水準にあり、その意味で存在論の彼方にある。幸福は存在に生じる偶然の出来事ではない。存在は幸福のためにわが身を危険にさらすからだ。

「……によって生きること」は単になにかの表象ではないとはいえ、「……によって生きること」はアリストテレスの存在論にとって決定的な活動性《アクティヴィテ》と潜勢態の範疇に入るわけでもない。アリストテレスの言う現実態《アクト》は、存在と等価なものだった。目的と手段からなる体系のなかに位置づけられた人間は、自分の限界に見えるものを行為（＝現実態）を介して脱することで、自分を現働化する。他のあらゆる自然本性《ナテュール》と同様に、人間の自然本性も、機能することで、みずからを関わりのうちに置くことで成就していた、言い換えれば、完全に自分自身と化していた。一切の存在は存在することの営みであり、思考と行為の同一化はもはや比喩ではないのだ。仮に《……によって生きること》、享受もまた、みずからを他の事物との関わりのうちに置くことだとしても、この関わりは純粋な存在の平面上に浮かびあがるわけではない。存在の平面上で展開される行為それ自体も、私たちの幸福に付け加わるのだ。私たちは、さまざまな行為によって生きているし、存在するという行為そのものによっても生きている。これは、私たちがさまざまな想念や感情によって生きているのとまったく同じである。私がおこなう物事も、私が今ある姿も、それらは同時に、私がそれによって生きているものである。私たちがそれに関わる際の関わりは、理論的な〔＝観想的な〕ものでも実践的なものでもない。理論〔＝観想〕と実践の背後には、理論と実践の享受が、すなわち生のエゴイズムがある。最終的な関係とは、享受であり、幸福なのだ。

　享受は、経験主義心理学の言う情調〔tonalité affective〕のような数ある心理状態の一つではなく、自我の震えそのものである。私たちが享受のうちでみずからを維持するのは、つねに第二段階においてであるが、この段階はまだ反省の段階ではない。実際、生きているという単なる事実からして、私たちはすでに幸福のなかで動いているが、幸福はつねに、諸事物が切り出される場である存在の彼方にある。幸福は到達点だが、それを切望していたという記憶が、この到達点に成就〔accomplissement〕という性格を授ける。成就は《精神の平静《アタラクシー》》よりも良いものである。純粋な実存することが《精神の平静》であるのに対して、幸福は成就である。享受は渇きの記憶でできており、享受とは渇きを癒やすことである。享受は、自分の「潜勢態」を覚えている現実態なのだ。ハイデガーならそう望むだろうが、享受は存在に私が植えつけられていること——私の配置[*5]〔*disposition*（＝気持ち）〕——を、私を維持する調子〔tonus〕を表してはいない。享受は、存在のうちで私を維持することではなく、すでに存在を乗り越えることである。存在それ自体は、実体性を超えた新たな栄光のように、幸福を探し求めることのできる者に「到来する」。存在それ自体が内実となって、その者の幸福または不幸をなす、その当のひとは、単に自分の自然本性を実現するのではなく、実体の秩序では想像されえないような勝利を存在のうちに探し求める。実体とは、ただ、それらが今ある姿である。それゆえ、幸福の自存性は、実体が哲学者たちにとって有している自存性からは区別される。あたかも存在者は、存在の充溢に加えて、新たな勝利を熱望しうるかのようだ。もっとも、この勝利を可能なもの、貴重なものにするのは、存在者が手にしている実存することの不完全性だけであり、この勝利は実存することの充溢と一致するだけではないか、という反論が私たちに向けられるかもしれない。だが、私たちはそれにはこう言うだろう。不十分な存在という奇妙な可能性そのものが、すでに幸福の秩序の開始であり、実体性より高度な自存性という約束の代価なのだ、と。

活動性《アクティヴィテ》なるものが持続のなかでの始まりを——持続とは連続的なものだが——意味するとすれば、幸福こそが活動性の条件である。たしかに行為《アクト》は存在を前提とするが、行為は始まりも終わりも意味をもたない無名の存在のうちに一つの始まりと終わりを刻みこむ。しかるに、享受は連続性からの独立《アンデパンダンス》を、この連続性のただなかで実現する。幸福は、そのつどはじめて到来するのだ。主体性は、享受の自存性《アンデパンダンス》と至高性に起源をもっている。

プラトンは、さまざまな真理に舌鼓《したつづみ》を打つ魂について語っている[1]。プラトンは、魂の至高性が現出する場である理性的思考のなかに、単に観想的なものではない対象との関係を見分けるわけだが、しかしこの関係は思考者の〈同〉をその至高性のうちで堅固なものにする。真理の野の草原からは、「言うまでもなく魂の最も深遠な部分にふさわしい牧草ができるのであり、魂を軽くするのに必要な翼の羽毛の性質はそれを糧にするのだ[2]」。魂が真理へと上昇するのを可能にしてくれるものは、真理を糧にしている。私たちは、本書の全体を通じて、真理と糧を全面的に類比のものと考えることには異を唱える。まさに形而上学的〈欲望〉は生を超えたところにあるからであり、そこでは満腹という言葉は使えないからだ。だが、思考についてのプラトンのイメージは、生が成就することになる関係そのものを記述している。つまり、そこでは生を満たす内実への愛着が生に高度な内実を提供するのだ。糧を消費することが、生の糧そのものなのである。

(1)『パイドロス』二四六e〔二四七eの誤りか〕。
(2)『パイドロス』二四八b—c。

3　享受と自存性

《なにかによって生きること》は生命エネルギーをどこかから汲みとることには帰着しない、と私たちは述べた。生とは、呼吸や糧《かて》が供給する燃料を探し求めて使うことではなく、こう言ってよければ、地上の糧と天上の糧を消費することである。生はこのように自分ではないものに依存するとはいえ、この依存には最終的にこれを取り消してくれる見返りがないわけではない。私たちがそれによって生きているものは私たちを隷属させるわけではなく、私たちはそれを享受するのだ。欲求は、プラトンがおこなう心理学とは異なり、単なる不足とは解釈できないし、カントの道徳とは異なって、純粋な受動性とも解釈できない。人間存在は、自分の欲求のうちで楽しんでおり、自分の欲求で幸せを感じている。「なにかによって生きること」、あるいはプラトンならそう言うように、こうした快楽《プレジール》の狂気がもつ逆説は、まさに生が依存する当のものに対して覚える好感《コンプレザンス》のうちにある。一方に統御があり、他方に依存があるのではなく、この依存のなかに統御がある。もしかすると、これが好感と快楽の定義そのものかもしれない。《……によって生きること》は、依存が至高性や、本質的にエゴイスト的なものである幸福に変わることである。欲求——俗世のヴィーナス[6]——は、ある意味ではポロス〔豊富、手段〕とペニア〔貧窮、必要〕の子でもある。[7] つまり、欲求は、ポロスのペニアである欲望とは反対に、ポロスの源泉としてのペニアなのだ。

欲求に不足しているのは、充溢と豊かさの源泉である。幸福なる依存である欲求には、埋められる空虚と同じように、充足の余地がある。生理学が外から私たちに教えるところによれば、欲求は不足だという。人間が自分の欲求で幸せを感じうることが示しているのは、生理学的次元は人間の欲求において超越されているということであり、欲求からしてすでに私たちは存在の諸範疇の外側にいるということである。幸福の構造――依存《デパンダンス》による自存性《アンデパンダンス》――あるいは私《モワ》、人間という被造物は形式論理では矛盾なしには現れないとしても、そうなのだ。

能動性と受動性は有限な自由の概念のなかでは渾然一体となっているが、欲求と享受はこの両概念ではカバーできない。生にとっての《他なるもの》である糧との関係において、享受は一種独特《スイ・ゲネリス》の自存性、幸福の自存性である。生とは、なにかによって生きる生であり、幸福である。生は情動性であり、感情である。生きることとは、生を享受することである。生に絶望することが意味をもつのも、生がもともと幸福だからにほかならない。苦痛とは幸福の減退であって、幸福が苦痛の不在だというのは正確ではない。欲求がもつ不可抗力や強制的なものという性格が批判されるが、幸福はこうした欲求が不在であることで成り立つのではなく、すべての欲求を充足させることで成り立つ。なぜなら、欲求の欠乏はありきたりの欠乏ではなく、幸福の剰余を知っている存在における欠乏、満ち足りた存在における欠乏だからだ。幸福とは成就である。幸福は、充足した魂のうちにあるのであって、欲求を根絶した魂、去勢された魂のうちにあるのではない。そして、幸福であるがゆえに、生は個人的なもの〔＝人格的なもの〕である。人格の人格性〔＝個人性〕、自我の自己性は、原子や個体の個別性である以上に、享受の幸福がもつ個別性である。享受は無神論的な分離を成し遂げる。享受によって脱形式化される分離の概念は、抽象的な切断ではなく、原住する自我がわが家に実存することである。プラトンにおいてそうであるのとは異なり、魂とは「魂のない[*8]すべてのものの面倒を見る[(3)]」ものではない。たしかに魂は自分ではないもののうちに住んでいるが、まさにそうして「他なるもの」のうちに居住することによって（論理的に《他なるもの》と対立することによってではなく）、魂は自己同一性を獲得するのである。

（3）『パイドロス』二四六b。

4　欲求と身体性

享受はまさに〈同〉の渦巻きであるが、享受は《他なるもの》を知らずにいるのではなく、《他なるもの》を搾取している。世界というこの《他なるもの》の他性は、欲求によって克服される。享受は、欲求を覚えており、欲求で燃えあがるのだ。欲求は〈同〉の最初の運動である。たしかに欲求は《他なるもの》への依存でもあるが、これは時間を通した依存である。つまり、〈同〉の瞬間的な裏切り行為ではなく、依存の宙吊りないし延期であるような依存であり、それゆえ労働と家政を介して、欲求が依存する他性の切っ先そのものをへし折る可能性である。

プラトンは、欲求の充足にともなう快楽は見せかけだと告発することで、欲求についての否定的な概念を打ち立てた。欲求は《より少ないもの》であり、充足によって埋められる不足だというのである。欲求の本質は、疥癬や病気のせいで体を掻きむしりたいという欲求に見られるとされる。[*9] だが、欲求は貧窮のうちにあると捉えるような欲求の哲学にとどまらなければならないのだろうか。貧窮は、動物的および植物的条件を打破することによる人間の解放が冒す危険の一つである。欲求の本質的な点は、このリスクをものともしない、こうした断絶のうちにある。欲求を単なる欠乏とみなすことは、欲求に時間も意識も残されていないような壊乱した社会のなかで欲求を捉えることである。人間と、人間が依存する世界のあいだに挿入される隔たりこそが、欲求の本質をなす。ある存在が世界から切り離されたというのに、依然としてこの世界を糧《かて》にしているのだ！　根を下ろしていた全体から切り離された存在の一部分が、みずからの存在を手中に収め、それ以後、この存在と世界の関わりはただ欲求だけになる。この存在は、世界の一切の重みから、無媒介的でたえまのない接触から解放される。隔たって存在するのだ。この隔たりは、時間に変換可能であり、解放されてはいるが欲求に追われた存在に世界を従属させることができる。ここには一つの曖昧さがあるが、身体がまさにそれを組み立てる関節《アルティキュラシオン》である。動物的欲求は植物的依存からは解放されているが、この解放もまた依存であり、不確実性である。野獣の欲求は、闘いと恐怖から切り離せない。野獣は外的世界から解放されたが、外的世界は脅威であり続けるのだ。しかし、欲求はまた、労働の時間、すなわち他性を引き渡してくる《他なるもの》との関係でもある。寒さや飢えや渇きを覚えること、裸でいること、避難所を探すこと――世界へのこうした依存はすべて、欲求と化すことで本能的存在をさまざまな無名の脅威から引き離し、世界から自存する存在を構成する。つまり、自分の欲求を物質的なものと、言い換えれば、充足できるものとみなして、その充足を確保しうる真の主体〔sujet（＝下に置かれたもの）〕を構成するのだ。欲求は私の権能のうちにあり、欲求によって、〈他〉に依存するものとしてではなく〈同〉としての私が構成される。私の身体は、単に主体が奴隷に変わったり、自分ではないものに依存したりする仕方なのではない。そうではなく、所有し、労働する仕方、時間を手にする仕方、私が生きるのに必要とするものの他性それ自体を克服する仕方である。身体とはまさに自己の所有であり、この所有を介することで、欲求によって世界から解放された自我は、この解放の悲惨さそのものを克服するに至るのである。このことには、のちに立ち返る。

自分の欲求を物質的なもの、言い換えれば、充足できるものとみなした自我は、それ以降、自分に不足していないものに向かうことができる。自我は《物質的なもの》と《精神的なもの》を区別し、〈欲望〉へと開かれるのである。とはいえ、労働は、すでに言説を要求しており、それゆえ〈同〉には還元できない〈他〉の高さ、〈他人〉の現前を要求している。自然宗教なるものは存在しない。人間の身体が下方から上方へと直立し、高みに向かう方向〔＝意味〕に組みこまれることによって、人間のエゴイズムはすでに純粋な自然本性を脱しているからである。高みに向かう方向〔＝意味〕とは、人間のエゴイズムの経験的錯覚ではなく、その存在論的生起であり、消し去ることのできない証言である。「私はできる」は、この高さから生じるのだ。

欲求と〈欲望〉の相違について、もう少し述べておこう。欲求において、私は《現実的なもの》に食らいつき、自分を充足させ、《他なるもの》を同化することができる。それに対して、〈欲望〉には存在への食らいつきも満腹もなく、あるのは私《モワ》の前方に広がる道標なき未来である。つまり、欲求が前提とする時間は〈欲望〉によって私に提供されるということだ。人間の欲求は、すでに〈欲望〉に依拠しているのである。そうして、欲求は労働することで、この《他なるもの》を《同じもの》に変換するための時間を手にすることになる。私は、身体として、言い換えれば《高められたもの》として実存する。身体とは、つかむことができる器官であり、それゆえ私が依存するこの世界のなかにあって、技術的に実現可能なさまざまな目的のまえに場を占めることができる器官である。したがって、労働する身体にとっては、すべてがすでに成し遂げられたもの、なされたもの、というわけではない。そして、身体であることとは、このように、さまざまな事実〔＝なされたこと〕のただなかで時間をもつこと、《他なるもの》のなかで生きつつも私であることである。

隔たりの啓示であり、曖昧な啓示である。というのも、時間は、瞬間的な幸福の安定性を破壊すると同時に、そうして発見される脆弱さを克服させてくれるからだ。そして、身体のうちに身体の上昇として刻みこまれている〈他者〉との関係こそが、享受が意識や労働に変形することを可能にする。

5　〈自我〉の自己性としての情動性

私たちが垣間見ているのは、自我の唯一性を知解できるようにしてくれる可能性である。〈自我〉の唯一性とは、分離を言い表したものである。分離の最たるものは孤独であり、享受とはまさに——幸福であれ、不幸であれ——孤独化なのだ。

自我はエッフェル塔やモナリザと同じように唯一的であるわけではない。自我の唯一性とは、単に一点物であることではなく、類《ジャンル》をもつことも概念の個体化であることもなく実存することである。自我の自己性とは、《個体的なもの》と《一般的なもの》の区別の外側にとどまり続けることである。概念の拒絶は、《これなるもの《トデ・ティ》》が一般化に突きつける抵抗とは違う。《これなるもの《トデ・ティ》》は概念と同一平面上に位置するのであり、概念は、反定立的な項によるのと同じく、《これなるもの《トデ・ティ》》によって定義されるからだ。ここでの概念の拒絶は、単にその存在がもつ一つの側面なのではなく、その全内実である——この拒絶が、内奥性である。こうした概念の拒絶は、概念を拒絶する存在を内奥性の次元へと駆りたてる。この存在は、わが家にいるのだ。だから、自我は全体性の断絶が具体的に成就する仕方であり、この断絶によって、絶対的に《他なるもの》の現前が規定される。自我は孤独の最たるものだ。自我の秘密《スクレ》が、全体性に対するひそやかさ《ディスクレシオン》〔＝離散性〕を保証するのである。

論理的には不条理な、唯一性のこの構造、類《ジャンル》へのこの非‐参与が、まさに幸福のエゴイズムである。幸福は、糧《かて》という「他なるもの」との関係のなかで充実している。幸福は、こうした〈他なるもの〉との関係があるからこそ充実している。幸福とは自分の欲求を充足させることであって、欲求を消し去ることではないからだ。幸福は、欲求が「充実していないこと」によって充実している。プラトンが糾弾していた享受における不足は、充実状態の瞬間を損なうわけではない。《はかないもの》と《永遠のもの》の対立が充実状態の真の意味を引き渡すわけではないのだ。充実状態はエゴの収縮そのものである。充実状態は《自己のための（＝対自的な）》実存だが、当初から自分の実存を目指したものではないし、自分自身による自己表象でもない。充実状態は「誰もが自分のために」という表現と同じような《自己のため》であり、一切れのパンのためにひとを殺しかねない「空腹に耳なし」と同じような《自己のため》なのである。また、飢えた者を理解せずに、篤志家然として、彼を貧民や別人種として扱う飽食家と同じような《自己のため》である。《享受すること》の充実状態は、〈エゴ〉および〈同〉のエゴイズムないし自己性を際立たせる拍子である。享受は、自己のうちへの引きこもりであり、内的旋回である。情動的状態と呼ばれているものは、一つの状態がもつ色あせた単調さではなく、そこで自己が立ちあがるような揺れ動く高揚である。事実、自我は享受の支持体〔*support*〕ではない。ここでの「志向的」構造は、まったく異なるものだ。自我とは感情の収縮そのもの、一つの螺旋の極であり、享受がこの螺旋の巻きつきと内的旋回を描き出す。曲線の焦点が曲線の一部をなしているのだ。享受は、まさに「巻きつき」として、自己に向かう運動として作動する。そして、自我は一つの弁明だと私たちが右で述べることができたのがどのような意味なのかは、いま理解されるだろう。発話する自我は、自我のエゴイズムそのものを構成する幸福のために弁論するのだ。発話によってこのエゴイズムがさまざまな変貌を被るとしても、このことに変わりはない。

孤独の享受によって——あるいは享受の孤独によって——成し遂げられる全体性の断絶は、根本的なものである。〈他人〉の批判的現前がこのエゴイズムを問いただすときも、その孤独までは破壊されない。孤独はまた、（全体性にあっては想像されえない）起源の問題として定式化される知への気遣いのうちにも認められる。因果性の概念も、起源の問題に解決をもたらすことはできない。というのも、問題はまさに一人の自己、絶対的に孤立した存在だからであり、因果性はこの存在を一つの系列に返すことで、その孤独化を損なってしまうだろう。自我の絶対的な新しさと、原理（＝根源）への自我の執着および自我のさらなる問いただしとを同時に尊重することで、かかる問いに釣り合うことができるのは、創造の概念だけである。また、主体の孤独は、弁明が行き着く善性のうちにも認められることになるだろう。

享受を起点とする自己の出現にあっては、自我の実体性は《存在する》という動詞の主語としてではなく、幸福のなかに巻きとられたものとして感知されるが、こうした自己の出現は——存在論ではなく価値論に属するものとして——端的な存在者の高揚である。つまり、存在者は「存在了解」や存在論に従うべきものではないのだ。ひとが存在の主語（＝主体）

になるのは、存在を引き受けることによってではなく、幸福を享受することによって、すなわち享受の内奥化を介してであって、この内奥化は同時に高揚であり、「存在を超えたもの」でもある。存在者は、存在との関わりから「自律」している。存在者が示すのは、存在への融即ではなく、幸福である。存在者の最たるもの、それは人間である。

主題化および対象化の権能としての理性と同一視されると、自我は自己性そのものを失ってしまう。表象することとは、みずからの主観的実体を空《から》にし、享受を無感覚にすることである。スピノザは、制限のないこの無感動を構想することで、分離を消し去っているのだ。しかし、この知的合致の喜びと、この服従の自由は、こうして獲得された統一性のうちに断裂線を刻みこむ。理性は人間社会を可能にするが、成員たちが理性でしかないような社会は社会としては消え去ってしまうだろう。全面的に理性的な存在が、同じく全面的に理性的な別の存在に向かって、なんの話ができるというのか。理性には複数形がないのに、数多くの理性たちをどうやって区別するというのか。構成員たる理性的存在たちが、個体化の原理として幸福の要求を――感性的本性の遭難を奇跡的に逃れた幸福の要求を――保ち続けたからこそ、カントの言う目的の王国[*10]は可能なのではないか。カントにおける自我は、こうした幸福の欲求のうちに再発見されるのだ。

私《モワ》であることとは、幸福のなかで、すでに存在の彼方にあるような仕方で実存することである。自我にとって《存在する》ことが意味するのは、対立することでも、なにかを表象することでもなく、また、なにかを使用することでも、なにかを切望することでもなく、なにかを享受することなのだ。

6　享受の自我は生物学的なものでも社会学的なものでもない

幸福による個体化は「概念」を個体にするが、この「概念」の内包と外延は一致する。自己の自己同一化による概念の個体化が、まさにこの概念の内実をなすからだ。私たちが享受の記述の際に接近した、幸福の自存性のうちで措定される分離した人格の概念は、生の哲学や人種の哲学が練りあげる人格の概念とは区別される。生物学的な生が称揚されると、人格は種ないし非人称的な生の生産物として現れる。非人称的な生は、みずからの非人称的な勝利を確保するために個体に訴えるのだ(4)。自我の唯一性、自我が概念なき個体として有する地位は、自我を乗り越えるものへのこの融即のうちでは消えてしまうだろう。

（4）　たとえば、オットー・ケルロイター編『法学綱要〔*Rechtswissenschaftliche Grundrisse*〕』(herausgegeben von Otto Koellreutter, Junker und Dünnhaupt Verlag, Berlin, 1939) に収められたクルト・シリング〔Kurt Schilling〕「国家哲学および法哲学入門〔Einführung in die Staats- und Rechtsphilosophie〕」を参照。人種主義哲学の典型である同書によると、個体性と社会性という生の出来事は、個体に先行するものであり、より良く適応し、生存できるように個体をつくり出すものとされる。幸福の概念とそれが示唆する《個体的なもの》は、この哲学のうちにはない。悲惨 (misère / *Not*) は生を脅かすものである。国家は、生を可能にするために、こうした多様性を組織化したものにすぎない。人格とは、徹頭徹尾——元首の人格としての人格でさえ——生および生の創造に奉仕するものであり続けている。人格性に固有の原理は、一度も目的とされていない。

私たちはある面で自由主義と意見を同じくしているが、自由主義がもつ悲愴さとは、自分以外のなにものも表すことのない人格、言い換えれば、まさに自己であるような人格を奨励していることだ。そうすると、多様性が生起しうるのは、ただ、諸個体が各自の秘密を保持する場合、そして彼らを多様性として結合する関係が外側からは見えず、この関係がある個体から他の個体に向かう場合に限られる。この関係が外側からすっかり見えるようでは、そして外部の視点が多様性の究極的現実にまで通じるようでは、多様性は一つの全体性を形成し、諸個体はそれに融即することになってしまうだろう。その際には、人格間の紐帯があったとしても、多様性が単なる累算になることはまぬがれなかっただろう。多様性を維持するには、私《モワ》から〈他人〉に向かう関係——ある人格が別の人格に対してもつ態度——が、あらゆる関係がそれに堕するおそれのある接続《コンジョンクシオン》関係という形式的意味より強力なものでなければならない。このより強大な力は、〈私＝自我〉から〈他者〉に向かう関わりは第三者に見えてしまう諸関係の網の目には包含されないという事実のうちで、具体的に現れる。〈私＝自我〉と〈他者〉のこの紐帯が外側からすっかり把握されてしまうと、この紐帯があるせいで、それで結ばれた多様性そのものが、紐帯を抱握する眼差しのうちで消え去ってしまうだろう。諸個体は全体性に融即するものとして現れてしまうだろう。他人は結局、自我の第二のサンプルとなり、両者ともに同一の概念に包含されてしまうだろう。多元的様態とは、数的な多様性ではない。形式論理には反映されえない多元的様態がそれ自体として実現するには、私《モワ》から他者に向かう運動、自我が〈他人〉に対してもつ態度（愛もしくは憎しみ、服従もしくは命令、学びもしくは教え、等々のように、はじめから形容されている態度）が深いところで生起しなければならない。この態度は、一般的な意味での関係の一種ではない。これが意味するのは、私《モワ》から〈他者〉に向かう運動は、〈他者〉に直面することから解放された客観的眼差しや省察に主題として差し出されることはありえないということだ。多元的様態は、他者の根本的な他性を前提としている。私は、この他性を単に私《モワ》との関わりを介して概念として捉える〔*conçois*〕のではなく、私のエゴイズムを起点として、それと直面する。〈他人〉の他性は、〈他人〉のうちにあり、私《モワ》との関わりを介しているわけではない。〈他人〉の他性はみずからを啓示するが、私がそれに接近するのは私《モワ》を起点としてであって、自我と〈他者〉の比較によってではない。私が〈他人〉の他性に接近するのは、私が〈他人〉と取り結ぶ社会を起点としてであり、この関係を離れて関係の諸項について省察することによってではない。省察されるよりもまえに成就しているこの関係の例を提供するのが、性〔sexualité〕である。別の性〔sexe〕とは、ある存在が本質として担う他性であり、それを自己同一性の裏面として担うわけではない。しかし、この他性が性をもたない自我を打つこともありえない。また、師としての〈他人〉も、単に私《モワ》との関わりを介しているわけではない他性の例として、私たちの役に立ちうる。この他性は、〈他者〉の本質に属しつつも、自我を起点としてはじめて見えるものなのだ。

訳注

＊1　第Ⅰ部Aの訳注＊3を参照。

＊2　モリエール『女学者』（一六七二年）第二幕第七景のクリザールの台詞。「わしはね、うまいスープで生きているんで、うまい言葉で生きているんじゃないよ」（矢代静一訳、『世界文学全集　古典篇』第一一巻「モリエール篇」河出書房、一九五一年、二四五頁）。この「おいしいスープ（bonne soupe）」は、簡素で滋養に富んだ食事のシンボルである（『トレゾール』）。ドイツ語訳は、guten Essen und Trinken（良い飲み食い）と訳している。

＊3　パスカル『パンセ』（一六七〇年）の一節「気を紛らすこと（divertissement）」（ブランシュヴィック版一三九、ラフュマ版一三六）を受けている（『パンセ』前田陽一・由木康訳、中央公論社（中公文庫）、一九七三年、九二頁以下を参照）。

＊4　サルトルの有名な表現への反論。「なぜなら、自由は実存 existence であり、実存は、それ自身において、本質 essence に先だつからである」（『存在と無——現象学的存在論の試みⅢ』松浪信三郎訳、筑摩書房（ちくま学芸文庫）、二〇〇八年、三四七頁）。サルトルは、同じ表現をハイデガーにも帰している。「ハイデッガーは現存在一般について、《そこにおいては、実存が本質に先立ち、本質よりも優位を占める》と言っているが、そう言わなければならないのは、むしろ、自由についてである」（同書、三一頁）。この点をハイデガーはジャン・ボーフレへの書簡（一九四七年）で明確に棄却する。「サルトルは、これとは違って、実存主義の根本命題を、次のように言明している。すなわち、実存は本質に先行する、と。その際、サルトルは、エクシステンティア〔現実存在〕とエッセンティア〔本質〕とを、形而上学の意味において受け取っている。この形而上学は、プラトン以来、次のように言い述べている。すなわち、

エッセンティア〔本質〕はエクシステンティア〔現実存在〕に先行する、と。サルトルは、この命題を逆転させたわけである。けれども、一つの形而上学的命題を逆転させたとしても、その逆転は、やはり一つの形而上学的命題にとどまっている。こうした命題であるかぎり、その命題は、形而上学もろとも、存在の真理の忘却のうちにとどまっているのである」(『「ヒューマニズム」について』渡邊二郎訳、筑摩書房(ちくま学芸文庫)、一九九七年、五〇―五一頁)。

＊5　原語の disposition は「配置、気持ち」などを意味する語で、ドイツ語訳はハイデガーの「情態性(Befindlichkeit)」の訳語と解している。この段落の冒頭にある「情調(tonalité affective)」も Befindlichkeit の訳語として用いられることがあり、この箇所の直後にある「調子(tonus)」もそれと響き合っている。「……にいる、ある」を意味するドイツ語 sich befinden は「……の場所にある」と「……の状態にある」を、名詞形である Befinden は「健康状態」を意味する。つまり、ハイデガーは「……の状態にあること」、すなわち現存在の「心持ち、心境」としての Befindlichkeit によって、現存在の「……の場所にあること」、すなわち現存在の「現」が開示されると考えているのである。ハイデガーの情態性については、『存在と時間』(一九二七年)第二九節を参照。

＊6　「俗世のヴィーナス(Vénus vulgaire)」については、プラトン『饗宴』一八〇D以下を参照。この箇所では、エロス讃美の演説に立ったパウサニアスが、天上のアプロディテと万人向きのアプロディテの区別に言及している(『饗宴』(改版)、久保勉訳、岩波書店(岩波文庫)、一九六五年、六一頁以下を参照)。

＊7　第Ⅰ部Bの訳注＊13を参照。

＊8　ポッシュ版のみ âmes と複数になっている。

＊9　プラトン『ゴルギアス』四九四Cのソクラテスの発言を参照。「ひとが疥癬にかかって、掻きたくてたまらず、心ゆくまで掻くことができるので、掻きながら一生を送り通すとしたら、それでその人は幸福な生活を送ることができるのだろうか、どうだね」(『ゴルギアス』(改版)、加来彰俊訳、岩波書店(岩波

文庫)、二〇〇七年、一七〇頁)。

＊10　カントが『道徳形而上学の基礎づけ』(一七八五年)で用いた概念。「およそ理性的存在者は、各自が常に自分の意志の格律によって、自分自身を普遍的に立法するものと見なさねばならない、そしてこの観点から、自分自身と自分の行為とを判定すべきである。ところでこのような理性的存在者の概念は、この概念と緊密に関連する極めて豊饒な概念——すなわち目的の国という概念に到るのである。／ところで私は国というものを、それぞれ相異なる理性的存在者が、共通の法則によって体系的に結合された存在と解する。〔…〕それというのも、理性的存在者は自分自身ならびに他のいっさいの理性的存在者を単に手段として扱うべきでなく、いついかなる場合でも同時に目的自体として扱うべきであるという法則に服従しているからである」(『道徳形而上学原論』(改訳)、篠田英雄訳、岩波書店(岩波文庫)、一九七六年、一一二—一一三頁)。

B　享受と表象

私たちがそれによって生きているもの、享受しているものは、この生それ自体と混ざり合うわけではない。私は、パンを食べ、音楽を聴き、想念の流れをたどる。私は私の生を生きているが、私が生きる生と、当の生を生きているという事実は、別物であり続ける。この生そのものが連続的に、また本質的に自分自身の内実と化すにしても、そうなのだ。

この関わりを明確にすることはできるだろうか。生がその内実と関係づけられる仕方である享受は、語のフッサール的な意味で理解された志向性、すなわち非常に広い意味で人間的実存の普遍的事実としての志向性の一形態ではないだろうか。生（意識的な生はもとより、意識が察知するかぎりでの無意識的な生さえも）のあらゆる瞬間は、この瞬間そのものとは《他なるもの》と関係している。この説が述べられる際の調子は周知のとおりである。あらゆる知覚は《知覚されたもの》の知覚であり、あらゆる観念は《観念されたもの》の観念であり、あらゆる欲望は《欲望されたもの》の欲望であり、あらゆる情動は《心動かすもの》の情動である、というのだ。だが、私たちの存在についての漠然とした思考もすべて、なにかに向かっている。時間的に裸性状態にあるあらゆる現在も、未来に向かい、過去に戻る、あるいは、この過去を取り戻す。あらゆる現在は、未来予測《プロスペクシオン》であり、過去回顧《レトロスペクシオン》なのだ。しかし、哲学の説として志向性が提示されるやいなや、姿を現していたのは表象の特権性である。あらゆる志向性は表象である、あるいは表象にもとづいている、という説が『論理学研究』を支配しており、それ以降のフッサールの全著作にも強迫観念のように再来しているのだ。フッサールがそう呼ぶところの対象化作用《アクト》がもつ観想的な志向性と享受との関わりは、どのようなものなのか。

1　表象と構成

この問いに答えるべく、対象化する志向性に固有の運動をたどってみよう。私たちがこの第II部で記述する即自的な分離は、享受を起点として、住居と所有のうちで組み立てられるが(5)、対象化する志向性は、こうした分離の出来事の必然的な一契機である。表象する可能性とそれに由来する観念論の誘惑は、すでに形而上学的関係と絶対的に〈他なるもの〉との関わりの恩恵に浴しているとはいえ、それらはこの超越そのもののなかでの分離を証拠だてている（ただし、この分離が超越のこだまに還元されることはない）。私たちは、まずは表象をその諸源泉から切り離して記述していく。それ自体で理解された、いわば根こぎにされた表象は、享受とは反対の方向に向かうように思われる。そして、この表象によって、私たちは対比的に享受と感性の「志向的」な構図を示すことができるだろう（実際には、表象は享受と感性で織りなされており、両者からなる出来事、すなわち分離を反復しているのだが）。

(5)　本書二六八頁以下を参照。

対象化作用の優位に関するフッサールの説のうちに、ひとは観想的意識へのフッサールの過度の執着を見てとり、それがフッサールを主知主義のかどで告発する者すべての——あたかも主知主義というのが告発になるかのように！——口実になっていたのだが、この説は超越論的哲学に、すなわち志向性の観念が扱っていると思われていた実在論的主題からすれば驚くべき次の主張に通じている。すなわち、意識の対象は、意識から区別されるにもかかわらず、意識が付与する「意味《サンス》」として、すなわち意味付与〔*Sinngebung*〕の結果として、意識の産物であるも同然である、というのだ。表象の対象は表象の作用とは区別される——これこそがフッサール現象学の根底的かつ最も実りある主張であり、ひとはそれに実在論的射程を与えるのに躍起になっている。しかし、心的像《イマージュ》をめぐる理論と、それが表している意識の作用と対象との混同は、心理学的原子論の先入見にそそのかされた誤った意識の記述だけに依拠しているのだろうか。ある意味では、表象の対象は本当に思考の内部にある。対象は、自存性を有するにもかかわらず、思考の権能の下に落ちるからだ。私たちが示唆しているのは、バークリーの言う感覚内での《感覚するもの》と《感覚されたもの》の曖昧さではないし、私たちはいわゆる感性的対象だけに考察を限定しているわけでもない。問題になっているのは、反対に、デカルトの用語法に従えば《明晰にして判明な観念》となるものだ。当初は外部にある対象は、明晰さのなかでみずからを与える、言い換えれば、この対象と出会う者に、あたかもこの対象がその者自身によって全面的に規定されていたかのように引き渡される。外部的存在は、明晰さのなかで、それを受けとる思考の所産《ウーヴル》として現前する。明晰さに特徴づけられる知解可能性とは、《思考する者》と《思考されたもの》の完全なる合致である。これは《思考する者》が《思考されたもの》に行使する統御というきわめて厳密な意味においてであり、そこでは対象のうちにある外部的存在としての抵抗は消え去ってしまう。この統御は、完全なものであり、いわば創造的なものだ。この統御は、意味の贈与として成し遂げられる。表象の対象はノエマに還元されるのだ。《知解可能なもの》とは、まさにノエマに全面的に還元されるもののことであり、それが知解と結ぶ関わりはすべて光が創始する関わりに還元される。表象の知解可能性においては、私《モワ》と対象の区別、内部と外部の区別は消失する。デカルトの《明晰にして判明な観念》は、真なるものとして、思考に全面的に内在するものとして現出する。全面的に現前する――つまり、まったく隠匿されたところがなく、その新奇さにさえ神秘は含まれないのだ。知解可能性と表象は等価な概念である。外部性は、明晰さのうちで、破廉恥なところもなく自分の全存在を引き渡す。言い換えれば、この外部性は全面的に現前しており、その際、権利上なにものも思考に衝突することはなく、思考は自分が無遠慮だと感じることもまったくないのだ。明晰さとは、衝突する可能性があるものの消滅である。知解可能性、すなわち表象という事実そのものは、〈他〉が〈同〉を規定することなく、そして〈同〉に他性を導き入れることもなく〈同〉に規定される可能性であり、〈同〉の自由な営みである。〈同〉のなかで、非‐自我と対立する自我は消滅するのだ。

このように、表象は志向性の働き《ウーヴル》のなかで特権的な出来事の地位を占めている。表象の志向的関係は、あらゆる関係――機械的因果性であれ、論理的形式主義の分析的関わりであれ、総合的関わりであれ——から区別されるし、表象的ではない他のあらゆる志向性からも区別される。それは次の点による。すなわち、表象の志向的関係においては、〈同〉は〈他〉と関係しているが、その際には〈他〉が〈同〉を規定するのではなく、つねに〈同〉の方が〈他〉を規定する仕方で関係しているのだ。たしかに、表象は真理の座である。真理に固有の運動とは、《思考する者》に現前する対象が《思考する者》を規定することにある。だが、この対象は《思考する者》に触れることも、《思考する者》にのしかかることもないまま、《思考する者》を規定するのだ。それゆえ、《思考されたもの》に服従する《思考する者》は、「喜んで」それに服従する。あたかも、対象が認識に与えるべく残してある驚きもすべて含めて、対象が主体に予期されていたかのようである。

あらゆる活動が、なんらかの仕方で表象に照らされ、それゆえすでになじみのある領野に向けて前進するのに対して、表象の方は、先立つ斥候（＝照らしてくれる者）もないままに、〈同〉から出発する運動である。プラトンの表現によれば、「魂とは予見のようななにかである」[6]。ここにあるのは、探し求める目的へと危険を冒しておもむく手の大胆な企て[7]に先行するような、創造的な絶対的自由である。なぜなら、この手にとって、少なくともかかる目的の見通しによって道が開かれていたからであり、この見通しがすでに投企されていたからである。表象とは、目的を創出するようなこの投企それ自体であり、この目的はいまだ手探り状態である行為《アクト》に、ア・プリオリに獲得されたものとして差し出されることになる。厳密に言って、表象の「作用《アクト》」は、自分の眼のまえになにものも発見することがない。

（6）『パイドロス』二四二c。
（7）本書二九四頁以下を参照。

表象は、あらゆる活動の手前にあるとはいえ、純粋な自発性である。それゆえ、表象された対象の外部性は、表象する主体が対象に付与する意味として省察に現れる。対象それ自体が思考の所産《ウーヴル》に還元されうるのだ。

たしかに、三角形の内角の和を思考する自我は、この対象に規定されてもいる。自我は、まさしくこの和を思考する者であって、原子量を思考する者ではないからだ。内角の和を覚えていようが、忘れていようが、彼は内角の和の思考を通過したことがあるという事実に規定されている。のちに歴史家に対して現れるのは、このことである。歴史家にとって、表象する自我は、すでに《表象されたもの》なのだ。だが、表象のまさにその瞬間には、自我は過去に刻印を施されることはなく、表象された客観的要素として過去を利用している。これは錯覚だろうか。自分自身が含みもつさまざまな含意に対する無知だろうか。表象とは、こうした錯覚や忘却の力である。表象は純粋な現在である。時間とすれすれの接点ほどの結びつきさえもたない純粋な現在という立ち位置が、表象の驚異なのだ。永遠と解されるような時間の空虚である。もっとも、さまざまな思考を導いていく自我は、時間のなかで生成する（より正確には、老いる）。思考は時間のなかで次々と広げられ、自我はかかる思考を貫いて現在において思考している。だが、時間内のこの生成は、表象の次元上には現れない。表象にはいかなる受動性も含まれないからだ。〈同〉は〈他〉と関わりながらも、自分固有の瞬間や自分固有の自己同一性の外部にあるものは拒絶し、なにものにも負うことのないこの瞬間――純粋な無償性――のうちに、拒絶されたものすべてを「付与された意味」、すなわちノエマとして再発見する。〈同〉の最初の運動は、否定的なものである。外部性の意味を自己のうちに再発見し、まさにノエマに変換可能なものとして、それを汲み尽くすのだ。こうした運動が、フッサール的なエポケーの運動であり、厳密に言えば、この運動は表象に特徴的なものである。エポケーの可能性そのものが表象を定義している。

表象において〈同〉は〈他〉に規定されずに〈他〉を定義するという事実によって、総合の働き《ウーヴル》のただなかでも空虚な形式であり続ける超越論的統覚の統一というカントの考え方が正当化される。条件づけられていない条件から出発するかのように表象から出発する、などという考えは、私たちとは程遠いものだ！　表象はまったく別の「志向性」に結ばれているのであり、私たちはこの分析全体を通して、かかる「志向性」に接近しようと試みている。そして、構成という表象の驚異的な働き《ウーヴル》は、とりわけ反省のなかで可能になる。ここまで私たちが分析してきたのは「根こぎにされた」表象である。表象が「まったく別の」志向性に結ばれる仕方は、対象が主体に結ばれる仕方や、主体が歴史に結ばれる仕方とは異なるものだ。

表象における〈同〉の完全なる自由は、〈他なるもの〉のうちに肯定的な条件を有している。この〈他なるもの〉は、《表象されたもの》ではなく〈他人〉である。〈同〉による〈他〉の非相互的規定としての表象の構造は、まさに〈同〉にとっては現前するという事実であり、〈他〉にとっては〈同〉に対して現前するという事実である、ということを今のところは記憶にとどめておこう。私たちがこれを〈同〉と呼ぶのは、表象において自我はみずからの対象との対峙をまさに失うからである。対峙は消失し、それによって、対象の多様性にもかかわらず、自我の自己同一性が、言い換えれば、まさに自我の変質しえない性格が浮かびあがる。《同じもの》であり続けること、それが表象するということである。「私は考える」とは、理性的思考の拍動である。〈他〉との関わりがあっても変質せざる、変質しえない〈同〉の自己同一性が、まさに表象の自我である。表象を介して思考する主体は、自分の思考を聴く主体である。思考は、光ではなく音と類比的な領分のなかで思考される。思考それ自身の自発性は、主体にとって、不意に捕えられる驚きのようなものである。あたかも十全に私《モワ》を統御しているにもかかわらず生じてくるものを、自我が不意に捕えるかのようだ。こうした天才的霊性〔*génialité*〕が、まさに表象の構造そのものである。すなわち、現在の思考のうちで思考の過去に回帰することであり、この過去が現在のうちで引き受けられることである。そして、主体が《永遠なるもの》へと高まるプラトン的な想起におけるように、この過去とこの現在が乗り越えられることである。個別の自我は、〈同〉と渾然一体となり、思考のなかで語りかけてくる普遍的思考としての「霊《ダイモーン》」と合致する。表象の自我は《個別のもの》から《普遍的なもの》への自然な移行である。普遍的思考とは、第一人称での思考である。それゆえ、観念論にとっては主体を起点に世界をつくり直すものである構成は、この構成のあとも生き延びる自我――自由であり続ける自我、自分が構成したことになる法則をいわば超えた自我――の自由と同じではない。構成する自我は、みずからが包摂する〔=了解する〕所産《ウーヴル》のなかに溶解し、《永遠なるもの》のうちに入る。観念論的な創造、それが表象である。

だが、以上のことが真なのは、表象の自我――それが潜在的に誕生する場である諸条件から切り離された表象の自我――についてでしかない。そして、同じように具体的な諸条件から切り離されたとき、享受はまったく異なる構造を提示する。このことは、のちほど示すつもりだ。さしあたりは、知解可能性と表象のあいだの本質的な相関関係を指摘しておこう。知解可能であることとは、表象されているということであり、それゆえア・プリオリであるということだ。ある現実を思考されたその内実に還元することとは、この現実を〈同〉に還元することである。《思考する思考》とは、完全なる自己同一性とそれを否定するはずだった現実が矛盾なく一致する場である。思考の対象とみなされると、どれほど重苦しい現実であっても、それを思考する思考の無償の自発性のうちで生み出される。所与がもついかなる先行性も、思考の瞬間性に還元され、思考と同時的なものとして現在のなかに姿を現す。所与の先行性は、そこで意味を得る。表象する《ルプレザンテ》ことは、単に「もう一度」現在にする《プレザンテ》〔=現前化する〕ことではなく、流れゆく現行の知覚を現在そのものに連れ戻すことである。表象することは、過ぎ去った事実を現行の像《イマージュ》に連れ戻すことではなく、思考から独立しているように見えるものすべてを思考の瞬間性に連れ戻すことである。表象はなにかを構成するものだというのは、まさにこの点においてである。超越論的方法の価値と、そこに部分的に含まれる永遠的真理が依拠しているのは、《表象されたもの》をその意味に、そして存在者をノエマに還元する普遍的な可能性であり、存在者の存在そのものをノエマに還元するという、きわめて驚くべき可能性である。

2　享受と糧

享受の志向性は、表象の志向性との対比によって記述することができる。表象に含まれた超越論的方法は外部性を宙吊りにするが、享受の志向性とは、かかる外部性に執着することにある。外部性に執着することは、単に世界を肯定することではなく、身体として世界に定位することである。身体とは高揚であるが、定位の全重量でもある。裸で貧しい身体は知覚している世界の中心を同定するが、自分自身の世界表象に条件づけられているかぎりで、岩から湧き出る水が当の岩を押し流すように、出発点であった中心から引き離されたものとなる。貧しく裸の身体は、あまたある事物のなかの一事物ではないし、私が「構成する」事物でも、神においては思考と関係しているのが見られるような事物でもない。また、理論〔＝観想〕によって簡単にその限界が示されるような、身振り的思考の道具でもない。裸で貧しい身体は、思考には還元不可能な、表象から生への転換そのものであり、表象する主体性から、これらの表象に支えられ、これらの表象によって生きている生への転換そのものである。身体の貧しさ――その欲求――は、構成されざるものとしての「外部性」を、一切の肯定に先立って肯定する。

　地平線上あるいは闇のなかに輪郭が浮かんでいる形態が本当に実在するかどうかを疑うこと、眼前にある鉄片にナイフをつくるための形態を押しつけること、障害を乗り越えること、敵を消し去ること――疑う、加工する、破壊する、殺すといったこれらの否定する行為は、客観的外部性を構成するかわりに、それを引き受ける。外部性を引き受けることは、〈同〉が《他なるもの》に規定されながら《他なるもの》を規定するような関係のなかに、この外部性とともに入ることである。ただし、〈同〉が《他なるもの》に規定される仕方は、単にカントの言う関係の第三のカテゴリーである相互性[*1]に私たちを連れ戻すわけではない。〈同〉が《他なるもの》に規定される仕方、否定する諸行為それ自体が位置づけられる次元を描出するこの仕方こそが、まさに右で「……によって生きること」が名指していた仕方〔*façon*〕である。この仕方は、身体によって成し遂げられる。身体の本質は、大地のうえでの私の定位〔＝姿勢〕を成し遂げる〔＝成就する〕こと、言い換えれば、私が見ている像《イマージュ》そのものにはじめから支えられているような視覚を、いわば自分に与えることである。身体として定位することは大地に触れることであるが、これは触感がすでに定位に条件づけられているような仕方で、すなわち足が《現実的なもの》に据えられる際に、まさにこの行動によって当の《現実的なもの》が描出され、または構成されているような仕方で、そうなのだ。あたかも画家が、まさに描いている最中の絵から自分が降りてくるのに気づくかのようだ。

あたかも思考によって構成されたかのように、ノエマであるかのように対象を説明する可能性のうちに、表象は存している。このことによって、世界は思考の無制約な瞬間に連れ戻される。表象が存在するところならどこででも働いている構成のプロセスは、「……によって生きること」においては反転する。私がそれによって生きているものは、私の生のうちでは、〈同〉の永遠性ないし思惟の無制約な現在をまとって表象の内部にあるような《表象されたもの》ではない。ここでもまだ構成という言葉を使えるとすれば、こう言うべきかもしれない。意味に還元された《構成されたもの》は、ここでみずからの意味から溢れ出し、まさに構成のただなかで《構成するもの》の条件となる、より正確には《構成するもの》の糧《かて》になるのだ、と。意味のこの溢出は、養分補給〔alimentation〕という語で定めることができる。意味の剰余が今度は単に条件と考えられるような意味になる、というわけではない。だとすれば、養分は表象された相関物に連れ戻されてしまうだろう。養分を条件と考えるような思考そのものを、養分は条件づけている。こうした条件づけは、事後的にのみ確認されるわけではない。この状況の独自なところは、この条件づけが《表象するもの》と《表象されたもの》、《構成するもの》と《構成されたもの》の関わりのただなかで——一見すると意識の全事実のうちに見いだされるこの関わりのただなかで——生起することにある。たとえば、食べることは養分補給の化学に還元されるわけではもちろんない。しかし、食べることはまた、味覚や嗅覚や運動感覚や、食べるという意識を構成すると考えられる他の諸感覚の総体に還元されるわけでもない。食べるという行為に特に含まれる事物へのあの食らいつきを見れば、表象されたあらゆる現実に対する、養分というこの現実の剰余が測り知られる。これは量的な剰余ではなく、絶対的な始まりである自我が非‐自我に宙吊りにされる仕方なのだ。生物の身体性と、裸で飢えたその身体の貧しさが、こうした諸構造の成就そのもの（この諸構造は外部性の肯定という抽象的な用語で記述されるが、それでもこの肯定は理論的な〔＝観想的な〕肯定ではない）であり、いわば大地のうえへの定位――これは、ある塊が別の塊のうえに定位する〔＝置かれる〕ことではない――である。たしかに、私を基礎づける世界の異質性は、欲求の充足のなかで他性を失う。満腹状態では、私が食らいついていた《現実的なもの》は同化され、《他なるもの》のなかにあった力は私の力になり、私《モワ》になる（だから、欲求の充足はすべて、なんらかの面で糧になるのだ）。糧の他性は、労働と所有を介して〈同〉のなかに入る。それでもやはり、ここにある関係は右で私たちが述べた表象の天才的霊性とは根本から区別される。ここでは関係が反転されているのだ。あたかも構成する思考が、自由な賭けに興じているのに、この賭けにむきになっているかのようであり、絶対的な現在の始まりであるはずの自由が自分自身の産物のなかに自分の条件を見いだしているかのようであり、この産物は存在に意味を付与する意識からみずからの意味を受けとっていないかのようである。身体とは、万物に「意味を付与する」という意識に与えられた特権に対する、たえまない異議申し立てである。身体は、まさにこうした異議申し立てとして生きている。私が生きている世界は、単に思考とその構成する自由に向かい合うもの、ないし同時間的なものではなく、条件づけであり、先行性である。私が構成する世界は、私を養い、私を浸している。世界とは、養分であり、「環境」である。外部を思念する志向性は、みずからが構成する外部性に対して内奥的なものとなることで、当の思念そのもののうちで方向《サンス》（＝意味）を転換する。言うなれば、この志向性は、自分が向かっていく地点から訪れ、自分自身の未来のうちで自分を過去のものと認め、自分が思考している当のものによって生きているのだ。

したがって、まさに享受という「……によって生きること」の志向性が構成的なものでないのは、つかむことが不可能で、構想不可能で、思考の意味に変換不可能で、現在に還元不可能で、要するに表象不可能なある内実によって、表象および超越論的方法の普遍性が損なわれるからではない。構成の運動そのものが逆転するのだ。《非合理的なもの》との出会いによって構成の働きが停止するのではなく、この働き自体が方向《サンス》（＝意味）を転換する。貧しい裸の身体が、まさにこの方向（＝意味）の転換である。これこそが、明晰にして判明な観念という地位を感覚与件に与えるのを拒み、感覚与件を身体に関係づけ、《有用なもの》のなかに整序したときの、デカルトの深遠な直観である。これこそが、ノエマ化にいかなる制限も加えないフッサール現象学に対する、デカルトの優越性である。思考による構成が、自分が自由に迎え入れたり拒んだりしたもののなかにみずからの条件を見いだすとき、また《表象されたもの》が、表象の現在を通過したことがないような過去に、記憶から意味を受けとることのない絶対的過去のような過去に変わるとき、思考とは根本的に異なる運動が現出する。

私がそれによって生きている世界は、単に、ただ与えられただけの現実という裏布を表象が私たちのまえに広げたあと、さまざまな「価値論的」志向が居住に適したものとする価値をこの世界に付与したのちに、第二段階として構成されるわけではない。《構成されたもの》から条件への「大転換」は、私が眼を開くやいなや、成し遂げられる。私が眼を開くとき、私はすでにこの光景を享受しているのだ。言うなれば、思考する存在の中心を起点とする対象化は、大地と接触するやいなや、離心性〔excentricité〕を明らかにする。《表象されたもの》として主体が内包するものは、主体としての活動を支え、養うものでもある。《表象されたもの《ル・ルプレザンテ》》、現在《プレザン》は、なされたものであり、すでに過去の一部なのだ。

3　元基と事物、用具的存在

しかし、享受の世界は、この世界を表象の相関物として提示しようとする記述に対して、なにによって抵抗するのか。普遍的に起こりうるものである《生きられたもの》から《認識されたもの》へのこの逆転、哲学的観念論がむさぼっているこの逆転は、享受に対しては頓挫するのだろうか。人間が自分の享受する世界に滞在することは、どのような点で、この世界の認識には還元不可能で、この認識に先立つものであり続けるのだろうか。人間を条件づける世界——人間を下支えし、内包する世界——に対する人間の内奥性を、なぜ言い表さなければならないのか。それは結局、人間に対する事物の外在性を主張することに帰着するのではないだろうか。

これに答えるには、私たちが享受する事物がどのようにして私たちのもとにやって来るのかを、より詳しく分析しなければならない。まさしく享受は事物としての事物を手中に収めるわけではない。事物はある基底から浮かびあがり、そこを起点にして表象へとやって来るが、私たちがこれらの事物を享受しうる際には、かかる享受のうちでこの基底に帰っていく。

享受において、事物は、それらを体系へと組織だてる技術的な合目的性のうちに埋没することがない。事物はある環境のなかで姿を現し、私たちはこの環境のなかで事物を手にする。事物は、宇宙内に、空気中に、地上に、通りに、路上にある。事物を事物として構成するものである所有権の構図をのちほど私たちは示していくが、事物がかかる所有権に従うときでさえ、環境は事物にとって本質的なものであり続けている。この環境は、実用的な座標からなる系には還元されないし、こうした座標系の全体性と等価なものでもない。また、眼差しや手がそこで選択の可能性を得るような全体性、すなわち選択によってそのつど現働化される事物の潜在性にも還元されない。環境は固有の厚みをもつ。事物は、所有に従い、持ち運びできるものとなり、動産〔＝家具〕となる。しかし、事物がそこから私のもとにやって来る環境の方は、相続人が不在のまま横たわっている。環境とは、共通の、所有不可能な、本質的に「誰のものでもない」ような下地ないし領域である。たとえば、大地や海、光、町がそうだ。いかなる関係も所有も《所有不可能なもの》のなかに位置づけられており、この《所有不可能なもの》は、内包されることも包括されることもありえないまま、包括し内包するものなのである。この《所有不可能なもの》を、私たちは元基態〔élémental〕と呼ぶ。

海や風を利用する船乗りは、これらの元基を支配してはいるが、それらを事物に変形することはない。ひとは元基を統《す》べる法則を知ることも教えることもできるが、こうした法則がどれほど正確であっても、元基は元基としての不確定性を失わない。元基には、それを内包する形態がない。形態なき内実。あるいはむしろ、元基には一つの側面しかない。海や畑の表面、風の先端、こうした面《ファス》がそこに姿を現す環境は、事物から成り立ってはいない。環境はそれに固有の次元、すなわち深さにおいて展開されるのであり、この深さは元基の面が広がっている幅や長さには変換できない。たしかに、事物もまた、ただ一つの面を介してしか差し出されない。しかし、私たちは事物のまわりを一周することができるから、事物の裏面は表面と等価である。視点はすべてたがいに等価値なのだ。元基の深さによって元基は延長されていき、大地や空のなかで失われる。「なにも終わらず、なにも始まらない」[*2]。

実を言うと、元基には面《ファス》というものがまったくない。元基と接することはないのだ。元基の本質にふさわしい関係に従った場合、元基はまさに環境として発見される。ひとは元基に浸りこんでいるのである。私はつねに元基に内在している。人間が元基を征服したのは、超領域性〔＝治外法権〕を与えてくれる居所によって、この出口なき内在性を克服したからにほかならない。人間は、すでにわが物となっている側面を介して元基態に足を踏み入れる。私が耕した畑、私が釣りをしたり船をつないだりする海、私が木を伐る森――これらすべての行為、労働の一切は、居所にもとづいている。人間は居所を起点として元基態に潜りこむ。最初の我有化である居所については、のちほど述べていく。人間は自分が所有するものの内奥にいるのであり、それゆえ私たちは一切の所有権の条件である居所が内奥的生を可能にすると言えるのである。そうして、自我はわが家にいる。家を介することで、隔たりおよび広がりとしての空間との私たちの関係が、ただの「元基に浸りこむ」ことに取ってかわる。だが、元基とのふさわしい関係は、まさにこの浸りこむということなのだ。沈潜の内在性が外在性に変換されることはない。元基という純粋な性質は、この性質を支えるような、なんらかの実体にひもづけられてはいない。元基に浸りこむことは裏返しの世界のなかに存在することだが、ここでは裏面と表面は等価ではない。事物は、その面を介して、その実体性や固体性（すでに所有によって宙吊りにされてはいるが）に由来する物理的力として差し出される。私たちは液体や気体を多数の固体として表象することもできるが、そのとき私たちは自分が元基のただなかにいることを捨象してしまっている。液体は浸りこむ者の沈潜に対して、液体性、支持体を欠いた性質、実詞を欠いた形容詞を明らかにする。享受の親密性のうちで差し出されるにもかかわらず、元基は私たちに、なんらかの存在のなかに起源をもたない現実の裏面のようなものを差し出す。あたかも私たちは存在の胎内にいるかのようである。また、元基はどこでもないところから私たちのもとにやって来るとも言える。元基が私たちに差し出す面は、なんらかの対象を規定するのではなく、全面的に無名のままにとどまる。風、大地、海、空、空気がそうである。ここでの不確定性は、あらゆる限界を超出する無限と同じものではない。元基は有限と無限の区別に先立っている。これは質的規定に逆らうものとして現出するようななにか、つまり存在者ではない。元基において、性質はなにも規定しないものとして現出する。

それゆえ、思考が元基を対象として捉えることはない。元基は、純粋な性質として、有限と無限の区別の外側に身を置いている。私たちに一つの面を差し出しているものの「別の面」とはどのようなものか、という問いは、元基とのあいだで結ばれる関係のなかでは生じない。空、大地、海、風は自足している。元基は、いわば無限に栓をしている。元基は無限との関わりにおいて思考されるべきだったにもかかわらず、である。そして、実を言えば、無限の観念をそもそも受け入れている科学的思考は、元基を無限との関わりにおいて位置づけている。元基は私たちを無限から分離する。

どんな対象も、経験界の普遍的範疇である享受に提供される。私が用具的存在としての対象をつかみとり、それを道具〔*Zeug*〕として操《あやつ》るときでさえ、そうである。道具の操作と利用、生にそなわる道具立て一式に頼ることは――別の道具を製造するのに役立つ場合であれ、事物が手に届くようにする場合であれ――最後には享受で締めくくられる。資材としてであれ、道具立てとしてであれ、日用物品は享受に――ライターは吸う煙草に、フォークは食べ物に、カップは唇に――従属している。事物は私の享受に従っている。こうした事実確認は、これ以上なく平凡なものであって、道具性〔*Zeughaftigkeit*〕の分析によってもはや消し去るには至らない。所有そのものや、抽象概念との関係もすべて、享受に変換される。プーシキンに出てくるけちな騎士は、世界の所有を所有することを享受しているのである。[*3]

存在の実体的充溢との、すなわち存在の物質性との究極的関係である享受は、事物との関係のすべてを抱握する。たしかに、道具《ツォイク》としての道具の構造、道具が場を占めている指示連関の系〔＝座標系〕は、気遣いにもとづく操作の際には視覚に還元不可能なものとして現れるが、かかる構造や系は対象の実体性を取り囲んではいない。対象の実体性は、つねに追加で加わるものなのだ。そもそも、家具や家や食品や衣服といったものは、語の本来の意味での道具ではない。たしかに、衣服は身体を保護したり着飾ったりすることに、家は身体を収容することに、また食品は身体を回復させることに役立ちはする。しかし、私たちはそれらを享受することもあれば、それらで苦しむこともあるわけで、それらは目的なのだ。《……のため》である道具それ自体も、享受の対象となる。事物の享受とは――たとえ道具であれ――単に当の事物を、それが製造された所以である使用に――ペンであれば書くことに、ハンマーであれば釘を打ちこむことに――関係づけることであるだけではなく、あくせく働くことや、こうした営みで楽しむことでもある。道具ではない事物――一口のパン、暖炉の火、煙草――は享受に差し出される。しかし、こうした享受は、事物のあらゆる利用に付随して起こる。たとえ複雑な事業の場合であったり、仕事の追求がただ仕事の目的に吸収されてしまったりするときでも、そうなのだ。《……のため》に事物を利用すること、そうやって全体に従うことは、事物がもつ属性の範疇にとどまっている。ひとは自分の職業を愛することができるし、そうした肉体的な所作や、これらの所作を成就させてくれる事物を享受することができる。ひとは労働の呪いをスポーツに変えることができる。活動性は、その意味と価値を究極的で唯一の目的――あたかも世界がさまざまな有用な指示連関の体系を形成しており、その終着点が私たちの実存そのものに関わっているような――から借り受けているのではない。世界は、たがいに相知らない自律した合目的性の総体に対応している。有用性〔＝効用〕を欠いて、純粋な損失として、無償で、他のなにものにも向かわせることなく、純粋な消費として享受すること――これが人間である。すなわち、人間とは、体系だっていない用事や趣味の堆積であり、〈他人〉との出会いによって無限が開かれる場である理性の体系と、分離した存在よりも古く、本当の意味で誕生した存在――原因から分離された存在――よりも古い本能の体系、つまり自然本性から等しく隔たっている。*4

こうした堆積も、実存への気遣いに還元されうる有用性の統覚を条件にしていると、ひとは言うだろうか。しかし、糧《かて》への気遣いは実存への気遣いとは結びついていない。栄養摂取の本能は生物学的な合目的性をすでに喪失してしまったのであり、かかる本能の逆転はまさに人間の無私無欲さ〔＝脱利益内存在〕をしるしづけている。最終的な合目的性の中断ないし不在には肯定的な面が、すなわち遊びという無私無欲な喜びがある。生きることとは、合目的性や本能の圧力を度外視して遊ぶことである。なにかによって生きることであり、そのとき、このなにかがなんらかの目的や存在論的な手段としての意味をもつことはない。単なる遊び、あるいは生の享受なのだ。実存に対する無頓着であって、そこには肯定的な意味がある。この無頓着は、世界の糧にがつがつと食らいつくことであり、豊かさとしての世界を快く受け入れることであり、世界の元基的本質を炸裂させることなのだ。享受において、事物は元基的な性質に戻る。享受と、享受がその本質を展開するものである感性は、まさに飢えが自己保存の気遣いにまで延長していることを知らずに存在する一つの可能性として生起する。この点に快楽主義道徳の永遠の真理がある。すなわち、欲求の充足の背後に秩序を――この秩序との関わりでのみ充足が価値を獲得するような秩序を――求めないこと、快楽の意味そのものである充足を終着点とみなすことが、それである。糧の欲求の目的は、実存ではなく当の糧である。生物学は、糧が実存にまで延長していることを教える。しかし、欲求とは素朴なものだ。享受にあっては、私は絶対的に私のために存在している。他人を基準とすることのないエゴイスト――私は独りぼっちだが孤独ではなく、無邪気なままエゴイストで独りぼっちなのだ。他者たちに敵対しているわけでも、「われ関せずの態度」をとっているわけでもない。そうではなく、他人の声がまったく耳に入らず、あらゆるコミュニケーションの外側、そしてコミュニケーションの拒否の外側にさえいる――《空腹に耳なし》なのだ。

体系を形成する用具的存在の総体としての、そして自分の存在に不安を抱く実存の気遣いに吊るされた用具的存在の総体としての世界、存在《オント》－論《ロジー》として解釈される世界は、労働、居住、家、家政の証拠となるものだ。だが、加えて、この世界は、そこでは「糧」が家政の機械装置の燃料としての価値をもつような特殊な労働の組織化の証拠でもある。気づいてみると奇妙なことだが、ハイデガーは享受という関係を考慮に入れていない。用具的存在によって、使用と終着点への到達が――すなわち充足が――完全に隠されてしまったのだ。ハイデガーの言う現存在《ダーザイン》は決して飢えることがない。糧が用具的存在として解釈されてしまうのは、それが搾取の世界だからにほかならない。

4　感　性

しかし、元基を実体なき性質として位置づけたからといって、そうした現象と相関する破損した「思考」あるいはいまだ喃語期にある「思考」の存在を認めることには帰着しない。たしかに、《元基内存在》によって、存在は、なにも見ず、なにも聞かずに全体へと融即することからは解放される。だが、《元基内存在》は外側に向かって進む思考とは異なるものだ。反対に、ここでの運動は、飲みこみ、食らいつき、溺れさせる波のように、たえず私《モワ》に向かってやって来る。休みなくたえまない流入の運動、包括的な接触であって、この接触には、思考の反省的運動が再出発するもとになりうるような亀裂も空隙もない。なにかのなかにあること、《……の内部にあること》である。こうした状況は、表象には還元されないし、喃語期にある表象にさえ還元されない。これは感性であり、感性こそが享受の仕方である。感性を表象や破損した思考として解釈してしまうと、そうした「漠然とした」思考を説明するために、私たちの思考の有限性を引き合いに出さざるをえなくなる。私たちが元基の享受から出発して記述している感性は、思考の秩序に属するのではなく、感情の秩序、言い換えれば、自我のエゴイズムが身震いする場である情動性の秩序に属する。あれらの葉の緑、あの夕日の赤といった感覚的性質を、ひとは認識するのではなく、生きている。対象は、無限の下地のうえで私に現れるのではなく、それらの有限性で私を満足させる。無限なき有限は、満足〔contentement〕として、はじめて可能になる。満足としての有限が、感性である。感性は世界を構成するわけではない。なぜなら、感性的世界と呼ばれる世界の機能は表象を構成することにはなく、この世界が実存の満足そのものを構成するからであり、また、この世界に理性的な面で不十分なところがあるからといって、この不十分さは当の世界が私にもたらす享受のなかには浮かびあがることすらないからである。感じることとは、なにかのなかにいることである。とはいえ、この環境がもつ条件づけられているという性格――それゆえ、この環境がもつ、それ自体として脆《もろ》い性格であって、これが理性的思考に憂慮を抱かせる――が、いかなる仕方であれ、感覚のなかに包みこまれることはない。感性は本質的に素朴なものであり、思考にとっては不十分な世界のなかで充実している。世界の諸対象は、思考にとっては空虚のうちに身を置くものだが、感性にとっては――あるいは生にとっては――この空虚を完全に隠してしまう地平のうえに陳列される。感性は、表面について自問することなく裏面に触れている——このことは、まさに満足において生起する。

すでに述べたように、感覚がもつ非理性的な性格を主張したところに、《感性的なもの》をめぐるデカルト哲学の深遠さがある。感覚は、永遠に明晰さも判明さも有さない観念であり、《真なるもの》の秩序ではなく《有用なもの》の秩序に属するというのだ。同様に、《感性的なもの》をめぐるカント哲学の力強さは、感性と悟性を分け、表象がもつ総合力に対する認識の「材料《マティエール》」の独立を——否定的な仕方ではあれ——主張したところにある。現れるものがなにもないのに現れているという不条理を避けるために物自体を公準として要請することで、たしかにカントは《感性的なもの》をめぐる現象学を乗り越えてはいるが、そのことで少なくともカントは、《感性的なもの》はそれ自体として、現れるものがなにもない現れである、と認めているのである。

感性は、支持体をもたない純粋な性質、すなわち元基と関わらせる。感性とは享受なのだ。感性的存在、つまりは身体が具体化するこうした存在する仕方は、他面では思考の対象として現れうるもの、単に構成されたものとして現れうるもののうちに、一つの条件を見いだすことである。

したがって、感性は、表象の一契機としてではなく、享受の事実として記述される。感性の志向——この用語に頼ることが許されるなら——は表象の方向には向かわない。あたかも感覚が表象の次元に位置づけられているかのように、感覚には明晰さと判明さが欠けていると言うだけでは十分ではない。感性は、さまざまな情動的状態と——内密な仕方であれ——

結びついたような劣った観想的認識ではない。感性は、その認識〔*gnose*〕そのものにおいて享受であり、《与えられたもの》に充たされ、満足している。感性的「認識」は、知性の目眩《めまい》である無限後退を克服する必要がない。感性的「認識」は無限後退を感得することさえないのだ。感性的「認識」は、無媒介的に終着点にあって、完成し、無限《アンフィニ》を参照することなく終《フィニ》わる。無限への参照なき有限化《フィニシオン》、制限なき有限化は、目的としての終焉《ファン》との関係である。したがって、感性が糧《かて》にする感覚与件は、つねに欲求を埋めるために訪れ、一つの傾向に呼応する。はじめに飢えがあった、というわけではない。飢えと糧の同時性こそが、享受という原初の楽園的条件をなすのである。それゆえ、否定的な快楽をめぐるプラトンの理論は、享受の形式的構図のみに甘んじているのであって、形式的なもののなかに透けて見えるのではなく具体的に《……によって生きること》を織りなすような構造の独自性を見誤っているのである。こうした仕方を有する実存が、身体である。身体は、その終焉〔＝目的〕（言い換えれば、欲求）から分離されていながら、同時に、すでにこの終焉の方に向かっており、その際にこの目的〔＝終焉〕の達成に必要な手段を知っている必要はない。これは目的によって始動された活動、手段の知識なしに――言い換えれば、道具なしに――成し遂げられる活動である。結果には還元不可能な純粋な合目的性が生起するのは、みずからの生理学のメカニズムを知らない身体的活動によってのみである。だが、身体は、単に元基に浸りこむものではなく、住みとどまる〔*demeure*〕もの、言い換えれば、居住し、所有するものでもある。感性そのもののうちで、そしていかなる思考からも独立して、元基というほぼ永遠のこの古さをあらためて問いただすような、ある不安定性が告げられる。元基は《他なるもの》として感性に憂慮を抱かせるが、感性は住居のなかに集約することで元基を我有化することになる。

享受が「他なるもの」に触れているように思われるのは、元基のうちに未来が告げられ、元基を不安定性で脅かす場合である。享受の秩序に属するこの不安定性については後述する。さしあたり私たちにとって重要なのは、感性は享受の秩序に属するのであって、経験の秩序に属するのではないことを示すことだ。このように理解された感性は、「……についての意識」の、いまだ揺らめいたままの形態と同じではない。感性が思考から分けられるのは、単なる程度の差異によってではない。感性と思考のそれぞれの対象の高尚さ、あるいは成熟の程度に関わるような差異によってでさえない。感性は、なんらかの対象を——たとえ未熟なものであれ——思念するわけではない。感性は意識の洗練された諸形態にまで関わってはいるが、感性の固有の働き《ウーヴル》は享受にあるのであって、あらゆる対象は享受を通じて溶解し、元基となり、そこに享受が浸りこむ。というのも、実際には、私たちが享受する感性的対象は、すでになんらかの労働を被っているからだ。感覚的性質は、すでにある実体にひもづけられている。そして、のちに私たちは事物としての感性的対象がもつ意義を分析しなければならない。とはいえ、事物との関係の背後には、満足が素朴な状態で隠れている。私はこの大地におり、この大地から出発して、感性的対象を迎えたり、それらに向かったりするのだが、この大地は私を充実させている。私を下支えする大地が私を下支えするとき、私はなにが大地を下支えしているのかを知ろうとして憂慮を抱くことはない。私の日常的な行動の宇宙である世界のこの一隅、私が動き回るこの町、この界隈、この通り、私が生きるこの地平――私はそれらが差し出す面《ファス》に満足しており、それらをより広い体系のうちに基礎づけたりはしない。むしろ、それらの方が私を基礎づけるのである。私はそれらを思考することなく迎えている。私は事物たちからなるこの世界を、純粋な元基、支持体も実体も欠いた性質として享受しているのだ。

　しかし、こうした「私のため」は、語の観念論的な意味での自己表象を前提としているのではないか。世界は私のためにある――このことは、私が世界を私のために存在しているものとして表象し、そして今度はこの私《モワ》を私が表象することを意味しない。こうした私《モワ》と私《モワ》の関わりが成就するのは、表象不可能な古さをそなえた絶対者として私に先立っている世界のうちで、私が身を保つ〔*je me tiens*〕ときである。たしかに、私は自分がいる地平が絶対者だと考えることはできないが、それが絶対者であるかのようにそこで身を保っている。そこで身を保つことは、「考える」こととははっきり異なる。私を支える一片の大地は、単に私の対象であるだけではない。それは対象についての私の経験そのものを支えているからだ。踏みしめられた場所は、私に抵抗するのではなく、私を支えている。このような「保たれた姿勢〔tenue〕」を介した私の場所との関係は、思考と労働に先立っている。身体、定位、身を保つという事実――これらは私自身との第一の関係の、そして私と私の一致の構図である――は、観念論的な表象とは似ても似つかない。私は私自身であり、私はここにおり、わが家におり、居住であり、世界への内在である。私の感性は、ここにある。私の定位のうちにあるのは、局所化の感情ではなく、私の感性の局所化である。定位は、絶対的に超越を欠いており、ハイデガーの現《ダー》による世界の了解とは似ていない。存在することの気遣いでも、存在者との関係でもなく、世界の否定ですらない。そうではなく、享受における世界への接近可能性である。感性、生の緊密さそのもの、無反省な自我の素朴さであり、本能以上、理性未満なのだ。

しかし、元基として差し出される「事物の面《ファス》」は、暗黙的に別の面に向かわせるのではないか。たしかに暗黙的にはそうである。そして、理性の眼からすれば、感性の満足は取るに足らないものとなる。だが、感性は盲目的な理性ではないし、狂気でもない。感性は理性以前のものだ。《感性的なもの》は全体性と関係づけられるべきではない。《感性的なもの》は全体性に身を閉ざしているのである。感性は、分離した自存的存在の分離そのものを演じる。《無媒介的なもの》でよしとする感性の能力はなにものにも還元されないし、またこの能力は、《無媒介的なもの》の諸前提を弁証法的に明示してそれらを運動させ、それらを昇華させることで圧殺する権能の減退を意味するわけでもない。感性は自分について無知であるような思考ではない。《暗黙的なもの》から《明示的なもの》に移行するには、注意を呼びかけてくれる師が必要である。注意を呼びかけることは、なにかを補足するような働き《ウーヴル》ではない。注意において自我はみずからを超越するが、注意するためには師の外部性との関わりが必要だったのである。明示化は、こうした超越を前提としているのだ。

《無際限なもの》を参照することのない満足の限定性は、思考に課されるような有限と無限の区別に先立っている。感覚を薄暗くねばねばした無意識の下地から顔を出す小島とみなす現代心理学の記述――この無意識の下地との関わりにおいては《感性的なもの》の意識はすでに真摯さを失ってしまったとされる――は、自分自身の地平の内部で身を保つことによる、感性の根本的な、還元不可能な充実状態を見誤っている。感じることとは、まさに感じられたもので真摯に満足すること、享受すること、無意識的な延長を拒むこと、思考なしに存在すること、言い換えれば、底意なしで、両義性なしで存在すること、一切の含意と手を切ること――わが家で身を保つこと――である。ありとあらゆる含意、思考が差し出すありとあらゆる延長から引き離されても、私たちの生の瞬間すべてが完結しうるのは、まさに生が《無制約的なもの》をめぐる知的探究を必要とはしていないからだ。たしかに、みずからの行為のそれぞれについて反省することは、それらを無限との関わりで位置づけることだが、享受の独自性をなしているのは無反省で素朴な意識なのだ。これまで意識の素朴さはまどろんだ思考として記述されてきたが、このまどろみからは、いかなる仕方であれ、思考を引き出すことはできないだろう。これは、まさに生を味わうという意味での生である。私たちは世界から伸びているさまざまな延長を参照するよりもまえに、当の世界を享受している。私たちは呼吸し、歩き、眺め、散歩する、といった具合なのだ。

たしかに、これまでおこなってきた享受の記述は、具体的な人間の姿を言い表してはいない。実際には、人間はすでに無限の観念を有しているのであって、言い換えれば、社会で生き、事物を表象しているからだ。享受として、言い換えれば内奥性として成就する分離は、対象についての意識となる。事物は語の助けを借りて固定される。語が事物を与え、伝達し、主題化するのである。そして、事物はさらに言語の助けを借りて新たな固定性を獲得するが、この固定性は一つの事物に一つの音が添加される以上のことを前提としている。享受を超えたところで住居、所有、共通化とともに浮かびあがるのは、世界についての言説である。我有化と表象によって、享受に新たな出来事が付け加えられる。我有化と表象は、人間どうしの関わりとしての言語のうちに基礎をもつ。事物には名前と自己同一性がある——さまざまに変形が生じようとも、事物は同じであり続ける。ぼろぼろと崩れる石も、やはり同じ石である。私は万年筆や肘掛け椅子を見て、それぞれが同じだと再認するし、ヴェルサイユ条約が調印されたのはルイ一四世の宮殿と同じ宮殿である。同じ電車といえば、同じ時刻に発つ電車のことである。したがって、知覚世界とは事物が自己同一性を有している世界であり、この世界の存続がほかならぬ記憶によって可能になることは明らかである。ひとびとの自己同一性と彼らの仕事の連続性が、事物のうえに格子を投げかけ、その格子のなかで事物は同一のものだと再認される。言語をそなえた人間たちが住む大地には、安定した事物たちが満ちている。

しかし、事物のこの自己同一性は安定していないままであって、事物が元基に回帰する道を閉ざしてはいない。事物は、事物をもととする廃物のなかで存在している。薪《まき》が煙と灰になるとき、私のテーブルの自己同一性は消え去る。廃物は見分けのつかないものとなり、煙はどこへなりと行ってしまう。私の思考が事物の変形をたどったところで、私は即座に——事物がその容れ物を離れるやいなや——その自己同一性の痕跡を見失ってしまう。デカルトが蠟片についておこなっている推論は、万物が自己同一性を失うに至る道筋を指し示している。[*5] 事物において質料と形態の区別は本質的だが、質料のうちに形態が溶解することもまた本質的である。質料のうちに形態が溶解するがゆえに、知覚世界のかわりに数量的な物理学が幅を利かせるのだ。

形態と質料の区別があらゆる経験を特徴づけるわけではない。顔には、付け加えられるような形態がない。だが、顔は《不定形なもの》として、つまり形態を欠いていて形態を呼び求めている質料として差し出されるわけではない。事物には形態があり、事物は光のなかで——輪郭ないし射映として——見られる。しかるに、顔はみずからを意味する。輪郭や射映であるかぎり、事物はみずからの自然本性をある視野によって支え、ある視点と関係し続ける——だから、事物の状況によって事物の存在が構成されるのである。厳密に言えば、事物には自己同一性がない。別の事物に変換可能であるがゆえに、事物は貨幣にもなれるのだ。事物には顔がない。変換可能であり、「換金可能」であるかぎりで、事物には価格がある。事物が貨幣のかわりになるのは、事物が元基態であり、富であるからだ。こうしたことから、事物が元基態に根づいていること、事物が物理学にとって接近可能なものになること、そして事物がもつ道具としての意義がたしかめられる。人間は自分の世界の総体に美的な方向づけを与えるが、このことは享受や元基態への回帰を、より上位の次元で表している。事物の世界は、芸術を呼び求める。そこでは、存在への知的な到達が享受に変わり、観念の〈無限〉が有限ではあるが充実した像《イマージュ》のうちで偶像化される。どんな芸術も造形的なものだ。道具や用具的存在は、それら自身が享受を前提としているが、今度はそれらが享受に差し出される。素敵なライター、素敵な自動車というように、それらは玩具となるのだ。事物は、さまざまな装飾技法で着飾り、美のなかに潜りこむ。美においては、享受がどのように乗り越えられたとしても、この乗り越えがふたたび享受に戻っていくのだ。

5　元基の神話的形式

感性的世界は表象の自由から溢れ出てしまうとはいえ、それが告げるのは自由の挫折ではなく、世界の――「私のための」世界、私をすでに満足させている世界の――享受である。元基は、人間の自由を屈服させ、制限づける流刑地のように人間を迎え入れるのではない。人間存在は、不条理な世界、そこに投げ出されている〔*geworfen*〕と言われた世界にいるのではない[*6]。そして、このことは絶対に正しい。元基の享受に際しては、享受という甘美な統御を逃れる瞬間が溢れ出るなかで憂慮が現出するが、のちに見るように、こうした憂慮は労働によって埋め合わされる。元基に対する感覚の遅れを、労働が埋め合わせるのである。

しかし、元基による感覚のこうした溢出、元基が私の享受に差し出される際の不確定性のなかで示される溢出は、時間的な意味を得る。享受において、性質とはなにかの性質ではない。私を支える大地の堅さ、私の頭上の空の青さ、風のそよぎ、海のうねり、陽光の輝きは、なんらかの実体にひもづけられてはいない。それらはどこでもないところからやって来る。どこでもないところ、存在しない「なにか」からやって来て、現れるものがなにもないのに現れているというこの事態――それゆえ、私がその源泉を所有することができないのに、たえずやって来るというこの事態――が感性と享受の未来を描き出す。これは、まだ未来の表象ではない。未来の表象にあっては、脅威は猶予と解放を差し出すからだ。労働を頼りにする享受は、まさに表象によって、自分の住居との関わりで世界を内奥化しながら、ふたたび絶対的な仕方で世界の主人になるのだ。実体の範疇、《なにか》を欠いたこの純粋な性質のなかに、未来は不安定性として、すでに存在している。源泉は、事実として私から逃れているわけではない。享受に際して、性質はどこでもないところに消えていく。これは無限とは区別されるアペイロン[*7]〔無限定なもの〕であって、事物とは対照的に、自己同一化に逆らう性質として現前している。性質が自己同一化に抵抗するのは、それがなんらかの流れや持続を表すからではない。反対に、性質がもつ元基的な性格、性質が虚無を起点にしてやって来ることは、性質の脆弱さ、生成という風化作用、表象より古い時間となる――この時間は脅威であり、破壊である。

元基態は私の好みに合う――私は元基態を享受する。元基態は欲求に応えるものだが、かかる欲求がまさに、こうした《好みに合うこと》と幸福の様態なのである。欲求に不安定性や貧しさをもたらすのは、ただ未来の不確定性だけである。信頼の置けない元基態は、逃れながらみずからを与えるのである。したがって、欲求がもつ非自由を指し示すのは、根本的な他性と欲求との関係ではない。物質の抵抗は、絶対者のようにぶつかってくるわけではない。はなから打ち負かされ、労働に差し出される抵抗でありながら、物質の抵抗は享受そのもののうちに深淵を開く。享受は、自分を養ってくれるものの彼方なる無限を基準とするのではなく、差し出されるものが潜在的に消え去ること、すなわち幸福の不定性を基準としている。糧《かて》は、幸運な偶然のようにやって来る。みずからを差し出して満足をもたらす一方で、早くも遠ざかり、どこでもないところに消えていく糧の両価性は、有限のうちなる無限の現前や事物の構造とは区別されるものだ。[*8]

このように、どこでもないところからやって来る点で、元基は私たちが顔という題目のもとで記述するものと対照をなす。顔においては、まさに、ある存在者が人格的に現前するからだ。存在の面《ファス》に触発されることは——そのとき存在の厚みはまるごと不確定なままであり続け、どこでもないところから私のもとにやって来るのだが——翌日の不安定性に屈することである。不安定性としての元基の未来は、具体的には元基の神話的神性として生きられる。顔のない神々、話し相手になることのない非人称的な神々は、享受のエゴイズムをふちどる無を、元基との親密性のただなかに刻みこむ。だが、享受によって分離が成し遂げられるのは、まさにこのようにしてなのだ。異教とは分離の証拠となり、分離が生起する場であるが、分離した存在はこうした異教の危険を冒さなければならない——これらの神々の死によって、分離した存在が無神論に、そして真の超越に至るまで。

未来の無が、分離を確固たるものにする。私たちが享受する元基は、分離する無に行き着くのである。私が住む場である元基は、夜との境界線上にある。私の方に向けられた元基の面が隠しもっているのは、啓示されうる「なにか」ではなく、つねに更新されていく不在の深みであり、実存者なき実存であり、典型的な《非人称的なもの》である。存在と世界の外側で、このように啓示されることなく実存する様態は、神話的と呼ばれなければならない。夜へと延びていく元基の延長を支配するのは、神話的神々である。享受は安定性を欠いている。それでも、こうした未来は被投性〔*Geworfenheit*〕という性格をもってはいない。というのも、不安定性が脅かすのは、すでに元基のうちで幸せを抱いている享受であって、こうした享受にとっては、この幸福だけが憂慮を感じさせるものだからだ。

未来がもつこうした夜の次元を、私たちは《ある》《イリヤ》という題目のもとで記述したことがある。元基は《ある》のなかへと延びていく。内奥化としての享受は、大地の異邦性そのものにぶつかるのである。

だが、享受には、労働と所有という頼みの綱がある。

訳注

＊1　カント『純粋理性批判』（第一版（一七八一年）八〇頁、第二版（一七八七年）一〇六頁）のカテゴリー表に挙げられる、能動的なものと受動的なものの「相互作用（Wechselwirkung）」としての「相互性（Gemeinschaft）」のこと（『純粋理性批判』上、原佑訳、平凡社（平凡社ライブラリー）、二〇〇五

年、二二四頁）。

＊2　合田正人氏の訳注によると、ルコント・ド・リール（一八一八―九四年）の『夷狄詩集』（一八六二年）に収められた詩「月光」からの引用。また、アウグスティヌス『告白』第一一巻第八章の表現も参照。「存在しはじめて存在することをやめるものはすべて、いまこそ存在しはじめるべきである、存在をやめるべきであると永遠の理念においてみとめられるまさにそのとき、存在しはじめ、あるいは存在をやめるけれども、この永遠の理念の中では、何ものも存在しはじめることなく、存在をやめることもない」（『告白Ⅲ』山田晶訳、中央公論新社（中公文庫）、二〇一四年、二六頁）。

＊3　アレクサンドル・プーシキン（一七九九―一八三七年）の短編「けちな騎士」（一八三六年）に登場する男爵のこと。節制を重ね、息子アルベールにも貧窮を味わわせながら、男爵は穴蔵に貯めこんだ金貨の山を眺めながら言う。「わしは王国の支配者だ！――なんという魅惑の輝き！／わが王国は強国で、わしに従順だ。／この国にこそ、わが幸せが、わが名誉と栄光があるのだ！／わしはこの国の支配者だ――」（「けちな騎士」、『青銅の騎士』郡伸哉訳、群像社（ロシア名作ライブラリー）、二〇〇二年、六七頁）。

＊4　ポッシュ版は、l'infini et du système de l'instinct の et を誤って削除している。

＊5　デカルトが『省察』（一六四一年）「第二省察」で提示する「蜜蠟の比喩」のこと（『省察』山田弘明訳、筑摩書房（ちくま学芸文庫）、二〇〇六年、五二頁以下）。

＊6　ハイデガーの「被投性（Geworfenheit）」については、『存在と時間』（一九二七年）第二九節を参照。「〔…〕現存在は、みずから世界＝内＝存在としておのれの現を存在するというありさまで、おのれの現のなかへ投げられているのである」（『存在と時間』上、細谷貞雄訳、筑摩書房（ちくま学芸文庫）、一九九四年、二九四頁）。

＊7　「アペイロン（apeiron）」は、ペラス（限界、境界）を欠いたもので、アナクシマンドロスがアルケ

ーとして主張したと言われる。ディオゲネス・ラエルティオス『ギリシア哲学者列伝』第二巻第一章を参照。「アナクシマンドロスはプラクシアデスの子でミレトスの人。この人は無限（定）なもの（ト・アペイロン）を（万物の）始元や元素であると主張して、それを空気とか水とかその他のものとして限定することはしなかった」（『ギリシア哲学者列伝』上、加来彰俊訳、岩波書店（岩波文庫）、一九八四年、一一七頁）。

＊8　ポッシュ版は、se perdre dans le *nulle part*, se distingue de la présence de l'infini の dans le *nulle part*, se distingue de la présence までを誤って削除している。

C　自我と依存

1　喜びとその翌日

享受と幸福に含まれる自己への運動は、自我の充実状態を示している。とはいえ、私たちが用いた巻きつく螺旋のイメージは、この充実状態が《……によって生きること》の不十分さに根ざしていることまでは言い表してくれない。なるほど、自我とは幸福であり、わが家にいることである。しかし、自我は、非‐充実状態のうちなる充実状態として、非‐自我のうちに住みとどまる。自我は「他の物」の享受であって、決して自己の享受ではないからだ。自我は、原住者である、言い換えれば、自分ではないもののうちに根づいているのだが、それでもこの根づきのうちで自存し、分離している。自我と非‐自我の関わりは自我を鼓舞する幸福として生起するが、この関わりは非‐自我を引き受けることでも拒絶することでもない。自我と《自我がそれによって生きるもの》とのあいだには、〈同〉と〈他人〉を分離する絶対的な隔たりが広がっているわけではない。《私たちがそれによって生きるもの》を受け入れようが拒絶しようが、まえもっての快諾[*1]〔*agrément*〕が前提とされている。これは、与えられると同時に受けとられる、幸福という快諾である。快諾の最初のもの――生きること――は、自我を疎外するのではなく、自我を維持し、そのわが家を構成する。住居と居住は、自我の本質に――エゴイズムに――属している。無名の《ある《イリヤ》》に対抗して、すなわち恐怖、おののきや目眩《めまい》、自己と一致しない自我の動揺に対抗して、享受の幸福はわが家にいる〈自我〉を確固たるものとするのだ。しかし、自我によって住まわれた世界という非‐自我との関係のなかで、自我が充実状態として生起し、時間の連続性から引き剝がされた瞬間、過去を引き受けることも拒絶することも免除された瞬間に身を置くからといって、自我は永遠性に起因する特権によって、この免除の恩恵に浴しているのではない。時間のうちでの自我の真の態度とは、さまざまな始まりによって時間を区切ることで時間を中断することだからだ。このことは行動《アクシオン》というかたちで生起する。連続性のただなかでの始まりは、行動としてでしか可能ではないのだ。しかし、自我が行為《アクト》を開始しうるのは時間内でのことであって、時間は自我の自存性が移ろいやすいことを告知している。未来の不確実性は、享受を損ない、享受の自存性には依存が包みこまれていることを享受に思い出させる。幸福も、こうした享受の至上権の断裂を隠すには至らない。享受の至上権は「主観的なもの」、「心的なもの」、「単に内心のもの」であることが暴かれるのである。すべての存在様式が自我に、すなわち享受の幸福のうちで構成される不可避の主観性に回帰したからといって、非‐自我から独立した絶対的な主観性は創設されない。非‐自我は享受に養分を補給しており、自我は高揚させてくれる世界を必要としているのだ。こうして、享受の自由は制限されたものとして感得される。この制限は、自我は自分の生まれを選んだわけではなく、それゆえはじめから状況のうちにある、ということに起因するのではない。そうではなく、享受の瞬間の充溢は、享受している当の元基の未知性から身を守っているわけではないこと、つまり喜びとはあくまでも幸運であり、恵まれた出会いであることに起因している。享受は埋められる空虚にすぎないという事実も、享受の質的な充溢になんら疑いを投げかけるものではない。享受と幸福は、相殺されたり赤字になったりする存在と無の数量で計算されるのではない。享受とは高揚であり、単なる存在する営みからは、つま先一つ飛び出たものなのだ。しかし、欲求の充足である享受の幸福、この《欲求‐充足》というリズムによって損なわれることのない享受の幸福には、享受が浸りこむ元基の測り知れない深さに含まれた翌日への気遣いによって影が落とされることがある。享受の幸福は、欲求の「つらさ」のうえに花開くのであり、それゆえ「他なるもの」に依存している――つまりは、恵まれた出会いであり、幸運なのだ。だが、情況がそうだとしても、快楽は錯覚だといって告発したり、世界内の人間を《遺棄された孤独》[*2]〔déréliction〕によって特徴づけたりすることが正当化されるわけではない。貧しさは《……によって生きること》としての生きることを脅かすが――というのも、生がそれによって生きる当のものは不足してしまうことがあるからだ――、この貧しさを、すでに享受のうちに据えられている欲《アペティ》の空虚と混同することはできない。欲の空虚は、単なる存在を超えて、存在が充足のうちで歓喜に満ち溢れることを可能にするのだ。他方で、欲求の「つらさ」は、《感性的なもの》が理性的人格の自律と衝突するかのように、《感性的なもの》のいわゆる非合理性を証拠だてるものではまったくない。欲求の苦しみにおいて、理性は自由に先在する所与〔＝与えられたもの〕というスキャンダルに立ち向かうのではない。なぜなら、はじめに自我を措定したうえで、それから享受や欲求が自我と衝突するかどうか、自我を制限するかどうか、侵害するかどうか、否定するかどうかを問うことはできないからだ。自我は、ただ享受においてのみ結晶化するのである。

2　生への愛

はじめにいるのは、満たされた存在、楽園の住人である。「空虚」が感じとられるということは、享受のただなかに――たとえそれが呼吸する空気の享受であれ――すでに「空虚」を意識する欲求が身を置いていることを前提とする。この「空虚」は《精神の平静《アタラクシー》》よりも良いものである充足の喜びを先取りしている。苦しみは、感性的生を問いただすどころか、感性的生の地平のなかに場を占めており、生きることの喜びを基準としている。生は、はじめから愛されているのだ。たしかに、自我は自分の状況が与えるさまざまなものに立ち向かうことができる。というのも、わが家で生きるにあたって、自我はわが家に紛れてしまうのではなく、自分がそれによって生きる当のものから区別されたままだからである。しかし、自我と自我を養うものとのあいだにこうしたずれがあるからといって、糧《かて》をそれ自体として否定することが許されるわけではない。もしこのずれのうちでなんらかの対立が演じられうるとしても、この対立は、それが拒絶し、みずからの糧にする当の状況そのものの境界内に維持される。生に対するいかなる対立も、すべて生のなかに避難し、生がもつ諸価値を基準としているのだ。これが生への愛である。すなわち、これからはじめて私たちのもとに到来するものとのあいだで、あらかじめ取り決められた調和なのだ。

生への愛は、存在の知解や存在論に帰着するとされる存在への気遣いとは似ていない。生への愛は、存在を愛するのではなく、存在することの幸福を愛するのだ。愛された生とは、生の享受そのものであり、満足である――満足は、私が満足に対して向ける拒絶のなかでもすでに味わわれており、それは満足そのものの名において拒絶された満足なのだ。生と生の関係、すなわち生への愛は、生の表象でも、生をめぐる省察でもない。私と私《モワ》の喜びのあいだにずれがあるからといって、全面的な拒絶の余地が残されているわけではない。この反抗のうちに徹底的な拒絶が存在しないのとまったく同様に、生が享受しながら生に接近する際には、いかなる受諾といったものも存在しない。よく言われる《感覚すること》の受動性とは、この受動性を引き受ける自由の運動を働かせないような類のものである。《感性的なもの》の認識は、すでに享受である。享受のなかで否定されたり消費されていると提示したい誘惑に駆られるようなものも、それ自体として顕現するのではなく、一挙に与えられている。享受が到達する世界には、秘密も、真の異質性もないのだ。完全に無垢なものである享受の本源的な肯定性は、なにものとも対立せず、その意味で一挙に充実する。瞬間ないし停止、《この日をつかみとれ》〔*carpe diem*〕の達成であって、「あとは野となれ山となれ」という至上権なのだ。享受の瞬間が持続による風化作用から完全には引き剝がされることがなかったとしたら、これらの野心は純粋な無意味となり、永遠の誘惑とはならなかっただろう。

したがって、欲求は、依存である以上、自由として特徴づけることはできないし、すでに親しいものであって、秘密を有さないもの、隷属させるのではなく喜ばせるもので生きている以上、受動性として特徴づけることもできない。《遺棄された孤独》を強調する実存哲学者たちは、〈自我〉とその喜びのあいだに現れる対立について思い違いをしている。この対立が、感性にとって本質的な未来の不確定性に脅かされた享受に忍びこむ憂慮からやって来るにせよ、労働に内属する労苦からやって来るにせよ、そうである。この対立においては、いかなる仕方であっても、存在が全体として拒絶されているわけではない。存在に対立する際にも、自我は存在それ自体に庇護を求める。自殺が悲劇的なのは、死が、誕生が生み出した問題の一切に解決をもたらすわけではなく、地上の価値のすべてをおとしめることができないからだ。死に直面したマクベスの最後の叫びは、ここから生じる。マクベスが敗北したのは、彼の生と一緒に宇宙も壊れてはくれないからである。苦痛は、存在に釘づけにされていることに絶望すると同時に、釘づけにされた当の存在を愛してもいる。生から脱出することの不可能性。なんという悲劇！　なんという喜劇！　厭世〔*taedium vitae*〕は、みずからがはねつける生への愛に浸りこんでいる。絶望は喜びという理想と訣別してはいないのだ。実を言えば、こうした厭世主義には経済的な下部構造がある。それは翌日への不安と労働の労苦を――労働が形而上学的欲望のなかで果たす役割は、のちほど示す――表しているのだ。異なる視野においてではあるが、マルクス主義的な見方はここで、その力をそのまま保ち続けている。欲求の苦痛は、食欲の不在において鎮められるのではなく、充足において鎮められるのだ。欲求は、みずからを愛する。人間は、さまざまな欲求をもっているがゆえに幸福なのだ。欲求なき存在は、欲求に追われた存在より幸福とは言えないだろう。欲求なき存在は、幸福と不幸の埒外にいるのだ。充足の快楽のうちに貧しさが痕跡をとどめることがありうること、私たちは純然たる充溢を手に入れるかわりに欲求と労働を通じて享受に至るということ――これこそが、分離の構造そのものに起因する情況である。元基が引き返していき、紛れこんでいく無のかすかなざわめきを、分離して充実した存在、すなわちエゴが耳にすることがなかったとしたら、エゴイズムによって分離が成就されるといったところで、それはただの言葉にすぎないだろう。

存在に貧しさをもたらすのは欲求ではなく未来の不確実性だが、労働はこの貧しさに打ち勝つことができる。

のちに見るように、未来の無は時間の間隔に変わり、そこに所有と労働が挿入される。瞬間的享受から事物の製造への移行は、居住と家政にもとづいており、家政の方は他人の迎え入れを前提としている。だから、《遺棄された孤独》の厭世主義は癒やせないものではない。人間は病気の治療薬を手にしているのであって、しかも治療薬の方が病気より先に存在しているのだ。

私が自由に生きているのは労働のおかげであり、労働は生の不確実性から私を守ってくれるが、かといって労働それ自体が生に最終的な意義をもたらすわけではない。労働もまた、私がそれによって生きるものと化すのだ。私は生の内実のすべてによって生きている。未来を保証してくれる労働によってさえ生きているのだ。私は空気や陽光やパンで生きるのと同じように、自分の労働で生きている。欲求が享受を超えてのしかかってくるような限界事例、呪われた労働の刑に処するプロレタリア的条件、身体的実存の貧しさが避難所もわが家での余暇も見いだすことのないプロレタリア的条件とは、被投性《ゲヴォルフェンハイト》の不条理な世界である。

3　享受と分離

　享受において、エゴイスト的存在は身震いする。享受は、それによって生きている当の内実に関与しつつ分離する。分離は、こうした関与の肯定的な働き《ウーヴル》として営まれる。分離は、空間的な遠隔のように、単なる切断から帰結するのではない。分離されていることとは、わが家にいることなのだ。だが、わが家にいることとは、《……によって生きること》、すなわち元基態を享受することである。それによって生きている当の諸対象を構成することが「失敗」するのは、こうした対象の非合理性や不明瞭さによるのではなく、これらの対象がもつ糧《かて》という機能による。養分は表象不可能というわけではない。養分はそれ自身の表象を下支えしているが、自我は養分のうちに自分を再発見する。表象された世界が表象する行為の条件であるという構成の曖昧さは、単に定位されるのではなく、みずからを定位する者の存在様態である。元基がそこに紛れこんでいき、またそこで浮かびあがってくる絶対的空虚、「どこでもないところ」は、内奥的に生きる〈自我〉の小島に、あらゆる側から打ち寄せている。享受が開く内奥性は、意識的生を「恵みとして与えられた」主体に、属性として、あまたある心理学的特性の一つとして付け加わるのではない。享受の内奥性は、即自的な分離であり、分離のような出来事が存在の組成《エコノミー》のうちに生起しうる際の様式である。

　幸福とは個体化の原理だが、即自的な個体化は内奥からしか、すなわち内奥性によってしか考えられない。享受の幸福のなかで、個体化や、自己人格化や、実体化や、自己の自存性が作動する。これらは過去の無限の深みとそれらを要約している本能を忘却することである。享受とは誕生する存在の生起そのものであり、この存在は精子的または子宮的な実存という平穏な永遠性を打破して一つの人格のうちに閉じこもる。この人格は、世界によって生きながら、わが家で生きるのである。私たちが明るみに出した脱自的表象から享受への不断の転換は、私が構成するものの方が当の構成それ自体に先行するというその先行性を、おのおのの瞬間において復活させる。これは生き生きとした生きられた過去であるが、それは非常に生々しい思い出や近時の思い出がそう呼ばれる意味においてではないし、私たちに跡を残して私たちを引きとめ、それによって私たちを隷属させる過去でさえなく、そこから分離され、解放されるものの基礎になるような過去である。幸福の明るみのうちで輝く解放――これが分離である。分離の自由な飛翔と優美さは、《幸福な時》〔heure bonne〕の安楽さそのものとして感じられ、この安楽さとして生起する。これは幸福にもとづく自由、幸福からなる自由であり、それゆえ自己原因《カウサ・スイ》ではない存在、すなわち創造された存在とも両立する。

私たちが練りあげようとしてきた享受の概念は、そこで自我が立ちあがり、身震いするものである。私たちは自我を自由によって規定したのではない。始まりの可能性としての自由、幸福にもとづく自由――時の連続性と訣別した《幸福な時》の驚異にもとづく自由――は、〈自我〉の生起であって、〈自我〉に「到来する」あまたある経験の一つではない。分離や無神論といった否定的な概念は、さまざまな肯定的な出来事を介して生起する。私であること、無神論者であること、わが家にいること、分離されていること、幸福であること、創造されていること――これらは同義語なのだ。

エゴイズム、享受、感性、そして内奥性の全次元――これらは分離を組み立てる関節《アルティキュラシオン》である――が〈無限〉の観念には必要であり、分離した有限な存在を起点にして開かれる〈他人〉との関係には必要である。形而上学的〈欲望〉は、分離した存在、言い換えれば、享受し、エゴイスト的で、充足した存在においてしか生起しえないのであり、それゆえ享受から派生するのではない[*3]。とはいえ、分離した存在――言い換えれば、感覚する存在――が、形而上学のうちで無限および外部性が生起するのに必要だとしても、分離した存在が弁証法的戯れのうちで定立ないし反定立として構成されるのだとすれば、この外部性を破壊してしまうだろう。無限は、対立によって有限者を呼び起こすわけではない。享受の内奥性が超越的関係から演繹されないのとまったく同様に、超越的関係の方も、ある関係の二項のあいだの区別と結合が対をなすような仕方で、弁証法的な反定立として、分離した存在から演繹されて主体性と対をなすわけではない。分離の運動は、超越の運動と同じ平面上にはない。私たちは、表象の永遠性における（あるいは自我の自己同一性における）自我と非‐自我の弁証法的和解の外にいるのだ。

分離した存在も、無限の存在も、反定立的な項として生起するわけではない。分離を（関係という概念への抽象的反駁としてではなく）たしかなものとする内奥性が、ある絶対的に自閉した存在を、つまり〈他人〉との対峙から弁証法的にみずからの孤立を引き出してくるわけではないような存在を生起させることが必要である。しかも、外部性が――分離した存在の孤立から単なる対照によっては呼び起こされえない予見不可能な運動において――この存在に話しかけ、この存在に啓示されうるには、この自閉が内奥性の外への脱出を禁じていないことが必要である。要するに、分離した存在のうちで、外部への扉が開かれていると同時に閉ざされていることが必要である。つまり、分離した存在の自閉が十分に曖昧なものである必要があるのだ。それは、一方で、無限の観念に必要な内奥性が単に見かけだけのものではなく、現実的であり続け、内奥的存在の運命がなんら外部的なものから反駁されないエゴイスト的無神論のうちで継続されるためであり、その際、内奥性への下降運動のすべてにおいて、自己へと下降する存在が、単なる弁証法の戯れによって、そしてまた抽象的な相関関係のかたちで、外部性に関係づけられることがあってはならない。だが、他方で、享受が掘り起こす内奥性そのもののうちに、こうした即自的な動物的自己満足とは異なる運命に駆りたてる他律が生起する必要があるのだ。内奥性の次元は、快楽の傾斜に沿った、こうした自己への降下の最中には（実際には、この降下がはじめて内奥性の次元を掘り起こす）、異質な要素が出現したとしても、みずからの内奥性を否認することがないが、それでもこの降下のうちで、内奥化の運動を逆転させることも内奥的実体の骨組みを崩すこともなく、外部性との関係を取り戻す機会を提供するような、ある衝撃が生起する必要がある。内奥性は閉ざされていると同時に開かれていなければならない。[5] 動物的条件から離陸する可能性が、ここでたしかに描かれるのである。

実際、享受は、こうした特異な野心に対して、その根底的な安定性をかき乱す不安定性で応える。この不安定性は、享受に対する世界の異質性、自我の至上権をいわば挫折させるような世界の異質性に由来するのではない。享受の幸福はいかなる憂慮よりも強力だが、この幸福は憂慮によってかき乱されることがある――これが動物と人間のあいだのずれである。享受の幸福は、いかなる憂慮よりも強力である。つまり、翌日への憂慮がどんなものであれ、生きることの幸福――呼吸することの、見ることの、感じることの幸福――は（「執行人様、あと一瞬だけ！」）[*6]、憂慮のまっただなかであっても、耐えがたくなるほどまでに憂慮にかき乱された世界からのどんな逃走に対してさえ提示される終着点であり続ける。ひとはいいいい生を逃れて生に向かう。自殺が可能性として現れるのは、すでに〈他人〉との関わりのうちにある存在、すでに他人のための生へと高められた存在に対してである。自殺は、すでに形而上学的であるような実存がもつ可能性なのだ。すでに自分を犠牲にできる存在だけが、自殺することができる。だから、自殺することができる動物として人間を定義するまえに、他人のために生きることができる、他人を起点として自己の外部に存在することができるものとして人間を定義しなければならない。だが、自殺と犠牲が有する悲劇的性格は、生への愛がもつ根本的な性格の証拠である。人間と物質的世界の本源的な関わりは、否定性ではなく、生を享受することであり、生を快諾することである。世界が敵対的なものとして、すなわち否定し、征服すべきものとして現れうるのは、ただ、内奥性における乗り越え不可能な快諾――乗り越え不可能なのは、快諾こそが内奥性を構成するからだ――にとってである。

享受のうちで十分に快諾された世界が有する不安定性が享受をかき乱すとしても、この不安定性も生の根底的な快諾を取り除くことはできないだろう。しかし、この不安定性は、〈他人〉の啓示からやって来るのでも、なんらかの異質な内実からやって来るのでもない境界、いわば無からやって来る境界を、享受の内奥性にもちこむ。この不安定性は、分離した存在のもとに元基がやって来る仕方に――この存在は元基のうちで満足し、充実する――すなわち元基を延長し、元基がそこに紛れこむ神話的厚みに由来する。この不安定性――このように内奥的生の周囲に無のふちどりを描くことで、その島嶼性を確固たるものとする不安定性――は、享受の瞬間には、翌日への気遣いとして生きられている。

だが、こうして内奥性のうちに、超越の啓示を待機し、それを迎え入れることのできる次元が開かれる。本質的に不確実なものである感性の未来という本源的現象が、翌日への気遣いのうちできらめく。この未来が先延ばしおよび猶予という意義をまとって浮かびあがり、それを通じて労働が、未来の不確実性と不安定性を統御し、所有を創設することによって、家政的自存というかたちをとる分離を描き出すためには、分離した存在は集約して〔＝内省して〕、さまざまな表象を得る必要がある。集約と表象は、具体的には住居、すなわち〈家〉での居住として生起する。しかし、家の内奥性は、生が糧《かて》にする享受の元基のただなかでの治外法権〔＝超領域性〕で成り立っている。治外法権には肯定的な面がある。それは内密性の優しさやあたたかさのうちで生起するのだ。これは主観的な魂の気分ではなく、存在の普遍性における出来事――存在論的秩序の甘美な「減退」――である。優しさは、それがもつ志向的構造によって、〈他人〉を起点として、分離した存在のもとにやって来る。この〈他人〉は、まさにみずからを――その他性によって――啓示するが、それは自我との否定的な衝突においてではまったくなく、優しさという本源的な現象としてなのだ。

本書の全体が示そうとしている〈他者〉との関係は、Aの他者は非A、つまりAの否定である、といった矛盾の論理と対照をなすだけでなく、〈同〉が弁証法的に〈他〉と関与し、体系の〈統一性〉のうちで〈他〉と和解する、といった弁証法的論理とも対照をなすものだ。はなから平和的なものである顔の迎え入れ――というのも、それは鎮めることのできない〈無限〉への〈欲望〉に応えるからであり、戦争はこの迎え入れの条件ではまったくなく、戦争それ自体がこの迎え入れの一つの可能性だからである――は、本源的には、女性の顔の優しさのなかで生起する。分離した存在は、この優しさのなかで集約する〔＝内省する〕ことができ、この優しさのおかげで住むのであって、自分の住居のうちで分離を成し遂げるのである。居住と、人間存在の分離を可能にする住居の内密性は、このように〈他人〉の最初の啓示を前提としている。

つまり、顔のうちでみずからを啓示する無限の観念は、単に分離した存在を要求するわけではない。顔の光が、分離には必要なのだ。だが、家の内密性の基礎を据えることで、無限の観念が分離を惹起するのは、なんらかの対立の力や弁証法的呼びかけの力によってではなく、無限の観念の光輝がもつ女性的な優美さによる。対立の力や弁証法的呼びかけの力は、超越を一つの総合のうちに組み入れることで、それを破壊してしまうだろう。

訳注

＊1 「快諾」と訳した agrément という語には、「魅力、楽しみ」と「同意、承認」の二つの意味がこめられている。

＊2 「遺棄された孤独」と訳した déréliction は、ハイデガーの「被投性（Geworfenheit）」の訳語として用いられたことがある。この点に関しては、レヴィナス『時間と他者』原田佳彦訳、法政大学出版局（叢書・ウニベルシタス）、一九八六年、一二頁を参照。

＊3 文脈からすれば「それゆえ享受から派生するのではない（ne découle donc pas de la jouissance）」ではなく「それゆえ享受からしか派生しない（ne découle donc que de la jouissance）」であるべきだと思われるが、原文どおりに訳出しておく。

＊4 初版のみ「否認する（démente）」で、第二版以降はすべて「反駁する（réfute）」となっている。第二版以降に従う。

＊5 ドイツ語訳に従って、ou を et に訂正する。

＊6 ルイ一五世（在位一七一五―七四年）の愛妾デュ・バリー夫人（一七四三―九三年）が断頭台で命乞いをした際に叫んだ言葉とされる。

D　住居

1　居住

居住を、あまたある「用具的存在」の一つである「用具的存在」を利用することだと解釈することもできる。釘を打つのにハンマーが役立つように、あるいは字を書くのにペンが役立つように、家は居住に役立つというのだ。たしかに、家は人間の生活に必要なさまざまな事物の道具立てに属している。家は人間を悪天候から守ったり、敵や迷惑なひとたちから匿《かくま》ったりするのに役立っている。しかし、人間の生が置かれたさまざまな合目的性の体系のなかで、家は特権的な位置を占めている。もちろん、究極目的という位置ではない。ひとが家を目的として探し求めたり、自分の家を「享受」したりできるとしても、家がその独自性を明らかにするのは、こうした享受の可能性を介してではない。なぜなら、どんな「用具的存在」も、目的を目指す手段としての有用性のほかに、ある直接的な利益を含んでいるからだ。たしかに、道具を操ったり、働いたり、道具を使ってさまざまな所作を――合目的性の体系に組みこまれはする所作を——成し遂げたりすることで、私は自分を喜ばせることができるが、こうした所作の目的は、それらだけを切り離したときにもたらされる快楽ないし労苦よりも遠くに位置づけられるのであって、ともかくもこれらの所作は生を満たし、養うのである。家の特権的な役割は、人間の活動の目的であることではなく、その条件であること、そしてその意味で人間の活動の始まりであることにある。自然が表象されたり加工されたり〔＝労働の対象になったり〕できるのに必要な、また、自然が端的に世界として描き出されるために必要な集約は、家として成就する。人間が世界に身を置くのは、ある私的な領域、わが家を起点にして世界にやって来た者としてであり、しかも人間はいつでもわが家に身を退けることができる。人間は、どこかの宇宙空間から——人間がすでにみずからを所有していて、そこを起点にしていつでも危険な着陸を繰り返さなければならないような空間から——世界にやって来るのではない。とはいえ、人間は乱暴に世界に投げ出され、打ち捨てられているわけでもない。人間は同時に外側にも内側にもいて、ある内密性を起点として外部におもむくのである。他方、この内密性が家のなかで開かれるとはいえ、家はこの外側のなかに位置づけられている。事実、建物としての住居《ドゥムール》は、さまざまな対象からなる世界に属している。だが、それに帰属するからといって、対象を考慮することがいずれも——たとえ建物が対象であれ——一つの住居を起点として生起するという事実の射程が無効になるわけではない。具体的には、住居が対象の世界〔＝客観的世界〕のなかに位置づけられているのではなく、対象の世界の方が私の住居との関わりによって位置づけられている。自分の対象を、さらには自分がいる場所さえもア・プリオリに構成する観念論的主体は、厳密に言えば、これらをア・プリオリに〔＝先験的に〕構成するのではなく、まさに事後的に、知や思考や観念を溢れ出る具体的存在としてみずからのうちに住みとどまったあとで、これらを構成するのだ。住みとどまる《ドゥムレ》という出来事を主体は知や思考や観念のなかに事後的に閉じこめようとするだろうが、この出来事は知と共通の尺度をもってはいない。

享受と《……によって生きること》の分析が示したのは、存在は経験的出来事には解消されないということ、こうした出来事を反映したり、それらを「志向的に」思念したりするような思考には解消されないということだった。居住を人間の身体と建物とのなんらかの接続状態《コンジョンクテュール》の意識化として提示することは、意識が事物のなかに流れこむことを脇に置くことであり、忘れることである。意識にとって、こうした流れこみは、事物の表象ではなく、具体化という特殊な志向性である。この志向性は、次のように定式化できる。世界についての意識は、すでにこの世界を通した意識である、と。この見られた世界に属するなにがしかのものが、視覚の器官ないし視覚の本質的手段となる——頭、眼、眼鏡、光、電灯、本、学校が、そうである。労働と所有からなる文明の全体が、みずからの分離を実効化する分離した存在の具体化として現れるのだ。だが、こうした文明は、意識の受肉化および居住に——第一の具体化である、家の内密性を起点とした実存に——立ち帰らせるものである。観念論的主体という概念それ自体が、具体化というこうした溢出の無理解に由来している。かつて主体の対自〔＝自己のため〕は一種の霞のなかに定位していて、主体の定位は、かかる定位そのものを包含してしまう自己による自己表象に、なにも付け加えることがなかったのだ。住居それ自体を事後的に構成せんとする野心をともなった観想は、たしかに分離の証拠となるものである、もっと言えば、分離の生起にとって必要不可欠な契機である。しかし、住居が表象の諸条件の一つであることが忘れられることはない。たとえ表象がみずからの条件をも飲みこんでしまう特権的な《条件づけられたもの》だとしても、そうなのだ。というのも、この《条件づけられたもの》がみずからの条件を飲みこむのは、事後的に、ア・ポステリオリにすぎないからである。世界を観想する主体は、したがって住居という出来事を、元基からの後退を（言い換えれば、無媒介的ではあるが、すでに翌日への憂慮を抱いた享受からの後退を）、家の内密性への集約を前提としているのである。

　集約〔＝内省〕、すなわち人間的主体性は、家が孤立してあることによって魔法のように呼び起こされるわけでも、「化学的に《ウーヴル》」発生するわけでもない。これらの項の順番を逆転させなければならない。分離の働きである集約の方が、住居における実存として、家政的実存として具体化するのだ。集約しながら〔＝内省しながら〕実存しているがゆえに、自我は経験的に家のなかに避難するのである。建物がこうした住居という意義を得るのは、この集約を起点とするときだけだ。だが、「具体化」は、それが具体化する可能性を単に反映して、包み隠されたその組み立てる関節《アルティキュラシオン》を明示するのではない。家によって具体的に成就される内奥性、住居を通した集約の現実態《アクト》への――内的活動力〔*énergie*（＝活動性《エネルゲイア》）〕への――移行〔passage à l'acte（＝集約という行為の実行）〕は、新しいさまざまな可能性を開く。これらは集約の可能性が分析的には含んでいなかったものだが、集約の内的活動力に本質的なものとして、この内的活動力が発揮されるときにはじめて現出する可能性である。こうした集約、内密性、内密性のあたたかさ、ないし優しさを現働化する居住によって、どのように労働と表象が可能になり、それらが分離の構造を仕上げるのだろうか。それは、のちほど見ていく。そのまえに、集約それ自体がもつ、そして集約が生きられる場である優しさがもつ「志向的含意」を記述しておくことが重要である。

2　居住と《女性的なもの》

通常の意味での集約（＝内省）が指すのは、自己自身や、自己のさまざまな可能性および状況によりいっそうの注意を割くために、世界が促してくる無媒介的な（＝直接的な）反応を見合わせることである。すでに集約は、無媒介的な享受から解放された注意の運動と一致している。というのも、注意はもはや元基を快諾することからみずからの自由を引き出すわけではないからである。注意はどこから自由を引き出すのか。実存するという裸の事実には決してならないような存在、その実存が生であるような、言い換えれば、なにかの生であるような存在に対して、全面的反省はどのようにして許されるのか。元基を享受し、享受の不安定性を乗り越えることを気にかけている《……の生》であるような生のただなかに、どのようにしてある隔たりが生起するのか。集約は、なんらかの無関係な地域や空虚のうちに、あるいはエピクロスの神々が身を置く存在の間隙の一つに身を置くことに帰着するのか。*1 そうだとすれば、〈自我〉は《……の生》および《……の享受》として、養ってくれる元基のうちで受けとっている確証を失い、ほかのどこからもその確証を受けとらないことになるだろう。享受からの隔たりが、存在の間隙の寒々しい空虚を意味するのではなく、生が潜りこむ内密な親密性を起点とする内奥性の次元として肯定的に生きられるのであれば、話は別である。

世界の親密性は、単に、この世界のなかで獲得されたさまざまな習慣――習慣とは、世界からざらつきを取り除き、生物と、それが享受し、糧《かて》にする世界との適応の尺度になるものだ――から帰結するわけではない。親密性と内密性は、事物の表面に広がる優しさとして生起する。単に自然をただちに享受し、この享受のうちで分離したものとして――言い換えれば、私《モワ》として――構成されている分離した存在のさまざまな欲求に、自然が適合しているということではない。そうではなく、この私との友愛に由来する優しさである。親密性がすでに前提とする内密性とは、誰かとの内密性である。集約の内奥性は、すでに人間的なものである世界のなかでの孤独である。集約は、ある迎え入れにもとづいているのである。

しかし、どのようにして孤独という分離や内密性が〈他人〉との対面のうちで生起しうるのか。〈他人〉の現前は、すでに言語であり、超越ではないのか。

存在の普遍性のうちに集約〔＝内省〕の内密性が生起しうるには、〈他人〉の現前が、自分自身の形態的な像《イマージュ》を貫通してしまう顔においてのみ啓示されるのではなく、この現前と同時に、その後退と不在においても啓示されなければならない。この同時性は、弁証法による抽象的な構築物ではなく、ひそやかさの本質そのものである。そして、その現前がひそやかな仕方で一つの不在であるような〈他者〉、その現前を起点とすることでこれ以上ないほどの歓待的な迎え入れが成し遂げられ、それによって内密性の領野が描かれる、そうした〈他者〉とは〈女性〉〔la Femme〕である。女性とは、集約〔＝内省〕の、〈家〉の内奥性の、居住の条件である。

単なる《……によって生きること》、元基を自発的に快諾することは、まだ居住ではない。だが、居住の方も、まだ言語の超越ではない。内密性のうちで迎え入れる他人は、高さの次元で啓示される顔に属するあなた〔*vous*〕ではなく、まさに親密性に属する君〔*tu*〕である。すなわち、教えを欠いた言語であり、沈黙した言語であり、言葉なしの了解であり、秘密を通した表出である。ブーバーが人間相互の関係の範疇をそこに認める《我－汝》の関係は、対話者との関係ではなく、女性的他性との関係である。この他性は、言語とは別の平面上に位置するのであって、欠陥のある言語、片言の、いまだ初歩的な言語を表しているのではいささかもない。まったく反対に、この現前のひそやかさには、他人との超越的関係がもつ可能性がすべて含まれているのだ。このひそやかさが理解されるのは、そしてひそやかさが内奥化の機能を行使するのは、ほかならぬ十全たる人間的人格を下地としてであるが、この人格が、女性においては、まさに内奥性の次元を開くために留保されることがありうる。これこそが、還元不可能な新しい関係であり、存在内での甘美な減退、即自的な優しさの源泉である。

親密性は、分離の成就であり、その内的‐活動力〔*én-ergie*〕である。分離は、親密性を起点にすることで、住居〔demeure〕および居住として構成される。実存することとは、いまや住みとどまること〔demeurer〕を意味する。住みとどまることとは、まさに石がうしろに放り投げられるように実存のうちに投げこまれた存在に関わる、単なる無名の現実という事態ではない。住みとどまることとは、集約〔＝内省〕であり、自己のもとにやって来ることであり、避難の地のようなわが家への後退であって、この後退は、ある歓待性に、待機に、人間的な迎え入れに呼応している。この人間的な迎え入れにおいて言語は口をつぐんでいるが、本質的な可能性として残り続けている。存在が有する秘密の厚みを歩くごとに響かせる女性的存在の静かな往来は、ボードレールが好んでその奇妙な曖昧さに言及する動物的な、猫の現前がもつ濁った神秘ではない[*2]。

住居の内密性を通じて具体化する分離によって、元基との新しい関わりが描かれる。

3 〈家〉と所有

家は、分離した存在を農地に根づかせ、元基との植物的な交流に委ねるわけではない。家は大地、空気、陽光、森、道路、海、河といった無名態から引っこんだところに位置している。家は「通りに面して切妻をもっている」〔街に立派な店を構える、資産家である〕が、同時に秘密ももっている。住居を起点にすることで、分離した存在は、環境に浸りこんだ自然的実存――そこでは自然的実存の享受は安定性を欠いて張りつめており、気遣いへと反転してしまう[*3]――と訣別する。可視性と不可視性のあいだを行き来しながらも、分離した存在はつねに内奥に向けて出発しようとしている。家、一隅、テント、隠れ家が、この内奥の玄関なのだ。家の本源的機能は、建物の建築を介して存在を方向づけ、場所を発見することにあるのではなく、元基の充満を破ること、「私《ジュ》」がわが家に住みとどまりながら集約するユートピアをそこに開くことにある。だが、分離は、あたかも私がこれらの元基からただ引き剝がされたかのように、私を孤立させるのではない。分離は、労働と所有権を可能にするのだ。

元基の不確かな深淵にいわば吸いこまれて、自我は脱自的〔＝恍惚的〕で無媒介的な享受に身を任せることができていたのだが、こうした享受は家のなかでは延期され、猶予を与えられることになる。だが、この宙吊りによって、自我と元基との関わりがなくなるわけではない。住居は、それ相応の仕方で、分離した当の元基に対して開かれ続けている。遠隔であると同時に接近でもあるという、それ自体が曖昧な隔たりから、窓はこの曖昧さを剝奪し、支配する眼差しを、他のすべての眼差しから逃れる者の眼差しを、観想する眼差しを可能にする。元基は、手にとるなり、放っておくなり、自我の自由裁量に委ねられたままである。それ以後、労働が元基から事物を引き剝がし、そうして世界を発見する〔＝覆いを剝がす〕だろう。事物を呼び起こし〔*suscite*〕、自然を世界に変形する、こうした本源的な把握、労働による支配は、眼差しによる観想とまったく同様に、自我が自分の住居に集約することを前提としている。存在がわが家を建て、内奥性をみずからに開き、たしかなものとする際の運動は、分離した存在が集約する際の運動のなかで構成される。世界の潜在的誕生は、住居を起点として生起する。

享受が延期されることによって、世界が——言い換えれば、相続人不在のまま横たわっていながら、それを所有しようとする者の自由裁量に委ねられた存在が——接近可能となる。ここには、いかなる因果関係もない。つまり、世界は抽象的思考のうちで決断されたこの延期から帰結するわけではないのだ。享受の延期が有する具体的な意義とは、このような自由裁量に置くことのほかにはない。かかる自由裁量が、享受の延期を成し遂げるのであり、享受の延期の内的‐活動力なのだ。存在内での新たな情況——抽象的思考ではなく住居での滞在によって成し遂げられる情況——が、この内的‐活動力の展開には必要である。こうした住居での滞在、すなわち居住は、経験的事実として重きをなすよりもまえに、あらゆる経験主義の条件となるのであり、さらには観想に対して重きをなす事実という構造そのものの条件となる。翻《ひるがえ》って、「わが家での」現前は、「対自（＝自己のため）」をめぐる抽象的分析がそこに見いだすような見かけ上の単純さを溢れ出るものである。

続く部分で、私たちは所有すべき世界、獲得すべき世界、内奥的にすべき世界とのあいだで家が打ち立てる関係を記述していく。実際、家政《エコノミー》の最初の運動はエゴイスト的なものである——この運動は、超越ではないし、表出でもない。私が浸りこむ元基から事物を引き剝がす労働は、持続的な実体を発見する〔＝覆いを剝がす〕が、それらを可動財産として――持ち運ぶことができ、蓄えられるものとして、家のなかに置かれるものとして――獲得することで、労働はそれらがもつ持続的存在としての自存性をすぐさま宙吊りにする。

所有の基礎となる家は、家が集約し、保持しうる可動調度品と同じ意味での所有物ではない。家が所有されるのは、家が早くもすでに所有者に対して歓待的だからである。このことは、私たちを家がもつ本質的な内奥性に、一切の居住者に先立つ居住者に、これ以上ないほど《迎え入れるもの》に、即自的な《迎え入れるもの》に――すなわち女性的存在に――向かわせる。どんな家も事実として一人の女性を前提とするという経験的真理ないし反真理を、嘲笑をものともせずに、ここで主張しているわけではまったくない、と付け加える必要があるだろうか。ここまでの分析で《女性的なもの》は内奥的生が場を占める地平の主要点の一つとして見いだされたのであり、住居のうちに「女性という性」をそなえた人間存在が経験的に不在だからといって、住居の迎え入れそのものとしての女性性の次元がそこに開かれたままであることには、なんら変わりがないのである。

4　所有と労働

世界への接近は、住居のユートピアから出発して空間を――そこで本源的な掌握を実行し、つかんで持ち運ぶために――踏破する運動のうちで生起する。元基の不確かな未来は宙吊りになる。元基は、家の四方の壁のなかに固定され、所有のうちで鎮まる。元基は、そこでは事物として現れる。もしかすると事物は静けさによって定義できるかもしれない。「静物画〔=死せる自然〕」におけるのと同様である。元基態に対しておこなわれるこの把握が、労働である。

　労働によって生起する家を起点とした事物の所有は、享受における非‐自我との無媒介的な関係、元基に浸りこむ感性が享受する獲得物なき所有――掌握することなく「所有する」所有――とは区別される。享受においては、自我はなにも引き受けることがない。自我は、ただちに《……によって生きている》のだ。享受による所有は、享受と混ざり合っているのである。感性には、先立ついかなる活動〔=能動性〕もない。だが、反対に、享受しながら所有することはまた、所有されていること〔=取り憑かれていること〕でもあり、元基の測り知れない深さに、言い換えれば、憂慮を抱かせる未来に引き渡されていることでもある。

　住居を起点とした所有は、所有された内実や、この内実を享受することから区別される。所有するためにつかむことで、労働は、享受する自我を高揚させつつも運び去ってしまう元基のうちなる自存性を――つまりは、その存在を――宙吊りにする。事物が、こうした掌握ないし了解〔=包摂〕の――この存在論の――証拠である。所有は、この存在を無力化する。所持物としての事物は、みずからの存在を失ってしまった存在者なのだ。しかし、そのようにして所有は、この宙吊りにもとづいて存在者の存在を了解し〔com-prend（=包摂し）〕、それによってはじめて事物を出現させる。存在者の存在を把握する存在論――事物との関係であり、事物を現出させる存在論――とは、地上に住むあらゆる者がおこなう自発的で前理論的な〔＝前観想的な〕働き《ウーヴル》である。元基の予見不可能な未来を――その自存性、その存在を――所有は統御し、宙吊りにし、延期する。「予見不可能な未来」だというのは、この未来が視覚の射程を凌駕するからではなく、顔をもたずに無に紛れこむことで元基の測り知れない深さのうちに入りこむからである。元基は、起源なき不透明な厚みから、悪無限ないし無限定から、アペイロン〔無限定なもの〕からやって来る。元基が起源をもたないのは、元基が実体をもっておらず、「なにか」にひもづけられていないからであり、なにものも形容しない質であって、なんらかの座標軸が通るようなゼロ点をもたない絶対的に不確定な原料〔＝一次質料〕だからである。存在のこの自存性、元基的な非-自我のこの質料性を所有によって宙吊りにすることは、この宙吊りを思考することにも、なんらかの公式の効果からこの宙吊りを得ることにも帰着しない。質料の測り知れない暗さに接近する方法は、無限の観念ではなく、労働である。所有を成し遂げる所有化ないし労働こそが、手〔main〕に固有の運命である。手とは、把握と掌握の――うようよしたもののなかから最初に盲目的に掌握する――器官である。始まりも終わりもないまま、分離した存在を浸しこみ、溺れさせる元基から、手は事物を引き剝がし、私の方に、私のエゴイスト的な目的の方にもたらす。しかし、元基態を欲求の合目的性の方にもたらす〔＝関わらせる〕手が事物を構成するのは、掌握したものを無媒介的な享受から分離することによってのみ、すなわち掌握したものを住居のなかに置くことによってのみ、掌握したものに所持物という地位を授けることによってのみである。労働とは獲得の内的‐活動力そのものである。労働は、住居をもたない存在には不可能だろう。

あらゆる計画の実行、あらゆる企図の投企、わが家の外に連れていくあらゆる合目的性に先立って、手は固有の機能を成し遂げる。把握と獲得からなる、厳密に家政的なものである手の運動は、家の内奥性に帰る運動の最中に当の獲得が残していく痕跡や、「廃棄物」や、「産物」によって覆い隠される。町や畑や庭や風景といったこれらの産物は、ふたたび元基としての実存を再開する。第一の志向においては、労働はこのような獲得であり、こうした自己への運動である。労働は超越ではないのだ。

労働は、元基と調和しながら、そこから事物を引き剥がす。労働は原料（＝一次質料）としての質料をつかむ。この本源的な掌握のうちで、質料はみずからの無名態を告知すると同時に、放棄する。無名態を告知するのはなぜかといえば、労働、すなわち質料の掌握は視覚でも思考でもないから――視覚や思考においては質料はすでに確定され、無限との関わりによって定義されるだろう――である。把握することにおいて、質料はまさに根本的に無限定な、語の知的な意味で了解不可能なままであり続けるのだ。だが、他方で、質料は無名態を放棄する。というのも、労働という本源的な掌握は、質料を《同定可能なもの》からなる世界に導き入れて統御するからであり、あらゆる市民権や身分に先立って集約し、自己同定する存在、自分自身からしか発しない存在の自由裁量のもとに置くからである。

労働による無限定《アンデフィニ》なものの掌握は、無限の観念とは似ていない。労働は無限《アンフィニ》の観念に訴えることなく質料を「限定する《デフィニ》〔＝定義する〕」。本来の技術とは、あらかじめもっている「知識」を実際に適用することではなく、無媒介的に質料を掌握することである。つかんだり、引き剝がしたり、握りつぶしたり、揉んだりする手の力は、事物がそれとの関わりで定義される〔＝限定される〕はずの無限に元基を関わらせるのではなく、目標《ビュット》の意味での目的《ファン》に、欲求の目標に関わらせる。享受が元基のうちにあるものと疑っていた測り知れない深さは、労働に服従する。労働は、未来を統御し、《ある》〔*il y a*〕の無名のざわめきを――享受そのもののただなかにあっても憂慮を抱かせる元基態の制御しえないドタバタを――鎮めるのだ。質料のこの測り知れない暗さは、対面としてではなく抵抗として労働に現前する。ただし、それは抵抗の観念としてでも、観念を介して告知される抵抗としてでも、顔としてみずからを絶対的なものと告知する抵抗としてでもない。質料は、すでに、それを折り曲げて従わせる手と接触し、潜在的に打ち負かされているも同然なのだ。労働する者は、質料に打ち勝つだろう。質料は、真っ向からではなく、すでに権利を放棄したかのように手に対立する。手は質料の弱点を探し、早くも策略や術策〔＝産業〕と化して、間接的に質料に到達する。労働が接するのは、名前なき質料の偽りの抵抗――その無の無限――である。結局のところ、労働は暴力とも呼ばれえない。労働は、顔をもたないもの、無の抵抗に適用されるのだ。労働は現象のなかで行動する。労働が立ち向かうのは、ほかならぬ異教の神々という《顔なきもの》であり、それ以後、労働はこの神々の無を暴き出す。天の火を盗むプロメテウスは、術策をそなえた労働を、その冒瀆的態度もろとも象徴している。

労働は、元基の不確定な未来を統御する、あるいは無期限《スイネ・ディエ》に宙吊りにする。予見不可能な未来においては私たちに対する存在の支配が告げられていたのだが、労働は事物をつかみとり、存在を動産として、すなわち家のなかに持ち運べるものとして扱うことで、こうした未来を意のままにすることになる。労働は、この未来を自分のためにとっておくのだ。所有は存在を変化から逃れさせる。元来持続するものである所有は、単に魂の気分として持続するのではない。所有は、時間に対する、誰のものでもないものに対する——未来に対する——権能を確固たるものにする。所有は、労働の生産物を、時間のなかで永続的であり続けるものとして——実体として——位置づける。

事物は、はっきりと境界画定された外縁をもつ固体として現前する。テーブルや椅子や封筒やノートやペンのような製造された事物のほかに、石や塩粒や土塊や氷片やリンゴも事物である。対象を分離し、対象の側面を描き出すこの形態が、事物を構成しているように思われる。ある事物が他の事物と区別されるのは、間隔が両者を分離するからである。だが、事物の一部分もまた事物である。たとえば、椅子の背や脚がそうだ。そしてまた、椅子の脚のどこかの破片も——たとえそれがこの脚を組み立てる関節《アルティキュラシオン》ではないとしても——事物である。要するに、事物から切り離し、持ち運べるものも、すべて事物なのだ。事物の外縁が示しているのは、事物を切り離す可能性、他の事物ぬきでそれだけを動かし、持ち運ぶ可能性である。事物とは動産なのだ。事物は人間の身体に対してある種の釣り合いを保っている。釣り合いは、事物を人間の享受だけにではなく、手にも服従させる。手は元基的な諸性質を享受の方にもってくると同時に、それらを未来の享受のために掌握し、保持する。手は力ずくで元基を掌握し、形態を有する規定された存在、言い換えれば固体を描き出すことで、一つの世界を描き出す。《不定形《アンフォルム》なもの》の形態化《アンフォルマシオン》〔＝情報〕とは、固体化であり、《つかめるもの》、性質の支持体である存在者の出現である。つまり、実体性は事物の感性的な本性に宿るのではない。なぜなら、感性は享受と同じであり、享受は実詞を欠いた「形容詞」、純粋性質、支持体なき性質を享受するからである。《感性的なもの》を概念に高めるとされる抽象化によって、感性的内実に欠けている実体性がそれに付与されるわけではない。ただし、概念の内実を強調するのではなく、労働によっておこなわれる本源的掌握を通じた概念の潜在的誕生を強調するのであれば、話は別である。その場合には、概念の知解可能性とは、概念が労働による把握――それによって所有が生起する――に準拠していることを指すことになるだろう。事物の実体性は、掌握し、持ち運ぶ手に差し出された事物の固体性のうちにあるのだ。

　このように、手とは、単に私たちが一定量の力を物質に伝える際の先端であるだけではない。手は元基の不確定性を横切り、元基のうちにある予見不可能な驚きを宙吊りにし、こうした驚きにすでに脅かされた享受を延期する。手は掌握《プラン》して、包摂《コンプラン》し〔＝了解し〕、存在者の存在を認識する。というのも、手がつかみとるのは影ではなく獲物だからだが、同時に、存在がその所持物となるがゆえに、手はこの存在を宙吊りにもするのだ。しかしながら、この宙吊りにされ、飼いならされた存在は、消費し、使用する享受のうちで維持されるのであって、すり減ってしまうわけではない。しばらくのあいだ、この存在は持続的なものとして、実体として措定される。ある程度までは、事物とは《非食用のもの》であり、道具《ウティ》であり、使用物品であり、労働の道具《アンストリュマン》であり、財産である。手が事物を包摂する〔＝了解する〕のは、手があらゆる側面から同時にこの事物に触れるからではなく（手は四方八方から事物に触れるわけではない）、手がもはや感覚器官でも、純粋な享受でも、純粋な感性でもなく、統御であり、支配であり、自由裁量――つまりは感性の秩序の管轄ではないもの――であるからだ。掌握の、獲得の器官である手は、果実を摘みとるが、唇には近づけず、家のなかでそれを保持し、蓄え、所有する。住居が労働の条件である。獲得する手は、掌握したものでふさがれる。手は、それ自身では所有の基礎にはならない。そもそも、獲得という企図そのものが、住居の集約を前提としているのだ。所有は私たちの身体を延長する、とブートルーはどこかで述べている[＊4]。とはいえ、裸体としての身体は、第一の所有物《ポセッシオン》ではなく、いまだ所持《アヴォワール》と非所持の埒外にある。自分を浸しこむ元基の存在をすでに宙吊りにした程度に応じて、すなわち住むことによって、私たちは自分の身体を自由に取り扱うようになる。私の存在が内奥性と外部性の境界にある家に身を置くに従って、身体は私の所有物となる。家の治外法権〔＝超領域性〕が、私の身体の所有そのものの条件である。

　実体は、住居に、言い換えれば、語の語源的な意味での経済《エコノミー》、すなわち家政《エコノミー》に立ち帰らせる。所有は対象のうちの存在をつかむ。だが、所有がこの存在をつかむこととは、言い換えれば、すぐさまこれに異議を申し立てるということだ。対象を所持物として私の家のなかに位置づけることで、所有はこの対象に、純粋な仮象〔＝外観〕としての存在、現象的存在を授ける。私の事物であれ、他者の事物であれ、それは即自的に存在してはいない。所有だけが実体に触れるのであって、事物との他の関係は、すべて属性に到達するにすぎない。事物がはらむ価値としての用具的存在の機能が自発的意識にのしかかるのは、実体としてではなく、これらの存在がもつ属性の一つとしてである。価値への到達、使用、操作《マニピュラシオン》、手工業《マニユフアクテユール》といったものは、所有、および掌握し、獲得する手《マン》に――わが家に連れてくる手に――依拠している。事物の実体性は所有と相関するのであって、実体性とは当の事物が絶対的な仕方で現前することではない。現前するにあたって、事物は獲得され、みずからを与えるのである。

即自的に存在していないがゆえに、事物は交換されることができ、つまりは比較され、数量化されることができるのであり、さらには、みずからの自己同一性そのものをすでに喪失して貨幣のうちに反映されうるものとなる。それゆえ事物の自己同一性は、事物の本源的な構造ではない。質料としての事物と接するやいなや、事物の自己同一性は消失するからだ。所有権だけが享受の純粋性質のうちに永続性を創設するが、この永続性も貨幣のうちに反映された現象性においては、すぐさま消失してしまう。買われたり売られたりする所持物、すなわち商品として、事物は市場に姿を現す。誰かのものになったり交換されたりしうるものとして、またそれゆえ貨幣に変換可能なものとして、貨幣という無名態のうちに散逸しうるものとして、である。

しかし、所有それ自体は、より深い形而上学的諸関係に立ち帰らせる。事物は獲得されることに抵抗しない。だが、他の所有者たち——所有されえない者たち——が所有に異議を申し立て、まさにそのことによって所有それ自体を確たるものと認めることがありうる。つまり、事物の所有は言説に到達するのである。そして、他なる存在の顔という絶対的な抵抗を前提とする、労働を超えた活動《アクシオン》*5とは、命令であり、発話——あるいは殺人の暴力——である。

5　労働、身体、意識

世界〔*monde*〕を、事物が用具的存在者として現前する際の起点となる地平、みずからの存在を気遣う実存の道具立てとして現前する際の起点となる地平として解釈する教説は、内奥性がこのように境界線上に据えつけられていること——それを可能にするのが住居である——を見誤っている。道具や用具的存在者の体系のどんな操作も、どんな労働も、事物に対する本源的な掌握を、すなわち所有を前提としている。内奥性の縁にある家が、所有の潜在的誕生を示している。世界とは、可能になるかもしれない所有であり、術策〔＝産業〕による世界のあらゆる変形もすべて所有権の体制の一つの変相である。住居を起点とし、夜のうちで——原料〔＝一次質料〕というアペイロンのうちで——事物をほとんど奇跡のようにつかむことによって成し遂げられる所有が世界を発見する〔＝覆いを剝がす〕。事物の把握は、アペイロンの夜そのものを明るく照らす。事物は世界によって可能になるわけではないのだ。他方で、平静な観想に差し出された光景という世界についての主知主義的な考え方もまた、同様に住居の集約を見誤っている。この集約がなければ、たえまない元基の振動音はつかむ手に差し出されえない。というのも、住居の集約がなければ、元基に沈みこんだ身体のうちに、まさに手としての手が出現することはありえないからだ。観想とは、人間の活動性を宙吊りにすることではない。観想がやって来るのは、元基という混沌たる、つまりは自存的な存在が宙吊りにされたあとであり、所有それ自体を問いただす〈他人〉と出会ったあとである。ともかくも、観想は事物が手につかまれて動産になることとそれ自体を前提としている。

ここまでの考察で、身体は、他のさまざまな対象のなかの一つの対象としてではなく、分離が営まれる体制そのものとして、この分離の「いかにしてか《コマン》」として、言うなれば実詞としてよりも、むしろ副詞として現れた。あたかも分離した《実存すること》の揺れ動きのうちに、内奥化の運動と、元基の測り知れない深さに向かう労働と獲得の運動とが出会う結び目が、本質的な仕方で生起しているかのようである。このことによって、分離した存在は、二つの空虚のあいだに、そこでまさに分離したものとして定位されるような「どこか」に置かれる。この状況を導き出し、より詳しく記述しなければならない。

時間も気遣いもない楽園的な享受においては、能動性《アクティヴィテ》〔＝活動性〕と受動性《パシヴィテ》の区別は快諸のうちで混ざり合っている。享受は全面的に、享受が住む場である外側のものを糧《かて》にしているが、享受の快諾は享受が有する至上権を明らかに示している。この至上権は、外側のなにものからも触発されないような自己原因《カウサ・スイ》としての自由とも、ハイデガーの被投性《ゲヴォルフェンハイト》とも無関係である。ハイデガーの被投性は、それを制限づけ、否定する《他なるもの》のうちに捉えられると、この他性で苦しむ――観念論的自由がそれで苦しむのと同様に、である。それに対して、分離した存在は分離している、すなわち呼吸したり見たり感じたりする喜びのなかで満足している。分離した存在は《他なるもの》――元基《プール》――のうちで欣喜雀躍《きんきじやくやく》としているが、この《他なるもの》は当初からこの存在の《ために》あるのでも、それに《反して《コントル》》あるのでもない。享受の第一の関係を際立たせる拍子になっているのは、いかなる受任でもないし、「他なるもの」の解消でも、「他なるもの」との和解でもない。ただし、享受のうちで揺れ動く自我の至上権がもつ独特の点は、それが環境のうちに浸りこんでおり、それゆえさまざまな影響〔*influences*〕を被るということだ。影響の独自性は次の点に宿る。すなわち、享受という自律的存在は、それが貼りついている当の享受そのもののうちで、自分ではないものに規定されたものとして発見されうるということ――とはいえ、享受が破られたり、暴力が生起したりすることなく――である。この存在は環境の産物として自分自身に現れるが、この存在は充実して、当の環境に浸りこんでいるのである。原住的とは、至上権と服従の双方からなる属性である。この二つは同時に起こるのだ。生に影響を及ぼすものは、甘美な毒のように生に染みこんでくる。生は自己から疎外されるが、苦痛のなかでもなお、疎外は内奥から生にやって来るのだ。つねに起こりうる生のこうした転換は、制限された自由とか有限な自由といった言葉では語られえない。自由は、ここでは、原住的な生のうちで演じられる本源的な両義性がもつ可能性の一つとして現れている。この両義性の実存こそが、身体である。享受の至上権は《他なるもの》への依存によって自分の自存性を養っている。享受の至上権は、裏切られる危険を冒している。享受は、他性によって生きつつも、この他性によってすでに楽園から追い出されているのだ。生とは身体である。単に生の充実状態がそびえ立つ場である固有身体としてだけでなく、物理的な諸力の交差点——効果としての身体——としてである。深い恐怖に際して生があかしだてているのは、つねに起こりうる、主人としての身体から奴隷としての身体への、健康から病気への転換である。身体であることとは、一方で、身を保つこと、自己の主人であることであり、他方で、地上で身を保つこと、《他なるもの》のなかにいること、それゆえ自分の身体にふさがれていることである。だが——繰り返しておこう——、このようにふさがれることは、純粋な依存として生起するのではない。そうではなく、それを享受する者の幸福をなすのだ。生存するために私の実存に必要なものは、私の実存の関心を引く〔＝利益にあずからせる〕。私は、この依存から、この喜ばしい自存性に移行する——そして、苦痛のなかであっても、私は自分の実存を内奥から引き出してくる。自己とは他なる物のうちでわが家にいること〔＝自己のもとにあること〕、自己自身とは他なる物によって生きながら自己自身であること、《……によって生きること》は、身体的実存において具体化する。「受肉した思考」は、当初から、世界に働きかける思考として生起するのではなく、欲求という幸福な依存のうちでみずからの自存性を確固たるものとする分離した実存として生起する。これは、この両義性における、分離についての継起する二つの視点なのではなく、両者の同時性こそが身体を構成する。最後の言葉は、かわるがわる啓示される側面のどちらのものでもない。

獲得と労働を可能にすることで、住居はこうした裏切りを宙吊りにする、あるいは延期する。生の不安定性を克服する住居とは、生が陥るおそれのある最終期限のたえざる延期である。死についての意識とは、死の期日を本質的に知らない、死のたえざる延期についての意識である。労働する身体としての享受は、この第一の延期のうちに身を保っているが、この延期が時間の次元そのものを開くのである。

集約した存在が抱く苦痛とは、忍耐《パシアンス》の最たるもの、純粋な受動性《パシヴィテ》であるが、これは持続へ開かれることであると同時に、この苦痛における延期である。忍耐においては、敗北の切迫と、この敗北からの隔たりが一致する。身体の曖昧さこそが、意識である。

要するに、和解すべきであるような固有身体と物理的身体の二元性があるわけではない。生を住まわせ、延長する住居、生が獲得し、労働を介して利用する世界は、また物理的世界——そこでは労働は無名の諸力の戯れとして解釈される——でもある。外的世界の諸力にとっては、住居は延期にほかならない。居を定めた存在が事物と際立った対照をなすのは、この存在が自分に猶予を与えるから、「効果を遅らせる」から、労働するからにほかならない。

私たちは生の自発性に異議を唱えたわけではない。そうではなく、私たちは身体と世界の相互作用という問題を、居住に、「……によって生きること」に帰着させたのである。理解不可能な仕方で制限を受けた自己原因《カウサ・スイ》としての自由という図式をそこに見いだすことは、もはやできないだろう。生を住まわせる《他なるもの》、生がわが家にいることを可能にする《他なるもの》と生との関わりとしての自由は、有限な自由ではない。この自由は、潜在的には、無なる自由である。自由とは生の副産物のようなものだ。自由は世界に密着していて、世界のなかに紛れて見えなくなるおそれがあるのだが、まさにこの密着のおかげで――この密着と同時に――自由は身を守り、わが家にいることになる。この身体は、元基的現実の鎖の環であると同時に、世界をつかみとり、労働することを可能にするものでもある。自由であることとは、自分がそこでは自由でありうるような世界を構築することである。労働は、諸事物のなかの一事物である存在、諸事物と接触しているような存在からやって来る。だが、諸事物と接触しながらも、この存在はわが家からやって来るのである。意識は身体のなかに降りてくる――受肉する――わけではない。意識とは、脱受肉化である、あるいは、より正確には、身体の身体性の延期である。このことは、抽象化の霞のうちで生起するのではなく、住居と労働というまったく具体的なものとして生起する。意識をもつこと――これは存在するものと関わることだが、あたかも存在するものの現在がまだ完全には成就しておらず、集約した存在の未来をただ構成するだけであるかのように、そうするのだ。意識をもつこととは、まさに時間をもつことである。未来を先取りする投企のうちで現在の時間から溢れ出ることではなく、現在そのものに対する隔たりをもつことであり、元基のなかに身を落ち着けつつ、まだそこにないものと関わるかのように元基と関わることである。居住の自由の一切は、住む者にいつまでも残り続ける時間に起因する。共約不可能な、言い換えれば理解不可能な環境という形式は、時間を残している。自我は元基に引き渡されているが、当の元基との隔たりが住居にいる自我を脅かすのは未来でのことにすぎない。現在は、いまのところは、危険の意識であるにすぎず、感情の最たるものである恐怖であるにすぎない。元基の不確定性、元基の未来は、意識、すなわち時間を利用する可能性と化す。労働が特徴づけるのは、存在から離陸した自由ではなく、意志である。すなわち、脅かされてはいるが、脅威にそなえるための時間を自由に使うことのできる存在である。

存在の一般組成《エコノミー》において、意志とは、ある出来事に含まれる《決定的なもの》が《非決定的なもの》として生起するような地点である。意志の力は、障害物にまさる力のように展開するわけではない。意志の力が障害物に接するのは、障害物と衝突しながらではなく、つねに障害物との隔たりを確保しながら、自己と障害物の切迫とのあいだの間隔を見いだしながらである。意欲するとは、危険を未然に防ぐ《プレヴニール》ことである。未来《アヴニール》〔＝来たるべきもの〕の考えを抱くとは、先に‐来る《プレヴニール》こと〔＝未然に防ぐこと〕である。労働するとは、みずからの時効を遅らせることである。しかし、労働が可能なのは、身体の構造を有する存在、諸存在をつかむ存在、言い換えれば、わが家に集約して、ただ非‐自我との関わりのうちにある存在だけなのである。

しかし、住居の集約のうちに現れる時間は――のちに述べるが――労働に差し出されることのない他者との関係、すなわち〈他人〉との、無限との関係、形而上学を前提としている。

自我が《他なるもの》に巻きこまれつつも、つねに手前側からやって来るという、この身体の曖昧さは、労働において生起する。労働とは、すでに分別を有している思考が見いだすような諸原因の連続的な連鎖のなかで第一原因になることには存しない。つまり、思考が終わり〔＝目的〕から出発して、うしろ向きに歩きながら、私たちに最も近い原因――なぜなら、この原因は私たちと一致するから――で立ち止まる瞬間に働いているような、かかる原因になることではない。密接に連鎖したさまざまに異なる原因が形成するメカニズムの本質を表現するのは、機械である。機械の歯車は、たがいにぴったり嚙み合っており、亀裂のない連続性を形成している。機械について、私たちは、帰結は第一運動の目的因であるとも、また、この第一運動の結果であるとも、同じ権利で言えるのだ。反対に、機械を始動させる身体の運動、ハンマーや打ちこむ釘の方に向かう手は、単に、この目的〔＝終わり〕の――この第一運動の目的因であるような目的の――作用因ではない。というのも、手の運動において問題になるのは、ある程度まではつねに、含まれるあらゆる危うさもろともに目標を探し求め、目標を捕える〔*attraper*（＝罠にはめる）〕ことだからだ。身体が作動させる機械ないしメカニズムに向かって、身体によって掘り開かれるとともに踏破されるこの隔たりは、大きくもなれば小さくもなる。その範囲は、手慣れた《アビテュエル》所作においては大いに狭まることがありうる。だが、所作が手慣れた《アビテュエル》ものであるときでも、習慣《アビテュード》を導くには手慣れた《アビルテ》動きと巧妙さ《アドレス》が必要である。

　別の言い方をすれば、身体活動――これが因果性の用語で語られうるのは事後的にである――が展開されるのは、語の真の意味での目的因〔＝最終原因〕の支配下で行為する瞬間においてであり、そこでは、たがいが自動で始動させ合うようにこの隔たりを埋めてくれる中間項がまだ見つかっておらず、手は行き当たりばったりに向かって、避けがたいいくばくかの幸運と不運をともないながら――このことは、手はつかみ損なうことがあるという事実から浮かびあがる――目標を捕える〔＝罠にはめる〕のだ。手は、本質からして、手探りであり、支配である。手探りとは、技術的に不完全な行動ではなく、あらゆる技術の条件である。目的が目的として見いだされるのは、脱受肉化した切望――原因が結果の運命を定めるように、目的によってその運命が定められるような切望――においてではない。目的の決定論が原因の決定論に転換されないのは、目的の概念が目的の実現と分けられないからである。目的は誘引することはないので、ある程度まで避けられないわけではないが、目的は捕えられる〔＝罠にはめられる〕のであり、それゆえ手としての身体を前提としている。器官をそなえた存在だけが、技術的な合目的性、すなわち目的と道具の関わりを構想することができる。目的とは、つかみ損なう危険を冒しながら手が探し求める終着点である。手の可能性としての身体――そして、身体性全体が手のかわりになることもある――は、道具に向かうこの運動の潜在性のなかに存在している。

　手探り――手の働き《ウーヴル》の最たるものであり、元基のアペイロンに適合する働きである――は、目的因がもつ独自性の一切を可能にする。目的がおこなう誘引が、諸々の衝撃の連続した系列、連続した前進に全面的には還元されないのは、目的の観念がこうした衝撃の始動を指揮するからだと言われている。だが、目的の観念が、最初の衝撃が与えられる仕方のなかに——すなわち、空虚のうちで行き当たりばったりになされる圧力のなかに——現出しているのでなければ、この観念は付帯現象になってしまう。実際には、目的の「表象」と、先発する斥候〔＝先立って照らしてくれる者〕もなしに未踏の隔たりを横切って目的に身を投げ出す手の運動とは、ただ一つの同じ出来事を構成するのであり、両者によって規定される存在は、植えつけられた世界のただなかにあって、この世界に、その手前側から——内奥性の次元から、すなわち世界のなかに住んでいる存在、言い換えれば、世界においてわが家にいる存在から——やって来るのだ。手探りが明らかにする身体の体勢とは、存在に組みこまれていると同時に存在の間隙にとどまるもの——隔たりを行き当たりばったりに飛び越えるよう、つねに誘われており、たった独りで自分を下支えするもの——である。すなわち、分離した存在の体勢を明らかにしているのだ。

6　表象の自由と贈与行為

分離されていることとは、どこかに住みとどまることである。分離は局所化のうちで肯定的に生起する。身体は一つの偶発事のように魂に到来するのではない。では、延長のなかに魂が組み入れられることだろうか。この隠喩は、なにも解決しない。ほかならぬ身体という延長のなかに魂が組み入れられていることを、まだ理解できないからだ。身体は、あまたある事物のなかの一つとして表象に現れつつも、実際には、空間的ではないが幾何学的ないし物理学的な延長とも無縁ではないような存在が分離して実存する、その仕方である。身体とは、分離の体制である。住居という《どこか》は本源的な出来事として生起するのであって、物理-幾何学的な延長の広がりという出来事は、この本源的な出来事との関わりから理解しなければならない（その逆ではない）。

だがしかし、自分が表象している当の存在を糧《かて》とし、それによって生きている表象的思考は、このような分離した実存がもつ例外的な可能性に立ち帰らせる。いわゆる観想的な志向が自我の土台としてあって、そこにさまざまな意志や欲望や感情が付け加わることで思考が生に変形するのではない。厳密に主知主義的な説は、生を表象に従属させる。意欲するためには意欲するものをまえもって表象しなければならず、欲望するためには目標を表象しなければならず、感じるためには感情の対象を表象しなければならず、行動するためにはこれからすることを表象しなければならない、と主張される。しかし、生がもつ緊張や気遣いが、どうやって平静な表象から生まれるというのだろうか。反対の説も、同様に困難を呈する。現実への関与《アンガジユマン》の極限事例としての表象、宙吊りにされて躊躇している行為《アクト》の残滓としての表象、活動《アクシオン》のし損じとしての表象によって、観想の本質は尽くされるのだろうか。

対象の平静な観想からは行為に必要な合目的性を引き出せないとしたら、表象が示している観想の自由を関与や行為や気遣いから引き出す方が容易なのだろうか。

そもそも、表象がもつ哲学的意味は、表象と行為との単なる対立から生じるのではない。関与と対置される平静さは、表象を十分に特徴づけるのだろうか。表象と関連づけられる自由とは、関係の不在、あるいは、そこでは他なるものがなにも残っていないような歴史の到達点、つまりは空しい至上権なのだろうか。

表象は条件づけられている。表象がもつ超越論的な野心は、表象が構成しようと野心を抱いている存在のなかにすでに植えつけられた生によって、たえず打ち消される。だが、表象は、事後的に、現実のうちなるこの生にかわって、この現実そのものを構成しようと野心を抱くのだ。表象が成し遂げるこの構成する条件づけは——表象が事後的に生起しなければならないとすれば——分離によって説明できなければならない。たしかに、《観想的なもの》が事後的であり、本質的に想起であるとすれば、それは創造的なものではないわけだが、それがもつ批判的本質——手前への遡行——は享受や労働がもつ可能性のいずれとも混ざり合わない。この批判的本質は流れに逆らって上流に向かう新たな内的活動力《エネルギー》の証拠であり、観想の平静さはこれを表面的に表しているにすぎない。

表象が生に条件づけられていること、だが、この条件づけは事後的に逆転しうるということ——観念論は永遠の誘惑であるということ——は、分離という出来事そのものに起因する。決して分離を空間内での抽象的な切除と解釈してはならない。たしかに、《事後的》という事実が示しているのは、構成する表象の可能性は万物の尺度となる特権を抽象的永遠ないし瞬間に返還するわけではない、ということだ。反対に、この事実は分離の生起が時間と結びついていることを示しており、さらには時間内で分離を組み立てる関節《アルティキュラシオン》はそれ自体として生起するのであって、単に二次的に、私たちにとって生起するわけではないことを示してさえいる。[*6]

構成する表象、だが、すっかり構成された《現実的なもの》の享受にすでに依拠するような表象が可能であるということは、家に集約した者の根こぎ《デラシヌマン》がもつ根本的《ラディカル》な性格を指し示している。家において、自我は元基に浸りこみながらも、〈自然〉と対面して場を占めている。私が生きる場であり、それによって生きている元基はまた、私がかつてそれに対立したものでもある。この世界の一隅を画し、それを閉ざしたという事実、自分が享受する元基にドアや窓を介して接近するという事実によって、思考が有する治外法権〔＝超領域性〕と至上権が実現される。世界よりあとのものである思考は、世界よりまえにある。分離はあとからまえにある〔*antérieure postérieurement*〕のだが、そうしたものとして「認識される」のではなく、そうしたものとして生起する。想起《スヴニール》とは、まさにこうした存在論的構造の成就である。浜辺を舐めては出発点の手前に戻ってくる潮汐の波、[*7]追憶《スヴナンス》の条件である時間の痙攣。こうしてはじめて、私はギュゲースのように見られることなく見るのであり、もはや自然に侵入されず、もはや環境ないし雰囲気に潜りこむこともない。こうしてはじめて、家がもつ両義的本質によって、大地の連続性のなかに間隙が掘り開かれる。ハイデガーによる世界の分析を通じて、私たちは現存在を特徴づける「自己を目指して〔en vue de soi〕」、すなわち状況のうちにある気遣いが結局は人間のあらゆる産物の条件だと考えることに慣れてしまっている。『存在と時間』では、家はさまざまな用具的存在の体系から離れて現れることがない。[*8] だが、気遣いに含まれる「自己を目指して」は、状況からの離脱なしに、集約なしに、治外法権〔＝超領域性〕なしに――わが家なしに――成就しうるのだろうか。本能は、みずからの状況に組み入れられたままとどまることになる。手探りする手は、行き当たりばったりに空虚を通り過ぎていくことになる。

こうした超越論的な内的活動力、時間それ自身であるこうした延期、過去以前にあった過去を――「はるかなる昔、どこまでもはるかなる昔」[*9] を――記憶がつかみとる場になるようなこうした未来、家への集約がすでに前提とする内的活動力は、どこから私にやって来るのか。

私たちは、表象を、〈同〉が〈他〉に規定されることのない、〈同〉による〈他〉の規定として定義した。この定義からは、各項がたがいに触れ合い、制限づけ合うような相互的関係は排除されていた。そうすると、私がそれによって生きる当のものを表象することは、私が浸りこんでいる元基の外部にとどまることと等しいことになる。だが、浸りこんでいる空間から離れられないにしても、私は住居を起点として、こうした元基にただ接し、事物を所有することができる。たしかに、私は《……による生》である私の生のただなかに集約することはできない。ただ、所有を規定する、この住みとどまるという否定的な契機、沈みこむことから私を引き剥がす集約は、所有の単なる模倣《エコー》ではない。住みとどまるという契機のうちに、事物のもとでの現前のレプリカを――あたかも事物のもとでの現前としての事物の所有が、事物からの後退を弁証法的に含んでいるかのようにして——認めることはできない。この後退には、新たな出来事が含意されている。私は、それによって生きているわけではないなにかとの関係のうちにあったのでなければならないのだ。この出来事とは、私を〈家〉に迎え入れる〈他人〉との関係であり、〈女性的なもの〉のひそやかな《ディスクレット》現前である。しかし、〈家〉の迎え入れによって創始される所有そのものから私が自分を自由にできるためには、私が事物をそれ自体として見ることができるためには、言い換えれば、それらを表象し、享受も所有も拒むためには、私は自分が所有するものを与えるすべを知らなければならない。そうしてはじめて、私は非-自我のうちへの関与を絶対的に超えたところに自分を位置づけることができるだろう。だが、そのためには、私は私を問いただす〈他人〉のぶしつけな《アンディスクレ》顔と出会わなければならない。〈他人〉——絶対的に他なるもの——は、顔のうちでの公現《エピファニー》によって所有に異議を申し立て、所有を麻痺させる。〈他人〉が私の所有に異議を申し立てることができるのは、〈他人〉が私に外側からではなく高みから接するからにほかならない。〈同〉は、〈他〉を消し去るのでなければ、この〈他〉をわが物とすることはできないだろう。しかし、殺人によるこの否定が有する飛び越えられない無限は、まさに〈他人〉が、そのような殺人を犯すことはできないという倫理的な不可能性をともなって具体的に私のもとにやって来る、その高さの次元を通じて告げられている。私は家の門戸を開けて、現れる他人を家に迎え入れるのである。

　顔において〈他人〉が現出するのに応じて、私は問いただされていく——私たちは、この問いただしを言語《ランガージュ》と呼ぶ。言語がそこからやって来る高さを、私たちは教え〔enseignement〕という語で指し示す。ソクラテスの産婆術は、精神を犯し、誘惑しながら（これは同じことだ）この精神のなかに考えを導き入れるような教育指導《ペダゴジー》にまさるものだった。ソクラテスの産婆術は、高さという無限の次元そのものが〈師〉の顔のうちで開かれることを排除していないからだ。彼岸から来るこの声は、超越そのものを教える。教えが意味するのは、外部性というまったくの無限である。そして、外部性というまったくの無限は、まずはじめに生起して、それから教えるわけではない――教えが無限の生起そのものなのだ。最初の教えは、教えの外部性と等しいこの高さそのものを、すなわち倫理を教える。外部性ないし高さの無限とのこうした交際を通じて、まっすぐな跳躍がもつ素朴さ、《突き進む力[*10]》〔force qui va〕のように行使される存在の素朴さは、自分の素朴さを恥じる。この素朴さは、自分が一個の暴力であることを発見するが、それによって新しい次元のなかに場を占めることになる。無限の他性との交際は、臆見のようにして傷を負わせるのではない。つまり、哲学者には受け入れがたい仕方で精神に制限を加えるわけではない。制限づけはある全体性のうちでしか生起しないが、〈他人〉との関係は全体性の天井に亀裂を走らせるのだ。〈他人〉との関係は、根本的に平和的なものである。〈他者〉は、他なる自由ではあるが、私の自由と似た自由、それゆえ私の自由に敵対する自由として、私と対立するのではない。〈他人〉は、私の自由と同じように恣意的な、他なる自由なのではない。さもなければ、この自由は、すぐさま私と〈他人〉を分離する無限を飛び越え、同一の概念のもとに入ってしまうだろう。〈他人〉の他性は、征服せずに教えるものである統御《メトリーズ》〔＝師であること〕のうちで現出する。教えとは、支配と呼ばれる類《ジャンル》の一種、全体性のただなかで作動する覇権ではなく、全体性の閉じた円環を弾《はじ》き飛ばす無限の現前なのである。

表象は自分を養う世界に対する自由を、本質的に道徳的な関係である〈他人〉との関係から引き出してくる。道徳は、自我のさまざまな関心事に付け加わって、それらを秩序づけたり裁かせたりするのではない――道徳は自我自身を問いただし、自己との隔たりに置くのだ。表象は、私の暴力に差し出されつつも経験的には私の力を逃れるような事物が現前するなかで始まったのではなく、この暴力を問いただす私の可能性のなかで、無限との交際あるいは社会にもとづいて生起する可能性のなかで始まったのである。

こうした境界線のない、あるいはいかなる否定性もない〈他者〉との平和な関係の肯定的な展開は、言語において生起する。言語は、形式論理の諸構造のうちに透けて見えるような関係には属さない。言語とは、隔たりを通した接触であり、触れられないものとの空虚を通した関わりである。言語は絶対的欲望の次元に場を占めており、この絶対的欲望を介して〈同〉は他者との関わりに入るが、この他者は、かつて〈同〉が単に喪失してしまったものではない。接触や視覚は、廉直さの原型となる振る舞いとして重きをなすわけではない。〈他人〉は、当初からも、また究極的にも、私たちがつかむものや主題にするものではない。だが、真理は《見ること》《ヴォワール》のうちにも、《つかむこと》《セジール》のうちにも――これらは享受や感性や所有の様式である――ない。真理は、絶対的外部性がみずからを表出しながら現前する場である超越のうちにある。すなわち、真理の運動とは、絶対的外部性が発信する記号そのものをたえず捉え直し、解読することである。

とはいえ、顔の超越は、世界の外側で演じられるわけではない。分離を生起させる家政は、〈他人〉に対する一種の至福の観想よりも劣ったところに身を置くわけではないのだ。（もしそうだとすれば、〈他人〉の至福の観想は、まさにそのことによって、あらゆる観想のうちに宿る偶像崇拝に転換してしまうだろう。）顔を顔として「見ること《ヴィジョン》」は、家に滞在するある種の仕方である、あるいは、それほど突飛でない言い方をするなら、家政的生のある種の形態である。どのような人間的関係も、あるいは人間相互の関係も、家政の外側では演じられえないだろうし、手ぶらで、家が閉ざされたままでは、いかなる顔にも接することができないだろう。〈他人〉に対して開かれた家への集約——歓待性——は人間の集約と分離という具体的かつ原初的な事実であり、それは絶対的に超越した〈他人〉への〈欲望〉と一致している。選ばれた家は、根とは正反対のものである。家が指しているのは、一つの離脱《デガジュマン》であり、家を可能にした彷徨である。彷徨とは、定住以下のものではなく、〈他人〉との関係の、すなわち形而上学の剰余なのだ。

しかし、分離した存在は、エゴイズムのうちに、言い換えれば、孤立の成就そのもののうちに自閉することができる。そして、〈他人〉の超越を忘却すること——なんら咎《とが》を受けることなく、自分の家からあらゆる歓待性を（すなわち、あらゆる言語を）締め出すこと、〈自我〉が自己のうちに自閉するのを唯一可能にしたものである超越的関係を自分の家から締め出すこと――こういった可能性は、絶対的な真理の、分離の徹底性《ラディカリスム》の証拠である。分離は、単に弁証法的様式にもとづいて、みずからの裏面としての超越と相関しているわけではない。分離は、肯定的な出来事として成就するのである。無限との関係は、住居に集約した存在の、もう一つの可能性として残り続ける。家の本質にとって、家が〈他人〉に開かれる可能性は、門扉や窓が閉じられていることと同様に、本質的なのだ。わが家に自閉する可能性が、無神論それ自体が生起するのと同様に、内的矛盾なしには即自的な出来事として生起しえないとしたら（それが単に経験的事実、心理学的事実、錯覚でなければならないとしたら）、分離は徹底的なものにはならないだろう。ギュゲースの指輪は、分離を象徴している。ギュゲースは他者たちに対する現前と不在のあいだで二股をかけ、「他者たち」と話したり、発話から逃れたりしている。ギュゲースは、人間の条件そのもの、不正と徹底的なエゴイズムの可能性、ゲームの規則を受け入れる――しかしイカサマをする――可能性である。

本書の議論展開はすべて、相対立する特徴を付与された実存のさまざまな出来事を一つの両価的条件にまとめようとする考え方から自由になろうと努めている。こうした考え方によれば、両価的条件だけが存在論的な尊厳を有しており、それに対して、ある方向《サンス》あるいは別の方向に関与する出来事それ自体の方は経験的なものにとどまるとされ、存在論的にはなんら新しいものを組み立てる関節にはならないとされる。本書で実践された方法は、まさにさまざまな経験的状況の条件を探し求めることにあるが、条件となる可能性が成就する場としての、いわゆる経験的な議論展開には——つまり具体化には——根底的な可能性の意味《サンス》を、すなわち、この条件に含まれる不可視の意味を明確にするという存在論的な役割が委ねられている。

他人との関係は、世界の外側で生起するのではなく、所有された世界を問いただす。他人との関係、超越とは、〈他人〉に世界を語ることである。だが、言語は本源的な共通化を成し遂げる——そして、この共通化の方は所有にもとづいており、家政を前提としている。語が事物を《いま・ここ》〔*hic et nunc*〕から引き剝がすことで、事物は語から普遍性を受けとるのだが、言語が位置する場である倫理的な視野のうちでは、こうした普遍性は神秘的なものではなくなる。《いま・ここ》それ自体は事物がつかまれる所有にさかのぼるが、事物を他者に向かって名指す言語は、本源的な所有権喪失であり、最初の贈与行為である。語の一般性によって、共通の世界が創設される。一般化の土台に位置づけられる倫理的な出来事こそが、言語が有する深遠な志向である。他人との関わりは、単に一般化を刺激したり呼び起こしたりするのでも、また単に一般化に口実や機会を提供するのでもなく（これに異議を申し立てたひとは誰もいない）、まさにこの一般化そのものである。一般化とは、普遍化である——ただし、普遍化とは、感性的事物が《理念的なもの》の無人地帯《ノー・マンズ・ランド》に入りこむことではないし、不毛な諦念のようにもっぱら否定的なものでもなく、世界を他人に差し出すことである。超越とは、〈他人〉を見ること《ヴィジオン》ではなく、本源的な贈与行為なのである。

言語は、私のなかに先在している表象を外部化するのではない——言語は、それまで私のものだった世界を共通化するのだ。言語は、事物が新しい媒質のうちに入ることを実効化する〔*effectue*〕。事物は、そこで名前を受けとり、概念となるのだ。言語は、労働を超えた最初の活動《アクシオン》であり、活動なき活動である。たとえ発話に労働の努力が含まれているとしても、また、言語が受肉化した思考として、私たちを世界のなかに、どんな活動もはらんでいる危険や危うさのなかに組み入れるとしても、そうなのだ。言語はたえずこの労働を乗り越えるが、それは差し出すことの寛大さ《ジェネロジテ》〔＝気前良さ〕による――言語は、この労働それ自体をすぐさま差し出してしまうのだ。言語をあまたある有意味な活動の一つとして提示しようとする分析は、このように世界を差し出すこと〔*offre*〕、他人の顔に応えて、あるいは他人の顔に質問して内実を差し出すこと――それが唯一《有意味なもの》の視野を開く――を見誤っている。

顔を「見ること」は、言語というこの差し出すことから分けられない。顔を見ることとは、世界について話すことである。超越は、一つの光学ではなく、最初の倫理的な振る舞いなのだ。

訳注

＊1　「エピクロスの神々は雨、風、雪などにさらされることのない空虚な空間、ないし、世界の中間の空間に住んでいる。中間の空間というのは、空虚が原子の運動の原理であり、原子本体が空虚のうちにあるからです。目の前にある物体は充実し連続したものですが、その内部にはさまざまなつながりがありま

す。そこで、世界はそのような原子がたんに外的につながって形をなしたものということになる。その世界のあいだにある空虚のなかに、これまた原子の結合体たる神の本体があるのですが、この結合体は感覚を超えたものです」（G・W・F・ヘーゲル『哲学史講義Ⅲ』長谷川宏訳、河出書房新社（河出文庫）、二〇一六年、一〇三頁）。

*2　ボードレール『悪の華』（一八五七年）「憂鬱と理想」第三四番「猫」などを参照。「そして、足の先から頭まで、／微妙な空気、危険のこもった香りが、／彼女の褐色の体のまわりを泳ぐ」（『ボードレール全詩集I』阿部良雄訳、筑摩書房（ちくま文庫）、一九九八年、九四頁）。

*3　「反転してしまう」の箇所は、初版（s'invertissait）、第二版・第四版・ポッシュ版（s'invertissant）、第三版（s'invertit）のように揺れがあるが、第三版の記述を採用する。

*4　エミール・ブートルー（一八四五―一九二一年）は、フランスの哲学者。この箇所の出典は未詳だが、たとえば『現代哲学における科学と宗教』（一九〇八年）の「活動の哲学」と題された章には、次のような記述がある。「しかし、人間は単に悟性であるだけではないのではないか。人間とは、さらに、そしてより直接的には、活動性、いや、むしろ活動であって、ある対象に――それを所有することが自分の存在を維持したり増大したりするのに適しているような対象に――向かう、たえまない運動なのではないか」（Emile Boutroux, *Science et religion dans la philosophie contemporaine*, Paris: E. Flammarion, 1908, p. 281）。

*5　ドイツ語訳に従って、「他なる存在の顔という絶対的な抵抗を前提とする」を「労働」ではなく「労働を超えた活動」にかける。

*6　ドイツ語訳に従って、elle montre を il montre と訂正する。

*7　ドイツ語訳に従って、「沼沢地（marais）」ではなく「潮汐（marée）」と訂正する。

*8　ハイデガーにおいて家が道具の指示連関に組みこまれていることについては、『存在と時間』（一九二

七年）第一八節を参照。「たとえば、われわれが槌と呼ぶ用具には、その名前が示すように、槌打つことへの趣向があるが、この槌打つことには、また、たたき固めることへの趣向があり、そしてこのことにはまた、雨風から守ることへの趣向がある」（『存在と時間』上、細谷貞雄訳、筑摩書房（ちくま学芸文庫）、一九九四年、一九三頁）。家を道具とみなす見方を、レヴィナスは『実存から実存者へ』（一九四七年）で、すでに問題視していた。「「家は居住のための道具である」という言い方は明らかに誤りで、いずれにせよ「わが家のあること〔chez soi〕」が、定住的文明と名高い炭焼き人に託された〈支配〉に帰属する人間の生活のなかで果たしている特別の位置を納得させるものではない」（『実存から実存者へ』西谷修訳、筑摩書房（ちくま学芸文庫）、二〇〇五年、八七頁）。

＊9　ポール・ヴァレリー（一八七一－一九四五年）の『魅惑』（一九二二年）に収められた詩「円柱の頌歌」より。「そは　深遠なる昔となりぬ、／昔とは言ふも愚かの昔となりぬ」（「群柱頌」鈴木信太郎訳、『ヴァレリー全集』（増補版）、第一巻「詩集」、筑摩書房、一九七七年、一四七頁）。

＊10　ヴィクトル・ユゴー（一八〇二－八五年）『エルナニ』（一八三〇年）の第三幕第四場に出てくる表現。「突き進む力」という訳語は、稲垣直樹氏による（『エルナニ』稲垣直樹訳、岩波書店（岩波文庫）、二〇〇九年、一二三頁）。

E　現象の世界と表出

1　分離は家政である

分離を主張したからといって、私たちは空間的間隔という経験的イメージを抽象的な定式に移し替えているわけではない。このイメージによれば、空間的間隔は、空間の両端を、それらを分離する空間そのもので結合している。分離は、こうした形だけのものにはとどまらない仕方で、つまり生起するやいなや正反対のものになってしまうような出来事とは異なる出来事として描かれなければならない。みずからを分離すること、全体性に連結したままにならないことは、肯定的には、どこかに、家のなかに存在すること、家政的に存在することである。「どこか」および家は、分離が生起する本源的な存在の仕方であるエゴイズムを、はっきりと示している。エゴイズムは、一つの存在論的出来事であり、実効的な断裂であって、存在の表面に流れる夢想、影のように無視していいような夢想ではない。全体性の断裂はエゴイズムの震えを介してのみ生起するのであり、エゴイズムは錯覚によるものでもなければ、それが断裂する全体性にいかなる点でも従属していない。エゴイズムは、生である――《……による生》あるいは享受である。元基は、享受を満足させるが、「どこでもないところ」へと享受を迷わせ、享受を脅かす――かかる元基に委ねられた享受は、元基から住居のなかに後退する。多くの相対立する運動――内奥性を押し開く元基のうちへの潜行、幸福ではあるが欲求に追われた地上での滞在、存在の万力を緩め、世界の統御をたしかなものにする時間と意識――が、人間の身体的存在のうちで結合している。人間の身体的存在とは、暑さや寒さといった無名の外部性にさらされた裸性であり、貧しさであるが、またわが家の内奥性への集約であり、それ以後、またそれゆえ、労働となり、所有となる。所有は、働くことを通じて、当初は《他なるもの》として差し出されるものを〈同〉に還元する。家政的実存は（動物的実存とまったく同様に）――欲求の無限の拡大を可能にするにもかかわらず――〈同〉のうちにとどまる。その運動は求心的なものだ。

だが、所産《ウーヴル》は、この内奥性を外側へと現出させるのではないか。所産は分離の外皮を突破するに至るのではないか。さまざまな行動《アクシオン》、振る舞い、物腰、利用された物や製造された物は、それらをおこなった当人を物語っているのではないか。たしかにそうだ。だが、それは、これらが所産を超えて創設される言語の意義をまとった場合に限られる。ただ所産を介するだけでは、自我は外側に至ることはない。あたかも他人に訴えかけることも応答することもなく、みずからの活動《アクティヴィテ》のうちに安逸や内密性や眠りを探し求めるかのように、自我は所産から後退したり、所産のうちに凝固したりするのだ。活動が質料のうちに刻みこむ意味の線は、即座にさまざまな両義性を抱えこむ——あたかも行動が、自分の構想を追い求める際に、外部性を斟酌せず、注意を払わずにいるかのようだ。したいと思ったことに取りかかったのに、私はしたいと思わなかった多くのことを実行してしまった——所産は労働の屑のなかから浮かびあがるのである。働く者《ウヴリエ》〔＝所産を生み出す者〕は、自分自身の行動の糸をすべて握っているわけではない。働く者は、ある意味では、すでにやり損なった行為《アクト》を介して、みずからを外部化する。彼の所産が記号を発信しているなら、それらは彼の助けを借りずに解読されるべきものである。働く者本人がその解読に加わる場合には、彼が発話するからだ。したがって、労働の産物は、譲渡不可能な所有物ではなく、他人に簒奪されうるものである。所産は、自我からは独立した運命をもっており、さまざまな所産からなる総体に統合される。所産は交換されることができる、言い換えれば、貨幣という無名態のうちに身を置いている。経済的世界に組みこまれることが、所産の出所である内奥性を巻きこむことはない。この内奥的生は、藁《わら》についた火のように束の間の輝きをもって死ぬわけではないが、経済において付与される実存のなかに自分の姿を認めることもない。このことは、人格が国家の圧政に対して抱く意識のうちで証明される。国家は、人格を自由へと目覚めさせるが、すぐさまこの自由を侵犯する。国家は、さまざまな所産を通じてみずからの本質を実現し、圧政へと横滑りしていくのであり、そうすることで、これらの所産に私が不在であることを証明する——所産は、経済的必要性を通じて、私には無縁のものとして私のもとに帰ってくるのだ。私はただ所産を起点にして推論され、すでに誤解されており、表出されるより、むしろ裏切られる。

しかし、私は他人の所産を通して他人に接することで分離の外皮を突破するわけでもない。私はエゴイスト的かつ分離したものとして家政的生〔＝経済生活〕のなかに身を置き、多種多様なもののなかで自分の〈同〉としての自己同一性を労働と所有を介して同定するが、他人の所産も私の所産と同じようなものとして、こうした家政的生の匿名の領野に引き渡されている。他人は、みずからを表示するが、現前することはない。所産は、他人の象徴となる。生および労働の象徴性が象徴となるのは、私たちの意識的発現のすべてや夢のうちにフロイトが発見した、あの特異な意味においてであり、この意味こそが、あらゆる記号の本質、その本源的な定義なのである。すなわち、記号は隠蔽することによってのみ啓示するのだ。この意味で、記号は私の内密性を構成し、保護する。自分の生を介して、自分の所産を介してみずからを表出することは、まさに表出を拒むことなのだ。労働は家政的なものであり続ける。労働は家から来て家に戻るのであり、これは世界を股にかけた冒険が帰還のなかの偶発事にすぎないオデュッセウスの運動である。たしかに象徴の解釈が意図を見抜くところまで導くことも当然ありうるが、私たちはこの内奥の世界に不法侵入のように入りこむのであって、その際に不在を解消することもない。不在に終止符を打てるのは、ただ発話だけ——とはいえ、言語的産物という自分自身の厚みから解放された発話だけ——である。

2　所産と表出

事物は、ある問いとの関わりにおいて一つの意味を有し、この問いに応えるものとして現出する。すなわち、《なに？》《クィド》という問いである。この問いは、一つの実詞と一つの形容詞を分離できないものとして求める。この探求には、感性的なものであれ、知的なものであれ、一つの内実が、すなわち概念の「内包」が対応する。所産を生み出した者に、この所産を起点にして接した場合、このひとは内実としてしか現前することがない。この内実は、所産そのものが組みこまれている文脈や体系から切り離されえず、体系内で占めている場所によって、この問いに応える。《なに》と問うことは、《なにとしてなのか》を問うことである。つまり、現出をそれ自体としては受けとめないことである。

しかし、何性を尋ねる問いは、誰かに向けて立てられる。応えるべき者は、はるか以前から、すでに現前していたのだ――この者は、そうすることで、何性を求めるあらゆる問いに先立つ問いに応えているのである。実を言うと、「これは誰か？」は問いではなく、なんらかの知で充たされるものではない。この問いが立てられている者は、内実となることなく、すでに現前していた。この者は、顔として現前していた。顔は何性の様態、問いへの応答ではなく、あらゆる問いに先立つものの相関者である。あらゆる問いに先立つものの方は、問いでもなければ、ア・プリオリに所有された知識でもなく、〈欲望〉である。〈欲望〉の相関者である《誰》、問いが立てられる相手である《誰》は、形而上学においては、何性や存在や存在者や範疇と同じくらい根底的で、同じくらい普遍的な「概念」なのだ。

たしかに《誰》は、たいていの場合、《なに》である。「X氏は誰ですか」と尋ねれば、「彼は国務院長ですよ」とか「某氏ですよ」といった答えが返ってくる。答えは何性として差し出され、諸関係からなる体系に準拠している。それに対して、《誰？》という問いに答えるのは、なにものにも準拠せずに現前しているが、他のあらゆる存在者から区別される存在者の、形容しえない現前である。《誰？》という問いは、顔《ヴィザージュ》を思念する《ヴィーズ》〔＝狙う〕。顔の概念は、表象されるあらゆる内実とも異なる。《誰》という問いが《なに》という問いと同一の意味で問うわけではないのは、ここでは尋ねられている事柄と問われている者が一致するからだ。[*1] 顔を思念することとは、《誰》という問いを、この問いへの答えである顔そのものに向けることである。答える者と答えられたものが一致する。表出の最たるものである顔が、最初の発話を述べる。これは、あなたを見つめる眼のように、自分自身の記号の切っ先に浮かびあがる《意味するもの《シニフィアン》》である。

活動《アクティヴィテ》の《誰》は、当の活動のうちに表出されておらず、現前しておらず、みずからの現出に立ち会っていないのであって、単に記号体系のなかの一つの記号によって意味されている、言い換えれば、みずからの現出にまさに不在のものとして現出する存在のように意味されている。存在が不在のままの現出——すなわち現象である。人間をそのひとの所産を起点にして理解するとき、当の人間は理解される《コンプリ》以上に取り押さえられて《スュルプリ》いる。そのひとの生と労働が、そのひと自身を覆い隠すのだ。それらは象徴であって、解釈に訴えかける。ここで問題になっている現象性は、単に認識の相対性を指しているのではない。そうではなく、なに一つとして究極的ではないような、そして、すべてが記号であり、自分自身の現前に不在である現在、その意味で夢であるような、そうした存在する仕方である。事物の外部性とは異なるような外部性とともに、象徴体系が消え去って存在の秩序が始まり、それ以上どんな新しい日もそこから立ちのぼることのないような日が立ちのぼる。内奥的実存に欠けているものとは、内奥性とその象徴体系が有するさまざまな両義性を延長し、増幅するような最高度の存在ではなく、絶対的に現前する——みずからを表出する——諸存在によってあらゆる象徴体系がすべて解読されるような秩序である。〈同〉は〈絶対者〉ではない。所産のうちに表出されている〈同〉の現実は、この所産には不在である。〈同〉の現実は、〈同〉の家政的実存のうちでは全面的なものになっていないのだ。

〈他人〉に接することによってのみ、私は私自身に立ち会う。私の実存が他者たちの思考のなかで構成される、ということではない。他者たちの思考に反映されるような、いわゆる客観的実存を介して、私は普遍性や国家や歴史や全体性のなかで数に加えられるが、こうした客観的実存は、私を表出するのではなく、まさに私を隠蔽するのだ。私が迎え入れる顔は、また別の意味で私を現象から存在に移行させる。言説において、私は〈他人〉の問いかけに身をさらすのであって、応答《レポンス》のこの緊急性——現在の鋭い切っ先——が、責任《レスポンサビリテ》に向かうものとしての私を生み出す。責任ある《レスポンサーブル》もの〔＝応答可能なもの〕として、私は自分の終極的な現実に連れ戻される。この極度の注意は、潜勢態にあったものを現働化するのではない。というのも、この注意は〈他者〉なしには考えられないからだ。《注意深い》ということが意味するのは意識の剰余であるが、意識の剰余は〈他者〉の呼び声を前提としている。《注意深い》こととは、〈他者〉の統御《メトリーズ》〔＝師であること〕を認めること、〈他者〉の命令を受けとることであり、より正確には、命令せよ、という命令[*2]〔commandement de commander〕を〈他者〉から受けとることである。「物自体」としての私の実存は、〈無限〉の観念が私のうちに現前することとともに始まる、すなわち私が私の終極的な現実のなかに自分を探し求めるときに始まる。だが、この関わりは、すでに〈他人〉に仕えることなのである。

死は、こうした師ではない。つねに未来のもの、未知のものである死が規定するのは、恐怖であり、責任をまえにした逃亡である。勇気は死をものともしない。勇気は、別のところにみずからの理想をもっており、私を生のなかに巻きこむ。死は、あらゆる神話の源泉でありながら、他人においてしか現前しない。そして、他人のうちにしかない死は、緊急事態によって、私を自分の終極的な本質に、すなわち自分の責任に立ち戻らせる。

満足《コントントウマン》の全体性がみずからの現象性を明らかにし、絶対者と合致しないことを明らかにするには、不満足が満足に取ってかわるだけでは十分ではない。不満足は依然として、充足されることを欲求のうちで予期している貧しさとして、全体性の地平に身を置いている。ブルジョワ家庭の快適な暮らしや俗物的世界だけを欲しがる志の低いプロレタリアのように。

満足の全体性がそれ自身の現象性をあらわにするのは、欲求の空虚——欲求が満たされようが、妨げられようが——に入りこまないような外部性が出来するときである。かかる外部性が——欲求とは共約不可能な外部性が——この共約不可能性そのものによって内奥性を破るとき、満足の全体性はみずからの現象性を明らかにする。そのとき内奥性は自分が充実していないものであるのを発見するが、とはいえ、こうした不十分さがこの外部性によって課されたなんらかの制限を指すことはないし、内奥性の不十分さが即座に欲求に——充足を予感した欲求であれ、貧しさに苦しむ欲求であれ——変換されることもなく、破られた内奥性が欲求の描く地平のうちで縫い直されることもない。つまり、このような外部性は分離した存在の不十分さを明らかにするわけだが、それは充足ができない不十分さである。単に事実としての充足を欠くだけでなく、充足や不充足といった一切の見通しの埒外にあるのだ。要するに、欲求とは無縁の外部性が明らかにすることになるのは、希望ではなく、当の不十分さでいっぱいになった不十分さであり、触感より価値の高い隔たりであり、所有より価値の高い非所有であり、パンではなく飢えそのものを糧《かて》にする飢えである。これは、ありきたりのロマン主義的な夢想ではなく、本研究の冒頭から、すでに〈欲望〉として重きをなしていたものである。〈欲望〉は、充たされない欲求とは一致せず、充足や不充足の彼方に場を占めている。〈他人〉との関係あるいは〈無限〉の観念が、〈欲望〉を成就する。官能が終わりを飾ることも、締めくくることも、眠らせることもまったくないような〈他人〉への奇妙な欲望のうちで、誰もがこうした〈欲望〉を生きることができる。この関係のおかげで、元基から後退し、家に集約した人間は、世界を表象することになる。この関係があるがゆえに、また〈他人〉の顔をまえに現前しているがゆえに、人間は生物としての栄光ある勝利にだまされたままではおらず、動物とは異なって、存在と現象の差異を知り、みずからの現象性を認めることができる――みずからの充溢の欠如を、すなわち欲求には変換不可能で、充溢と空虚の彼方にある埋められえない欠如を認めることができるのである。

3　現象と存在

外部性の公現は、分離した存在の至上の内奥性がもつ欠陥を際立たせるが、だからといって内奥性は他の部分によって制限された一部分として全体性のなかに位置づけられるわけではない。私たちは〈欲望〉の秩序に、そして全体性を統《す》べる諸関係には還元不可能な諸関係からなる秩序に入っていく。自由な内奥性と、それを制限するはずの外部性との矛盾は、教えに開かれた人間のうちで調停される。

教えとは、生徒がまだ知らないことを師が生徒にもたらすことのできる言説である。教えは、産婆術のように事をおこなうのではなく、私のうちに無限の観念を入れ続ける。無限の観念は、自己から引き出しうる以上のものを内包できるような魂を含意している。無限の観念が描き出すのは、外部との関係が可能で、自分の内奥性を存在の全体性と取り違えないような内奥的存在である。本研究全体が努めるのは、ソクラテス的秩序より古いこのデカルト的秩序に従って《精神的なもの》を提示することにほかならない。というのも、ソクラテス的な対話は、すでに言説へと意を決した諸存在を、それゆえ言説の規則を受け入れた諸存在を前提とするからである。そして、教えが導く論理的言説とは、レトリックのない、お世辞も誘惑もない、それゆえ暴力もない、迎え入れる者の内奥性を維持するような言説なのだ。

内奥性のうちに身を置き、分離をたしかなものとする享受の人間は、みずからの現象性を知らずにいることができる。この無知の可能性は、意識の段階が劣っていることを示すのではなく、分離の代価そのものを示している。融即の断絶としての分離は、〈無限〉の〈観念〉から演繹された。したがって、〈無限〉の〈観念〉は、こうした分離の埋められない深淵をまたぎ越す関係でもあるのだ。分離が享受と家政によって記述されなければならなかったのは、人間の至上権は〈他人〉との関係の単なる裏面ではまったくないからである。分離が関係の単なる片割れには還元されない以上、〈他人〉との〈関係〉も、対象化する思考に差し出された諸関係——そこでは諸項の区別が諸項の結合をも反映している——と同じ地位をもつものではない。〈自我〉と〈他人〉の関係は、形式論理があらゆる関係のうちに見いだすような構造を有してはいないのだ。両項は、関係のうちに見いだされるにもかかわらず、関係に縛られず孤絶したままであり続ける。〈他人〉との関係は、このような形式論理の転倒が生じうる唯一の関係なのだ。だが、そこから、分離を要求する無限の観念が無神論に至るまで分離を要求すること、無限の観念が忘却されうるほど深々と分離を要求することが理解される。超越の忘却は分離した存在のうちで一つの偶発事として生起するのではなく、この忘却の可能性は分離にとって必要不可欠である。隔たりと内奥性は、関係の再開にあたっても手つかずのままであり、教えの驚異のなかで魂がみずからを開くときであっても、教えの他動性の方が師や生徒の自由と比べて、より本来的でないわけでも、より本来的であるわけでもない――たとえ教えを通じて、分離した存在が家政と労働の次元から抜け出るとしても、このことには変わりがない。

すでに述べたように、分離した存在がみずからを表出することなく発見される（＝覆いを剝がされる）契機、現れながらも自分自身の現れには不在であるようなこの契機は、現象の意味とかなり正確に対応している。現象とは、現れながらも不在であり続けるような存在のことである。仮象ではないが現実性《レアリテ》を欠いた実在性《レアリテ》、依然としてみずからの存在から無限に遠く離れた実在性《レアリテ》である。誰かの意図が所産のなかから見抜かれたとしても、このひとは欠席裁判で裁かれてしまった。（書かれた言説についてプラトンが述べるように）存在は自分自身を救援しなかったのであり、対話者は自分自身の啓示に立ち会うことがなかった。当人が不在のまま、その内奥に立ち入ったのだ。このひとは、斧やデッサンは残したが発話は残さなかった先史時代の人間と同じような仕方で理解されたのだ。あたかも、ある案件に関する書類や証拠物件を解明するためには発話が――嘘をついたり隠蔽したりもする、あの発話が――訴訟に絶対に不可欠であるかのように、ただ発話のみが裁判官を補佐して被告人を現前させうるかのように、そして象徴が――沈黙や薄暗がりのなかで、なにかの象徴になる象徴が――もつ競合し合う多様な可能性が、ただ発話によってのみ裁決され、真理を生み出すかのように、万事は成り立っている。存在とは、ひとが発話する場である世界、ひとが話題にする世界である。社会こそが、存在の現前なのである。

存在、すなわち物自体は、現象と比べて《隠れたもの》というわけではない。存在の現前は、その発話において現前する。物自体を《隠れたもの》として位置づけてしまうと、物自体と現象の関係は、現象と仮象の関係と同じだと想定することになってしまう。暴露（＝幕を剝ぐこと）の真理は、せいぜい仮象の下に隠れた現象の真理にすぎない。物自体の真理は暴露されない。物自体は、みずからを表出するのだ。表出は存在の現前を現出させるが、それは単に現象の幕を取り去ることによってではない。表出は、おのずから顔の現前であり、それゆえ呼び声であり、教え、私との関係に入ること——すなわち倫理的関係——である。さらに、表出は記号《シーニュ》から《意味されたもの《シニフィエ》》にさかのぼることで存在の現前を現出させるわけでもない。表出は《意味するもの《シニフィアン》》を現前させるのだ。《意味するもの》、記号を与える者は、《意味されたもの》ではない。記号が記号として現れうるためには、さまざまな《意味するもの》とすでに社会をなしていたのでなければならない。つまり、《意味するもの》は、あらゆる記号に先立って現前し、自分自身で顔を現前させなければならない。

　事実、発話は比類のない現出である。発話は、記号から出発して《意味するもの》と《意味されたもの》に向かうような運動を成し遂げるわけではない。《意味されたもの》に通じる通路を開く、まさにその瞬間にあらゆる記号が閉ざしてしまうものを、発話は《意味するもの》を《意味されたもの》のこの現出に立ち会わせることで解錠する。この立ち会い《アシスタンス》（＝

援助」は、ふたたび記号と化した書かれた言語に対する、発話された言語の剰余を測る尺度である。記号とは、無言の言語であり、足かせをはめられた言語である。言語とは、さまざまな象徴を体系にまとめるものではなく、象徴を解読するものである。だが、〈他人〉のこの本源的現出がすでに起こったのであれば、つまり、ある存在者が現前して自分を救援したのであれば、言葉にもとづく記号とは別の記号もすべて言語として役立ちうる。反対に、発話それ自体も、発話にあてがわれるにふさわしい迎え入れをつねに見つけられるわけではない。というのも、発話は非発話を含んでおり、用具的存在や衣服や振る舞いが表出するのと同じように表出しうるからだ。口に出して述べる仕方や言い回しによって、発話は活動《アクティヴィテ》および生産物として意味する。こうした発話と純粋発話との関係は、筆跡学者に差し出された書字《エクリチュール》と読者に差し出された書かれた表出との関係と同じである。活動としての発話は、家具や用具的存在と同じように意味する。こうした発話には、眼差しに向けられた眼差しがもつ全面的な透明さ、あらゆる発話の基底に張られている対面の絶対的な率直さがない。私は自分の生産物のどこにもいないのと同じように、活動としての発話には不在である。しかし、私はたえず更新されるこの解読の、枯渇せざる源泉である。そして、この更新が、まさに現前であり、私が私自身に立ち会うことなのだ。

人間の実存は、内奥性であり続けるかぎり、現象的なものにとどまる。存在は言語を介して別の存在のために実存するのであり、こうした言語が、内奥的実存より以上の実存によって実存する唯一の可能性である。人間を現出させるあらゆる仕事や所産に対して言語は剰余を含みもっており、この剰余が生きている人間と死んだ人間の隔たりを測る尺度となるが、歴史が認識するのは死んだ人間だけ——歴史はこの者に、その所産や遺産のうちで客観的に接する——なのだ。内奥性に閉じこもった主体性と歴史のうちで誤解された主体性とのあいだに、発話する主体性の立ち会いがある。

現象的実存が有するさまざまな記号や象徴からなる世界を起点にして一義的な存在に回帰することは、知性が構想するような、そして政治が創設するような全体のなかに組みこまれることではない。こうした全体においては、分離した存在の自存性は喪失し、見誤られ、抑圧される。外部的存在への回帰、一義的な意味〔＝方向〕——ほかの意味をまったく隠していない意味——をもつ存在への回帰とは、対面の廉直さのなかに入ることである。これは、鏡の戯れではなく、私の責任、言い換えれば、すでに義務を負った実存である。こうした責任によって、存在の重心が当の存在の外側に置かれることになる。現象的ないし内奥的実存を乗り越えることは、〈他人〉からの承認を受けとることではなく、自分の存在を〈他人〉に差し出すことである。即自的であることとは、みずからを表出することであり、言い換えれば、すでに他人に仕えることである。表出の基底は善性《ボンテ》である。《自体的《カタウト》》であることとは、善良《ボン》であることなのだ。

訳注

＊1　「存在への問い」を立てるにあたって、「問われているもの（Gefragtes）」、「問いかけられているもの

(Befragtes)」、「問いただされている事柄（Erfragtes)」を区別する、ハイデガー『存在と時間』（一九二七年）第二節を参照（『存在と時間』上、細谷貞雄訳、筑摩書房（ちくま学芸文庫）、一九九四年、三三頁以下）。

＊2　やや唐突なこの表現については、論文「自我と全体性」（一九五四年）を参照。「敬意を表することは隷属することではありえない。とはいえ、他者は私に命令する。私は命令される。言い換えるなら、私はなんらかの仕事をなしうる者として承認されるのだ。敬意を表することは法の前にひれ伏すことではなく、私に仕事を命じる一個の存在の前にひれ伏すことである。しかし、この命令がいかなる侮辱をも伴わないためには――というのも侮辱は敬意を表しうる可能性を私から奪い取るからだが――、私の受ける命令は、私に命令する者に命令する命令でもなければならない。この命令はある存在に対して私に命令するよう命令することである」（『われわれのあいだで――《他者に向けて思考すること》をめぐる試論』合田正人・谷口博史訳、法政大学出版局（叢書・ウニベルシタス）、一九九三年、五二頁）。

第Ⅲ部　顔と外部性

A　顔と感性

顔は視覚に与えられているのではないだろうか。顔としての公現は、どのような点で私たちの感性的経験のすべてを性格づけるものとは異なる関わりを示すのだろうか。

志向性の観念によって、感覚という観念の立場は危うくなっている。感覚は純粋に質的かつ主観的で、いかなる対象化とも無縁な状態とされているが、志向性は感覚から具体的所与としての性格を剝奪したのである。だが、古典的分析もすでに、心理学的な観点から、感覚がもつ構築されたものとしての性格を示していた――内観によって把握可能な感覚はすでに一つの知覚である、というのだ。そうだとすれば、私たちはつねに事物のかたわらにいることになる。色はつねに延長であり、客観的なものであって、服の色だったり、芝生の色だったり、壁の色だったりする――音の方は、通り過ぎる車の騒音だったり、ひとの話し声だったりする。実際、感覚を生理学的に定義したときの単純さには、心理学的なものはなに一つ対応していないとされる。宙に漂《ただよ》う、あるいは私たちの魂のなかを漂う単なる性質としての感覚は、一つの抽象を表している。というのも、関わっている当の対象がないかぎり、性質は相対的な意味でしか性質としての意義をもちえないからである。絵を逆さまにすると、描かれた対象の色は、色それ自体として見ることができる（しかし、実際はすでに、色を支えるカンバスの色として見ているのである）。このような対象からの超脱こそが色のもつ純粋に美的な効果だとすれば話は別だが、その場合、感覚は思考を長々と進めた結果から生まれることになってしまう。

こうした感覚批判は、感性的生が享受として生きられている次元を見誤っている。この生の様式は、対象化の関数として解釈されるべきではないだろう。感性は、これから求められるべき対象化なのではない。本質的に充足したものである享受があらゆる感覚を性格づけており、感覚の表象内容は情動内容のなかに溶解している。表象内容と情動内容を区別すること自体、結局は、享受が知覚のダイナミズムとは別のダイナミズムをそなえているのを認めることである。しかし、視覚や聴覚の分野でさえ、享受や感覚といった言葉を使うことができる。あまりに多くのものを見たときや聞いたとき、また経験によって啓示される対象が純粋感覚の享受のなかに――あるいは苦痛のなかに――溺れるときが、そうである。そのとき、ひとは支持体をもたない性質のようなものに浸りこみ、そのなかで生きたのである。このことは感覚の概念をある程度まで復権するものだ。別の言い方をすれば、感覚のうちに客観的性質と対をなす主観的なものを見るのではなく、意識が自我と非‐自我から主体と対象に結晶化するよりも「古い」享受を見るとき、感覚は一つの「現実」を取り戻すことになる。この結晶化は、享受の最終的な究極目的としてではなく、享受の生成の一契機として生じるのであり、この契機もまた享受の用語で解釈されなければならない。感覚を対象性（＝

客観性〕のア・プリオリな形態を埋めるべき内容とみなすかわりに、一種独特《スイ・ゲネリス》の超越論的機能を感覚に（そして質的特殊性のおのおのに、それぞれの仕方で）認めなければならない。[*1] 非-自我のア・プリオリな形式的諸構造は、かならずしも対象性の構造ではないのである。感覚論者たちは「支持体も延長ももたない性質」を感覚のうちに求めていたが、まさにこうした性質に還元された各感覚の特殊性は、性質《レ・サンス》をそなえた対象という図式にはかならずしも還元されないような構造を指し示している。感覚機能が有する意味《サンス》は、あらかじめ対象化として決定されているわけではない。語のカント的意味での純粋な感性の機能や、経験の「内実」がもつひとかたまりの「超越論的感性論」が感性にあることを顧みなかったために、ひとは非-〈自我〉を一義的な意味で、すなわち対象の客観性〔＝対象性〕として位置づけるよう導かれているのである。実を言うと、超越論的機能は視覚的性質や触覚的性質のためにとっておかれており、それ以外の感覚機能に由来する性質には、労働と家から分離不可能な、可視的で触れられた対象に張りつく形容詞としての役割しか残されていない。暴露された〔＝幕を剝がされた〕対象、発見された〔＝覆いを剝がされた〕対象、現れる対象、現象——これは可視的対象ないし触れられた対象である。この対象の客観性は、他の諸感覚が参与しなくても解釈される。つねに自己同一的なこの客観性は、視覚の領野や触知する手の動きのなかに場を占めることになるだろう。アウグスティヌスを受けてハイデガーが指摘したように、私たちは視覚という用語をすべての経験に対して一様に用いている。[*2] 経験が視力とは別の感覚機能を巻きこんでいるときでさえ、そうなのである。そして、私たちは《つかむ》〔saisir〕ということも同じくこの特権的な意味で用いている。観念《イデー》と概念《コンセプト》は、形容ぬきの端的な経験と合致するのである。視覚と触覚から出発するこうした経験の解釈は、偶然によるものではなく、それゆえ文明として開花することもありうる。対象化が眼差しのなかで特権的な仕方で働いていることには異論の余地がない。だが、あらゆる経験に形を与えるという眼差しがもつ傾向が、存在のうちに、しかも両義性なしに書きこまれているのかは定かではない。享受としての感覚をめぐる現象学が必要なのかもしれない。これは感覚の超越論的機能と呼んでもよかったものをめぐる研究だが、この機能はかならずしも対象に到達しないし、ある対象の――単にそう見られただけの対象の――質的種別化にも到達しない。『純粋理性批判』は、精神の超越論的活動を発見することで、対象に到達しない精神活動という考えを見慣れたものにした。当該の活動が対象の条件を構成していたことによって、この革命的な考えがカント哲学のなかで弱体化したとはいえ、このことに変わりはない。感覚をめぐる超越論的現象学であれば、感覚という用語に立ち帰ることも正当化されるかもしれない。感覚をめぐる超越論的現象学は、感覚に対応した性質がもつ超越論的機能を特徴づけるものである――感覚をめぐる旧来の考え方は、感覚のうちで対象による主体の充当が生じると考えていたが、こうした考え方の方が、現代人の素朴な実在論的言葉遣いよりもうまく、こうした超越論的機能があることに気づかせていた。私たちが主張したのは、享受は――対象化や視覚の図式には収まらない享受は――可視的対象を形容することでその意味が尽きるわけではない、ということだ。先立つ第Ⅱ部での私たちの全分析を導いていたのは、この確信である。私たちの分析は、同時に、表象はただ眼差しだけの働き《ウーヴル》ではなく、言語の働きでもある、という考えによっても導かれていた。とはいえ、眼差しと言語を区別するには、言い換えれば、眼差しと、言語が前提とする顔の迎え入れを区別するには、視覚がもつ特権をさらに詳しく分析しなければならない。

プラトンが述べたように、視覚は眼と事物のほかに光があることを前提としている。[*3] 眼は光を見るのではなく、光のなかで対象を見ている。したがって、視覚とは「なにか」との関わりだが、これは「なにか」ではないものとの関わりのなかで打ち立てられる関わりである。私たちが光のなかにいるということは、虚無《リヤン》のなかで事物と出会うということである。光は暗闇を追い払うことで事物を出現させ、空間を明け渡す。光は、まさに空虚としての空間を出来させるのだ。触れる手の動きが空間という「虚無」を通り抜ける点で、触覚は視覚と似ている。しかし、視覚は触覚に対して次のような特権を有している。すなわち、視覚はこの空虚のなかで対象を維持し、一つの起源であるかのようなこの無にもとづいて対象をつねに受けとるが、触覚において、無は触知が自由に動くかぎりで現出するのである。このように、視覚および触覚にとっては、ある存在はいわば無からやって来るのであり、視覚と触覚がもつ伝統的な哲学的威信は、まさにこの点に宿っている。ある存在がこうして空虚からやって来ることは、視覚と触覚がそれぞれの起源からやって来ることと同じになる——経験のこの「開け」あるいは開けのこの経験によって、対象性がもつ特権と、対象性が存在者たちの存在そのものと合致しようとする野心が説明される。こうした視覚の図式は、アリストテレスからハイデガーに至るまで見いだされる。実在しない一般性の光のなかで、《個的なもの》との関係が打ち立てられる。ハイデガーにおいては、一般的に「なにか」が現出するためには、ある存在ではない存在――「なにか」ではない存在――に対して開かれていることが必要である。存在者が存在するという、言ってみれば形式的な事実のなかに、すなわち存在者が存在するという働き《ウーヴル》ないし営みのなかに――存在者の自存性そのもののなかに――存在者の知解可能性は宿っている。こうして視覚を組み立てる関節《アルティキュラシオン》が現れるが、そこでは主体と対象の関わりは、対象と、それ自体は対象ではない開けの空虚との関わりに従属している。存在者の知解は、存在者の彼方に、まさに《開かれたもの》のなかにおもむくことである。個別の存在を了解することとは、この存在が満たすことのない照明された場所を起点として、この存在をつかむことなのだ。

しかし、この空間の空虚は「なにか」ではないのか。すなわち、あらゆる経験の形式、幾何学の対象として、今度はそれ自体が見られたなにかではないのか。実際、直線を見るには、線を引かなければならない。極限への移行がもつ意義がどうあれ、直観幾何学の諸概念も、見られた事物にもとづいて、その価値を認められることになるだろう。直線とはある事物の極限であり、平面とはある対象の表面なのだ。幾何学的諸概念は、なにかにもとづいて、その価値を認められている。それらは経験的な「概念」である。ただし、理性に衝突するからではなく、事物にもとづくことでしか眼差しの対象にならないからであり、それらは事物の極限なのだ。だが、照明された空間では、これらの極限が無に至るまで和らげられ、消え去っている。照明された空間、充満する暗闇を光によって取り除かれた空間は、それ自体で考察された場合には、なにものでもない。たしかに、この空虚は絶対的な無と同じではないし、この空虚を飛び越えることは超越することと同じではない。だが、空虚な空間が無から区別されるとしても、そして、この空間が掘り開く隔たりによっては超越への野心は正当化されないとしても——空間を通り抜ける運動も、この野心を高めるかもしれないが、正当化することはない——この空間の「充溢」は、いずれにせよ、この空間を対象の地位に連れ戻すわけではまったくない。この「充溢」は別の秩序に属するのだ。空間から暗闇を追い払うことで光が空間のうちにつくり出す空虚が無と同じではないとしても、そして個々の対象がすべて不在であるときでさえ、この空虚それ自体は《ある》〔*il y a*〕。この空虚は、言葉遊びの力を借りて実在するのではない。形容可能なすべての事物を否定することで、非人称的な《ある》がふたたび出現する。《ある》は、あらゆる否定の背後に、否定の程度とも関係なく、もとのまま回帰してくるのだ。無限の空間の沈黙は、恐ろしい[4]。こうした《ある》の侵入は、いかなる表象とも対応していない。私たちは別の場所で《ある》の目眩《めまい》を記述したことがある[5]。そして、元基がもつ元基的本質は、元基の出所である神話的な顔のないありさまとともに、これと同じ目眩を分かちもっている。

光は暗闇を追い払うとはいえ、やむことのない《ある》の戯れを停止させることはない。光が生み出す空虚は、言説以前には、それ自体として意味をもたない未規定の厚みであり続けており、いまだ神話的神々の回帰を食い止めてはいない。しかし、光のなかでの視覚は、まさにこうした終わりのない回帰の恐怖、このアペイロンの恐怖を忘れる可能性であり、空虚というこの見せかけの無のまえで身を保ち、あたかも対象の起源からそうするかのように、無にもとづいて対象と接する可能性である。《ある》の恐怖からの脱出は、享受の満足のなかで告げられていた。空間の空虚は、そこを起点として絶対的に外部的な存在が出来しうるような絶対的な間隔ではない。空間の空虚は、享受と分離の一つの様相なのだ。

照明された空間は、絶対的な間隔ではない。視覚と触覚のあいだの、表象と労働のあいだの紐帯は、本質的なものであり続ける。視覚は掌握に変わる。視覚は、一つの視野や地平へと開かれ、飛び越えることのできる隔たりを記述し、運動や接触へと手を誘《いざな》い、運動と接触を保証する。星空の眺めを高さの経験とみなすグラウコンを、ソクラテスは嘲笑する。[*6] 対象の形態は、手と掌握《プリ》を呼び求める。手によって、対象は結局は包摂され《コンプリ》〔＝了解され〕、触れられ、掌握され、運ばれ、他の諸対象と関わらされ、他の諸対象との関わりによって一つの意義を帯びる。空虚な空間が、こうした関わりの条件である。空虚な空間は、地平に開いた穴ではない。視覚は超越ではない。視覚は関係を可能にし、関係によって意味を付与する。〈同〉を超えて絶対的に他であるようなもの、言い換えれば、即自的であるようなものを、視覚は一切開くことがない。光は、さまざまな所与のあいだの関わりの条件となる——光によって、隣り合うさまざまな対象の意義が可能になる。光は対象と正面から接することを許さない。語のきわめて一般的な意味で、直観は関係についての思考と対立するものではない。視覚である以上、直観はすでに関わりであり、空間を垣間見ている。この空間を通って、事物はたがいにあちらこちらに持ち運ばれていく。空間は、彼方へと持ち運ぶのではなく、〈同〉のなかでの事物の側面的な意義の条件を保証するだけである。

見ることは、したがって、つねに地平において見ることである。地平においてつかむ視覚は、一切の存在の彼方を起点として、ある存在と出会うわけではない。《ある》の忘却としての視覚は、本質的な充足、感性の快諾、享受、無限を気遣うことのない《有限なもの》の満足に起因している。意識は、視覚のなかに逃げこみながらも、自分自身に戻ってくるのである。

しかし、光は別の意味で自己の起源なのではないだろうか。自分の存在と自分の現れが合致する光の源泉として、火かつ太陽として、そうなのではないだろうか。たしかに、ここには《絶対的なもの》とのあらゆる関係の形象《フィギュール》がある[*7]。だが、これは一つの形象にすぎない。太陽としての光は対象である。日中の視覚のなかでは光は見させるもので、それ自体は見られないのに対して、夜の光は光の源泉として見られる。輝くものの視覚においては、光と対象の結合が生じている。視覚的所与としての感性的な光は、他の所与と異ならないのであり、それ自体、茫漠とした元基的な下地に対しては相対的なものにとどまるのだ。根本的な外部性についての意識を可能にするには、別の意味で絶対的に自分自身からやって来るものとの関わりが必要である。光を見るためには、また光が必要なのだ。

科学によって、感性という主観的条件を超越[*8]することができるのではないだろうか。しかし、質的科学と、レオン・ブランシュヴィックの著作が称揚していた科学とが区別されるとしても、数学的思考それ自体が感覚と袂《たもと》を分かっていると考えてよいのだろうか。現象学のメッセージの核心は、この問いに否定で答えることにある。*9 物理的・数学的な科学が到達する諸現実は、《感性的なもの》から発するさまざまな手続きから、みずからの意味を借用しているのである。

ある存在が享受と関わることなく自己を起点として現前するのは全面的な他性のおかげだが、事物が私たちに開かれる形態のうちでは、こうした他性が輝くことはない。事物は形態のもとに隠れるからである。表面は内側に変形することができる。事物の材料である金属を溶かして新たな物品をつくることができるし、箱の材料である木材を使って、かんなをかけ、のこぎりでひき、斧で切って、テーブルをつくることができる。隠されたものが開かれ、開かれたものが隠されるのだ。こうした考察は素朴に映るかもしれない――あたかも形態が隠している事物の内奥性ないし本質は空間的意味で受けとるべきものに見えるからだ。だが、実際には、事物の深みがもちうる意義は質料としての意義以外にないのであり、質料の啓示は本質的に表面的なものなのだ。

さまざまに異なる表面のあいだには、より深い差異があるようにも思われる。すなわち、裏と表の差異である。眼差しに差し出されるのは一つの表面だから、硬貨を鋳造し直すのと同じように、衣服も裏返すことができる。だが、裏と表の区別は、私たちをこうした表面的な考察から抜け出させるのではないだろうか。この区別は、先ほど私たちが故意に指摘した〔質料の〕次元とは別の次元を指し示しているのではないだろうか。表は事物の本質とされており、糸が見えない側である裏は、この本質に対する隷属状態を甘受している。だが、プルーストは、貴婦人のドレスの袖裏を、正面と同じ技法で仕上げられた大聖堂のあの薄暗い片隅と同様に称賛していた。[*10] 事物に正面〔*façade*〕のようなものを付与するのは、技法〔＝芸術〕である――正面を介することで、事物は単に見られるのではなく、陳列される物品《オブジエ》のようなものとなる。そうすると、質料の薄暗さとは、まさに正面をもたない存在の状態を意味することになるだろう。建造物から借用された正面の概念は、もしかすると建築が美術《ボーザール》の最初のものであることを私たちに示唆する。[*11] しかし、建築において構成される美の本質とは、無関心であり、冷淡な壮麗さであり、沈黙である。秘密を保持している事物は、正面を介して、みずからの記念碑的な本質と神話に閉じこめられたまま身をさらす。事物は、そこで一個の壮麗さとして輝くけれども、わが身を引き渡すことはない。事物は、魔術のような優美さによって屈服させるが、自分自身を啓示することはないのだ。超越者は感性とは際立った対照をなし、開放性の極致であって、超越者を見ることは存在の開放性そのものを見ることだとすれば、超越者を見ることは形態を見ることとは際立った対照をなしていて、観想の用語でも実践の用語でも語られえない。超越者の外見《ヴイジオン》とは顔であり、その啓示《ヴィジオン》は発話である。他人との関係だけが超越の次元を導き入れるのであり、それが語の感性的意味での経験、すなわち相対的でエゴイスト的な経験とはまったく異なる関わりへと私たちを連れていくのである。

訳注

＊1　ドイツ語訳はカンマを補って structures structures formelles 以下を sensations の同格とみなしているが、従わない。単に les structures formelles の les が欠落したものと解釈する。

＊2　ハイデガーは『存在と時間』（一九二七年）第三六節で、アウグスティヌス『告白』第一〇巻第三五章を引用している。「じっさい、「見る」ということは本来目の仕事ですが、私たちはこの動詞を他の感覚についても使います。それは、これらの感覚を認識の用に供する場合です。〔…〕それゆえ、諸感覚によって得られる経験は一般に、いま述べたように「目の欲」と呼ばれます。というのは、見るという役目に関して首位を占めているのは目ですが、しかしその他の感覚も、何か認識に関するものをさぐる場合には、目に似たはたらきをおびるからです」（『告白Ⅱ』山田晶訳、中央公論新社（中公文庫）、二〇一四年、三二八―三二九頁）。

＊3　プラトン『国家』五〇七D以下を参照。「目の中にちゃんと視覚があり、それをもつ者が視覚を用いようとつとめても、そして見られるものには色どりが現にあるとしても、しかし、本来まさにこの目的のために特別にあるところの第三の種族のものがそこに現在しなければ、君も知っているように、視覚は何ものも見ないだろうし、さまざまの色どりも見られないままでいるだろう」（『国家』下、藤沢令夫訳、岩波書店（岩波文庫）、一九七九年、八〇頁）。「特別にあるところの第三の種族のもの」とは「光」のこと。

＊4　第Ⅰ部Cの訳注＊6を参照。

＊5　第Ⅰ部Cの訳注＊8を参照。

＊6　プラトン『国家』五二八E以下のグラウコンの発言を参照。「それでは、先ほどあなたから、ソクラテス、天文学について俗っぽい推賞の仕方をするというのでお叱りを受けましたが、その点こんどは、あなたの追求する見地に従って天文学を推賞することにします。というのは、この天文学に関するかぎり、それが魂を強制して上の方を見るようにさせ、魂をこの世界の事物から天上へと導くものであることは、

万人に明らかであると私には思われますから」（『国家』下、前掲、一三三―一三四頁）。

＊7　ハイデガーが「プラトンの真理論」（一九四〇年）でおこなっているプラトンの「洞窟の比喩」の解釈を参照。「それ自身を示す諸々の物は、「比喩」の内では、「諸々のイデア」を表す「像」である。併し乍ら、太陽は、「比喩」の内では、すべてのイデアを見えるようにしている彼《か》のものを表す「像」として、見做されている。太陽は、すべてのイデアのイデアを表す「像」である」（『道標』辻村公一＋ハルトムート・ブフナー訳、『ハイデッガー全集』第九巻、創文社、一九八五年、二六五頁）。

＊8　レオン・ブランシュヴィック（一八六九―一九四四年）は、フランスのユダヤ系哲学者。パスカルの著作の編集のほか、スピノザやデカルトについての著作でも知られる。ブランシュヴィックに捧げられたレヴィナスの文章として、「レオン・ブランシュヴィックの手帳」（一九四九年）、「西洋的であること」（一九五一年）がある（いずれも『困難な自由』（増補版・定本全訳）、合田正人監訳、三浦直希訳、法政大学出版局（叢書・ウニベルシタス）、二〇〇八年所収）。

＊9　「ところで、すでにガリレイのもとで、数学的な基底を与えられた理念体の世界が、われわれの日常的な生活世界に、すなわちそれだけがただ一つ現実的な世界であり、現実の知覚によって与えられ、そのつど経験され、また経験されうる世界であるところの生活世界に、すりかえられていたということは、きわめて重要なこととして注意されねばならない」（エドムント・フッサール『ヨーロッパ諸学の危機と超越論的現象学』細谷恒夫・木田元訳、中央公論社（中公文庫）、一九九五年、八九頁）。

＊10　「あるとき私は、腕にささげ持ったジャケットを歓んでうっとりとしばらく眺めていた。私が気づいたのは、その袖口にほどこされた洗練をきわめた細工で、えもいわれぬ色合いの縁取りや、ふだんはだれの目にも触れないモーヴ色の綿繻子などが、どちらも外から見える部分と同じように入念に仕立ててある。これとそっくりなのはゴシック様式の大聖堂のおよそ二十五メートルもの高みの欄干の裏側に隠れている彫刻で、正面玄関ポーチの浅浮き彫りと同じく完璧に仕上げられていてもだれひとり見た者がなく、

旅の途中にふと訪れたある芸術家が、ふたつの鐘塔のあいだから町の全景を見渡そうと空高くそびえる上層にまで登る許可をえてようやく発見したものである」（プルースト『失われた時を求めて3　花咲く乙女たちのかげにI』吉川一義訳、岩波書店（岩波文庫）、二〇一一年、四五一頁）。

*11　ヘーゲル『美学講義』を参照。「芸術の本性からして、はじまりは建築にある。はじまったばかりの芸術は、その精神的内容を表現するに当たって、それにふさわしい材料も形式も見つけだせず、真の統一を模索するにとどまって、内容と表現法が背をむけるのに甘んじなければならないからです。この最初の芸術の材料は、それ自体が非精神的な、もっぱら重力の法則にしたがって造形される、重い物質であり、その形式は、外界の自然に見られるような形――反復や左右対称によって精神を外面的に反映させただけで作品の全体とするような形――です」（G・W・F・ヘーゲル『美学講義』中、長谷川宏訳、作品社、一九九六年、二二一頁）。

B　顔と倫理

1　顔と無限

諸存在と接することは、視覚に準拠している以上、これらの存在を支配し、それらに権能を行使することである。事物は、私《モワ》に与えられ、差し出される。事物に到達しながらも、私は〈同〉のうちで身を保っている。

顔は内包されることを拒みながら現前している。この意味では、顔は了解されえない、言い換えれば、包含されえないものであるだろう。見られもせず、触れられもしない――というのも、視覚的ないし触覚的な感覚においては、自我の自己同一性が対象の他性を包括し、そうして対象はまさに内容〔＝内包されたもの〕となるからだ。〈他人〉が他なるものなのは、さまざまな種《エスペス》どうしを――たとえそれらが最下位の種だとしても――比較する場合のように、相対的な他性によるのではない。種どうしは相互に排除し合いはするが、依然として一つの類《ジャンル》の共同性のなかに場を占めており、おのおのの定義によって排除し合いつつも、まさに当の排除によって、類の共同性を通じて相互に呼び合っているからだ。〈他人〉の他性は、〈他人〉と私《モワ》を区別するようななんらかの性質に左右されるものでもない。なぜなら、こうした自然本性による区別は、まさに私たちのあいだに類の共同性があることを含意するのであり、それによって他性は早くも破棄されるからだ。

とはいえ、他人は〈自我〉を単純に否定するわけではない。殺人とは全面的な否定の誘惑であり、その試みであるが、全面的な否定はあらかじめ結ばれている関係に向かわせる。〈他人〉の表出においてきらめく〈他人〉と私《モワ》のこの関係は、数にも概念にも行き着かない。〈他人〉は無限に超越したものであり続けるし、無限に異質な〔＝異邦的な〕ものであり続ける――だが、〈他人〉の公現が生起する場である顔、私《モワ》に訴えかける顔は、私たちにとって共通のものでもありうる世界と訣別する。世界が有するさまざまな潜在性は私たちの自然本性に書きこまれており、私たちがそれをみずからの実存によっても発展させるとしても、そうなのだ。だが、発話は絶対的な差異から生まれる。あるいは、より正確に言えば、絶対的な差異なるものは種別化の過程のなかでは生起しない。種別化の過程では、類から種に降りていきながら、さまざまな論理的関係からなる秩序が、関係に還元されない所与にぶつかる。このような仕方で出会われる差異は、絶対的な差異とは際立った対照をなす論理的階層関係と手を組んだままであり、共通の類の下地のうえに現れるのである。

　形式論理の用語では考えられない絶対的差異を創設するのは、ただ言語のみである。言語は、類の統一性を断ち切るような諸項のあいだの関係を成し遂げる。諸項、対話者たちは、関係に縛られず孤絶している、あるいは関係のうちにあって絶対的な〔＝縛られず孤絶した〕ままであり続ける。もしかすると言語は、存在の連続性ないし歴史の連続性を断ち切る権能そのものとして定義されるかもしれない。

　右で述べたような〈他人〉の現前がもつ了解不可能な性格は、否定的に記述されるわけではない。言説は、了解よりも的確に、本質的に超越したままであり続けるものと関係づける。いまのところは、超越者を提示することが言語の形式的な働き《ウーヴル》である、ということを心にとどめておこう。言語がもつ、より深い意義は、のちほど明らかになるだろう。言語とは、分離した諸項のあいだの関わりである。一方の項に対して、もう一方の項が主題として現前することもあるが、この現前が主題の地位に吸収されることはない。他人を主題として扱う発話は、他人を内包するように見える。しかし、すでにこの発話は他人に対して語られており、他人は対話者として、自分を包含していた主題のもとを離れ、不可避的に《語られたもの》の背後に出現するのだ。発話は沈黙が守られているにすぎなくても語られていて、沈黙の重々しさは〈他人〉が逃げ去ってしまったことを認めているのである。他人を吸収する認識も、即座に、私が他人を宛先としておこなう言説のなかに場を占めることになる。発話することは、他人を「存在させる」[*1]かわりに、他人を懇請する。発話は視覚とは際立った対照をなす。たしかに認識や視覚においても、見られた対象によって行為が規定されることはありうるが、行為は「見られたもの」をなんらかの仕方で我有化するのであり、「見られたもの」に一つの意義を付与することで、それを世界に統合し、結局はそれを構成することになるのだ。言説においては、私の主題としての〈他人〉と私の対話者としての〈他人〉のあいだの隔たりが不可避的に表立ってくる。私の対話者としての〈他人〉は、〈他人〉を一瞬は引き止めていたように見えた主題から解放されるのであり、この隔たりは私が対話者に付与する意味に即座に異議を唱える。それゆえ、言語がもつ形式的構造は、〈他人〉の倫理的な不可侵性を、そして、いかなる「ヌミノーゼ」の残り香もない「他人の」聖潔性を告げているのである。

言説を介して顔が私《モワ》と関係を結ぶからといって、顔は〈同〉のなかにしまいこまれるわけではない。顔は関係のうちで絶対的なもの〔＝縛られず孤絶したもの〕であり続けるのだ。自分は〈同〉に囚われているのではないかとたえず疑っている意識がおこなう独我論的な弁証法は、中断される。事実、言説の基底にある倫理的関係とは、〈自我〉を起点として光線が放たれていくような意識の一つの変種ではない。倫理的関係は、自我を問いただす。この問いただしは他者を起点とする。

〈同〉の圏域に入ることのないある存在の現前、〈同〉の圏域から溢れ出るような現前によって、この存在が無限であるという、その「地位」が定められる。この溢出は、容器から溢れ出る液体のイメージとは異なる。なぜなら、溢れ出るこの現前は〈同〉の面前での、立ち位置《ポジシオン》として実効化されるからだ。対峙することの極致である面前での立ち位置は、道徳的審問としてのみ可能である。この運動は〈他者〉を起点とする。無限の観念、すなわち《より少ないもの》に内包された《無限により多いもの》は、具体的には顔との関係というかたちをとって生起する。そして、〈他〉が〈同〉と関わりながらも〈同〉との関わりにおいて外部にあるという〈他〉の外部性は、ただ無限の観念によってのみ維持される。いわば、ここでは存在論的証明と類比的な一つの分節化《アルティキュラシオン》が生起している。つまり、この場合には、ある存在の外部性が、その本質存在《エッサンス》そのものに書きこまれているのだ。ただし、こうして組み立てられるのは、推論ではなく、顔としての公現である。主知主義（ないし外部性からの教えに信を置く徹底的な経験主義）を駆りたてている《絶対的に他なるもの》への形而上学的欲望は、顔を見ること《ヴィジオン》ないし無限の観念のうちで、その内的 - 活動力を展開する。無限の観念は、私のさまざまな権能を凌駕する（数量的に凌駕するのではなく、のちに見るように私の権能を問いただすことで凌駕する）。無限の観念は私たちのア・プリオリな下地からやって来るのではなく、だからこそ無限の観念とは経験の最たるものなのである。

カント的な無限の概念は、理性の理想として位置づけられている。すなわち、理性のさまざまな要請を彼方に投企したものとして、ならびに未完成なものとして与えられたものを理想的に完成させることとして位置づけられている。ただし、その際、未完成なものは、無限という特権的な経験と直面することはないし、みずからの有限性の諸限界をこうした直面から引き出してくることもない。《有限なもの》は、もはや無限との関わりによって構想されてはいない。まったく反対に、無限の方が《有限なもの》を前提とし、《有限なもの》を無限に増長させるのだ（とはいえ、極限へのこの移行ないしこの投企は、明かされざるかたちで、無限の観念とこの観念からデカルトが引き出したあらゆる帰結を前提としている。この投企の観念も、これらの帰結を前提としている）。ハイデガーの有限性が《死に臨む存在》によって肯定的に記述されるのと同様に、カントの有限性は感性によって肯定的に記述される。《有限なもの》に準拠したこの無限は、カント哲学が有する、そしてのちにハイデガー哲学が有することになる、最も反デカルト的な地点を示すものだ。

ヘーゲルは、無限の肯定性を主張することで、デカルトに立ち帰っている。だが、それは一切の多様性を排除することによってであり、無限と関係を結びうる一切の「他なるもの」、関係を結ぶことで無限に制限を加えかねない一切の「他なるもの」を排除したものとして無限を位置づけることによってである。この無限は、あらゆる関係を包含することしかできない。アリストテレスの神[*2]と同様、無限は自己としか関わりをもたない――ただし、それは歴史の終着点においてではあるが。《個別のもの》と無限との関わりは、この《個別のもの》が国家の至上権のなかに入ることに等しいとされる。《個別のもの》は、自分自身の有限性を否定することで、無限のものと化すのだ。だが、こうした到達点があるからといって、私的個人がおこなう抗議、分離した存在、すなわち個人の弁明――たとえそれが経験的で動物的なものとして扱われようとも――が揉み消されるには至らない。個人は国家を圧政だと感じとる。個人は自分の理性によって国家を望んだにもかかわらず、国家が有する非人称的運命のなかに、もはや自分の理性を認めることがないのだ。ヘーゲル的な無限は、有限性を包含するために有限性と対立するが、私たちがこの有限性のうちに認めるのは、元基をまえにした人間の有限性であり、《ある》に侵入された人間の有限性である。《ある》に侵入された人間のもとを顔なき神々がたえず通り過ぎていくが、元基の「他なるもの」が〈同〉として啓示されるような安定性を実現するために、労働がこうした神々にあらがうかたちで営まれる。しかし、〈他者〉、絶対的に《他なるもの》――〈他人〉――は、〈同〉の自由に制限を加えるわけではない。〈同〉を責任へと呼びかけることで、〈他人〉は〈同〉の自由を創設し、それを正当化するのだ。顔としての他者との関係によって、アレルギーが癒やされる。他者との関係は、欲望であり、受けとられた教えであり、言説という平和的な対峙である。デカルト的な無限の概念に――分離した存在のなかに無限が置いた「無限の観念」に――立ち戻ることで私たちが心にとどめておくのは、無限がもつ肯定性、一切の有限的思考や《有限なもの》の思考に対する無限の先行性、そして《有限なもの》に対する無限の外部性である。これこそが分離した存在の可能性だったのだ。無限の観念、有限な思考をその内容が溢れ出ること――これによって、思考と、その収容能力を超えたものとの関係、毀損されることなく思考がたえず学びとるものとの関係が実効的なものになる。これこそが、私たちが顔の迎え入れと呼ぶ状況である。無限の観念は、言説という対峙のうちで、社会性のうちで生起する。顔との関わり、私が内包しえない絶対的に他なる《他なるもの》との関わり、この意味で無限であるような《他なるもの》との関わりは、それでも私の〈観念〉であり、交際である。だが、この関係は、暴力なしに――この絶対的な他性との平和のうちで維持される。〈他者〉の「抵抗」は、私に暴力を働くのではないし、否定的に振る舞うのでもない。この抵抗は、肯定的な構造、すなわち倫理的な構造をもつのだ。他者とのどんな関係のうちでも前提とされている他者の最初の啓示は、否定的に抵抗する他者をつかむことでも、策略によって他者を籠絡することでもない。私は顔なき神と闘争しているのではなく、他者の表出に、他者の啓示に応答しているのだ。

2　顔と倫理

　顔は、所有や私の権能を拒む。まだつかむことのできる《感性的なもの》が、その公現、表出において、掌握への全面的な抵抗に変わる。この変化は、ある新しい次元が開かれることでのみ可能となる。実際、掌握への抵抗は、手の労力を挫《くじ》けさせる岩の堅さや、広大な宇宙のなかの星の遠さのような、克服できない抵抗として生起するわけではない。顔が世界に導き入れる表出は、私の権能の弱さに挑んでくるのではなく、なにかをなしうる私の権能〔mon pouvoir de pouvoir〕に挑んでくる。顔は、依然としてあまたある事物のなかの一つであり、形態によって境界を定められているが、それでもこの形態を貫き通す。これは具体的には次のことを意味する。すなわち、顔は私に話すということ、そしてそれによって、享受であれ、認識であれ、行使されるなんらかの権能とはまったく共通点をもたない関係に私を誘うということである。

　それにもかかわらず、この新しい次元は、顔の感性的な外観のうちで開かれる。表出するにあたって、顔の形態の輪郭がたえず開かれ、その際、形態を破裂させるこの開かれは戯画のなかに閉じこめられる。顔は聖潔性と戯画の境界にあり、それゆえ、ある意味では依然としてさまざまな権能に差し出されているのだ。だが、それはあくまで、ある意味においてにすぎない。こうした感性のうちで開かれる深さは権能の自然本性そのものを変更し、それ以後、この権能にできるのは、もはや掌握することではなく、殺すことだからである。殺人も依然として感覚的所与に狙い《ヴィーズ》を定めるが、それでも、殺人がそのまえに身を置いている所与の存在が我有化によって宙吊りにされることはありえない。殺人は、絶対に無力化できない[*3]所与のまえに身を置くのだ。我有化や利用によって実行される「否定」は、つねに部分的なものにとどまっていた。掌握は、事物の自存性に異議を唱えるが、そのことで事物を「私の《モワ》ために」保存する。顔は世界に属しておらず、顔に狙いを定めるのは、事物の破壊でも、狩猟でも、生者の絶滅でもない。これらは依然として労働に属し、合目的性を有していて、欲求に応えるものである。全面的に否定しようという野心を抱くのは、ただ殺人のみである。労働や利用による否定は、表象による否定と同様、掌握ないし了解〔＝包摂〕を実行するのであって、実際には肯定に依拠している、あるいは肯定を思念《ヴィーズ》しており、なにかをなしうるものである。殺すことは支配することではなく、無化することであり、了解〔＝包摂〕を完全に諦めることである。殺人は、権能から逃れるものに権能を行使する。殺人は依然として権能ではある。顔は《感性的なもの》のうちでみずからを表出するからだ。だが、殺人はすでに無力である。顔が《感性的なもの》を引き裂くからだ。顔のうちでみずからを表出する他性は、全面的な否定に可能な唯一の「質料」を提供する。私が殺したいと望みうるのは、絶対的に自存する存在者だけである。すなわち、私の諸々の権能を無限に凌駕しており、それゆえ私の諸々の権能に対立するのではなく、なにかをなしうる権能そのものを麻痺させる者だ。他人とは、私が殺したいと望みうる唯一の存在なのだ。

しかし、無限と私の諸々の権能のあいだの不均衡は、巨大な障害物とそれに注がれる力を隔てる不均衡と、どのような点で異なるのか。殺人においては障害物の抵抗がほぼ無であることが明らかになるが、そのように殺人の平凡さを強調しても無駄だろう。殺人は、人類史における最も平凡な出来事でありながら、ある例外的な可能性に対応している――なぜなら、この可能性は、ある存在を全面的に否定しようという野心を抱くからだ。この可能性は、当の存在が世界の一部として所有しうる力とは関係がない。他人は、至上権をもって私に否を言いうるにもかかわらず、剣先や銃弾に差し出される。そして、他人が突きつける頑強なこの否をともなった、「自己のため」の揺るぎない堅固さは、剣や銃弾が心臓の心室なり心房なりをかすめたという事実によって、すっかり消え去ってしまう。世界の構成においては、他人はほとんど無に等しいのだ。しかし、他人は私に闘争をぶつけることができる、言い換えれば、他人を襲う力に対して、抵抗の力ではなく、反応の予見不可能性そのものをぶつけることができる。つまり、他人が私にぶつけるのは、より大きな力――算定可能で、それゆえ全体の一部をなすかのように提示される内的活動力《エネルギー》――ではなく、この全体に対するみずからの存在の超越そのものである。なんらかの最高度の潜勢力ではなく、まさに超越の無限をぶつけるのだ。殺人より強いこの無限は、他人の顔のうちですでに私たちに抵抗しており、他人の顔そのものであり、本源的な表出であり、「殺人を犯してはならない」という最初の言葉である。無限は、殺人への無限の抵抗によって権能を麻痺させる。この抵抗は、堅固かつ克服されざるものとして、他人の顔のうちで、眼の無防備な全面的裸性のうちで、〈超越者〉の絶対的な開示性がもつ裸性のうちで、きらめく。ここにあるのは、巨大な抵抗との関係ではなく、絶対的に〈他なる〉なにかとの関係である。抵抗をもたざるものの抵抗、倫理的抵抗なのだ。顔の公現は、このように殺人の誘惑が有する、無限に尺度をあてがう可能性を呼び起こすが、それは単に全面的な破壊の誘惑としてだけでなく、殺人の誘惑とその試みの——純粋に倫理的な——不可能性としてである。殺人への抵抗が倫理的なものではなく現実的なものだったとしたら、私たちはこの抵抗を知覚していただろうし、この知覚において主体的なものとして戻ってくるすべてを知覚していたことだろう。私たちは〈他人〉との関係のうちではなく、闘争の意識という観念論のうちにとどまっていたことだろう。〈他人〉との関係は、闘争に変わりうる関係ではあるが、すでに闘争の意識から溢れ出ているのだ。顔の公現は、倫理的なものである。顔は闘争によって脅かしてくることがあるが、その際の闘争は表出の超越をあらかじめ前提としている。顔は、なんらかの偶然的可能性で脅かすかのように、闘争によって脅かすが、その際、この脅威によって無限の公現が尽くされることもなければ、こうした脅威が無限の最初の言葉を言い表すこともない。戦争は平和を前提としている、すなわち〈他人〉がアレルギーを引き起こさない仕方であらかじめ現前することを前提としている。出会いの最初の出来事を記すのは戦争ではないのだ。

　殺すことの不可能性には、単に否定的で形式的なだけの意義があるわけではない。無限との関係、ないし私たちのうちなる無限の観念が、この不可能性の肯定的な条件である。無限は、倫理的抵抗をまとった顔として現前する。私の権能を麻痺させる倫理的抵抗は、顔の裸性と悲惨のうちで、堅固で絶対的なものとして、無防備な眼の奥底から立ちあがってくるのだ。この悲惨と飢えを了解することが、〈他者〉との近さそのものを創設する。だが、無限の公現が表出であり言説なのは、まさにそのような仕方によるのだ。表出と言説の本源的な本質は、内奥の隠された世界について表出や言説が提供するような情報のうちに宿るのではない。表出においては、存在が自分自身で現前する。現出する存在は、自分自身の現出に立ち会い、それゆえ私《モワ》に訴えかけるのだ。このような立ち会いは、像《イマージュ》がそうであるような中性的なものではなく、みずからの悲惨と〈高さ〉によって私に関わってくる懇請〔sollicitation〕である。私《モワ》に向かって話すことは、現出のうちに必然的に含まれる造形的なものを、あらゆる瞬間に克服することである。顔として現出することとは、現出された純粋に現象的な形態を超えて重きをなすことであり、現出には還元不可能な仕方で、対面の廉直さそのものとして、いかなる像による媒介もなしに、裸性のうちで、言い換えれば、悲惨と飢えのうちで現前することである。〈欲望〉においては、〈他人〉の〈高さ〉に向かう運動と〈低さ〉に向かう運動が一緒になるのである。

表出が光を放つのは、光を放つ存在の知らぬまに広がっていく壮麗さと同じ仕方によってではない。おそらく、それは美の定義だろう。みずからの現出に立ち会いながら現出することとは、要するに対話者を呼び出すことであり、対話者の応答と問いに身をさらすことである。表出が重きをなすのは、真なる表象としてでもなければ、行為としてでもない。真なる表象のうちで差し出された存在も仮象の可能性であり続けるからだ。私が世界に身を投じるとき、世界は私のなかに侵入してくるが、世界は「自由な思考」に対してなにもなすことができない。「自由な思考」は、世界に身を投じるのを中断することもあるし、さらには世界を内奥のうちで拒絶し、隠れたまま生きることもできるからだ。みずからを表出する存在が重きをなすのは、まさにみずからの悲惨と裸性で――飢えで――私《モワ》に訴えかけることによってである――私はその呼び声に耳を貸さずにいることはできない。それゆえ、表出において重きをなす存在は、私の自由に制限を加えるのではなく、私の善性を呼び起こすことで私の自由を昂進する。責任の次元では、あらがいがたい存在の重力が一切の笑いを凍りつかせるが、この次元は同時に、存在の仮借なき重さが私の自由を出来させることで、自由があらがいがたく呼び出される次元でもある。《あらがいがたいもの》が有するのは、もはや宿命的なものの非人間性ではなく、善性という峻厳な真剣さなのだ。

表出と責任のあいだのこの紐帯――言語のこの倫理的条件、ないし言語がもつ倫理的本質――、存在の一切の暴露や存在の冷淡な壮麗さに先立つ言語の機能があるおかげで、言語には先在する思考を外側へ言い表したり、内奥の運動を普遍化する隷属的な機能しかないとする、先在する思考への服従を、言語はまぬがれることができる。顔の現前化は真なるものである、ということではない。なぜなら、《真なるもの》は、その永遠の同時代人たる《真ならざるもの》と関わっており、不可避的に懐疑論者の含み笑いや沈黙に出会わざるをえないからだ。顔において存在が現前するとき、この現前と矛盾する命題には論理的な場所が残されていないのだ。それゆえ、『国家』の第一巻で苛立ったトラシュマコスがそう試みるように（もっとも、成功はしなかったが）、顔としての公現が開示する言説から、私は沈黙によって逃れることもできない[*4]。「食べ物を与えずに人間を放置することは、いかなる状況であっても酌量の余地がない罪である。この罪には、故意か故意ではないか、という区別は適用されない」とラビ・ヨハナン[*5]は述べている[(1)]。飢えた人間をまえにしたときには、責任は「客観的」にしか測られないのだ。この責任をはねつけることはできない。顔が開示する本源的言説の最初の語は義務であり、この義務はいかなる「内奥性」によっても避けられない。これは言説に参入することを義務づける言説であり、合理主義が願って呼び求める言説の開始であり、「聞こうとしない人々[(2)]」さえ説得する「力」、それによって理性の真の普遍性の基礎になる「力」である。

（1）「サンヘドリン〔Synhedrin〕」篇一〇四b〔一〇三bの誤り（松葉類氏のご教示による）〕。
（2）プラトン『国家』三二七b〔三二七cの誤りか〕。

3　顔と理性

認識の土台かつ存在の意味としての存在一般の暴露よりも先に、みずからを表出する存在者との関係がある。存在論の次元よりも先に、倫理的な次元があるのだ。

表出は、諸項をたがいに結び合わせる知解可能な形態の現出と同じ仕方で生起するのではない。諸項をたがいに結び合わせることで知解可能な形態が設けるのは、隔たりを通じた、全体性のなかでの部分どうしの隣り合いである。全体性において、面と向き合う諸項は、それらの共同性がつくり出す状況から自分の意味をすでに借り受けているが、当の共同性の方はといえば、結合された諸項にみずからの意味を負っている。こうした「了解の循環」は、存在の論理がもつ本源的な出来事として重きをなすのではない。表出は、第三者にも見えるこのような調整効果に先立つものである。

表出に固有の出来事とは、自己についての証言をもたらすとともに、この証言を保証することである。こうした自己確証は、顔として、言い換えれば、発話としてのみ可能である。こうした自己確証によって、知解可能性の端緒が、原初性そのものが、原理性〔＝根源性〕が、無条件的に命令を下す国王然とした至上権が生み出される。原理〔＝根源〕は、命令としてのみ可能である。表出が被ったかもしれない影響や、表出が発するもとになったかもしれない無意識の源泉を探すとしても、そのためには新たな証言に、つまりは表出が有する本源的な真摯さに向かわせるような調査が前提にされてしまうだろう。

世界についての考えを交換するものとしての言語は、言語が含むさまざまな底意もろともに、そして言語が描く真摯さと嘘の移ろいを通してもなお、顔の本源性を前提としている。顔の本源性がなかったとしたら、言語はあまたある活動の一つに還元され、その意味を知るために私たちには終わりのない精神分析ないし社会学が課されることになって、言語は始まることができなくなってしまうだろう。表出のこうした本源性、あらゆる影響との断絶、あらゆる妥協や汚染とも無縁な発話する者の支配的立場、対面の廉直さといったものが発話の下地に残っていなかったとしたら、発話は活動性の次元を超出することはないだろう。言語が諸行為の体系に統合され、道具として役立つことがあるとはいえ、明らかに発話は活動性の一種ではない。だが、言語が可能なのも、発話がまさにこうした行為としての機能を放棄し、表出というみずからの本質に立ち戻るときだけなのである。

　表出とは、私たちに〈他人〉の内奥性を与えることではない。みずからを表出する〈他人〉は、まさにみずからを与えることはなく、それゆえ嘘をつく自由を保持し続けている。だが、嘘と真実性は、すでに顔の絶対的な本来性《オタンティシテ》を前提としている——顔の絶対的な本来性は、真理と非真理の二者択一とは無縁な存在の現前化という特権的事実であり、あらゆる真理が冒す危険のある真と偽の曖昧さ、あらゆる価値がそもそも動く場である曖昧さの裏をかくのだ。顔のうちでの存在の現前化は、価値としての地位をもたない。私たちが顔と呼ぶものは、まさにこうした例外的な、自己による自己現前化である。単に与えられただけのさまざまな現実は、つねになんらかの詐欺の疑いをかけられ、夢ではないかという可能性をつねにもっているが、自己による自己現前化は、こうした現実の現前化とはなんら共通点をもたない。真理を探究するために、すでに私は自己自身の保証になりうる顔と関わりを取り結んだのであり、顔の公現それ自体が、いわば誓言〔＝信義にもとづいた発話〕なのだ。言葉による記号の交換としての言語は、その一切がすでにこの本源的な誓言に従っている。言葉による記号は、誰かがなにかを別の誰かに対して意味しているようなところに場を占めている。それゆえ、言葉による記号は、すでに《意味するもの《シニフィアン》》の認証《オタンティフィカシオン》を前提としているのだ。

倫理的関係、対面はまた、神秘的関係と呼びうるあらゆる関係とも際立った対照をなしている。神秘的関係においては、原本的な存在の現前化とは別のさまざまな出来事が、この現前化の純粋な真摯さを混濁させたり、崇高化したりして、陶然とさせる両義性の数々が表出の本源的な一義性を飾りたて、祈りが儀式や典礼と化すのと同じように言説が呪文と化し、対話者たちは自分のあずかり知らないところで始められた劇の役を演じることになる。こうした神秘的関係とは際立った対照をなす点に、倫理的関係および言語が有する理性的性格が宿っている。いかなる恐れも、いかなるおののきも、関係の廉直さを変質させることはできないだろう。関係の廉直さは、関わりの非連続性を保ち続け、融合を拒み、そこでは応答が問いを回避することはない。詩作活動の場合には、意識的であるはずの当の活動から、それにもかかわらず私たちの知らないうちにさまざまな影響が出来し、この活動を包みこんで、リズムのようにそれを揺らし、活動は自分が生み出した当の作品《ウーヴル》に持ち運ばれるのであって、ニーチェの表現に従うなら、芸術家はディオニュソスのように芸術作品そのものと化す[*6]——このような詩作活動と対立する言語は、リズムの魅力をあらゆる瞬間に打ち破り、主導性が役割と化すのを妨げる。言説とは、断絶かつ始まりであり、対話者を魅了し、夢中にさせるリズムからの断絶である——すなわち、散文なのだ。

〈他者〉――絶対的に他なるものである〈他者〉――が現前する場である顔は、〈同〉を否定することはないし、臆見や権威のように、あるいは奇跡をなす《超自然的なもの》のように〈同〉に暴力を加えることもない。顔は迎え入れる者の尺度に見合ったままであり、地上の〔＝現世的な〕ものであり続ける。この現前化は、非暴力の最たるものである。というのも、それは私の自由を傷つけるのではなく、私の自由を責任へと呼びかけ、私の自由を創設するからだ。非暴力でありながら、この現前化は〈同〉と〈他〉の多元性を維持する。〈他者〉の現前化は、平和なのだ。〈同〉と境を接していない〈他者〉――絶対的に他なるものである〈他者〉――との関わりは、アレルギーにはさらされていない。アレルギーは一つの全体性のうちで〈同〉を苦しめるものであり、ヘーゲル的弁証法が依拠するものだが、〈他者〉との関わりは、このようなアレルギーにさらされてはいないのだ。理性にとって〈他者〉とは、理性に弁証法的運動を始めさせるようなスキャンダルではなく、最初の理性的教えであり、あらゆる教えの条件である。他性のスキャンダルと称されるものは、〈同〉の平穏な自己同一性を、すなわち自分自身に確信を抱いた自由を前提としている。かかる自由は、ためらうことなく行使され、異邦人もこの自由に不快感と制限をもたらすにすぎない。あらゆる融即から自由になった、自我において自存的である、こうした欠落なき自己同一性は、それにもかかわらず平穏さを失うことがありうる。それは、他者が同一の次元に出来して、この自由と衝突するのではなく、この自由に話しかける場合、言い換えれば、表出のうち、顔のうちで姿を現し、高みからやって来る場合である。このとき自由には抑制がかけられるが、それはなんらかの抵抗と衝突したものとしてではまったくなく、恣意的なもの、有責で臆病なものとしてである。だが、この有責性のうちで、自由は責任へと高まっていくのだ。偶発事、言い換えれば《非理性的なもの》は、自由に対して、この自由の外側の他者のうちで現れるのではなく、当の自由のうちで現れる。偶発事を構成しているのは、他者による制限ではなく、それ自体では正当化されることのないエゴイズムの方なのだ。〈他人〉との関係は、〈他人〉の超越との関係である――私の内在的運命[*7]がもつ粗暴な自発性を問いただす他人との関係は、私《モワ》のうちにはなかったものを私のうちに導き入れる。だが、私の自由に対するこうした「活動《アクシオン》」が、まさに暴力と偶発事に終止符を打ち、また、この意味で〈理性〉を創設する。なんらかの内容が一つの精神から他の精神に移されるとき、この移行が暴力ぬきで生起するのはただ、師が教えた真理がはるか昔から生徒のもとに見いだされる場合だけである、と主張すること――これは産婆術をその正当な用法を超えて拡大適用することである。内包する《コントウナン》ものから溢れ出るような内容《コントウニュ》〔＝内包されたもの〕を含意する私のうちなる無限の観念は、合理主義と訣別することなく、産婆術の予断と訣別する。なぜなら、無限の観念は精神を侵害するどころか、非暴力そのものの条件になるのであって、言い換えれば、倫理を創設するからだ。理性にとって〈他者〉とは、理性に弁証法的運動を始めさせるようなスキャンダルではなく、最初の教えである。〈無限〉の観念を受け入れる存在――受け入れる、というのも、この存在は〈無限〉の観念を自前で入手することができないからだ――とは、産婆術によるのではない仕方で教えられた存在である。この存在の《実存すること》そのものが、こうした教えのたえざる受領に、自己からのたえざる溢出（あるいは時間）に存しているのだ。思考することとは、無限の観念をもつこと、あるいは教えられることである。理性的思考は、この教えに従っている。定義から出発する論理的思考の形式構造を固持したとしても、諸概念は無限との関わりによって規定されるものであり、この無限の方は定義されることがありえない。つまり、無限は新たな構造の「認識」に向かわせるのだ。私たちは、この新たな構造を顔との関係として見定め、この関係がもつ倫理的本質を示すことを試みる。神の真実性がデカルトの合理主義を下支えしているのと同様に、顔とは明証性そのものを可能にするような明証性なのである。

4　言説が意義を創設する

このように、言語は理性的思考が働くための条件である。言語が理性的思考に与えるのは、存在内での始まりであり、発話する者の顔のうちでの意義の最初の自己同一性である。発話する者とは、言い換えれば、自分自身の像や言葉による記号の両義性をたえず解体しながら現前する者である。言語は思考の条件である。物理的物質性をまとった言語ではなく、他人に対する〈同〉の態度としての言語である。この態度は、他人の表象にも、思考が有する志向にも、《……についての意識》にも還元できない。なぜなら、この態度は、いかなる意識も内包しえないものと関わっており、〈他人〉の無限と関わっているからだ。言語は、意識の内奥で演じられるのではなく、他人から私のもとにやって来て、意識を問いただしながら意識のうちで反響する。意識はあらゆるものが、苦痛という異質性さえ生じる場であるにもかかわらず、このことは意識には還元できない出来事をなしている。言語を精神が有する一つの態度とみなすことは、言語を脱受肉化するどころか、まさに受肉したものという言語の本質を説明することであり、観念論の超越論的思考がもつ構成するものとしての自我論的な自然本性と言語とが異なるものであるのを説明することである。構成する志向性に対する、純粋意識に対する言説の独自性は、内在性の概念を破壊する。意識のうちなる無限の観念は、この意識の溢出であり、こうした意識の受肉によって、麻痺から立ち直った魂に新たな権能が、すなわち迎え入れの、贈与の、もちきれないほどいっぱいになった手の、歓待性の権能が提供される。しかし、言語の第一の事実とみなされる受肉は、それが成し遂げる存在論的構造を指し示しているのでなかったら、言語を活動性に同化することになってしまうだろうし、思考を身体性に延長したものと、《私は考える》を《私はできる》に延長したものと同化することになってしまうだろう。思考から身体性への、《私は考える》から《私はできる》への延長は、疑いなく固有身体ないし受肉した思考という範疇の原型として役立ってきたものであり、それがいまも一部の現代哲学を支配している。本書が提示しているテーゼは、言語と活動性、表出と労働を徹底的に分けることにある。言語にはあらゆる実践的な側面があり、その重要性を過小評価する[*8]ことはできないが、このことには変わりがない。

理性の出現にあたって言説が根底的な機能を有していることは、ごく最近の時代まで正当に認められてこなかった。言葉《ヴェルブ》の機能は理性への依存にある、と理解されていた。言葉は思考を反映するものだというのだ。唯名論がはじめて、それとは別の機能を、すなわち理性の道具という機能を言葉に探し求めた。思考された内実を意味するものというより、むしろ語は《思考しえないもの》を象徴化するという象徴的機能をもつのであり、こうした象徴主義は、要するに、充実していて思考を必要としないような、一定数の意識の直観的所与との連合だった。この理論の目的は、ただ、一般的対象を思念することのできない思考と、一般的対象に従うように見える言語とのあいだの隔たりを説明することだけだった。フッサールによる批判は、語を理性に完全に従属させることで、この隔たりが見かけだけの性格であることを示した。語は窓である。語が遮蔽幕になるなら、語は捨て去るべきなのだ。フッサールにおいてエスペラント語と化した語は、ハイデガーのもとでは歴史的現実の彩りと重みを獲得している。だが、それでも語は了解の過程に結びつけられたままである。

　言葉偏重主義《ヴェルバリスム》への不信は、理性的思考が表出のあらゆる操作に対して有している動かしがたい優位に行き着く。表出の操作とは、記号体系のようなものとしてある個別言語《ラング》のなかに思考を挿入したり、これらの記号の選択をつかさどる言語《ランガージュ》に思考を結びつけたりする操作のことである。だが、言語をめぐる現代の哲学的探究は、思考と発話が奥深い仕方で連帯しているという考えを身近なものにした。なかでも、メルロ＝ポンティは誰よりも見事に次のことを示した。すなわち、発話するまえに発話を思考するような脱受肉化した思考、発話の世界を構成し、それを世界に付け加えるような思考——後者の世界の方は、つねに超越論的なものである操作を介して、あらかじめ諸々の意義で構成されている——こうした思考などというものは神話である、というのだ。思考は、すでに記号体系のなかで——ある民族ないし文明の個別言語のなかで——切り取りをおこない、この操作そのものから意義を受けとる。あらかじめ与えられた表象や、これら諸々の意義や、述べるべきさまざまな文からスタートしない以上、思考は行き当たりばったりに進んでいく。それゆえ、思考は身体の「私はできる」のうちで事をおこなっているのも同然である。つまり、思考は、自分を表象するのに先立って、ないしはこの身体を構成するのに先立って、身体の「私はできる」のうちで事をおこなう。意義は、それを思考した当の思考そのものを不意に捕えるのである。

しかし、なぜ言語が、すなわち記号体系に訴えることが、思考には必要なのか。なぜ対象は、知覚された対象でさえ、意義と化すためには名前を必要とするのか。意味をもつとは、どういうことなのか。この受肉した言語から受けとる意義は、言語をこのように考えるいかなる場合にも、やはり「志向的対象」であり続ける。構成する意識の構造は、話したり書いたりする身体の媒介を経てもなお、みずからの権利のすべてを再発見するのである。だとすれば、表象に対する意義の剰余は、現前する新しい仕方——構成する志向性と比べて新しい仕方——のうちに宿っているのではないだろうか。そして、「身体の志向性」の分析によっては、この新しい仕方の秘密は汲み尽くせないのではないだろうか。記号による媒介が意義を構成するのは、この媒介によって、客観的で静態的な表象のなかに象徴的関係の「運動」が導入されるからだろうか。だが、そうなると言語にはふたたび、私たちを「事象そのもの」から遠ざけている、という疑いがかけられることになってしまう。

反対のことを主張しなければならない。記号による媒介が意義をつくり出すのではなく、意義（対面がその本源的な出来事である）の方が記号の機能を可能にするのだ。言語の本源的な本質は、この本質を私や他者たちに暴露する身体的操作、すなわち言語に訴えることで思考を築きあげる身体的操作《モワ》のなかに探し求めるべきではなく、意味の現前化〔＝提示〕のなかに探し求めるべきである。先ほど言及した言語理論は、かなりの正当な厳密さで超越論的意識に抗議しているが、いま述べたことは、対象を構成するこうした超越論的意識に私たちを連れ戻すわけではない。なぜなら、諸々の意義は、観想に対して、言い換えれば、超越論的意識がもつ構成する自由に対して現前するわけではないからである。意義の存在とは、構成する自由そのものを倫理的関係のうちで問いただすことに存するのだ。意味とは他人の顔であって、語に訴えることの一切はすでに言語という本源的な対面の内部に場を占めている。語に訴えることの一切は、この第一の意義の知解を前提としているが、この知解は「……についての意識」として解釈される以前に、社会であり、義務なのだ。意義とは〈無限〉である。だが、〈無限〉は、超越論的思考や有意味な活動性に対してさえ現前するわけではなく、〈他人〉において現前する。〈無限〉は、私に面と向かい、私を問いただし、無限であるというその本質存在《エッサンス》によって、私に義務を負わせる。意義と呼ばれるこの「なにか」は、言語とともに存在内に出現する。言語の本質とは〈他人〉との関係だからである。この関係は、内奥の独話に――たとえそれがメルロ＝ポンティの言う「身体的志向性」であれ

——付け加わるわけではない。製品を郵便に出すときに、宛先の住所が付されるのとは違うのだ。顔のうちで現れる存在の迎え入れ、社会性という倫理的出来事が、内奥の言説にすでに命令を下しているのである。そして、顔として生起する公現は、まさに無限を「啓示する」がゆえに、他のあらゆる存在とは違って、構成されることがない。意義とは無限である。言い換えれば、〈他人〉である。《知解可能なもの》とは、概念ではなく、一つの知解である。意義は、意味付与《ジンゲーブング》に先立つのであって、観念論を正当化するのではなく、観念論の限界を示しているのである。

ある意味では、意義と知覚の関係は、象徴と象徴された対象の関係に等しい。象徴は、意識の所与とそれが象徴する存在が合致していないことを指し示している。この場合の意識とは、自分に欠けている存在——この存在は、まさにその不在が経験されるのと同じ鮮明さで告げられる——に飢え、欲求に追われた意識であり、現実態を予感している潜勢態である。思念された存在が思念する志向から溢れ出るかぎりで、意義は象徴と似ている。だが、ここでは、無限の尽きることのない剰余が、意識の現在《アクテュエル》から溢れ出ている。このような無限をせせらぎ、あるいは顔は、もはや意識の用語では語られえないし、光や《感性的なもの》に準拠した隠喩でも語られえない。これは顔の倫理的要求であり、この要求が顔を迎え入れる意識を問いただす。義務の意識は、もはや意識ではない。というのも、義務の意識は、意識を〈他人〉に服従させることで、意識を自身の中心から引き剝がすからだ。

対面が言語の基礎だとすれば、そして顔が第一の意義をもたらし、存在内に意義そのものを創設するとすれば——言語は単に理性に奉仕するのではなく、理性そのものということになる。非人称的合法性という意味での理性では言説を説明することができない。なぜなら、この意味での理性は対話者たちの多元性を吸収してしまうからだ。ただ一つの理性では、別の理性に話しかけることはできない。たしかに、個人の意識に内在する一つの理性を、自然主義的な仕方で、当の意識の自然本性を統《す》べる諸法則の体系として思い描くことはできる。この意識は、あらゆる自然的存在と同じように個体化されているとともに、それに加えて自己自身として個体化されてもいる。この場合、複数の意識間の一致は、同一の仕方で構成された複数の存在間の類似によって説明されることになる。言語は、似通った思考をある意識から別の意識へと目覚めさせる記号体系に還元されてしまう。だとすれば、普遍的秩序に開かれた理性的思考の志向性を捨て去り、自然主義的心理主義のあらゆる危険を冒さなければならなくなる。自然主義的心理主義に対しては、『論理学研究』第一巻の議論が、いまもって有効である。[*9]

これらの帰結からあとずさりして、より「現象」に適応するために、理念的秩序の内的な首尾一貫性を理性と呼ぶこともできる。理念的秩序が存在内で実現するのは、それが習得され、築かれる場である個人的意識が、個体としての、自己性としての個別性を放棄するにつれてである。このとき、個人的意識は、本体的領域へと後退して、絶対的主体の役割を《〈私〉は考える》のうちで非時間的に行使するか、あるいは、一見すると個人的意識が垣間見たり構成したりするものと思われる国家の普遍的秩序に吸収されてしまうことになる。いずれの場合も、言語のもつ役割は、理性と根本的に敵対するものである個人的意識の自己性を溶解させることになるだろう。そのとき、言語は、もはや発話することのない「〈私〉は考える」へと個人的意識を変形させるか、あるいは個人的意識を自分自身の言説のうちに霧消させることになる。後者の場合、〈私〉は国家のうちに入りこんでしまい、私《モワ》であり続けるのではなく、言い換えれば、歴史を裁くのではなく、歴史の裁きを受けるほかなくなってしまう。

このような合理主義のなかには社会はない。言い換えれば、諸項が関係に縛られず孤絶するような関係はない。

ヘーゲル主義者たちは、非人称的な法のまえで個人が感じる圧政の意識を人間の動物性のせいにしているが、むだである。どのようにして理性的動物なるものが可能なのか、どのようにして自己自身の個別性がある観念の単なる普遍性に触発されうるのか、どのようにしてエゴイズムが自己放棄をおこなうのかを、彼らはなおも説明しなければならないからだ。

だが、反対に、こうだとすればどうだろうか。理性は言語のなかで生きているとすれば。第一の合理性は対面という対峙のなかできらめくとすれば。第一の《知解可能なもの》、すなわち第一の意義は顔のうちで現前する（言い換えれば、私に話しかける）知解の無限であるとすれば。さらには、意義が理性の非人称的構造によって定義されるのではなく、理性の方が意義によって定義されるとすれば。社会はこれらの非人称的構造の出現に先立つとすれば。普遍性は私を見つめる眼のなかに人類全体が現前するものとして君臨するとすれば。そして最後に、この眼差しは私の責任へと訴えかけ、私の自由を責任として、そして自己贈与としてたしかなものにすることを思い出すとすれば。これらの場合には、社会の多元的様態は、理性へと高揚したとしても、消え去ることはないだろう。社会の多元的様態が理性の条件ということになるだろう。社会の多元的様態とは、〈理性〉が創設するような私のうちなる《非人称的なもの》ではなく、社会が可能な〈私自身〉である。〈私自身〉は分離したものとして享受のなかに出現するものだが、無限――無限の無限性は「面前」として成就する――が存在しうるためには、〈私自身〉の分離それ自体が必要だったのである。

5　言語と客観性

有意味な世界とは、〈他人〉がそこにいて、私の享受の世界が〈他人〉を介することで意義を有する主題となるような世界である。事物は理性的な意義を獲得するのであって、単なる使用上の意義だけを獲得するわけではない。私と事物の諸関係には〈他者〉が結びついているからだ。事物を指し示すとき、私はそれを他人に指し示しているのである。指し示す行為は、享受および所有者としての私と事物の関係を変更し、事物を他人の視野のうちに置く。したがって、記号を利用することは、事物との直接的関係を間接的関係に置き換えるという事実に限定されるのではなく、事物を差し出せるようにし、事物を私の使用から切り離し、それらを譲渡し、外部的なものにすることを可能にする。事物を指し示す語は、事物を私《モワ》と他者たちで共有していることの証拠である。使用や享受において、私は事物を引き受けることなく所有しているが、対象の客観性〔＝対象性〕は利用や享受を中断することに由来するわけではない。客観性は、所有を審問することを可能にする言語から帰結する。こうした〔事物の〕離脱には肯定的な意味がある。すなわち、事物が他者の領域に入る、ということだ。事物は主題となる。主題化することとは、発話によって世界を〈他人〉に差し出すことである。対象との「隔たり」は、こうして隔たりがもつ空間的意義を乗り越える。

この客観性は、孤立した主体がもつなんらかの特徴の相関物ではなく、主体と〈他人〉の関係の相関物ということになる。客観化は、言語の働き《ウーヴル》そのもののうちで生起する。言語における主体は所有する事物から切り離されていて、あたかも、主体が自分自身の実存のうえを飛翔するかのようであり、自分自身の実存から切り離されているかのようであり、そしてみずから実存するこの実存がまだ完全には自分に到来していないかのようである。世界のあらゆる隔たりよりも根本的な隔たりである。主体は自分自身の存在から「隔たって〔a distance〕」いなければならない。主体は、家によって隔たりを手に入れるとはいえ、家を介しても依然として存在のなかにいる以上、家による隔たりの獲得からさえ隔たっていなければならない。というのも、否定は、世界の全体性に向けられるときでも、全体性にとって内奥的であり続けるからである。客観的隔たりが掘り開けられるためには、主体は存在内にいながら、まだそこにいないのでなければならない。ある意味で、主体はまだ生まれていないのでなければならない――自然本性のなかにいないのでなければならないのである。客観性が可能な主体はまだ完全には存在しないからといって、この「いまだない」、すなわち現実態に対するこの潜勢態の状態は、《存在以下》を指し示しているのではなく、時間を指し示している。対象の意識――主題化――は自己との隔たりに依拠しており、自己との隔たりは時間でしかありえない。あるいは、この方がよければ、自己意識における[*10]「自己と自己との隔たり」が「時間」であると認めるという条件つきではあるが、対象の意識は自己意識に依拠している。だが、時間が「いまだない」を指し示すことができるのは――ただし、「いまだない」は「より少ない存在」ではない――そして時間が存在からも死からも遠ざかっていることができるのは、時間が、無限の尽きることのない未来としてあるときだけ、言い換えれば、言語の関係そのもののうちで生起するものとしてあるときだけである。所有するものを他者に指し示すとき、すなわち話すとき、主体はみずからの実存のうえを飛翔する。しかし、こうした脱所有化が要求する自己からの自由を主体が手にするのは、〈他者〉の無限を迎え入れることによってである。結局のところ、主体はこの自由を〈欲望〉によって手にする。〈欲望〉は、なんらかの不足や制限からやって来るのではなく、〈無限〉の観念の剰余からやって来るのである。

言語によって、対象の客観性（＝対象性）と対象の主題化が可能になる。万人に有効であるということが思考の客観性である、とフッサールはすでに断言していた。つまり、客観的に認識することとは、他者たちの思考への参照をすでに内包しているような仕方で私の思考を構成することである、ということだ。したがって、私が伝達するものは、すでに他者たちに対応するように構成されている。話しているとき、私は自分にとって客観的なことを他人に伝えているわけではない。《客観的なもの》が客観的になるのは、かかる伝達を可能にする〈他人〉は、ひとえに伝達《コミュニカシオン》によってなのだ。しかし、フッサールにあっては、まず第一にモナド的な思考に対して構成される。[*11] 客観性の土台が、純粋に主観的な過程のなかで構成されるのだ。哲学がデカルトに反して〈他人〉から絶対的に独立した仕方で位置づけられるコギトから出発するなら、困難は避けがたいものになるだろうが、この困難は〈他人〉との関係を倫理として位置づけることによって克服される。

実際、デカルトのコギトは、「第三省察」の終わりで、無限なものとしての神的実存の確実性に支えられたかたちで与えられており、この神的実存との関わりから、コギトの有限性ないし懐疑が措定され、構想されている。現代の人々におけるのとは異なり、この有限性は、無限に訴えることなくしては、つまり、たとえば主体が《死をまぬがれないこと》〔mortalité〕を起点とした仕方では、規定されえないだろう。デカルトの主体には、そこを起点にしてみずからをつかむことができるような、自分自身の外部の視点が与えられている。デカルトは、第一の手続きで、自己による自己の疑いえない意識を手にするが、第二の手続き——すなわち反省についての反省——において、この確実性の諸条件に気づく。この確実性はコギトが明晰で判明であることに起因するものだが、確実性それ自体は当の有限な思考のうちに無限が現前しているからこそ探し求められるのであり、この無限の現前がなければ、有限な思考が自分の有限性を知ることもないだろう。「〔…〕〔というのも、反対に〕

無限な実体においては、有限な実体においてよりも多くの実在性があることを、それゆえ無限なものの認識が有限なものの認識よりも、言い換えれば、神の認識が私の認識よりも、ある意味で先行して私のうちにあることを、私は明白に理解している〔からである〕。なぜなら、なんらかの、より完全な存在者の観念が私のうちにあり、それとの比較によって私の欠陥を認めるのでなかったら、私は自分が疑ったり欲したりすることを、つまりなにかが私に欠けており、私はまったく完全ではないということを、どうやって理解することができるだろうか」(タヌリ版、第七巻、四五―四六頁)。[*12]

無限は思考を創造し、思考に無限の観念を与えたものだが、かかる無限のただなかで思考が占めている位置は、主題を措定することしかできない推論や直観によって発見されるのだろうか。無限は主題化されえないのであって、推論と直観の区別も無限への接近手段としては適切ではない。有限に対して現前しながらも有限の外側で現前するという無限の二重構造において、無限との関係は観想とは異質なものではないだろうか。私たちが無限との関係のうちに見たのは、倫理的関係であった。フッサールがコギトのうちに、自分の外側にいかなる支えももたない主観性を見ているとすれば、このコギトは無限の観念そのものを構成し、この観念を対象としてみずからに与えるということだ。デカルトにおいては、無限が構成されるものではないことによって、扉は開け放たれたままである。有限のコギトが神の無限を参照することは、神の単なる主題化ではない。あらゆる対象について、私は私自身で説明することができるし、私はそれらを内包する。だが、無限の観念は、私にとって対象なのではない。存在論的論証とは、この「対象」が存在に、私に対する自存性に変わることのうちにある。神とは〈他者〉である。思考することとは、ある対象を参照することだとすれば、無限についての思考は思考ではないと考えなければならない。この思考は肯定的には、なにになるだろうか。デカルトは、この問いを立てていない。いずれにせよ明らかなのは、無限の直観のうちには合理主義的な意味が保存されており、それが内奥的情動を通じた神の侵入と化すことはまったくない、ということだ。内奥性には還元不可能だが、内奥性に暴力を加えることもない、ある全面的他性との関係を、デカルトは観念論者や実在論者より見事に発見している。この関係とは、受動性なき受容性であり、複数の自由のあいだの関わりである。「第三省察」の最後の段落は、私たちをふたたび無限との関係に連れ戻す。無限との関係は、思考を通って思考から溢れ出て、人格的関係と化す。観想が称賛に、崇敬に、喜びに変わるのだ。これはもはや「無限の対象」がもう一度認識され、主題化されたものではなく、一つの荘厳《マジエステ》である。「[…]しばしのあいだ、神そのものの観想に立ち止まり、その属性をじっくりと吟味し、この広大な光の美しさを、まぶしさにくらんだ私の精神の目が耐えうるかぎり凝視し、称賛し、崇敬するのがよいだろう。というのも、私たちが信仰によって信じているように、来世の至上の浄福は、この神的荘厳を観想することのうちにしかなく、そして私たちはいまも、はるかに不完全ではあるが、このような観想が現世において感じられる最大の満足を享受させてくれることを経験しているからである*[13]」。

つまり、私たちには、この段落は文体上の装飾や宗教への慎重な敬意とは思われない。そうではなく、認識が持ち来たった無限の観念が、顔として遇される〈荘厳〉に変形したことの表現のように思われるのである。

6 〈他人〉と〈他者たち〉

顔の現前化――表出――は、あらかじめ閉ざされていた内奥的世界を暴露する〔＝幕を剥ぐ〕ことで、理解したり掌握したりするための新たな領域を付け加えるわけではない。反対に、顔の現前化は、発話によってすでに私たちのあいだに共通のものとして置かれた所与を超えたところで私を呼ぶ。与えられるもの、掌握されるものは、現象に還元され、発見され〔＝覆いを剥がされ〕、掌握に供されるのであり、それが引き連れている実存も、所有のうちで宙吊りにされる。それに対して、顔の現前化は、私を存在との関わりのうちに置く。この存在の《実存すること》は――現実性《レアリテ》を欠いた実在性《レアリテ》として理解された現象性には還元不可能であり――延期されえない緊急性のうちで実効化される。この存在の《実存すること》は、かかる緊急性で応答を要求するのだ。この応答は、所与が呼び起こす「反応」とは異なる。なぜなら、この応答は、事物に対して私がとるさまざまな処置の場合とは違って、「私たちのあいだ〔＝ここだけの話〕」にはとどまりえないからだ。ここで「私たちのあいだ」で起きているすべては万人に関わる《ルギャルド》のであり、私を見つめる《ルギャルド》*14顔は公共的秩序の白日のもとに場を占めるのである。たとえ私が対話者とともに、私的な関係にもとづいた共謀や、隠匿性を求めることで、公共的秩序からわが身を切り離したとしても、このことに変わりはない。顔《ヴィザージュ》の現前としての言語は、贔屓《ひいき》の存在との共謀に誘うことはないし、充実して世界を忘れてしまった「我‐汝」に誘うこともない。愛の隠匿性においては、言語は率直さと意味を失って、笑いや睦言に変わるが、率直さのうちにある言語は、かかる愛の隠匿性に身を委ねることがない。他人の眼のなかで、第三者が私を見つめている――言語とは、正義なのだ。はじめに顔があって、そのあとで顔が現出させたり表出したりする存在が正義を気遣うわけではない。顔が顔として公現することが、人間性を開くのだ。顔としての裸性をまとった顔は、貧者や異邦人の赤貧を私に提示してくる。しかし、私の諸々の権能に訴えかけてくる、この貧窮と流謫は、私に狙い《ヴィーズ》を定めるのであって、これらの権能に所与として身を引き渡すことはなく、顔の表出であり続ける。貧者、異邦人は、対等なものとして現前する。貧者、異邦人がこの本質的貧窮のうちでも対等なのは、出会いに際して、このように現前する第三者に準拠しているからであり、〈他人〉がその悲惨の最中にあって、すでに第三者に仕えているからだ。〈他人〉は私とつながる《モワ》〔*joint*〕。だが、〈他人〉は、私を仕えさせるために私とつながるのであり、〈師〉〔＝主人〕のように私に命令する。これは、私が私自身で師〔＝主人〕であるかぎりでのみ私に関わりうるような命令であり、それゆえ命令することを私に命令するような命令である。《君》は《私たち》のまえに置かれている。《私たち》であることとは、共通の仕事をめぐって「押し合いへし合い」したり、隣り合ったりすることではない。顔の現前――〈他者〉の無限――とは、赤貧であり、第三者の〔言い換えれば、私たちを見つめる全人類の）現前であって、命令することを命令するような命令である。それゆえ、他人との関係ないし言説とは、単に、私の自由の問いただし、すなわち私を責任へと呼びかけるために〈他者〉からやって来る呼び声であるだけではない。また、発話によって客観的かつ共通の世界を言表することで、私は自分を束縛する所有を手放すのだが、他人との関係ないし言説は、単にそういった発話であるだけでもない。他人との関係ないし言説とは、宣教であり、勧告であり、預言的発話でもあるのだ。預言的発話は、本質的に顔の公現に応えるものであり、あらゆる言説を倍化するものである。それは諸々の道徳的主題についての言説として、あらゆる言説を倍化するのではなく、顔の公現が本質的に呼び起こす言説の還元不可能な契機として、そうするのである。私を見つめる眼のなかに第三者や人類《ユマニテ》全体が現前していることを顔が証拠だてるかぎりで、顔の公現はかかる言説を呼び起こすのだ。どんな社会的関係も派生物であり、いかなる像や記号の媒介もなしに顔の表出のみによって〈他〉が〈同〉に現前することにさかのぼる。社会というものを似通った複数の個人を統一する類《ジャンル》に似たものとして措定すると、社会の本質を取り逃がしてしまう。たしかに、生物学的な類としての人類《ジャンル・ユマン》は存在するし、全体性としての世界のなかで人間が発揮しうる共通の機能を通じて、彼らに一つの共通概念を割り当てることはできる。だが、言語によって創設される人間共同体——そこでは対話者たちは絶対的に分離されたままである——は、類の統一性をなすわけではない。この人間共同体は、人間どうしの類縁関係を自称する。人間がみな兄弟であることは、人間どうしの類似によって説明されるわけではないし、メダルがそれらを打ち出した同一の押し型に立ち戻らせるのと同じような仕方で、人間がその結果とされる一つの共通原因によって説明されるわけでもない。父性〔paternité〕は、なんらかの因果関係には帰着しない。諸個人は謎めいた仕方でそうした因果関係に参与しているわけではないし、それに劣らず謎めいた効果によって、この因果関係が連帯という現象を規定しているわけでもないのだ。

兄弟関係〔fraternité（＝友愛）〕という本源的な事実を構成するのは、絶対的に異邦的なものとして私を見つめる顔の面前にある私の責任――そして、顔の公現はこの二つの契機と合致する――である。父性は因果関係ではない。そうではなく、父性はある唯一性の創設であり、父の唯一性はそれが創設するこの唯一性と合致すると同時に合致しない⑶。この非合致は、具体的には兄弟としての私の立ち位置のうちに存しており、私の脇にほかの諸々の唯一性がいることを含意している。それゆえ、私としての私の唯一性は、存在の充実状態を要約していると同時に、私の部分性を、すなわち顔としての他者の面前にいるという私の立ち位置をも要約している。顔のこの迎え入れのうちで（この迎え入れはすでに顔に対する私の責任であり、したがってこの迎え入れにおいて顔は高さの次元から私に接し、私を支配する）、対等性が創設される。あるいは対等性は、〈他〉が〈同〉に命令を下し、責任のうちで〈同〉に啓示されるところで生起する。さもなければ、対等性はただの抽象的理念や言葉にとどまってしまう。対等性を顔の迎え入れから切り離すことはできない。対等性は、顔の迎え入れの一つの契機なのだ。

（3）　本書五〇一頁を参照。

人間という身分そのものが、兄弟関係および人類《ジャンル・ユマン》という観念を含意している。兄弟関係は、類似を介して統一された人類《ユマニテ》という考え、すなわちデウカリオン[*15]がうしろ向きに投げた石から生まれ、エゴイズムどうしの闘争を経て、人間国家に到達する、諸家族の多種多様性をそなえた人類という考えとは根本的に対立する。つまり、人間の兄弟関係には二重の側面がある。人間の兄弟関係は、複数の個体性を含意しており、その論理的身分は、一つの類のなかでの最下位の差異という身分には帰着しない。個体性がそなえる単独性は、おのおのが自分自身に準拠することに存するからだ（ある個体が別の個体と共通の類を有するとしたら、前者は後者から十分には隔たっていないことになるだろう）。他方で、人間の兄弟関係は、父の共通性を含意している。あたかも類の共同体では接近がまだ十分ではないかのようだ。私の迎え入れに対して顔が現前するのは、廉直さ――これ以上ない近さ――においてであるが、かかる廉直さの尺度に相応するには、社会は兄弟関係にもとづく共同体でなければならない。一神教とは、こうした人間的な類縁関係、こうした人種《ラース・ユメヌ》の観念を意味している。この観念は、顔のうちで他人と接すること、高さという次元のうちで、自己と他人に対する責任のうちで他人と接することにさかのぼる。

7　相互人格的なものがもつ非対称性

顔は世界の彼方からやって来るにもかかわらず、私を人間の兄弟関係に参入させる。こうした顔の現前は、ひとをおののかせ、恐れさせるヌミノーゼ的本質のように私を圧倒するわけではない。関係のうちにありながら当の関係に縛られず孤絶することとは、結局、話《パルレ》すということである。他人は単に顔のうちで現れるのではない――すなわち、活動や自由による支配に服した現象のようには現れない。他人は、みずからそこに入っていく関係そのものから無限に遠く離れたまま、この関係において即座に、絶対者〔＝縛られず孤絶したもの〕として現前する。〈自我〉は関係から解放されるが、それは絶対的に分離した存在との関係のただなかでのことなのだ。顔において他人は私の方を向くが、顔が顔の表象のなかに吸収されることはない。正義を叫ぶ顔の悲惨を聞くことは、ある像《イマージュ》を表象することではなく、責任あるものとして自分を位置づけることであり、顔のうちで現前している存在以上のものとして、また同時にその存在以下のものとして自分を位置づけることである。この存在以下のもの、というのは、顔は私にさまざまな義務を思い出させ、私を裁くからである。顔において現前する存在は、高さの次元、超越の次元からやって来る。そこで、この存在は、障害物ないし敵として私《モワ》に対立することなく、異邦的なものとして現前しうるのだ。この存在以上のもの、というのは、私という立ち位置は、こうした他人の本質的な悲惨に応答しうること、資金《ルスルス》を工面することだからである。超越して私を支配する他人は同時に異邦人、寡婦、孤児でもあり、そのひとに対して私は義務を負っているのだ。

　このような〈他人〉と私《モワ》のあいだのさまざまな差異は、一方で「自我」に内属し、他方で〈他人〉に内属するかもしれない異なる「特性」によるのではないし、両者が出会う際にそれぞれの精神が獲得するかもしれない異なる心理的気質によるのでもない。〈他人〉と私のあいだのさまざまな差異は、〈私〉－〈他人〉という接続状態《コンジョンクテュール》に、「自己から出発して」〈他人〉に向かうという存在の不可避的な方向づけに由来している。この方向づけの方が、そこに場を占める諸項、この方向づけなしにはそもそも出現しえない諸項に対して優先するということ――これは本書のテーゼのすべてを要約するものである。

　存在がまずはじめにあり、それから分裂することによって、多種多様性に場を明け渡すわけではない。多種多様性をなす各項のすべてが、たがいに相互的関係を結び、そうすることで全体性であることを打ち明けてしまう、というわけではないのだ。そのとき、この全体性は各項の出所ということになるが、場合によっては、そこに自己のために実存する存在、すなわち別の自我の面前に場を占める自我が生起することもある（これらの出来事は、当の出来事の外部にある非人称的言説を介して解明されることになる）。〈私＝自我〉から〈他人〉に向かう方向づけからは、それを物語る言語さえ出てこない。言語は、自我がその自己同一性を、〈他人〉がその他性をそこから借用してくるような相関関係のまえに場を占めているのではない。言語による分離は、霞《かすみ》に満ちた空間に二つの存在が現前していることを示しているのではない。こうした空間では、結合がただ分離のこだまとして響いているにすぎないのだ。分離とは、まず第一に、どこかで、なにかによって生きている存在、言い換えれば、享受する存在にまつわる事柄である。自我の自己同一性は、エゴイズムから自我にやって来る。エゴイズムの島国的な充実状態を成就するのは享受だが、それに対して顔がエゴイズムに無限を教えるのであり、この無限から当の島国的な充実状態は分離されている。たしかに、このエゴイズムは、分離した存在のうちなる〈無限〉の観念として生起することでしか成就しえない他者の無限性に基礎を置いている。たしかに〈他者〉はこの分離した存在を呼び出すが、この呼び出しはある相関者を呼ぶことには還元されない。この呼び出しは、ある存在過程に場を明け渡す。この存在過程は、自己からみずからを導き出す、言い換えれば、分離したままであり続け、自分を呼び起こした呼び声そのものに身を閉ざすことができるのだが、それとともに、みずからのエゴイズムがもつ全資金《ルスルス》で、つまりは家政的に、この無限の顔を迎え入れることもできるのだ。発話は、均質な環境ないし抽象的な環境のなかで創設されるのではなく、救援し、与えなければならない世界のなかで創設される。発話は、ある自我を前提としている、すなわち享受において分離した実存、顔と彼岸からやって来るその声を手ぶらで迎え入れることのない実存を前提としている。全体化を拒みつつ、兄弟関係および言説として描かれる存在内の多様性は、本質的に非対称的な「空間」に位置づけられる。

8　意志と理性

言説が思考の条件である。というのも、第一の《知解可能なもの》とは、概念ではなく、「殺人を犯してはならない」を発する顔によってその不可侵の外部性が言表されることになる、一つの知解だからである。言説の本質は、倫理的なものである。このテーゼを言表することで、私たちは観念論を拒絶することになる。

観念論の言う《知解可能なもの》は首尾一貫した理念的諸関係からなる体系を構成しており、この体系が主体のまえに提示されることは、この秩序に主体が入りこむことと等しく、これらの理念的諸関係に主体が吸収されることと等しい。主体は、知解可能な太陽のもとで枯渇することのないような、いかなる資源《ルスルス》もみずからのうちに持ち合わせていない。主体の意志とは理性であり、主体の分離は錯覚によるものとなる（とはいえ、錯覚の可能性は、《知解可能なもの》が干上がらせることのできない主観的な源泉、少なくとも地下の源泉が実在している証拠ではあるのだが）。

観念論が徹底的に推し進められると、一切の倫理は政治に帰着させられてしまう。〈他人〉と私《モワ》は、ある理念的な計算の要素として機能し、この計算からみずからの現実存在を受けとり、あらゆる側から両者を貫いているさまざまな理念的必然性の支配のもとで、たがいに接することになる。〈他人〉と私は、一つの体系のなかで契機の役割を果たすのであって、起源の役割を果たすのではない。政治的社会は多元性として現れるが、この多元性は一つの体系を組み立てる関節《アルティキュラシオン》の多様性を表現するものである。たしかに、目的の王国[16]では、それぞれの人格がそれぞれの意志として定義されはするものの、意志は《普遍的なもの》に触発されるがままになるものとして定義され、自分が理性であることを――たとえそれが実践的なものであれ――望む。こうした目的の王国では、実のところ、多様性は幸福への希望に依拠するにすぎない。幸福のいわゆる動物的原理は、意志――それが実践理性だとしても――を記述する際に不可避のものではあるが、この動物的原理が、複数の精神からなる社会のなかで多元的様態を維持することになる。

多様性を欠いたこの世界では、言語は一切の社会的意義を失い、対話者たちは、たがいを欲望することによってではなく、《普遍的なもの》を欲望することによって、みずからの唯一性を放棄する。そうなると、言語は理性的な諸制度をつくり出すことと同じになってしまう。こうした理性的な諸制度のなかで客観的かつ実効的なものとなる非人称的理性は、発話する人格のうちでも、すでに作動しており、彼らの実効的現実をすでに下支えしている。各存在は他のあらゆる存在とは別に措定されているが、各人の意志あるいは自己性は、そもそものはじめから、《普遍的なもの》ないし《理性的なもの》を意欲すること、言い換えれば、みずからの個別性そのものを否定することに存している。言説としての本質を成就することで――普遍的に首尾一貫した言説になることで――言語は同時に普遍国家を実現することになる。そこでは多様性が解消され、対話者がいないことによって言説が完成されるのだ。

存在内の多元性あるいは人格の唯一性を維持するために、意志と悟性、意志と理性を形式的に区別したところで、なんの役にも立たない。そう区別するとき、ひとは即座に、明晰な諸観念に賛同する意志、もしくは《普遍的なもの》を尊重することによってのみ自分に決定を下す意志だけを、善き意志とみなすことに決めるからである。意志がどのみち理性を切望しうるのであれば、意志とは理性である、すなわち、みずからを探し求め、みずからをつくり出す理性なのだ。意志は、スピノザやヘーゲルのもとで、真の本質を明らかにする。観念論の究極の意図が目指している意志と理性のこの同一化に対立するのは、ヘーゲルやスピノザの観念論が《主観的なもの》ないし《想像上のもの》のなかに追いやっている、人類のあらゆる悲愴な経験である。この対立の利点は、体系と理性を拒む個人、言い換えれば、恣意性のうちにある個人、つまりは首尾一貫した言説が説得によって黙らせることのできないような個人の抗議そのもののうちに宿っているのではなく、この対立を生きさせるような肯定のうちに宿っている。実際、この対立は、存在に目を閉ざし、狂ったように壁に頭を打ちつけて、存在における自分の欠陥や悲惨、流謫の意識を即自的に克服し、屈辱を絶望的慢心に変えようとすることではない。この対立には――充溢した、不変の、現実態の存在に対して――この存在から分離され、それゆえ、これを欲望するある実存に含まれる剰余についての、言い換えれば、無限と結ぶ社会によって生起する剰余についての、無限の無限性を成就するやむことなき剰余についての確信が宿っている。意志と理性の同一化に対する抗議は、恣意性で満足することはない。もしそうだとすれば、恣意性がもつ不条理と反道徳性によって、即座にこの同一化が正当化されてしまうだろう。意志と理性の同一化に対する抗議は、次の確信から生まれる。すなわち、自分自身のことしか思考せず、はるか以前から成就してしまっているような存在の理想では、刷新や〈欲望〉や社会が可能であるような[*17]、ある生や生成にとっての存在論的基準の役目を務めることはできないだろう、という確信である。生は、単に存在の縮減、堕落、萌芽、潜在性として理解されるわけではない。《個人的なもの》および《人格的なもの》は、それらをこしらえたと考えられるような《普遍的なもの》から独立して重要性をもち、行動するのだ。そもそも《個人的なもの》の実存や、《個人的なもの》が生まれるもととなる堕落は、《普遍的なもの》を起点としては説明されないままである。《個人的なもの》および《人格的なもの》は、〈無限〉が無限として生起しうるために必要なのだ。[4] 生を存在の関数として取り扱うことの不可能性は、ベルクソンやハイデガーにおいて、力強い仕方で現れている。ベルクソンにおいて、持続はもはや不動の永遠性を堕落状態で模倣しているわけではないし、またハイデガーにおいて、可能性はもはや潜勢態《デュナミス》として現実態《エルゴン》に従っているわけではない。ハイデガーは、このような現実態《アクト》に向かう潜勢態《ピュイッサンス》の合目的性から生を切り離している。存在以上のもの、あるいは存在を超えたものがありうることは、創造の観念のなかで言い表されている。創造は、神において、永遠に自己充足した存在を乗り越えるのである。だが、こうした存在を超えた存在という概念は、神学からやって来るのではない。この概念がアリストテレスを出自とする西洋哲学ではなんら役割を果たさなかったにせよ、プラトンの〈善〉の観念は、この概念に哲学的思考としての尊厳を保証している。要するに、存在を超えた存在というこの哲学的思考を、なんらかの東洋的叡智に帰着させてはならないのだ。

（4）　本書「意欲の真理」四三一頁以下を参照。

実際、主観性が存在の欠損様式にすぎなければ、意志と理性を区別したところで、意志を恣意的なものとみなすことに行き着いてしまうだろうし、意志を自我のうちでまどろむ萌芽的ないし潜在的理性の純然たる否定、またそれゆえ、この私《モワ》の否定かつ自己自身への暴力とみなすことに行き着いてしまうだろう。反対に、主観性が、絶対的に他なる他者、すなわち〈他人〉と関係している分離した存在として定められるとすれば——顔が第一の意義を、言い換えれば《理性的なもの》の出現それ自体をもたらすとすれば——意志は《知解可能なもの》からは根本的に区別される。意志は《知解可能なもの》を包摂し（＝了解し）てはならず、《知解可能なもの》のうちで消え去ってもならない。なぜなら、この《知解可能なもの》の知解可能性は、まさに倫理的な振る舞いのうちに、言い換えれば、この振る舞いが意志を招じ入れる責任のうちに宿っているからである。意志が自分の望む意味でこの責任を引き受けるのは自由だが、意志には、この責任そのものを拒絶する自由はないし、他人の顔が意志をそこに導き入れた有意味な世界を無視する自由もない。顔を迎え入れることで、意志は理性へと開かれる。言語は、諸存在に共通するさまざまな思考を産婆術的に目覚めさせることにはとどまらない。言語は、すべての理性に共通するような理性の内的成熟を加速させるわけではない。言語は、思考のなかに《新しいもの》を教え、導き入れる。思考のなかへの《新しいもの》の導入、無限の観念——これこそが理性の働き《ウーヴル》そのものである。絶対的に新しいものとは〈他人〉である。《理性的なもの》は《経験されたもの》と対立しない。絶対的経験、いかなる資格であってもア・プリオリにならないものの経験——それは理性それ自身である。経験の相関者としての〈他人〉を発見することで、すなわち本質的に即自的で、話すことができ、いかなる仕方であれ、対象として重きをなすことのない者を発見することで、経験がもたらす新しさと、なにものにも犯されえない精神という古きソクラテス的要求とが調停される。この要求は、モナドに窓を与えなかったことでライプニッツが継承しているものだ[*18]。倫理的現前は、他なるものであると同時に、暴力なしに重きをなす。理性の活動が発話とともに始まるとき、主体はみずからの唯一性を放棄するのではなく、みずからの分離を堅固なものにする。主体は、自分自身の言説に入りこんで、そこで消え去ることはない。主体は弁明《アポロジー》であり続ける。《理性的なもの》への移行は、個体化を脱することではない。それは、まさにこの移行が言語であるから、言い換えれば、顔のうちで話しかけてくる存在への応答であるからだ。この存在が受け入れるのは、人格的な応答、言い換えれば、倫理的行為だけなのである。

訳注

＊1　序の訳注＊17を参照。

＊2　アリストテレス『形而上学』一〇七二b以下を参照。「〔…〕その思惟は自体的な思惟であって、それ自らで最も善なる者をその対象とし、そしてそれが最も優れた思惟であるだけにそれだけその対象も最も優れた者である。その理性《ヌース》〔思惟するもの〕はその理性それ自身を思惟するが、それは、その理性がその思惟の対象の性を共有することによってである、というのは、この理性は、これがその思惟対象に接触しこれを思惟しているとき、すでに自らその思惟対象そのものになっているからであり、こうしてそれゆえ、ここでは理性《ヌース》〔思惟するもの〕とその思惟対象《ノエートン》〔思惟されるもの〕とは同じものである」（『形而上学』下、出隆訳、岩波書店（岩波文庫）、一九六一年、一五三頁）。

＊3　ポッシュ版は、une donnée absolument non neutralisable の non を誤って削除している。

＊4　プラトン『国家』三五一Cのソクラテスとトラシュマコスのやりとりを参照。「「厚く感謝するよ、トラシュマコス」とぼくは言った、「ただ首を縦にふったり横にふったりするだけでなく、ちゃんと立派に答えてくれるのだものね」／「あんたを喜ばせようとね」とトラシュマコスは言った」（『国家』上、藤沢令夫訳、岩波書店（岩波文庫）、一九七九年、八九頁）。

＊5　ラビ・ヨハナンと呼ばれるヨハナン・バル・ナッパハ（一八〇―二七九年）は、三世紀の指導的なトーラー学者で、パレスティナ・タルムードの編纂にも関わったと言われる。

＊6　ニーチェ『悲劇の誕生』（一八七二年）を参照。「抒情詩人はまず、ディオニュソス的な芸術家として、根源的一者、その苦痛および矛盾と完全に一体をなしており、かくしてこの根源的一者の模像を音楽として産み出すのである」（『悲劇の誕生』塩屋竹男訳、『ニーチェ全集』第二巻、筑摩書房（ちくま学芸文庫）、一九九三年、五五頁）。先立つ箇所では、ディオニュソス的音楽の特徴が「リズムの波動」や「リズムの造形的な力」などと呼ばれている（同書、四一頁）。

＊7　ドイツ語訳に従って、sa destinée を ma destinée と訂正する。
＊8　ドイツ語訳は sous-estimer を sur-estimer と修正しているが、従わない。
＊9　フッサール『論理学研究』第一巻（一九〇〇年）の心理主義批判を参照。
＊10　原文は il だが、la conscience de l'objet ととる。
＊11　フッサール『デカルト的省察』（一九三一年）第五五節を参照。「しかしながら、もっと重要なのは様々な段階において形成されていく共同性の解明である。この共同性は、他者経験によってまずは私と他者の間に作られる。すなわち、私の原初的な身体のうちでまた身体とともに支配している原初的な心理物理的自我である私と、共現前によって経験される他者との間に作り出される。そして次には、より具体的かつより根本的に考察すると、私のモナド的な我と他者のモナド的な我の間に作り出される」（『デカルト的省察』浜渦辰二訳、岩波書店（岩波文庫）、二〇〇一年、二一五―二一六頁）。
＊12　ラテン語から引用されているが、原テクストとのあいだに若干の異同がある（デカルト『省察』山田弘明訳、筑摩書房（ちくま学芸文庫）、二〇〇六年、七三頁）。
＊13　同じくラテン語からの引用。タヌリ版、第七巻、五二頁（デカルト『省察』前掲、八二―八三頁）。
＊14　ドイツ語訳に従って、qui le regarde を qui me regarde と訂正する。
＊15　ギリシア神話の登場人物。プロメテウスの子で、現在の人類の祖とされる。ゼウスが人類を洪水によって滅ぼそうとしたとき、デウカリオンとピュラの夫婦だけは箱舟を建造して難を逃れる。洪水が引いたのち、ゼウスの託宣に従って石を背後に投げると、デウカリオンの石からは男が生まれ、ピュラの石からは女が生まれたとされる。
＊16　第Ⅱ部Aの訳注＊10を参照。
＊17　ドイツ語訳に従って、capables de renouvellement de Désir, de société ではなく capables de renouvellement, de Désir, de société と訂正し、「〈欲望〉や社会の刷新が可能であるような」ではなく

「刷新や〈欲望〉や社会が可能であるような」と読む。
＊18 ライプニッツ『モナドロジー』（一七二〇年）第七項を参照。「モナドには、何かものが入ったり出たりできるような窓がない」（『モナドロジー 他二篇』谷川多佳子・岡部英男訳、岩波書店（岩波文庫）、二〇一九年、一五頁）。

C　倫理的関係と時間

1　多元的様態と主観性

分離――居住ならびに家政として具体的な相のもとで実効化される分離――は、切り離された絶対的外部性との関わりを可能にする。この関係、すなわち形而上学は、本源的には、顔における〈他人〉の公現を介して実効化される。分離は、絶対的でありながらも関係している項どうしのあいだに掘り開かれる。これらの項は、みずから取り結ぶ関係に縛られず孤絶しており、この関係によって素描されかねない全体性に利する仕方で権利放棄をおこなうことはない。こうして、形而上学的関係は、多様な《実存すること》、すなわち多元的様態を実現するのである。だが、関係の本質が関係の形式的構造に尽きるとすれば、この関係が多元的様態を実現することはないだろう。関係のうちに場を占める諸存在がもつ、関係に縛られず孤絶する権能を明確に示さなければならない。この権能は、分離した項のそれぞれにとって、異なる孤絶化の意味を含みもっている。〈形而上学者〉は、〈形而上学的なもの〉と同じ意味で絶対的なわけではない。〈形而上学的なもの〉は高さの次元から〈形而上学者〉のもとにやって来るが、この高さの次元は空間の非均質性のようなものを示している。これは、数的多様性から区別される根本的な多様性がそこで生じうるような非均質性である。数的多様性は、依然として全体化に対して無防備である。存在の秩序内に多様性が生起しうるには、暴露（＝幕を剝ぐこと）（そこでは、存在はただ現出するだけでなく、みずからを実効化し、力を発揮し、みずからを行使し、君臨する）だけでは十分ではなく、多様性の生起が真理の冷たい壮麗さのうちに広がるだけでも十分ではない。かかる壮麗さにおいては、当の壮麗さが呼び求める俯瞰的眼差しのもとで、多種多様なものが統合されてしまう。観想それ自体がこの全体性に吸収され、まさにそうすることで、この客観的かつ永遠の存在、あるいはプーシキンの表現によれば「みずからの永遠の美で光り輝く無感動な自然」[*1]を創設する。常識はこうした客観的かつ永遠の存在のうちに存在の原型を認め、哲学者にとっては、こうした存在が全体性に威信を授ける。主体のなかに反映されるこの全体性、あるいは主体を反映するこの全体性を、認識の主観性は打ち破ることができない。客観的全体性は、裸になっているにもかかわらず、言い換えれば、他者に対して現れているにもかかわらず、あらゆる他に対して排他的なままであり続けている。もしかすると観想とは、存在が《一つ》であるのをやめることなく啓示される過程として定義されるかもしれない。かかる過程が指揮する哲学とは、多元的様態の撤廃である。

　多様性が維持されうるのに必要なのは、存在のなかで生起しつつも当の存在との合一を探し求めることのありえないような主観性が、存在内に生起することである。みずからを啓示するものとして存在がみずからを行使することが必要である。みずからを啓示するとは、言い換えれば、自身の存在そのもののうちで、存在と接する自我の方に流れていくものとしてであり、しかしまた涸れることなく自我の方に無限に流れていくものとして、燃え尽きることなく燃え続けるものとして[*2]である。しかし、この接近を認識とみなすことはできない。認識とは、認識主体が反映され（＝反省され）、吸収される場である。もしこの接近が認識だとすれば、認識が目指す全面的反映（＝反省）によって、存在のこの外部性は即座に破壊されることになるだろう。全面的反映の不可能性は、死をまぬがれることができず、そもそものはじめから世界に関与してしまっており、そのため真理に到達することのない認識主体の有限性として否定的に位置づけられてはならない。そうではなく、この不可能性は、社会的関係の剰余として位置づけられなければならないのだ。社会的関係のうちで、主観性は《……の面前に》、こうした迎え入れの廉直さのうちにあり続けるのであり、真理をみずからの尺度にするわけではない。社会的関係それ自体は、なんでもいいような任意の関係、存在内で生起しうるあまたある関係の一つではなく、存在の究極の出来事である。この究極の出来事を私が言表する言葉そのものは、それが有する真理への野心——全面的反映を望む野心——によって、対面関係がもつ乗り越え不可能なものという性格に反駁しているが、それでも、この真理を言表し、この真理を他人に語るという事実によって、対面関係のこうした性格を確証しているのである。したがって、多様性はある主観性を前提としており[*3]、この主観性は全面的反映の不可能性、すなわち自我と非‐自我を一つの全体のうちに混ぜ合わせることの不可能性のうちに位置づけられる。この不可能性は、否定的なものではない（もしそうだとすれば、それはこの不可能性をふたたび、観想された真理の理想との関わりで位置づけることになってしまう）。この不可能性は、高さから私を支配する〈他者〉の公現が有する剰余に起因している。

こうした多元的様態の樹立は、多元性を構成する諸項を孤立させて硬直させるわけではない。多元的様態の樹立は、諸項を吸収するような全体性に抗する仕方で諸項を維持しながらも、諸項を交易[*4]〔commerce〕もしくは戦争の状態に委ねる。いかなる瞬間にも、諸項は自分自身の原因として位置づけられることはない。もしそうだとすれば、諸項からは一切の受容性や能動性が奪われ、諸項はそれぞれ自分の内奥性に閉じこめられるだろうし、存在の間隙に生きるエピクロスの神々として、あるいは芸術の合‐間(5)〔entre-temps〕に不動化された神々として、孤立させられてしまうだろう。間隔の縁に、決して生起することのない未来の閾《いき》に永遠に置き去りにされたこれらの神々は、虚《うつ》ろな眼をしてただ見つめられるだけの立像であり、ギュゲースとは反対に、身をさらすが自分では見ることのないような偶像である。分離をめぐる私たちの分析は、別の視野を開くものだった。とはいえ、この多様性の本源的形態は、戦争として生起することも、交易として生起することもない。戦争も交易も、顔と、顔のうちに現れる存在の超越を前提としている。戦争は、たがいに制限を加え合う諸存在の多様性という経験的事実から生じるのではない。一方の現前が不可避的に他方に制限を加える以上、こうした制限は暴力と同じである、という口実のもと、諸存在はたがいに制限を加え合うのだが、戦争はこうした諸存在の多様性という経験的事実から生じるのではないのだ。制限は、それ自体では暴力ではない。制限ということが考えられるのは、ある全体性のなかだけのことであって、そこでは諸部分が相互に定義し合っている。定義は、全体性としてまとめられた諸項の自己同一性に暴力を加えるどころか、この自己同一性を確固たるものにする。境界は、分離し、かつ一つの全体に統合する。現実は、相互に制限を加え合う諸概念に断片化されつつも、当の断片化そのものによって全体性を形成する。敵対する諸力の戯れとしての世界は一つの全体を形成するのであり、完成された科学的思考においては、この世界は唯一の定式から演繹される、もしくは演繹されなければならない。ひとが諸力や諸概念の敵対関係と呼びたくなるようなものは、主観的視野と、複数の意志からなる多元的様態を前提としている。この視野が収斂していく地点は、全体性の部分をなしてはいない。自然における暴力は、かくして一つの実存に、すなわち、まさに別の実存から制限を加えら[*5]

れておらず、全体性の外側で身を保っているような実存に向かわせる。しかし、全体性のうちに統合されうる諸存在が暴力を排除したとしても、それは平和と同じではない。平和とは諸存在の多様性を含意しているが、この多様性を全体性が吸収してしまうからである。戦争が可能な諸存在だけが、平和へと高まっていくことができる。平和と同じく戦争も、全体性の部分としてではない仕方で構造化された諸存在を前提としているのだ。

（5）拙論「現実とその影〔La réalité et son ombre〕」、『レ・タン・モデルヌ〔*Temps modernes*〕』一九四八年一一月号を参照〔エマニュエル・レヴィナス『歴史の不測——付論：自由と命令／超越と高さ』ピエール・アヤ編、合田正人・谷口博史訳、法政大学出版局（叢書・ウニベルシタス）、一九九七年所収〕。

したがって、戦争は一者と他者の論理的対立からは区別される。論理的対立によって、一者と他者は俯瞰的に抱握しうる全体性のなかで、たがいに定義し合い、この全体性から両者の対立そのものを引き出してくるのだが、戦争はこうした対立からは区別されるのだ。戦争において、諸存在は全体性に属するのを拒絶し、共同体を拒絶し、法を拒絶する。いかなる境界線も、一者を他者のうちに押しとどめ、それを定義することはない。両者は全体性を超越するものとして確立され、それぞれが、全体のうちで占める場所によってではなく、みずからの自己によって自己同一化する。

戦争は、敵対者の超越を前提としている。戦争は人間に対しておこなわれる。戦争にはさまざまな名誉が取り巻いており、戦争は名誉をもたらす――戦争が狙うのは、いつも他所からやって来る現前、顔のうちで現れる存在である。戦争は、狩猟でも、元基との闘いでもない。どれほど見事に作成された計略《カルキユル》であっても、敵対する者はその裏をかく可能性を保持し続けていて、この可能性が分離を、すなわち全体性の断絶を言い表しており、敵対する者たちはこの断絶を通じて、たがいに接し合っている。戦争する者は、危険を冒している。どんな軍事技術も、勝利を保証するものではない。計算《カルキユル》によって、全体性のなかでの諸力の戯れからの出口を測定することができるとはいえ、こうした計算が戦争の裁決を下すわけではない。戦争は、自己への最高度の信頼と最高度の危険との境界にある。戦争とは、全体性の外部にある諸存在、つまりはたがいに触れ合うことのない諸存在のあいだの関わりなのだ。

しかし、いつでも全体性を構成できる諸存在――言い換えれば、いつでも全体性を再構成できる諸存在――のあいだでは不可能とされる暴力が、分離した諸存在のあいだでは可能だというのだろうか。分離した諸存在が、たとえ暴力という関係であれ、なんらかの関係を取り結ぶことなどできるのだろうか。戦争による全体性の拒絶は、関係を拒絶するわけではない。戦争において、敵対する者たちはたがいを探し求めているからだ。

実際、分離した諸存在のあいだの関係は、もしこれらの項のおのおのが自己原因《カウサ・スイ》である実体として位置づけられるとしたら、不条理なものになるだろう。なぜなら、純粋な能動性《アクテイヴイテ》として、いかなる行動《アクシオン》にもきっかけを与えないとすれば、これらの項はいかなる暴力も被ることができないからだ。だが、暴力という関係は、関係というまったく形式的な接続状態《コンジョンクテュール》の次元にはとどまらない。暴力という関係は、関係にある諸項が織りなす特定の構造を含意している。暴力が対象とするのは、つかめると同時に、あらゆる掌握からも逃れる存在だけである。暴力を被る存在のうちにある、この生き生きとした矛盾がなかったら、暴力的な力が繰り広げられたとしても、それは労働に還元されてしまうだろう。

　したがって、分離した諸存在のあいだの関係が可能であるためには、多様な諸項が部分的に自存的で、部分的に関係のうちにあるのでなければならないだろう。このとき、有限な自由という概念が考察のなかで幅を利かせてくる。しかし、なにを起点にして、この概念を形成すればよいのか。ある存在が部分的に自由だと述べることは、自由な部分、すなわち自己原因《カウサ・スイ》と、自由でない部分との関わりがこの存在のなかに実在するという問題を、すぐさま提起する。自由な部分は自由でない部分のうちで阻害されていると述べたところで、私たちは同じ困難に際限なく連れ戻されてしまう。自由な部分、すなわち自己原因《カウサ・スイ》が、どのようにして自由でない部分から、なんであれ、なにかを被ることができるというのか。したがって、自由の有限性は、固有の因果性をそなえた部分と外的原因に服する部分とに分割された、自由な存在の実体のうちなるなんらかの境界を意味してはならない。自存性（＝独立）という概念を、因果性とは別の場所で捉えなければならない。自存性は、自己原因《カウサ・スイ》の観念とは合致しないだろう。そもそも、自己原因《カウサ・スイ》の観念は、選ばれていない誕生、選ぶことが不可能な誕生（現代思想における重要なドラマである）によって否認されている。こうした誕生は、意志を、無始原的な世界のなかに、言い換えれば、起源を欠いた世界のなかに位置づけるものだ。

したがって、全体性を構成しない関係のもとで戦争状態にある諸存在を、自由によって記述することはできない――自由に対する制限を想定した時点で、自由という抽象概念は矛盾であることが明らかになるのだ。

《他なるもの》に対して自存的であると同時に、《他なるもの》に差し出されている存在とは、時間的な存在である。死という不可避の暴力に、この存在は自分の時間を対抗させるが、この時間とは、まさに延期である。時間という概念を知解可能にするのは、有限な自由ではない。時間の方が、有限な自由という概念に意味を与えるのだ。時間とは、まさに、死をまぬがれない存在――暴力に差し出された存在――の実存の一切が《死に臨む存在》なのではなく、《いまだ……ない》である、という事実である。《いまだ……ない》は、死にあらがって存在する一つの仕方であり、容赦なく接近してくる死のただなかで、死から身を退けることである。戦争において、ひとは死から遠ざかるもの、いまのところ完全な仕方で実存しているものに死をもたらす。かくして、存在とその死を分離する時間という現実、死に対して態度をとる存在という現実、さらに言い換えれば、意識を有する存在およびその内奥性という現実が、戦争のなかには認められる。自己原因《カウサ・スイ》ないし自由としてであれば、諸存在は不死だろうし、ある種のくすんだ不条理な憎悪のうちで、たがいにつかみ合うこともないだろう。あるいは、単に暴力に差し出されているだけ、単に死をまぬがれないだけであれば、諸存在は、いかなる対立もない世界、時間が永遠のうちで脱臼しているような世界のなかで死ぬことだろう。意志のなかで捉えられる、死をまぬがれないが時間的な存在という概念――この概念については、これから展開していく――は、自己原因《カウサ・スイ》の観念に導くあらゆる因果性から根本的に区別される。このような存在は、暴力に身をさらすが、暴力と対立してもいる。暴力は、至高の自由に訪れる偶発事と同じような仕方で、この存在に訪れるわけではない。暴力がこの存在に対して行使する掌握――この存在が《死をまぬがれないこと》――は、本源的事実である。自由それ自体が、暴力によるこの掌握を時間を介して延期することにほかならない。これは能動性と受動性の独特な混合が生起しているような有限な自由ではなく、死において《他なるもの》に差し出された本源的に無なる自由、だが、そこでは時間が緊張緩和として出現するような自由である。自由な意志とは、有限な自由であるよりも、むしろ緊張緩和されて延期された必然性のことなのだ。緊張緩和ないし弛緩――延期であり、この延期を介することで、なにものもまだ決定的にはならず、なにものも完遂されることがない。《容赦なきもの》が切迫している、まさにそこで、襞の次元を自分のために見つけ出すような巧妙さなのだ。

魂[*6]と、魂が意のままにする身体との接触は、虚空に空しく打たれた一撃によって、非接触へと反転する。敵対する者がもつ、力には要約されない巧妙さを考慮に入れなければ――だが、どうやって考慮に入れればよいのだろうか――ならない。そして、私の巧妙さは《不可避のもの》を延期する。成功するには、敵対する者が脱出していった当の場所に攻撃が向けられなければならない。防備を整えているためには、攻撃が私に触れる地点から身を退けている必要がある。策略と待ち伏せ——オデュッセウスの術策——が戦争の本質である。こうした巧妙さは、身体の実存そのもののなかに書きこまれている。巧妙さは、しなやかさ——不在と現前の同時性——である。身体性とは、現前するまさにそのときに当の現前が延期されるような存在がもつ実存様式である。瞬間の緊張のうちなるこうした弛緩は、現前していると同時に、いまだ《来たるべきもの》でもある他者と私とを分離する無限の次元から、すなわち他人の顔が開く次元からしか、やって来ない。戦争が生起しうるのは、自分の死を延期しつつある存在が暴力に差し出されるときだけである。言説が可能だったところにしか、戦争は生起しえない。言説が戦争それ自体の基底にあるのだ。そもそも、暴力とは単に事物を意のままにするような仕方で他者を意のままにすることを狙うのではない。暴力は、すでに殺人と紙一重であって、無際限の否定から生じるのだ。暴力が狙う《ヴィゼ》〔＝思念する〕ことができるのは、私の権能の領野に入っているにもかかわらず、それ自体は無限であるような現前だけである。暴力が狙う《ヴィーズ》ことができるのは顔《ヴィザージュ》だけなのだ。

したがって、自由が〈他人〉の超越を説明するのではなく、〈他人〉の超越の方が自由を説明する。私《モワ》に対する〈他人〉の超越は無限であり、〈他人〉に対する私の超越と同一の意義を有しているのではない。戦争に含まれているリスクとは、私と〈他人〉の接近戦《コール・ア・コール》のなかで両者の身体《コール》を分離している隔たりを測定したものである。〈他人〉は、屈服させようとする力に囲まれ、権能にさらされていながらも、予見不可能なもの、言い換えれば、超越したものであり続ける。かかる超越は、否定的な仕方で記述されるのではなく、顔が殺人の暴力に道徳的に抵抗するなかで、肯定的な仕方で現出する。〈他人〉がもつ力は、そもそものはじめから道徳的なものだ。自由は——たとえそれが戦争の自由であっても——全体性の外側でしか現出しえないが、この「全体性の外」は顔の超越によって開かれる。全体性のただなかで自由を考えることは、自由を存在内の不確定性の地位に格下げし、すぐさま自由を全体性に統合することだ。不確定ないくつもの「穴」のうえで全体性を閉じ直し、自由なる存在の諸法則を心理学で探求することによって！

しかし、戦争の基底にある関係、すなわち無限なものとして時間を開き、主観性を超越して支配する〈他者〉との非対称的な関係（〈他者〉が〈私＝自我〉に対して超越しているのと同一の意味で、自我は〈他者〉に対して超越しているのではない）が対称的関係の様相を呈することもある。顔の倫理的公現は、応答を懇請することに存しているとはいえ（戦争の暴力や、かかる暴力による殺人的否定のみが、応答を沈黙に帰そうと試みることができる）、「善良な意図」や、ただ形だけの《プラトニック》好意では満足しない。「善良な意図」や「ただ形だけの好意」は、事物を享受する場合や、事物を捨てたり差し出したりしうる場合にとる態度の残滓にすぎない。こうした残滓があるために、自我の自存性と、絶対的に《他なるもの》に対する自我の立ち位置は、歴史や政治のなかで現れることがある。そのとき、分離を覆ってしまう秩序のうちでは、相互人格的[*7]関係の非対称性は消え去って、私《モワ》と他者が交易のなかで相互交換されうるものとなり、人間という類《ジャンル》の個体化としての個別の人間が歴史のなかに現れることで、自我や他者に取ってかわることになる。

分離は、こうした両義性のうちでも消え去ることはない。分離の自由が失われるのはどのような具体的形態のもとでなのか、そして、まさにこの喪失のなかでも分離の自由が維持され、ふたたび出現しうるのはどのような意味においてなのかを、いまから示さなければならない。

2　交易、歴史的関係、顔

意志は、働き産出するもの《ウーヴラン》として、分離した存在のわが家を確固たるものとする。しかし、意志はその所産《ウーヴル》のなかには表出されないままである。所産は、ある意義を有するが、無言のままであり続けるのだ。意志は労働のうちで行使され、労働は事物のなかに見えるかたちで組みこまれるが、意志はすぐさまそこからいなくなってしまう。というのも、所産は商品としての無名性を帯びるからだ。この無名性のうちでは、労働者《ウヴリエ》そのひとも賃労働者として消え去ることがある。

たしかに、分離した存在は自分の内奥性に閉じこもることもできる。事物は絶対的には内奥性を傷つけることができないだろう。エピクロス的な叡智はこの真理で生きているのだ。他方で、意志において、存在はいわば自分の存在を動かしている糸をすべて手中に収めながら営まれるにもかかわらず、意志は所産を介して〈他人〉に身をさらしている。事物の世界に身体が組みこまれることであるにせよ、こうした存在の営みは一つの事物とみなされる。それゆえ、身体性とは、最初の自己疎外という存在論的体制を記述するものである。この疎外は、元基の未知性に対抗して自己がみずからの自存性を、言い換えれば、自己所有ないし自分の安定性を確固たるものとする際の出来事そのものと同時に起こる。無神論と等しいものである意志――意志は、〈自我〉に対して行使される影響、〈自我〉を不可視の網の目に絡めとる影響を拒むのと同じように〈他人〉を拒み、〈自我〉に住まう神を拒むのと同じように〈他人〉を拒む。このような所有から、そしてこうした熱狂から断絶の権能そのものとして身を引き剝がす意志も、所産を介することで〈他人〉に身を委ねる。だが、所産は、意志の内奥性を確固たるものとしてくれる当のものでもある。要するに、分離した存在の実存は内奥性に尽きるわけではないのだ。

　あらゆる英雄的精神につきものの、それが役割に転じてしまうという方向転換を説明していたのは、運命《ファトウム》の観念だった。英雄は、みずからの英雄的意図を溢れ出るような劇のなかで、たまたまある役割を演じているが、英雄の意図は、まさにこの劇と対立することで、当の意図とは異質な構想が成就するのを早めてしまう。運命の不条理が至高の意志の裏をかくのだ。実を言うと、異質な意志のなかに書きこまれるという事態は、所産があいだに入ることで生起する。所産は、自分を生み出した者やそのひとの意図、所有から分離され、別の意志に横領される。存在を私たちの所有へと運んでくる労働は、その事実《イプソ・ファクト》からして存在を手放しており、まさにみずからの権能の至高性そのもののうちで、なんらかの仕方で〈他人〉に身を委ねているのだ。

どのような意志も、自分の所産から分離される。行為《アクト》に固有の運動とは、未知に到達すること――自分がもたらす帰結のすべてを測定しえないこと――に存している。未知は、事実としての無知から帰結するのではない。行為がそこに通じている未知は、一切の認識に抵抗し、光のうちに場を占めることはない。なぜなら、この未知とは、所産が他者を起点として受けとる意味を指し示しているからである。〈他者〉は、私の所産を私から取りあげ、掌握したり購入したりすることができ、そうして私の振る舞いそのものを指揮することができる。私は煽動に身をさらしているのだ。所産は、私《モワ》のうちに起源をもったときから、すでにこうした異質な意味付与《ジンゲーブング》に捧げられている。私が予見できない歴史に――なぜなら、私に歴史は見えないから――所産が捧げられているという、こうした定めは、私の権能の本質そのものに書きこまれており、私のそばにほかのひとたちが偶然に居合わせていることから帰結するわけではない。この点を強調しておくことが重要である。

権能は、自分自身の跳躍と完全に一緒になることはなく、自分の所産に最後まで付き添うことがない。生産者と生産物のあいだには、分離が掘り開かれている。あるとき、生産者は、もはや追うのをやめ、身を退けたままであり続ける。生産者の超越は道半ばにとどまるのだ。みずからを表出する存在が表出の所産に自分自身で〔=人格として〕立ち会うという表出の超越とは反対に、生産は、所産を生み出した者が不在のところで、この者を成型された形態として確証する。たしかに、生産物がもつこの非表出的な性格は、次のような事態のうちに肯定的に反映されてはいる。すなわち、生産物がもつ商品としての価値、生産物が他者たちの好みに合うこと、生産物が他者たちによって与えられるであろう意味を帯びる可能性、生産物がそれを生み出す文脈とはまったく異なる文脈に入る可能性が、それである。だが、所産は他人による意味付与《ジンゲーブング》から身を守っておらず、それを生産した意志を異議申し立てや無理解にさらし、異質な意志の構想に供与され、我有化されるがままになる。たしかに、生き生きした意志の意欲は、この隷属を延期し、それゆえ他人とその脅威に対抗して意欲する。しかし、意志が自分の意欲しなかった歴史のなかで役割を演じるこうした仕方が、内奥性の限界をしるしづけている。意志は、歴史家にしか現れないような出来事のなかに捕えられてしまうのだ。歴史的出来事はすべて、さまざまな所産のなかで連関している。所産を欠いた意志たちは、歴史を構成することがないだろう。純粋に内奥的な歴史というものは存在しないのだ。歴史においては各意志の内奥性は成型された仕方でしか――物言わぬ生産物のうちでしか――現出しない。かかる歴史は家政的な〔＝経済的な〕歴史である。歴史のなかの意志は、その所産を起点にして解釈された人物として凝固する。事物を生産する意志は、事物に依存しながらも、自分を他人に委ねてしまうこの依存と闘っているが、こうした意志の本質は所産のうちで曇ってしまう。意志が、発話する存在のうちで、異質な意志にあらがってみずからの所産を取り戻し、擁護しているあいだは、歴史が生きる糧《かて》にする距離が、歴史には欠けている。歴史の支配が始まるのは、結果としての現実からなる世界、死んだ意志の遺産である「全集〔œuvres complètes（＝全所産）〕」からなる世界においてである。

したがって、意欲の全存在が自己の内奥で演じられるわけではない。自存的な自我の収容能力には、自我それ自身の存在は内包されてはいないのだ。意欲は意欲から逃れる。所産は、ある意味では、つねに失錯行為なのだ。私と、私がしたいと思うことは、完全には同じではない。精神分析や社会学のための無際限な調査領域が、ここから生まれる。精神分析や社会学は、所産のなかでの意志の現れ、意志の振る舞いや意志の生産物を起点として、意志を把握する。

所産を奪われることで意志の意欲は曲げられるが、意志に敵対するこうした秩序は、複数の異質な意志に由来する。所産は他の意志たちにとって意味をもつのであり、所産は他者に奉仕し、場合によっては自分を生み出した者に歯向かうこともある。自分の所産から身を退けた意志の結果が獲得する「反対の意味〔＝誤解〕」は、生き残った意志に由来する。不条理なことも、誰かにとっては意味をもつ。運命は、歴史に先立つのではなく、歴史のあとを追うのだ。運命とは、死者たちの所産を解釈する、言い換えれば、それらを利用する歴史記述家たちによる歴史、生き残った者たちの物語である。こうした歴史記述や暴力や隷属を可能にする歴史の距離の尺度となるのは、意志が自分の所産を完全に失うのにかかる時間である。歴史記述は、生き残った者たちが死んだ意志たちの所産をどのように我有化しているのかを物語っている。歴史記述は、勝者たち、言い換えれば、生き残った者たちが達成する簒奪に依拠している。歴史記述が隷属を物語るとき、奴隷状態に抗して闘う生のことは忘れられている。

意欲が自分自身から逃れるという事実、意欲はみずからを内包しないという事実は、他者たちが所産を横領し、疎外し、獲得し、購入し、窃取する可能性と等しい。こうして、意志それ自体が、あたかも一つの事物であるかのように、他者にとっての意味を得る。たしかに、歴史的関係においても、意志は一つの事物と接するようにして別の意志と接するわけではない。この関係は、労働を特徴づける関係とは似ていない。交易や戦争において、所産との関わりは、やはり労働者との関わりであり続けるからだ。しかし、労働者を買う黄金や、労働者を殺す刀剣を通じてでは、他人と正面から接することはない。交易や戦争は、ある超越によって間隔を突き抜けるにもかかわらず、交易は匿名の市場を狙い、戦争は群衆に対してなされるのだ。生活物資、すなわちパンやワイン、衣服や家は、刀剣の切っ先と同様に、意志の「自己のため」を掌握している。唯物論には一片の永遠の真理が含まれているが、この真理は、人間の意志は所産によって掌握のきっかけを与える、という事実に由来する。剣の切っ先――物理的現実――は、有意味な活動性、主体、「自己のため」を世界から排除することができる。この大いなる平凡さは、それでも実に驚くべきものである。幸福のうちで揺るがない意志の《自己のため》は、暴力に身をさらしている。自発性がなにかを被るのであり、自発性が正反対のものに変わるのだ。刀剣は生気のない存在に触れるわけではないし、黄金も事物を引きつけるわけではない。刀剣が触れ、黄金が引きつけるのは、意志である。意志は、意志という資格を有するかぎり、「自己のため」という資格を有するかぎり、どんな打撃に対しても免疫をもっているべきだったが、そうではなかったのだ。暴力は意志を承認する、しかし暴力は意志を屈折させる。脅迫と誘惑が、所産と意志を分離する間隙に滑りこむことで働く。暴力とは、買収行為である――意志に自分を裏切らせる誘惑であり、脅迫なのだ。このような意志の地位が、身体である。

身体は事物の範疇からは溢れ出るが、私が意志的行為をおこなう際に意のままに扱う「固有身体」、それによって私がなにかをなすことのできる「固有身体」の役割とも一致しない。身体の抵抗が手段に変わり、手段が抵抗に変わるという曖昧さは、身体の存在論的傲慢さを説明していない。身体は、まさにその活動性そのもの、《自己のため》のうちにありながら、事物として扱うべき事物に反転するのだ。これは、身体が健康と病気のあいだにある、と言うときに私たちが具体的に表現しているものだ。身体を通すことで、ひとは誰かの「自己のため」を単に認めないだけでなく、それをむごく扱うことができるのであり、誰かの「自己のため」を単に侮辱するだけでなく、それに強制を加えるのだ。スガナレルは、殴られながら「なりますよ、なんでもお望みのものに」*8と言う。ひとは、生物学的な視点と、身体を内奥から固有身体として維持するような「視点」を、順番に、そしてまったく独立したかたちで身体に対して採用するのではない。身体の独自性は、二つの視点が合致することにあるのだ。これが、死に向かう時間そのものの逆説であり、本質である。死に向かう時間のうちで、意志は事物によって――刀剣の切っ先や身体組織の化学的変化（前者はどこその殺人者によるものであり、後者は医者たちの力が及ばないことによる）によって――事物として打撃を受けるが、自分自身に執行猶予を与え、延期という《死との対抗》によって接触を延期してもいる。本質的に犯されうるものである意志は、その本質のうちに裏切りをはらんでいる。意志は、単にその尊厳だけが侮辱されうるのではなく——そうだとすれば、むしろ意志は不可侵であるという性格が確証されることになる——ほかならぬ意志として強制を加えられ、隷属化し、奴隷の魂と化すことができるのだ。黄金や脅迫は、単に意志の生産物を売ることを強制するのではなく、意志がその身を売ることを強制する。あるいは、こう言ってよければ、人間の意志は英雄的なものではないのだ。

意志の身体性は、エゴイズムの求心的運動のただなかで他者たちに身をさらしているという意志的権能のこうした曖昧さを起点として解釈されなければならない。身体とは、こうした曖昧さの存在論的体制であって、一つの対象なのではない。表出が輝くことのできる場である身体、意志のエゴイズムが言説に、すなわち対峙の最たるものとなる場である身体は、同時に、他人の計略のなかに自我が入りこむことをも表している。それ以後、複数の意志からなる相互作用あるいは歴史が可能になる。これは、おのおのが自己原因《カウサ・スイ》として定義された意志のあいだの相互作用である。なぜなら、純粋な活動性に対する活動というものがあるとすれば、それはこの純粋な活動性のうちに受動性があることを前提としてしまうからだ。身体の存在論的体制が表している曖昧さの基礎は《死をまぬがれないこと》〔mortalité〕であり、これはのちほど扱うことにする。

しかし、意志の全面的な自存性は、勇気において実現されるのではないだろうか。一見すると、勇気、すなわち死を見つめる力《プヴォワール》が、意志の全面的な自存性を成し遂げるように思われる。死を受け入れた者も、殺害者の暴力にさらされ続けながら、異質な意志に賛同することを最後まで拒んでいるのではないだろうか。他人がまさにこうしたかたちでの死を望んでいるのでなければ、そうである。この場合、意志は賛同を拒みながらも、自分の振る舞いの結果によって、すなわち、まさしく自分の所産によって、意に反して異質な意志に充足を与えている。死を賭けた闘争のような極限状態では、異質な意欲への同意を拒むことが、この敵対的な意欲に与えられる充足に転換しうる。したがって、死を受け入れることによっても、他人の殺意ある意志に確実に抵抗することはできない。異質な意志への絶対的な不同意も、異質な意志の構想が成就することを排除しない。自分の生によって他人に仕えるのを拒むことと、自分の死によって他人に仕えることは、両立するのだ。意欲する存在は、自分の意欲によっては、自分の実存の運命を使い尽くすことがない。これは、かならずしも悲劇を含意しない運命である。なぜなら、異質な意志への決然とした対立は、もしかすると狂気かもしれないからだ。ひとは〈他人〉に話しかけ、〈他人〉を欲望することもできるからである。

〈他人〉が抱くさまざまな構想は、事物の法則と同じような仕方で私《モワ》に提示されるのではない。〈他人〉が抱くさまざまな構想は、意志があらかじめ見積もることのできるなんらかの問題のデータには変換されえないものとして示される。異質な意志を拒絶する意志は、この異質な意志を、絶対的に外部にあるもの、自分に内在する思考には翻訳不可能なものとして承認することを余儀なくされる。なにものにも制限を加えられない私の思考の広がりがどれほどであろうと、〈他人〉が私に内包されることはありえない。〈他人〉とは思考不可能なものである——無限であり、そうしたものとして承認されているのだ。この承認は、あらためて思考として生起するのではなく、道徳性として生起する。他者の全面的な拒絶、すなわち隷属より死を選ぶ意欲、自分の実存を無化することで外部との関係の一切に終止符を打つ意欲によっても、意欲のこの所産——意欲を表出しておらず、そこには意欲が不在である所産（なぜなら、所産は発話ではないから）——が意欲とは無関係の帳簿に書きこまれてしまうことは防げない。意欲は、この帳簿に立ち向かいながらも、まさにその最高度の勇気によって、この帳簿を承認してしまうのだ。自分自身に閉じこもった至高の意志は、黙殺したいと望む異質な意志を、みずからの所産によって確証し、他人に「手玉にとられる」ことになる。このようにして現出する次元のなかに、意志は融即と訣別したにもかかわらず自分自身が書きこまれているのを見いだすのであり、そこには存在と訣別した意志の最高度の主導性さえ、その意に反して非人称的に刻印されているのだ。死ぬことで〈他人〉から逃れようと努力するなかで、意志は〈他者〉を承認してしまう。隷従を避けるために意志が決断する自殺は、この死があらゆるゲームの不条理さを示すべきだったにもかかわらず、「負けること」の苦しみから切り離されていない。敗北して死んでいくマクベスは、世界の破滅を願う（「もう世界の秩序など、めちゃくちゃになってしまえばいい」）[*9]。あるいは、より深いところで、マクベスは、世界が創造されなかったとしたら君臨していたであろう空虚と同じくらい全面的な空虚を、死の無がそなえていることを願うのだ。

だが、それにもかかわらず、意志は、所産との分離のなかにあっても、そして意志の営みの最中で起こりうる裏切りに脅かされながらも、この当の裏切りを自覚しており、それゆえこの裏切りから隔たったところに身を置いている。そうして、ある意味で自己に忠実である。意志は、不可侵のままであり続け、自分自身の歴史から逃れて、みずからを刷新するのである。内奥的な歴史というものはない。意志の内奥性は、意志のもつ意図を詮索する裁判権に服したものとして位置づけられ、かかる裁判権のまえでは、意志の存在の意味は、その内奥的意欲と全面的に合致する。意志のさまざまな意志作用《ヴォリシオン》は、この裁判権に影響を与えることはなく、むしろ意志が身を開いているこの裁判権から、赦しが、すなわち歴史を消し去り、解きほぐし、解体する力がやって来る。このように意志は自分自身の裏切りと忠実さのあいだを動き回るのであり、かかる裏切りと忠実さが、同時的なものとして、意志の権能の独自性そのものを記述するのだ。だが、忠実さが裏切りを忘れることはない――そして、宗教的な意志は〈他人〉との関わりであり続ける。忠実さは悔悛と祈り――祈りは特権的な発話であり、意志はそこで自己への忠実さを探し求める――によって勝ちとられ、意志にこの忠実さを保証する赦しは外側から意志の方にやって来る。したがって、内奥的意欲がもつ正当な権利、すなわち理解されない意欲であるという確信は、なおも外部性との関係を明らかにする。[*10] 意志は、外部性から任命と赦しを待っているのである。意志はこれらが外部の意志から来るのを待っているが、意志が感じるのは、もはやこの外部の意志との衝突ではなく、外部の意志による裁きである。ここでの外部性は、複数の意志どうしの敵対関係をまぬがれた外部性、歴史をまぬがれた外部性である。こうした正当化と赦しは、内奥性が存在と合致することを目指す場である宗教的意識として可能になるが、この正当化と赦しの可能性は、私が話しかけることのできる〈他人〉の面前で開かれる。〈他人〉を〈他人〉として迎え入れるかぎりで、この発話は〈他人〉に労働の生産物を差し出す、あるいは犠牲として捧げるのであり、それゆえ家政を超えたところで作動するわけではない。こうして、私たちは、所産から分離され、所産に裏切られた意志的権能のもう片方の端──表出──を見る。だが、表出はやはり非表出的な所産に準拠するのであって、歴史から自由である意志も、所産を介して歴史に参与するのである。

意志とは、自己への忠実さと自分自身の裏切りのなかで〈同〉の自己同一性が営まれる場であるが、かかる意志は、ある存在がこの存在の自己同一性に異議を申し立てる諸存在の多様性のただなかに位置づけられた、という経験的偶然から帰結するのではない。意志は、裏切りと忠実さのこの二元性を、みずからの《死をまぬがれないこと》のうちに内包している。《死をまぬがれないこと》は、この存在の身体性のなかで生起する、あるいは行使される。全体が単に諸部分に分割可能であることでもなく、おのおのが存在の間隙で自己のために生きる神々を単に数的に統一したものでもない、そのような多様性が示される場である存在は、《死をまぬがれないこと》と身体性を要請する。これがなければ、帝国主義的な意志は、ふたたび全体を構成するか、あるいは可死でも不死でもない物理的身体として一つの塊をかたちづくることになってしまうだろう。死をまぬがれない意志のうちで死を延期すること——時間——は、〈他人〉との関わりのうちに入った、分離した存在の実存様式であり、現実である。この延期を、時間のこの空所を、出発点としなければならない。そこで作動している有意味な生を永遠という理想を尺度にして測り、この生がもつ持続や利害関心を不条理ないし錯覚とみなしてはならない。

3　意志と死

あらゆる哲学的・宗教的伝統を通じて、死は無への移行と解釈されるか、新たな舞台で続けられる別の実存への移行と解釈されるかのいずれかである。死は、存在と無の二者択一のなかで考えられている。私たちの隣人の死が、この二者択一を裏づけている。実際、彼らは経験的世界に実存するのをやめるのであり、それはこの世界にとっては消滅か旅立ちを意味するのである。私たちが無としての死と、より深い仕方で、そしていわばア・プリオリな仕方で接するのは、殺人の情念においてである。この情念のあるがままの志向性が思念するのは、無化である。アベルを殺すとき、カインは死についてのこの知を手にしていたに違いない。死と無の同一視は、殺人による〈他者〉の死にはあてはまるのだ。だが、殺人による〈他者〉の死において、この無は同時に一種の不可能性としても提示されている。事実、私の道徳意識の外側に出てしまうと、〈他人〉は〈他人〉としては現前しえないのであり、〈他人〉の顔は、無化することができないという私の道徳的不可能性を表現しているのだ。もっとも、これは単純な不可能性と同じではない禁止であり、当の禁止がまさに禁じている可能性を前提としてさえいる。だが、実のところ、この禁止は、この可能性を前提とするかわりに、まさにこの可能性のなかに、すでに住みついている。無化することの禁止は、無化することの可能性にあとから付け加わるのではなく、私が消し去りたいと思う両眼の奥底から私を見つめ、墓のなかからカインを見つめる眼のように私を見つめている。したがって、殺人における無化の運動は、世界の内部で試みられる否定が限界まで移行するという純粋に相対的な意味をもつにすぎない。この運動は、実のところ、それについて私たちがなにも語ることができない秩序、不可能な無の反定立である存在ですらないような秩序へと、私たちを導いていく。

ここで死を無または存在のなかに位置づける思考の真理に異議を申し立てていることに驚く向きもあるかもしれない。あたかも存在と無の二者択一が最終的な二者択一ではないかのようだからだ。私たちは《第三項は与えられていない》〔排中律〕ということに異議を申し立てようとしているのだろうか。

だがしかし、私が自分の死と結ぶ関係は、この二者択一のいずれの項にも入らないような範疇のまえに私を置く。この究極の二者択一を拒否することに、私の死の意味は内包されている。私の死は、他者たちの死から類比によって演繹されるのではなく、私が自分の存在のためにもちうる恐怖のなかに書きこまれている。脅かしてくるものについての「認識」は、〈他人〉[*11]の死をめぐる一切の理性的経験に先立っている——自然主義的な言葉づかいをすれば、この「認識」は死の本能的認識と言われる。死についての知が脅威を定義するのではない。脅威とは、本源的に、死の切迫のうちに、死が接近してくるという還元不可能な運動のうちに存しているのであり、こう表現してよければ、まさにこれらのうちで「死についての知」が姿を表し、組み立てられるのである。恐怖が、この運動の尺度である。脅威の切迫は、未来の明確な一点からやって来るのではない。最後のときは隠されている〔*Ultima latet*〕。終極の瞬間がもつ予見不可能な性格は、経験的な無知によるのではないし、私たちの知解の地平が限られていること――より巨大な知解なら克服することもありえた地平――によるのでもない。死の予見不可能な性格は、死がいかなる地平にも身を置いていないことから来る。死は、いかなる掌握にも差し出されていない。相互的な闘争であれば、私は自分を掌握するものをつかむのだが、死は闘争には残されていないこうしたチャンスを私に残すことなく私を掌握する。死のうちで、私は絶対的な暴力に、真夜中の殺人にさらされているのだ。しかし、実を言うと、闘争においても、すでに私は《不可視のもの》と闘争している。二つの力の衝突であれば、そこからの逃げ道を予見し、計算することができるが、闘争はこうした衝突と同じではない。闘争は、すでに、あるいは依然として戦争であり、そこでは額を突き合わせる力どうしのあいだに超越の間隔が口を開けていて、この間隔を通って、迎え入れられることもなく死が訪れ、打撃を加えるのだ。〈他人〉は、超越の出来事そのものと分離できないものであり、死が――場合によっては殺人としての死が――そこからやって来る領域に位置づけられる。死がやって来る突拍子もない時節は、誰かが定めた運命の時節のようにして近づいてくる。敵意と悪意に満ちた力、私《モワ》より策略に富み、私より賢く、絶対的に他なる力、それゆえ端的に敵である力が、この運命の時節の秘密を握っている。レヴィ＝ブリュールによると、未開心性において、死は決して自然なものではなく、呪術による説明を要求するものだが[12]、それと同様に、死は不条理さをまといながらも相互人格的秩序を保持しており、死はこの秩序のなかで意義を得ようとする。私に死を与えるさまざまな事物は、労働に服していて、つかむことができるものであり、脅威というより、むしろ障害物であって、ある悪意へと、すなわち奇襲をしかけたり、待ち伏せしたりするような邪悪な意欲の残滓へと向かわせる。死は、彼方から私を脅かす。恐怖を抱かせる未知、怯《おび》えさせる無限の空間の沈黙[13]は〈他者〉からやって来るのであり、この他性は、まさに絶対的なものとして、邪悪な構想あるいは正義の裁きとなって私を襲う。死の孤独は、他人を消滅させるのではなく、敵意についての意識のうちに身を置くのであり、だからこそ、なおも他人への呼びかけを、他人の友愛と医療行為への呼びかけを可能にするのである。医者とは、人間が《死をまぬがれないこと》のア・プリオリな原理である。死は、誰かの恐怖のなかで接近し、誰かに期待をかける。「〈永遠なる主〉は死なせ、生きさせる」[14]。脅威のうちでも、社会的な接続状態《コンジョンクテュール》は維持される。それを「無の無化」[15]に変えてしまうような不安のなかに、この接続状態が陥ることはない。恐怖という《死に臨む存在》のうちで、私は無と対面しているのではなく、《私に対抗して》いるものと対面している。あたかも、殺人は死ぬことの一つの契機であるよりも、むしろ死の本質から切り離せないかのようであり、死の接近は〈他人〉

との関わりの一つの様態であり続けるかのようだ。死の暴力は、圧政のように、そして異質な意志から生じたもののようにして脅かす。死において成就する必然性の秩序は、全体性を統《す》べる決定論の仮借なき法と似ているのではなく、他人による私の意志の疎外と似ている。むろん、問題なのは、死を説明する未開宗教の体系（あるいは、より進んだ宗教体系）のなかに死を組みこむことではなく、死が意志に対抗して突きつける脅威の背後で、死が相互人格的秩序に準拠しているのを示すことである。この相互人格的秩序の意義は、死によっても無化されることがない。

死がいつやって来るのかは、わからない。なにがやって来るのだろうか。死は、なにによって私を脅かすのだろうか。無によってだろうか、やり直しによってだろうか。私にはわからない。私の死の《あと》を知ることができないという不可能性のうちに、最後の瞬間の本質が宿っている。死の瞬間――モンテーニュなら「私たちの射程を凌駕する」[16]死の瞬間と言うだろう――は、絶対につかむことができない。最後のときは隠されている――それは私の誕生と死のあいだに並んでいて、思い出したり予期したりできる私の生の瞬間のどれとも反している。私の死がそこからやって来る、その瞬間に対して、私はいかなる形態のもとであれ、自分の権能を行使することができない。私はなんらかの障害物に衝突するのではない。障害物であれば、私は少なくとも衝突する際にはそれに触れており、克服するなり、耐え忍《モワ》ぶなりして、それを私の生のなかに統合し、その他性を中断する。死は、神秘のように私に近づいてくる脅威である。死を規定するのは、死の秘密である――死は引き受けられることができないままに近づいてくる。それゆえ、私と私の死とを分離する時間は、少なくなっていくと同時に、どこまでも少なくなるのをやめず、最後の間隔のようなものを含《モワ》みもっている。この間隔を私の意識は飛び越えることができず、そこでは言うなれば死から私への跳躍が生起するのだ。道のりの終端は、私《モワ》ぬきでつくられるだろう。死の時間は、上流に向かって流れている。自我は、未来への投企のただなかで、ある切迫の運動に、すなわち純粋な脅威であり、絶対的他性から私にやって来るような運動に転倒させられることになる。エドガー・ポーのある短編も、*17そのようになっている。この短編では、語り手を閉じこめている四方の壁が不断に近づいてきて、彼は眼差しを介して死を生きるのだ。この眼差しは、眼差しであるかぎり、つねに眼前に広がりをもっているのだが、待機する自我にとって無限に未来であるような瞬間が途切れずに近づいてくることを知覚してもいる——最後のときは隠されている——だが、この瞬間は、流れに逆らった運動によって、この無限小の——しかし飛び越えられない——隔たりを消し去るだろう。最後の瞬間と私を分離する隔たりを通じた、複数の運動のこの競合によって、時間的間隔と空間的隔たりは区別される。

しかし、切迫は脅威であると同時に延期でもある。切迫は差し迫っているが、時間を残してもいる。《時間的〔temporal〕である》*18とは、死に臨んでいると同時に、依然として時間を有していて、死にあらがっているということだ。切迫のなかで脅威が私を触発する仕方のうちに、脅威による私の審問と恐怖の本質が宿っている。これは例外的性格をもつ瞬間との関係だが、この例外的性格は、この瞬間が無ないし再生の閾《いき》にあることに由来するのではなく、この瞬間が生においてはあらゆる可能性の不可能性――全面的な受動性による衝撃――であることに由来する。かかる受動性と比べれば、能動性に変わる感性の受動性は、受動性を遠くから模倣しているにすぎない。したがって、私の存在を案じた恐怖は――これが私と死の関係である――無の恐怖なのではなく、暴力の恐怖なのだ（そして、この恐怖は〈他人〉の恐怖へと、絶対的に予見不可能なものの恐怖へと延長される）。

《死をまぬがれないこと》において、《心的なもの》と《身体的なもの》の相互作用が本源的形態のもとで示される。《心的なもの》を《自己のため（＝対自）》ないし自己原因《カウサ・スイ》として位置づけ、《身体的なもの》を「他なるもの」の変化に応じて推移するものとして位置づけたうえで、これらを起点にして《身体的なもの》と《心的なもの》の相互作用に接近すると、問題が生じる。関係にある諸項が抽象物に還元されてしまうからだ。《死をまぬがれないこと》は、具体的かつ本源的な現象である。《死をまぬがれないこと》は、すでに他人に引き渡されていないような《自己のため》、それゆえ事物ではないような《自己のため》を措定することを禁じる。本質的に死をまぬがれないものである《自己のため》は、単に事物を表象するのではなく、事物を被るのである。

しかし、意志が死をまぬがれることができず、刀剣の刃や毒による化学変化、飢えや渇きから暴力を受けうるのは、そして意志が健康と病気のあいだに身を置く身体であるのは、意志が単に無にふちどられているからではない。この無は一つの間隔であって、その彼方に敵意ある意志が隠れているのだ。私とは一つの受動性だが、それを脅かすのは、単に私の存在における無だけではなく、私の意志のなかのある意志である。活動にあたって、そして自分の意志の《自己のため》のうちで、私は異質な意志にさらされている。だから、死は生からすべての意味を奪い去ることができないのだ。それは、パスカルの言う気晴らし[*19]の効果によるものでも、また語のハイデガー的意味での日常生活の匿名態への頽落の効果によるものでもない。敵、すなわち、私がなにかをなす〔＝権能を及ぼす〕ことができない神、私の世界の部分をなしているわけではない神は、それでも依然として私《モワ》との関係のうちにあり、私が意欲するのを許す。ただし、その場合の意欲はエゴイスト的ではない意欲、欲望の本質のうちに流れこんでいく意欲であって、この欲望の重心は欲求の自我とは合致しない。つまり、この場合の意欲は、〈他人〉のための欲望なのだ。死の淵源である殺人は残酷な世界を明らかにしているが、残酷というのも、あくまで人間的関係に見合った仕方で、である。そもそも裏切りであり、自己疎外である意志、だがこの裏切りを延期する意志、死に向かいながらも、その死がいつまでも未来であるような意志、そして死にさらされてはいるが、いますぐにさらされているわけではない意志は、〈他人〉のために存在する時間を、それゆえ死をものともせずに意味を再発見する時間を有している。〈他人〉のためのこの実存、〈他者〉へのこの〈欲望〉、エゴイスト的な重力から自由になったこの善性は、それでもなお人格的な性格を保持している。境界を定められている〔＝定義されている〕存在が自分の時間を意のままにするのは、まさにこの存在が暴力を延期するからであり、言い換えれば、死の彼方に、ある有意味な秩序が存続するからである。そして、それゆえ言説の可能性のすべてが、壁に頭を打ちつける、その絶望的な打撃に還元されるわけではないからである。脅かされた意志は〈欲望〉のうちに溶解するが、この〈欲望〉はもはや意志の諸々の権能を守るのではない。そうではなく、死によって意味を奪い去られることのない善性として、自分の中心を自分自身の外側にもつのである。このことをこれから示さなければならないが、その途中で、[*20]私たちは、意志がみずからの《死にあらがう存在》が残してくれる時間のなかでつかみとる別のチャンス、すなわち制度の創設を明らかにしていく。制度において、意志は死を超えて、有意味ではあるが非人称的な世界を確固たるものとする。

4　意志と時間——忍耐

人間の意志は英雄的なものではない、と主張したとき、私たちは人間の臆病さの方を選択したわけではなく、勇気の不確かさを示したのだった。勇気は、それ自身の減退すれすれのところに身を置いているのだ。このことは、みずからを行使しながらも自分を裏切るというう、意志が本質的に《死をまぬがれないこと》から来ている。しかし、私たちは、まさにこの減退のうちに、時間の驚異を、すなわち、かかる減退の未来化および延期を見いだした。意志は一つの矛盾を統合している。一方では、計量可能なあらゆる力を超えた力をそなえ、創造されざるもの、不死のものとして措定されるまでに至った、外部からのあらゆる侵害に対する免疫であり（存在が不可侵のものとして避難する場である自己意識が証拠だてているのは、このことにほかならない。「私は永遠に揺らぐことはない」[*21]）、他方では、意志的存在が誘惑やプロパガンダや拷問といった技術を喜んで受け入れるまでに至る、この不可侵の至上権のたえざる失墜可能性である。意志は圧政的抑圧や買収行為に屈服することがある。あたかも、抵抗するために意志が展開するエネルギー量、あるいは意志に対して行使されるエネルギー量だけが臆病さと勇気を区別するかのようである。諸々の情念に打ち勝つとき、意志は単に最も強力な情念として現出するだけでなく、あらゆる情念を超えて、独力でみずからを決定し、不可侵のものとして現出する。だが、屈服したとき、意志は、さまざまな影響力にさらされたものであること、完全に操縦可能で、やすやすと構成要素に分解しうる自然力であることが明らかになる。みずからの自己意識のなかで、意志は暴力を加えられる。意志がもつ「思考の自由」は消え去る。当初は敵対的なものとしてあった力の圧力が、最後には性向として現れることになるのだ。意志は、一種の反転のうちで、自分の性向の傾きの意識すら失ってしまう。意志は、こうした不可侵性と退化の流動的な境界上に身を置いているのである。

この反転は、罪よりも根底的なものである。というのも、この反転は、意志としての構造そのもの、起源としての、自己同一性としての尊厳において意志を脅かすからだ。しかし、同時に、この反転は罪よりも無限に根底的ならざるものでもある。なぜなら、この反転は、ただ脅かすだけで、無際限に延期されるのであり、要するに意識そのものだからである。意識とは、暴力への抵抗である。暴力を未然に防ぐために必要な時間を、意識は残しているからだ。人間の自由は、自由が非自由となる未来、いつでもいまだ最小限に未来〔＝来たるべきもの〕である未来のうちに、意識のうちに——まだ残存している時間を通じて切迫してくる暴力を予見することのうちに——宿っている。《意識的である》こととは、時間を有しているということだ。未来を予期し、急がせることによって現在から溢れ出ることではなく、現在に対する隔たりを有しているということである。すなわち、来たるべき存在と関わるような仕方で存在と関わること、存在による締めつけをすでに被りながらも、存在に対する隔たりを保持することである。《自由である》こととは、暴力に脅かされながらも、自分が堕落するのを未然に防ぐための時間を有しているということである。

境界を定められている〔＝定義されている〕存在、言い換えれば、全体のなかで占める場によって自己同一的である存在、すなわち自然的存在（というのも、誕生とは、まさに、この存在に先在し、その死後も生き残る全体のなかに入ることを記述しているからだ）は、時間のおかげで、いまだ自分の終着点に到達しておらず、自己との隔たりを保ち続けるのであり、存在の玄関先でいまだ準備を続け、選んだわけではない誕生という宿命の手前にあるものとして、いまだ自分自身を成就してはいない。この意味で、誕生によって境界を定められている〔＝定義されている〕存在も、自分の自然本性に関して態度をとることができる。この存在は、背景を意のままにするのであって、その意味で完全には生まれておらず、自分の定義ないし自然本性に先立つものであり続ける。瞬間は別の瞬間と連結することで現在をかたちづくるわけではない。現在の自己同一性は、瞬間を宙吊りにするさまざまな可能事からなる、汲み尽くせない多様性に分割される。そして、このことが、いかなる《決定的なもの》によっても麻痺させられない主導性に、そして慰めに意味を与える。というのも、たった一滴の涙さえ――たとえ拭きとられたとしても――忘れられるということが、どうしてありうるだろうか。もし償いが瞬間それ自体を修正しなかったとしたら、もし償いが瞬間をその存在において取り逃がしたとしたら、もし涙のなかで輝く苦しみが「さしあたりは」存在していなかったとしたら、もし苦しみがなおも暫定的であるような存在を携えて存在するのではなかったとしたら、要するに、もし現在が仕上がったものだとしたら、どうして償いにほんのわずかな価値さえありうるだろうか。

つねに未来のものである痛みが現在のものになる特別な状況――意識の限界――に達するのは、身体的苦痛と言われる苦痛においてである。身体的苦痛に際して、私たちは存在へと追いつめられている。私たちは、苦痛を単に、追いつめられ、衝撃を受けたという事実に付随する不快な感覚として経験するだけではない。この事実こそが、苦痛そのものであり、接触の「出口なし」なのだ。苦痛の激しさの一切は、苦痛から逃れることの不可能性、自己自身にあらがって自己自身のうちで自己防衛することの不可能性に由来する。苦痛の激しさは、生き生きとしたあらゆる源からの超脱に由来する。あとずさりすることの不可能性。恐怖においては、意志の否定は単に未来のものにすぎないが、ここではこうした否定が、そして権能を拒むものの切迫が、現在のなかに組みこまれている。ここでは《他なるもの》が私をつかみ、世界が意志を触発し、意志に触れるのだ。苦痛においては、現実が意志の《自己において〈＝即自〉》に働きかけ、意志は絶望に陥り、他人の意志への全面的服従に変わる。苦痛においては、病気が意志をやつれさせる。恐怖においては、死はいまだ未来のものであり、私たちから隔たっている。それに対して、苦痛は意志を脅かす存在の極度の近さを意志のうちで実現する。

だが、こうした私《モワ》から事物への変容に私たちは依然として立ち会っており、私たちは事物であると同時に、自分の事物化から隔たってもいる。これは自己放棄から最小限に隔たっている自己放棄なのだ。苦痛は曖昧なものであり続ける。すなわち、意志の《自己のため〈＝対自〉》にすでに働きかけている痛みの現在でありつつも、意識であるかぎりで、まだ相変わらず痛みの未来なのだ。苦痛によって、自由な存在は自由であるのをやめるが、非自由なものとして、この存在は依然として自由である。苦痛は、まさに苦痛の意識そのものによって、この痛みから隔たったままであり続けるのであり、だからこそ英雄的な意志に変わることができる。一切の運動の自由を奪われた意識が現在に対して最小限の隔たりを保持しているこうした状況、絶望的な仕方で行為〈＝現実態〉や希望にそれでも変化する、こうした究極の受動性——これが忍耐*22である。これは、被ることの受動性でありながら、それでもまさに統御そのものなのだ。忍耐のうちで、関与《アンガジュマン》のただなかでの離脱《デガジュマン》が成し遂げられる。これは、歴史のうえを飛翔する平静な観想でもなければ、歴史の可視的客観性への回帰なき関与でもない。この二つの態度は融合している。私に暴力を加え、私を押さえこむ存在は、いまだ私《モワ》のうえにいるのではなく、未来を起点にして脅かし続けるのであって、いまだ私のうえにはおらず、意識的なものにすぎない。だが、この極度の意識において、意志が新たな意味での統御に至る――死は、もはや意志に触れることがなく、極度の受動性が極度の統御と化すのだ。意志のエゴイズムは、もはや自己に力点を置くことのない実存との境目に場を占めている。

自由にとっての最高度の試練は、死ではなく、苦痛である。憎悪は、このことを熟知している。憎悪は、つかむことのできないものをつかもうとし、他人が純粋な受動性として存在する場である苦痛を通して、きわめて高圧的に屈辱を加えようとする。だが、憎悪は卓越した意味で能動的な存在の受動性を欲するのであり、この存在は自分の受動性について証言しなければならないのだ。憎悪は、いつも他人の死を欲望しているわけではない。あるいは、少なくとも、憎悪が他人の死を欲望するのは、ただこの死を最高度の苦痛として押しつけることによってである。憎悪する者は苦痛の原因であろうとするが、憎悪された者がその苦痛の証人でなければならない。苦しませることとは、他人を対象の地位に格下げすることではなく、反対に他人を見事なまでにその主観性のうちで維持することである。苦痛のうちで主体は自分が事物と化していることを知っていなければならないが、そのためにはまさに主体が主体であり続けることが必要なのだ。憎悪する者は、この二つのことを欲する。憎悪の飽くことなき性格は、ここから生じる。憎悪は、充足していないときに、まさに充足している。なぜなら、他人が憎悪を充足させるのは対象と化すことによってのみであるが、他人は決して十分には対象となりえないからである。他人の堕落が要求されていると同時に、他人の明晰さと証言が要求されているからだ。憎悪の論理的な不条理さは、ここに宿っている。意志にとっての最高度の試練は、死ではなく、苦痛である。忍耐において、自己放棄の瀬戸際にあっても、意志は不条理さに陥るわけではない。というのも、誕生から死へと流れていく時間間隔を純粋に主観的なものや、内奥的なものや、見せかけのものや、無意味なものに還元してしまう無を超えたところで、意志が耐え忍ぶ暴力は他者から圧政のようにやって来るのだが、まさにそのことによって、暴力は意義にもとづいて浮かびあがる不条理さとして生起するからである。暴力は〈言説〉を停止させることはない。すべてが容赦ないものというわけではないのだ。このような仕方でのみ、暴力は忍耐のうちで耐えうるものであり続ける。私が誰かによって、そして誰かのために〔＝誰かのかわりに〕死にうる世界のなかでしか、暴力は生起しない。こうして、死は新たな文脈に位置づけられる。死は、私の死であるという事実から来る悲愴さを取り除かれ、その概念を変容するのである。別の言い方をすれば、忍耐のうちで意志は、みずからのエゴイズムの外殻を貫き破り、いわば自分の外側に重心を移動させ、なにものにも制限されない〈欲望〉および〈善性〉として意欲するのである。

このあとの分析が引き出していくのは、繁殖性の次元と——結局、忍耐の時間そのものは繁殖性の次元から流れ出る——いまから私たちが出会うことになる政治の次元である。

5　意欲の真理

意志は主観的なものである。意志は、みずからの全存在を支えているわけではない。というのも、死とともに、意志の権能から絶対的に逃れるような出来事が訪れるからだ。死は、終わりとしてではなく、最高度の暴力かつ疎外として、意志の主観性にしるしづけられる。しかし、忍耐において意志が、誰かにあらがう生、誰かのための〔＝誰かのかわりの〕生にまで運ばれていくとき、死はもはや意志に触れることはない。だが、この免疫は、真の免疫だろうか、それとも単に主観的なものだろうか。

この問いを立てたからといって、私たちは内奥的生と対立する現実的領域の存在を想定しているわけではない。そうだとすれば、内奥的生は、ともすると内実を欠いた、見せかけのものになってしまうだろう。私たちは、内奥的生を付帯現象や仮象として提示しようとしているのではなく、存在の出来事として、無限の生起のために不可欠な次元が存在の組成《エコノミー》のうちで開かれることとして提示しようとしている。錯覚の力《プヴォワール》は、思考の単なる惑いではなく、存在そのものにおける戯れである。錯覚の力には存在論的な射程があるのだ。内奥的生が身を置く弁明の次元は、内奥的生をふたたび付帯現象に還元しないかぎり、どうあっても乗り越えられない次元である。かかる弁明は、まさに死のうちでは自分自身から逃れてしまう以上、自分を死から逃れさせてくれるある確証をおのずから呼び求めるのではないか。

弁明は裁きを求める。それは、裁きが投げかける白日にさらされて自分の色を薄くするためでも、内実を欠いた影となって逃げ去るためでもなく、まったく反対に正義を手に入れるためである。〈無限〉の生起にとって不可避である弁明の出来事を、裁きは弁明の本源的《オリジネル》かつ独特《オリジナル》な運動そのままに確証するように思われる。歴史的文脈のなかで、言い換えれば、残された意志の所産のなかで意志を窒息させることで、死は意志の自発性と統御を否認するのだが、意志はみずから裁きのもとに場を占め、自分自身の証言についての真理を裁きから受けとろうとする。弁明を支配しつつも、弁明を沈黙に還元することがないような裁きのもとに場を占めるために意志が入りこんでいくこの実存とは、どのようなものだろうか。というのも、裁きとは、無限との関わりによって位置を定める事態であり、必然的に、裁かれる存在の外側に源をもっており、他なるものや歴史からやって来るのではないかと思われるからである。しかるに、他なるものとは、意志をこのうえなく疎外するものなのだ。歴史の評決は、生き残った者によって下される。生き残った者は、もはや自分が裁く存在に話しかけることはなく、生き残った者にとって、意志は結果や所産として現れ、差し出されている。このように、意志が死に抗してみずからを確証するために裁きを探し求めるのに対して、裁きの方はといえば、歴史の裁きとして、意志としての意志を殺してしまうのだ。

正義の探究と拒否というこの弁証法的状況には、具体的な意味がある。意識という基礎的事実を賦活する自由が、すぐさま、麻痺にかかった自由、未熟な自由としての無益さを明らかにしてしまうのだ。自由をめぐるヘーゲルの偉大な省察が理解させてくれるのは、善き意志は自分自身を実現する手段を所有していないかぎり、独力では真なる自由たりえない、ということだ。たがいにいがみ合う諸民族が事実として神の普遍性を否認しているにもかかわらず、意識のうちなる神の普遍性を声高に主張し、すべては成し遂げられたと考えるのは、単に例のヴォルテールの非宗教を準備するだけでなく、理性それ自体に反することである。内奥性は普遍性のかわりにはなりえない。自由は社会的・政治的諸制度の外側では実現されないのであって、こうした諸制度のおかげで自由は新鮮な空気に近づくことができる。この新鮮な空気は、自由が開花し、呼吸し、さらにはもしかすると自由が自発的に発生するためにも必要なものなのだ。非政治的な自由は、錯覚ということで説明がつく。なぜ錯覚かといえば、かかる非政治的な自由の信奉者やその受益者たちは、実際には政治的進歩を経て、進んだ段階に属しているからだ。自由を願う単なる意思ではなく、まさに自由であるような実存は、自然と社会のある種の組織化を前提としている。拷問の苦痛は、死よりも強力であって、内奥的自由を消し去ることができるのだ。死を受け入れた者でさえ、自由ではない。翌日の不安定性、飢えや渇きは、自由をあざ笑う[*23]。たしかに、拷問の最中でも、拷問される理由を知解すれば、裏切りや転落の兆しがあるとはいえ、例の内奥的自由は回復される。しかし、これらの理由そのものは、歴史上の進歩や諸制度の受益者にしか現れない。不条理さやその暴力に内奥的自由を対置するには、あらかじめ教育を受けていなければならないのだ。

したがって、自由が《現実的なもの》に食いこむのは、ひとえに制度のおかげだとされる。自由は、法が刻印された石版の石に彫りこまれている――自由は、こうした制度的存在《エグジスタンス》の象嵌によって存在するのである。自由は書かれたテクストに由来する。書かれたテクストは、毀損しうるものではあるが、永続的であり、そこでは人間のための自由が人間の外に保存されている。暴力や死にさらされた人間の自由は、ベルクソン的跳躍によって一挙に目的に到達するのではなく、自分自身の裏切りから制度のなかに避難する。歴史は終末論ではない。道具を製作する動物が動物的条件から解放されるのは、跳躍が断ち切られ、破られるように見えるときであり、不可侵の意志としてみずから目的に向かうかわりに、道具を製作し、未来の活動に関わるさまざまな権能を伝達可能で受領可能な事物として固定するときである。こうして政治的・技術的実存が、意志にその真理を保証し、善性に通じていくことも、意志からエゴイスト的重みを取り除くこともないまま、意志を今日言われるように客観的なものにする。世界から暴力や殺人を追い払うことで、言い換えれば、時間の恩恵に浴し、最終期限をつねに先送りにすることで、死をまぬがれない意志は暴力から逃れることができるのである。

合理的諸制度のうちで、意志は死および自分自身の裏切りに抗して確固たるものとされたが、まさにこうした制度の存在そのものによって、客観的な裁きが宣告される。客観的な裁きとは、主観的な意志が普遍的な法に服従することであり、これらの法によって意志は自分がもつ客観的な意義に帰着させられる。死の延期、すなわち時間によって意志に残される猶予のうちで、意志は制度に身を委ねる。それ以後、意志は公的秩序に反映され、法の普遍性が保証してくれる平等のうちで実存することになる。それ以後、意志は、あたかも死んでいるかのように、みずからの遺産によってのみ意味するかのように、そして意志のうちで第一人称の実存だったもの、すなわち主観的実存だったもののすべてが意志の動物性の残余にすぎないかのように、実存することになるのだ。だが、意志は、ここでまた別の圧政を経験する。すなわち、疎外された所産の圧政であり、かかる所産は人間にとってすでに無縁なものとなって、犬儒派の古き郷愁を呼び覚ます。《普遍的なもの》や《非人称的なもの》の圧政が存在する。これらは粗暴さとどれほど異なっていようとも、やはり非人間的な秩序である。この秩序に抗して、人間は還元不可能な単独性として、自分が入りこむ全体性の外部にあるものとして、そして宗教的秩序を切望するものとして確立される。宗教的秩序においては、個人の承認はその単独性をそのままに個人と関わるのであり、これは苦しみの停止でも反定立でもなく、また（ハイデガーの情態性《ベフィントリッヒカイト》の理論がそう思わせるような）苦しみをまえにした逃亡でもない、喜びの秩序である。歴史の裁きは、いつも欠席裁判で宣告される。意志がこの裁きに不在であることとは、つまり、意志は第三人称としてのみ、この裁きに出頭するということである。意志はこの言説のうちに、それが間接的言説であるかのように姿を見せるのであり、この間接的言説にあっては、意志はすでに唯一性と始まりという自分の身なりを失い、すでに発話を失っているのだ。それに対して、第一人称での発話、普遍的な裁きがもつ客観的叡智には不要な直接的言説――あるいは普遍的な裁きによる尋問のための単なるデータ――は、まさに、もはやいかなる添加物も認めないようなもの――すなわち普遍的叡智の対象――に対して、やむことなくデータを提供することである。したがって、こうした発話は、裁きにおける他のどんな発話とも同じにはならない。意志はこうした発話によって自分の訴訟に出頭し、この発話は意志の弁護として生起する。自分に真理を保証してくれる裁きに主観性が出頭することは、純粋に数のうえでの出頭行為ではなく、一つの弁明である。しかし、弁明するこの立場に主観性は完全には身を置くことができず、死の暴力に脇腹をさらしている。自己との関係のうちに完全に身を置くためには、主観性が弁明を超えて、自分に対する裁きを意欲することができなければならない。乗り越えなければならないのは、死の無ではない。そうではなく、死をまぬがれないもの、完全なる注意や完全なる監視が不可能なもの、必然的に不意をつかれるもの、殺人にさらされたものであるかぎりで、意志がさらされている受動性を乗り越えなければならないのだ。しかし、自分を外側から見る可能性を手に入れたとしても、そのために私が自分の人格の喪失を対価として支払うのであれば、そこにはそれほどの真理は含まれない。主観性はこの裁きを起点として存在内で絶対的に維持されるが、かかる裁きのなかに思考する自我の単独性や唯一性が埋没してしまって、自分の思考に吸収され、自分の言説に入りこむようなことがあってはならない。裁きにおいて自分を弁護しうる意志、そして弁明を介して自分の訴訟に出頭し、首尾一貫した言説の全体性のなかに消え去ることのない意志に対して、裁きが向けられるのでなければならない。

歴史の裁きは《可視的なもの》のなかで言表される。歴史の出来事とは《可視的なもの》の典型であり、それらの真理は明証性のうちで生起する。《可視的なもの》は、全体性をかたちづくるか、あるいは全体性に向かう。弁明は、みずからの主観性そのものの乗り越え不可能な、包含されえない現在をたえず全体性に差し入れることで全体性を解体するが、《可視的なもの》はかかる弁明を排除する。主観性は弁明するものとして裁きに出頭し続けなければならないが、こうした裁きは歴史の明証性に抗して（そして、哲学が歴史の明証性と合致するというなら、哲学にも抗して）なされなければならない。主観性にとって必然的に不正であり、不可避的に残酷である最後の言葉を述べる権利を歴史が失うためには、《不可視のもの》が現出しなければならない。だが、《不可視のもの》の現出は、《不可視のもの》が《可視的なもの》の地位に移行することを意味するのであってはならない。《不可視のもの》の現出が明証性に引き戻すことはない。《不可視のもの》の現出は、主観性のために取り置かれている善性のうちで生起する。かくして、主観性は、単に裁きの真理に服従しているのではなく、この真理の源に服従しているのだ。《不可視のもの》の真理は、存在論的には、この真理を語る主観性を介して生起する。実際、《不可視のもの》とは、「暫定的に不可視である」ものではないし、うわべだけの性急な眼差しには不可視であり続けるもの、より慎重かつより綿密な調査によって可視的にされうるようなものでもない。あるいは、魂の隠れた動きのように、表出されないままであり続けるものでもなければ、根拠もなく手抜きをしてひとが神秘だと言ってのけるようなものでもない。《不可視のもの》とは、たとえ歴史が理性的に展開しようとも、可視的な歴史の裁きから不可避的に帰結してしまう侮辱である。歴史の雄々しき裁き、「純粋理性」の雄々しき裁きは、残酷である。弁明が身を置く場であり、弁明がそこから自分の論拠を引き出してくる唯一性を、この裁きの普遍的規範は黙らせる。《不可視のもの》も、全体性をかたちづくって整然と並ぶ際には、主観性を侮辱する。というのも、歴史の裁きとは、本質からして、一切の弁明を可視的な論拠に翻訳することだからであり、これらの論拠が流れ出てくる単独性、そのいかなる論拠も正当なものたりえないような単独性の無尽蔵の源を枯渇させることだからである。単独性のいかなる論拠も正当なものたりえないのは、単独性は全体性のうちに場を見つけられないからだ。神の裁きという観念は、単独性に対して裁きから帰結する侮辱（たとえこの裁きが理性的で、普遍的な諸原理に導かれており、それゆえ可視的かつ明証的なものだったとしても）、この不可視で本質的な侮辱を考慮に入れた裁きの極限的な観念である。また、他方で、神の裁きという観念は、その荘厳さで弁明の声や反乱を黙らせることのないような、根本的にひそやかな裁きの極限的な観念である。神は《不可視のもの》を見るが、見られることなく見るのだ。だが、神の裁きと呼びうるようなこの状況、単に主観的にではなく、真理において意欲する意志が服従するこの状況は、具体的にはどのように成就するのだろうか。

歴史の裁き、すなわち《可視的なもの》への裁きから帰結する不可視の侮辱は、単に叫びや抗議としてのみ生起するとしたら、そして私《モワ》のなかで感得されるとしたら、裁きに先立つ主観性の、そして裁きの拒絶の証拠になることだろう。しかし、この不可視の侮辱が〈他人〉の顔のなかで私を見つめ、私を糾弾するときには、それは裁きそのものとして生起する――〈他人〉の顔の公現そのものが、この被った侮辱から、そして異邦人、寡婦、孤児という、この地位からできているのだ。意志が神の裁きのもとにいるのは、死への恐怖が殺人を犯すことの恐怖に反転するときである。

　このような仕方で裁かれることは、普遍的な諸原理を起点として非人称的で冷酷なやり方で述べられる評決を聞くことではない。こうした声は裁きに服した存在の直接的言説を中断し、弁明を黙らせるだろうが、それに対して弁護が聞かれる場である裁きは、それが裁く意志の単独性を真理において確証するはずだろう。それも寛容によってではない。そうだとすれば、それは裁きに落ち度があったことを示すことになってしまう。裁きのうちでの単独性の高揚は、まさに裁きが呼び起こす意志の無限の責任のなかで生起する。裁きが私《モワ》に向けられるのは、応答することを裁きが私に催告するかぎりにおいてである。真理は、催告へのこの応答のうちで生まれる。催告が単独性を高揚させるのは、まさに当の催告が無限の責任を宛先としているからである。責任の無限が言い表しているのは、いままさに責任が広大無辺であるということではなく、引き受けられるに応じて責任が増大していくということである。義務は達成されるのに応じて拡大していく。私が義務を達成すればするほど、私のもつ権利は少なくなる。私が公正であればあるほど、私は有責になる。私たちは、すでに享受において自我が分離した存在として出現するのを見たが、自我は自己のうちに独自に中心を有しており、自我の実存はこの中心のまわりを回転している。しかるに、こうした自我が単独性のうちで確証されるのは、自我がこの重心を失って空《から》になることによってであり、空になることをやめない自我は、まさにこの空になろうとするたえざる努力のうちで確証されるのだ。これが善性と呼ばれる。もしかすると、このような責任の溢出が生起する宇宙の一点がありうるということが、結局は自我というものを定義するのかもしれない。

したがって、私の恣意的かつ不完全な自由を審問する正義において、私は単に賛同を与え、同意し、なにかを引き受けるよう呼び求められているわけではないし、普遍的秩序に単純に参入することや、自己放棄と弁明の終わりを誓約するよう呼び求められているわけでもない。だとすれば、弁明に残存しているものでさえ、動物性の残滓ないし残余として解釈されてしまうだろう。実のところ、正義は、それがもつ普遍性の均衡のなかに私を包含するのではない。正義は正義の直線の彼方に向かうことを私に催告するのであって、それ以後、なにものによっても、この歩みの終わりは記されない。法の直線の背後には、善性の大地が無限に未踏査のまま広がっていて、ある単独的な現前がもつあらゆる資源を必要としている。つまり、客観的な法が定めるあらゆる限界を超えて責任を負うものとして、私は正義にとって必要なのである。自我とは、特権ないし選びなのだ。存在内にあって、法の直線を横断する唯一の可能性、言い換えれば、《普遍的なもの》の彼方に場所を見いだす唯一の可能性——それは、私《モワ》である、ということだ。内奥的とか主観的などと言われる道徳性は、普遍的かつ客観的な法が行使しえない機能、むしろかかる法が呼び求めている機能を行使する。真理は、《主観的なもの》のうちに存在することができないのと同様、圧政のうちにも存在することができない。真理が存在することができるのは、ただ、詩編作者が次のように叫ぶ意味において、主観性が真理を語るべく呼び求められているときだけである。「塵芥があなたに感謝を捧げるでしょうか、あなたの真理を語るでしょうか」。[*24] 無限の責任への呼びかけは、弁明の立ち位置にある主観性を確証する。この主観性が有する内奥性の次元は、《主観的なもの》の地位から存在の地位に移される。裁きは、もはや主観性を疎外することはない。なぜなら、裁きは主観性を客観的道徳性の秩序に入らせて溶解させるのではなく、自己のうちへの深化という次元を主観性に残しているからである。「私は《ジュ》」と発言すること——弁明が続けられる場である還元不可能な単独性を確立すること——が意味するのは、さまざまな責任に対して特権的な場所を所有しているということであり、これらの責任については誰も私のかわりにはなれず、誰もそれらから私を解放することはありえない。逃げ隠れできないということ——それが自我なのだ。自我が私《モワ》として成就する場であるこの選びのうちで、弁明がもつ個人的な性格が維持される。自我が私《モワ》として成就することと道徳性は、存在内での同じ一つの過程を構成している。[*25] 道徳性は、平等のなかで生まれるのではなく、無限の要請が、すなわち貧者、異邦人、寡婦、孤児に奉仕するという要請が宇宙のある一点に向かって収束するという事実のなかで生まれる。[*26] こうして、ただ道徳性によってのみ、〈私《モワ》〉と〈他者たち〉が宇宙内に生起するのだ。自分自身をすでに所有していると言い張りながらも死に弄《もてあそ》ばれている、疎外されうる欲求および意志の主観性は、選びによって変貌を遂げる。選びは、主観性をその内奥性の資源に向かわせることで、当の主観性を任命する。義務が達成されても、それがより大きくなる責任によってたえず溢れ出る点で、これは無限の資源なのだ。したがって、個人《ペルソンヌ》〔＝人格〕は客観的な裁きのうちで確証されるのであり、もはや全体性のなかで占める場所に還元されることはない。しかし、この確証は、かかる個人の主観的傾向に追従したり、死について慰めを与えたりすることではなく、他人のために実存すること、言い換えれば、みずからを問いただすことであり、死よりも殺人の方を恐れることである――死というこの命がけの宙返りの危険な空間をすでに開き、その尺度となっているのが忍耐（そして、これが苦痛の意味である）であるが、この命がけの宙返りを成し遂げることができるのは、これ以上なく単独的な存在――自我――だけなのだ。意欲の真理とは意欲が裁きのもとに入ることだが、裁きのもとに入ることは、内奥的生が新たに方向づけられ、無限の責任へと呼び求められるなかでなされる。

単独性がなければ、そして主観性の唯一性がなければ、正義は可能ではないだろう。この正義において、主観性は形式的理性としてではなく、個体性として姿を現す。ある存在のうちに形式的理性が受肉するのは、ただ、この存在がみずからの選びを喪失して、他のあらゆる存在と等しくなる場合に限られる。歴史の《可視的なもの》のもとに裁きの《不可視のもの》を想定する力をもたないような存在のうちでしか、[*27] 形式的理性は受肉しない。この内奥的生の深化は、もはや歴史のさまざまな明証事に導かれることはない。この深化は、リスクに、そして自我の道徳的創造に――歴史よりも広大で、歴史そのものが裁かれる場である諸地平に――委ねられている。これは諸々の客観的な出来事や哲学者たちの明証性によっては隠されるほかないような地平である。主観性が弁明なしでは〈真理〉において裁かれえないとしたら、そして裁きが主観性を沈黙に還元するかわりに、それを高揚するのだとしたら、さまざまな出来事と善のあいだには不一致があるのでなければならないし、より正確に言えば、さまざまな出来事は、ある主観性、すなわち、ある単独の存在だけが決定を下しうる不可視の意味をもっているのでなければならない。歴史の裁きの彼方に、真理の裁きのもとに場を占めることは、見かけ上の歴史の背後に、神の裁きと呼ばれる別の歴史を——だが、同様に主観性を見誤るような歴史を——想定することではない。神の裁きのもとに場を占めることは主観性を高揚させることであり、主観性は諸法則を道徳的に乗り越えるよう呼び求められ、それ以後、真理のうちにあることになる。なぜなら、主観性は自分の存在の諸限界を乗り越えるからである。私を裁く神のこの裁きは、同時に私を確証する。だが、神の裁きが私を確証するのは、まさに私の内奥性においてであり、内奥性の正義は歴史の裁きより強力なものである。具体的に、主観性の全資源を要請する訴訟に出頭する自我であることとは、当の自我にとっては、歴史の普遍的な裁きを超えて、侮辱されたもののこの侮辱を見ることができることを意味する。この侮辱は、まさに普遍的諸原理から生まれる裁きそのもの[*28]において、不可避的なものとして生起する。これ以上なく《不可視のもの》とは、普遍的歴史が個別者たちにおこなう侮辱である。単に理性の受肉であるのではなく私《モワ》であることとは、まさに侮辱されたものの侮辱、すなわち顔を見ることができるということだ。私《モワ》に向けられる裁きのうちで私の責任を深化させることは、普遍化の秩序には属さない。普遍的な諸法則の正義を超えて、自我は善《ボン》いという事実によって裁きのもとに入る。善性とは、私自身より〈他人〉の方が重要であるような仕方で、存在内に定位することである。このように、死によって権能の疎外にさらされた自我が、死のための存在〔＝死に臨む存在〕にならないような可能性が、善性には含まれている。

内奥的生は、存在の真理によって、すなわち存在が裁きの真理のなかに実存することによって高揚される。内奥的生は、哲学者を誘惑する歴史の可視的裁きになにかが秘密裏に対立しうる次元そのものとして、真理にとって必要不可欠であるが、こうした内奥的生も一切の可視性を放棄しうるわけではない。意識〔＝良心〕の裁きは、停止《アレ》であるとともに終わり〔＝目的〕でもある歴史の判決《アレ》を超えた現実に準拠しなければならない。それゆえ、真理は、究極的な条件として、善性および顔の超越をともに条件づけるような無限の時間を要求する。自我は主観性の繁殖性を介して生き残るが、かかる繁殖性が、神の裁きの秘密裏の次元としての主観性の真理の条件となる。だが、この条件を実現するには、時間の無限直線をみずからに与えるだけでは十分ではない。

「いまだない」という現象が根づく場である時間の第一の現象にさかのぼらなければならない。すなわち、父性〔paternité〕にさかのぼらなければならない。父性がなければ、時間は永遠性の像であるにすぎない。可視的な歴史の背後に真理が現出するために必要な時間は、父性がなければ不可能だろう（だが、可視的な歴史も時間であり続ける――言い換えれば、可視的な歴史は自己自身のうちに位置づけられた同定可能な現在との関わりで時間化する）。生物学的な繁殖性は、ここで問題になっている父性の一形態にすぎない。時間の本源的な実効化としての父性は、人間においては生物学的生をよりどころにすることができるが、しかし生物学的生を超えて生きられることもできるのだ。

訳注

＊1　熊野純彦氏の訳注は「さわがしい街をさまようとき」で始まる一八二九年一二月二三日の無題の詩を指示している。「わたしは願う――おのれの墓の入口に／若いいのちが遊びたわむれ／のどかな自然がそのとこしえの／美しさにかがやくことを」（『プーシキン詩集』（改訳）、金子幸彦訳、岩波書店（岩波文庫）、一九六八年、一五七頁）。

＊2　合田正人氏の訳注にあるように、この言い回しは『出エジプト記』に出てくる燃える柴を想起させる。「モーセは、しゅうとでありミディアンの祭司であるエトロの羊の群れを飼っていたが、あるとき、その群れを荒れ野の奥へ追って行き、神の山ホレブに来た。そのとき、柴の間に燃え上がっている炎の中に主の御使いが現れた。彼が見ると、見よ、柴は火に燃えているのに、柴は燃え尽きない」（『出エジプト記』三・一―二）。

＊3　ドイツ語訳に従って、objectivité を subjectivité と訂正する。

＊4　第I部Bの訳注＊39を参照。

＊5　初版からすべて formule だが、ポッシュ版のみ forme となっている。初版に従う。

＊6　初版のみ「武器（arme）」であり、第二版以降は「魂（âme）」に修正されている。

＊7　ドイツ語訳に従って、impersonnelle を interpersonnelle と訂正する。

＊8　モリエール『いやいやながら医者にされ』（一六六六年）第一幕第五場のスガナレルの台詞（『いやいやながら医者にされ』鈴木力衛訳、岩波書店（岩波文庫）、一九六二年、三〇頁）。

＊9　シェイクスピア『マクベス』第五幕第五場のマクベスの台詞。「こいつの言うとおりのことが起ったなら、逃げようと踏みとどまろうと、もうだめだ。日の光を見るのが、いやになった、この世の秩序がめ

ちゃめちゃになってしまえばよい。おい、警鐘をならせ！　風よ、吹け！　破滅よ、落ちかかれ！　せめて、鎧を着て死んでやるぞ」（『マクベス』（改版）、福田恆存訳、新潮社（新潮文庫）、一九九一年、一一四頁）。

＊10　ドイツ語訳に従って、l'attend を les attend と訂正する。

＊11　ポッシュ版に従って、大文字にする。

＊12　レヴィ＝ブリュールは、「未開」心性において「死は決して自然事ではない」のであり、死の原因は病気の原因と同じく神秘的なものとして表象され、自然な原因ではなく呪術による変死とみなされる、と述べている（『未開社会の思惟』下、山田吉彦訳、岩波書店（岩波文庫）、一九五三年、六七頁以下を参照）。

＊13　第Ⅰ部Cの訳注＊6を参照。

＊14　「主は命を絶ち、また命を与え／陰府《よみ》に下し、また引き上げてくださる」（『サムエル記 上』二・六）。

＊15　ハイデガー「形而上学とはなにか」（一九二九年）を参照。「全体として滑り落ちて行く有るものへ、全体として拒斥しつつ附託するということ、そのこととして無は不安の内で現有を周囲から圧迫するのであるが、このことが無の本質である、すなわち、無化することである。無化することは、有るものを殲滅することでもなければ、否定作用から発源するのでもない。無化することはまた、殲滅作用や否定作用の内に計上され得ない。無それ自身が無化する」（『道標』辻村公一＋ハルトムート・ブフナー訳、『ハイデッガー全集』第九巻、創文社、一九八五年、一三七頁）。

＊16　モンテーニュ『エセー』（一五八〇年）第一巻第二章「悲しみについて」に本書と同じ形（surpassant notre portée）で出てくる表現。「それは、自分の力の及ばない、さまざまなできごとに押しつぶされてしまったときに、われわれを金縛りにしてしまう、あの陰鬱にして、声にもならず、なにも聞こえない、痴呆状態を表しているのだ」（『エセー1』宮下志朗訳、白水社、二〇〇五年、二三頁）。なお、有名な

「私はなにを知っているのか？（Que sais-je?）」という表現が現れる第二巻第一二章「レーモン・スボンの弁護」でも、プラトンの『ティマイオス』の引用のなかで同様の表現が用いられている。「これは、われわれの能力を越える〔surpasse notre portée〕試みというしかありません」（『エセー4』宮下志朗訳、白水社、二〇一〇年、一七五頁）。

＊17　エドガー・アラン・ポー（一八〇九―四九年）の短編「落とし穴と振り子」（一八四三年）のこと。

＊18　ハイデガーは『存在と時間』（一九二七年）第五節で、「時間的（zeitlich）」と「時節的（temporal）」の区別を提示し、後者に「存在とそれの諸性格および諸様態が時間にもとづいて根源的に意味づけられている」さまを割り当てている。『存在と時間』のフランス語訳の訳者の一人エマニュエル・マルティノ（Emmanuel Martineau）は、zeitlich を temporel と、temporal を temporal と、それぞれ訳している（なお、通常のフランス語の用法では、名詞 temporal はカトリックで言う「聖節の部」を表し、形容詞 temporal は「こめかみ、側頭」を意味する名詞 tempe の形容詞形である）。ただし、本書はハイデガーの区別に従っているというよりも、「時間的」を意味する形容詞 temporel が同時にもつ「地上の、一時的な、現世の」という語義を避けるために temporal を用いていると思われるので、特に区別せず「時間的」とした。形容詞 temporal は、この箇所と第Ⅳ部四八五頁の二箇所で用いられている。

＊19　第Ⅱ部Aの訳注＊3を参照。

＊20　ドイツ語訳に従って、elle-même を lui-même と訂正する。

＊21　「平穏なときには、申しました／「わたしはとこしえに揺らぐことがない」と」（『詩編』三〇・七）。

＊22　ポッシュ版のみ、引用符に入れられている。

＊23　s'annonce を s'annoncent と訂正する。

＊24　「塵があなたに感謝をささげ／あなたのまことを告げ知らせるでしょうか」（『詩編』三〇・一〇）。

＊25　ドイツ語訳に従って、constituant を constituent と訂正する。

＊26　原語は celui だが、le fait（ドイツ語訳の解釈）ではなく exigence（英語訳の解釈）を受けたものとして読む。
＊27　ポッシュ版では、que が pas と誤って修正されている。
＊28　ポッシュ版では、même が脱落している。

第Ⅳ部　顔の彼方へ

〈他人〉との関わりによって分離が無効になることはない。〈他人〉との関わりは全体性のなかでは生じないし、〈私＝自我〉と〈他者〉を組みこむことで全体性を創設するわけでもない。さらに、対面の接続状態《コンジョンクテュール》は、主観性がそこに吸収されうるさまざまな普遍的真理、交わり《コミュニオン》という関わりに入るために、〈私＝自我〉と〈他者〉がそれらを観想するだけで事足りるような普遍的真理の存在を前提とはしていない。この最後の点については、逆のテーゼを主張しなければならない。すなわち、〈私＝自我〉と〈他者〉のあいだの関わりは、一方が他方との関わりにおいて超越している項どうしの不等性のなかで始まるのであり、そこでの他性は、Aの自己同一性と区別されるBの自己同一性から単に帰結するような、Aとの関わりにおけるBの他性として、他者を形式的に規定するわけではない。ここでは、〈他者〉の他性は〈他者〉の自己同一性から帰結するのではなく、むしろ〈他者〉の他性が〈他者〉の自己同一性を構成するのだ。つまり、〈他者〉とは〈他人〉である。他人としての〈他人〉は、高さと低さ——栄光ある低さ——の次元に位置している。〈他人〉は、貧者、異邦人、寡婦および孤児の面貌をもつと同時に、私の自由を任命し、正当化するべく呼び求められる師の面貌をももっている。私たちの数を数えあげる第三者に対しては現れない不等性である。この不等性が意味しているのは、まさに私と〈他者〉を抱握《モワ》しうる第三者が不在だということである。それゆえ、本源的な多様性は、当の多様性を構成する対面そのもののなかで確認される。多様性は、複数の多様な単独性に対して生起するのであり、この数の外部にあって多様なものどもを数えあげる存在に対して生起するのではない。不等性は、こうした外部の視点の不可能性のうちにあるのであり、かかる外部の視点はそれだけで不等性を撤廃しかねないのだ。打ち立てられる関わり――教えの、統御〔＝師であること〕の、他動性の関わり――は言語であって、発話する者に対してしか生起せず、この発話する者は、したがって自分自身で直面する〔*fait face*〕。言語は〈同〉と〈他〉を支配する非人称的な思考に付け加わるわけではない。非人称的な思考は、〈同〉から〈他〉に向かう運動のなかで、つまりは単に非人称的な言語のうちではなく、相互人格的な言語のうちで生起する。対話者たちに共通の秩序は、ある者が他者に自分の所有物である世界を与えるという肯定的な行為によって、あるいは、ある者が他者のまえで自分の自由を正当化するという肯定的な行為、言い換えれば、弁明によって打ち立てられる。弁明は、自己を盲目的に肯定するわけではなく、すでに他人に呼び声をかけている。弁明は、乗り越えられない二極性をまとった、理性の本源的現象である。単独性としての対話者たちは、自分の世界を伝達したり、〈他人〉に自分の世界を正当化してもらうよう訴えかけたりすることで概念を構成するが、対話者たちはこうした概念には還元不可能であり、こうした単独性としての対話者たちが伝達《コミュニカシオン》〔＝交流〕を取り仕切っている。理性はこれらの単独性ないし個別性を前提にしているが、それは概念化に供された個人として、あるいは個別性を脱ぎ去ったあとで自分を自己同一的なものだと再発見するような個人として前提にしているのではなく、まさに対話者として、類《ジャンル》において唯一である取り替えのきかない存在、すなわち顔として前提にしている。「理性が〈私＝自我〉と〈他者〉のあいだの関わりを生み出す」というテーゼと、「〈他者〉による

〈私＝自我〉の教えが理性を生み出す」という二つのテーゼの相違は、もっぱら理論的なものというわけではない。国家の圧政――たとえ理性的な国家だったとしても――についての意識が、この相違をアクテュアルなものにする。第三種の認識[*1]とともに人間は非人称的な理性へと上昇していくのだが、この非人称的な理性によって、人間は国家の外側にとどめ置かれるのだろうか。非人称的な理性によって、人間はあらゆる暴力をまぬがれるのだろうか。こうした強制は自分のなかの動物的部分を不快にするだけだと、非人称的な理性は人間に認めさせるのだろうか。〈自我〉の自由は孤立した存在の恣意性ではないし、孤立した存在が万人に課される理性的かつ普遍的な法に賛同することでもない。

私の恣意的な自由は、私を見つめる眼のなかで自分を恥じる。私の自由は弁明的なものである、言い換えれば、おのずからすでに他人による裁きに従っている。私の自由が他人による裁きを懇請しているのであって、この裁きは、それゆえ、なんらかの制限のように私の自由を傷つけるわけではない。概念にとってはあらゆる他性が侮辱だが、私の自由は、こうして概念に反するものとして明らかになる。私の自由は、単に縮減した自己原因《カウサ・スイ》ないし、いわゆる有限な自己原因《カウサ・スイ》ではない。というのも、部分的に否定されただけで、この自由は全面的に否定されてしまうからだ。私が弁明的な立ち位置にあるがゆえに、私の存在は現実性をまとって現れるように呼び求められるわけではない。私の存在は、意識のなかに私の存在が現れることと同じではないのだ。

しかし、私の存在は、非人称的理性の名のもとで私が他者たちにとってなにものであったか、ということでもないだろう。もし私が歴史のなかで果たす役割に還元されるなら、私は自分の意識のなかに現れていた際に欺瞞的だったのと同程度に、十分に理解されないままであり続ける。歴史のなかに実存することとは、私の意識を私の外に置くことであり、私の責任を破壊することである。

人間性がもつ非人間性とは、自己がみずからの意識を自分の外に有するような場であるが、こうした非人間性は、暴力の意識――自己の内部の暴力の意識――のなかに宿っている。個人としての偏向性〔＝部分性〕の放棄は、あたかも圧政によるかのように課される。そもそも、個人の個体化の原理そのものとして解された個人の偏向性が首尾一貫性を欠いたものの原理だとしたら、いったいどんな魔法を使うと、首尾一貫性を欠いたものをいくつも足し合わせただけで、群衆の無秩序な騒音ではなく首尾一貫した非人称的言説が生み出されるというのか。複数の動物的個別性どうしの敵対的圧力が対峙し合う矛盾から理性が生まれ、それが動物的偏向性にあとから付け加わるというのだが、そうではなく、私の個体性はこのような動物的偏向性とはまったくの別物なのだ。私の個体性がもつ単独性は、その理性の水準そのものにある――この単独性とは弁明である、言い換えれば、私から他者たちへの個人的な〔＝人格的な〕言説である。私の存在が生起するのは、言説のうちで他者たちに対して生起することによってである。私の存在は、他者たちに啓示されるその姿であるが、あくまでもこの啓示に参与し、この啓示に立ち会うときの姿である。私が真理のうちにある〔＝本当に存在する〕のは、私が歴史のうちで、歴史が私に向ける裁きのもとで生起するときだが、このときの裁きとは、私が現前しているなかで——言い換えれば、私に発話を許しながら——歴史が私に向ける裁きである。こうした弁明的言説が善性に行き着くことを、私たちは右で示した。（発話する権利なしに）「歴史のうちに現れること」と、自分自身の現れに立ち会いながら他人に対して現れることとの差異によって、さらに私の政治的存在と私の宗教的存在が区別される。

　私の宗教的存在において、私は真理のうちにある〔＝本当に存在する〕。死はこの存在のうちに暴力を導き入れるが、こうした暴力によって真理は不可能になるのだろうか。主体性がなければ、真理は語られることも存在することもありえず——あるいは、本論で頻繁に用いている《現れること》と《存在すること》を包含する語で表現するなら——主体性がなければ、真理が生起することはありえないのだが、死の暴力はかかる主体性を黙らせてしまうのではないだろうか。弁明を黙らせる理性の暴力に逆上した主体性が、口をつぐむことを単に受け入れることができるだけでなく、主体性が自分自身で、暴力ぬきで自己を放棄し、おのずから弁明をやめることができるのであれば、話は別である——これは自殺でも忍従でもなく、愛である。圧政への服従、普遍的法——たとえ理性的な法だったとしても、それは弁明を停止させる法である——への忍従は、私の存在の真理を損なってしまう。

　したがって、私たちは顔のうちでの〈他人〉の公現を前提すると同時に超越するような次元を示さなければならない。これは、自我が死の彼方におもむきつつ、自己への回帰からも解放されるような次元である。この次元とは愛と繁殖性の次元であり、そこで主体性はこれらの運動の関数として位置づけられる。

訳注

＊1　スピノザ『エチカ』（一六七七年）第二部定理四〇備考二などを参照。「これら二種の認識〔第一種の認識（意見ないし表象）および第二種の認識（理性）〕のほかに、私があとで示すだろうように、第三種のものがある。我々はこれを直観知《スキエンティア・イントゥイティヴァ》と呼ぶであろう。そしてこの種の認識は神のいくつかの属性の形相的本質《エッセンティア・フォルマリス》の妥当な観念から事物の本質の妥当な認識へ進むものである」（『エチカ——倫理学』（改版）、上、畠中尚志訳、岩波書店（岩波文庫）、一九七五年、一四三頁）。

A　愛の曖昧さ

超越という形而上学的出来事——〈他人〉を迎え入れること、歓待性——〈欲望〉と言語——は、愛として成就するわけではない。しかし、言説の超越は愛と結びついている。これから私たちは、愛によって超越がどのようにして言語より遠くまでおもむくと同時に遠くまでおもむかないのかを示していく。

愛には人間《ペルソンヌ》〔＝人格〕以外の終着点はないのだろうか。ここでは人間〔＝人格〕は、ある特権を享受している――愛の志向は、〈他人〉、友人、子ども、兄弟、最愛の女性、両親に向かうからだ。しかし、事物や抽象物や書物もまた愛の対象になりうる。ということはつまり、超越として〈他人〉に向かう愛は、ある本質的な側面からして、私たちを内在性そのものの手前に追い返すのだ。愛が指し示す運動とは次のようなものである。すなわち、この運動によって存在はなにかを探求するが、探求を主導することにすら先立って、そしてこのなにかを外部性のうちに見いだすにもかかわらず、この存在は自分が探求する当のものに結びつけられていたのである。冒険《アヴァンテュール》〔＝色恋〕の最たるものが、宿命でもあり、かつて選ばれなかったものを選ぶことでもあるのだ。〈他人〉との関係としての愛が、こうした根本的内在性に還元され、一切の超越を脱ぎ捨て、本性をともにする存在や理解し合える伴侶しか探し求めず、近親相姦として姿を現すこともある。愛は単一の存在の二つの半身を結合するというプラトンの『饗宴』でのアリストパネスの神話は[*1]、冒険〔＝色恋〕を自己への回帰として解釈するものだ。享受は、こうした解釈を正当化する。享受は、内在と超越の境界に位置する出来事がもつ曖昧さを浮かびあがらせる。この欲望――たえず再開される運動、終着点をもたずに未来《フュテュール》へと、決してまだ十分には未来でないような未来へと向かう運動――は砕かれ、欲求のなかでも最もエゴイスト的で、最も凶暴な欲求として充足される。まるで愛の超越が有するあまりの厚かましさが、欲求の手前への棄却という報いを受けるかのようだ。だが、この手前そのものも、それが連れていく《告白しえないもの》の深みによって、また、それが存在のあらゆる権能に対して行使する隠れた影響によって、ある並外れた厚かましさを示しているのである。愛は、他人との関わりであり続けながらも、欲求に変わる。そして、この欲求は、依然として、他者、すなわち愛された者の全面的かつ超越した外部性を前提としている。だが、愛はまた、愛された者の彼方にもおもむく。顔の彼方から、いまだないものから、決してまだ十分には未来でないような未来、可能事より遠く離れた未来からやって来るほの暗い光が顔を通して漏れこんでくるのは、そうした理由によるのだ。超越者の享受――ほとんど語義矛盾だが――である愛が真理をともなって語られるのは、愛が感覚として解釈されてしまうエロティックな語り口のうちではないし、愛を超越者の欲望へと高める精神的言語のうちでもない。〈他人〉が他性を保持しながらも欲求の対象として現れうる可能性、あるいはまた〈他人〉を享受する可能性、言説の手前に場を占めると同時に言説の彼方にも場を占める可能性、このように対話者に達すると同時に対話者を追い越してしまうような対話者への態度、こうした欲求と欲望の同時性、肉欲と超越の同時性、《告白しうるもの》と《告白しえないもの》の接点すれすれの接触――こうしたものが《エロス的なもの》の独自性であり、その意味で《エロス的なもの》とは《両義性》〔*l'équivoque*〕の極致なのだ。

訳注

＊1　第Ⅰ部Bの訳注＊14を参照。

B　エロスの現象学

愛は〈他人〉を目指す（＝思念する）。愛は、弱さのうちにある〈他人〉を目指す（＝思念する）。ここでの弱さとは、なんらかの属性の程度が劣っていたり、私と〈他者〉に共通するある規定が相対的に欠損していたりすることを表すのではない。さまざまな属性が現出するよりもまえに、弱さは他性そのものを形容する。愛することとは、他人のために危惧することであり、他人の弱さを救援することである。この弱さのうちで、あたかも曙光におけるように、〈愛された者〉〔l'Aimé〕が〈愛された女性〉〔l'Aimée〕として立ちのぼる。〈愛された者〉の公現である《女性的なもの》は、形式論理が知る唯一の性《ジャンル》である中性でまず与えられた、ないし出会われた対象や〈君《トワ》〉に、あとから付け加わるのではない。〈愛された女性〉の公現は、《柔和なもの》という〈愛された女性〉の体制と一体をなしている。《柔和なもの》の様態は、極度の脆弱さ、傷つきやすさからなる。《柔和なもの》は、存在と非存在の境界線上で、存在が輝きとなって発散される甘美な熱気のように、「半獣神の午後[*1]」

のニンフたちの「生い茂る眠気にまどろんで中空を舞い踊る」「軽やかな肉色」のように現れる。それは個体性を脱して、自分自身の存在の重みを下ろして軽くなり、早くも、次第に消えゆく儚さ、失神であり、現出のただなかでの自己のうちへの逃走である。そして、この逃走において、〈他者〉は〈他なるもの〉であり、世界に対して異邦的である。世界は、〈他者〉にとって、あまりに粗雑で、あまりにとげとげしいものである。

しかし、この極度の脆弱さはまた、「気取るところのない」「単刀直入な」実存、「無意味な」生《なま》の厚み、途方もない超物質性との境界にも身を置いている。こうした大げさな表現は、数ある隠喩以上に、物質性の絶頂のようなものを言い表している。超物質性とは、岩と砂の堆積からなる月面の風景に人間的なものが単に不在であることを指すのではない。さらには、瓦礫と傷跡のなかで、自分の形態がすべて引き裂かれたあとでも、その下で口を開けているような、どこまでも競りあげられていく物質性を指すのでもない。超物質性とは、ある途方もない現前——顔の率直さより遠いところからやって来ているかのような現前——が有する露出症的な裸性を指しており、あたかも秘密をもつことの禁止を強制しているかのように、すでに冒瀆しているとともに、すっかり冒瀆されてもいるのだ。《本質的に隠されているもの》は、意義になることなく光の方に身を投じる。無ではなく、いまだないもの。とはいえ、この非現実性[*2]は、現実的なものとの閾《いき》にある、つかむことができるものとして差し出されるわけではないし、隠匿性なるものも、ある存在に訪れる認識形而上学的な偶発事を記述するわけではない。「いまだないもの」は、《これ》や《あれ》ではない。このような非存在《ノン・エッサンス》の本質《エッサンス》は、隠匿性で尽くされている。隠匿性は、生起する際の羞恥のなさにおいて、夜の生があることを告白するが、かかる夜の生は、昼の生から単に光が奪われただけのものと同じではない。夜の生は、孤独で内密な生の単なる内奥性、抑圧を克服するために表出を求めているような内奥性と同じではない。夜の生は羞恥に準拠しているが、夜の生は羞恥を克服することなく、それを冒瀆したのだ。秘密は現れることなく現れる。それは、半分しか現れないとか、留保つきで、あるいは混同されて現れるからではない。《隠匿されたもの》と《発見されたもの〔＝覆いを剝がされたもの〕》との同時性こそが、まさに冒瀆〔*profanation*〕の定義である。秘密は両義性のうちで現れる。だが、両義性――本質的にエロス的なものである両義性――を可能にするのは冒瀆であって、逆ではない。愛において克服されえないものである羞恥が、愛の悲愴さをなす。淫靡な裸が現前する際には、きまって厚かましいまでに現れる羞恥のなさは、病人の裸を診察する医者の知覚のような、先立つ中立的な知覚にあとから付け加わるのではない。エロス的な裸性が生起する仕方――それが現前し、存在する仕方――は、羞恥のなさと冒瀆からなるさまざまな本源的現象を描いている。これらの現象は道徳的視野を開示しはするが、道徳的視野もすでに存在の生起としての、こうした途方もない露出症が開示する特異な次元に場を占めているのである。

ついでに指摘しておくと、《柔和なもの》がもつこうした地下の次元の深さがあるために、《柔和なもの》は《優美なもの》と似ているにもかかわらず、それと同じになるのを妨げられる。この脆弱さと無意味性のこの重さ――不定形な現実の重さよりも重い無意味性のこの重さ――の同時性ないし両義性を、私たちは女性性〔féminité〕と呼ぶ。

女性性のこの弱さをまえにしたときの《愛する者》の運動は、純粋な憐憫でも無感動でもなく、憐憫を楽しんでおり、愛撫の自己満足に没入していく。

接触であるかぎり、愛撫は感性である。だが、愛撫は《感性的なもの》を超越する。とはいえ、それは、愛撫が感覚機能より遠いところで、《感覚されたもの》の彼方で感覚するということではないし、崇高な糧《かて》を――この究極的な《感覚されたもの》との関係のうちに、飢えの志向を保ちながら――つかみとるということでもない。この場合、飢えの志向は、この飢えに対して約束され、与えられる糧に向かうのだが、糧は当の飢えをえぐる。あたかも愛撫は自分自身の飢えを糧にしているかのようなのだ。愛撫とは、なにもつかみとらないことであり、未来《アヴニール》に向かって――決して十分に未来ではない未来に向かって――たえず自分の形態から逃げていくものを懇請することであり、あたかもいまだないかのように逃れていくものを懇請することである。愛撫は探し求め、掘り起こす。これは暴露〔＝幕を剝ぐこと〕の志向性ではなく、探求の志向性――《不可視のもの》への歩み――である。ある意味で、愛撫は愛を表出しているが、愛を語ることができずに苦しんでいる。愛撫はこの表出そのものに飢えており、しかもこの飢えはたえず増大していく。したがって、愛撫は、その終着点より遠くにおもむき、存在者の彼方を――たとえそれが未来の存在者だったとしても――目指す〔＝思念する〕。というのも、まさに存在者〔＝存在しつつある者〕であるかぎりで、未来の存在者もすでに存在の扉を叩いているからである。充足された場合であっても、愛撫に活力を与える欲望は、いまだないものによって、いわば養分を補給されて再生し、決して犯されることのない《女性的なもの》の処女性に私たちを連れ戻す。愛撫が敵対的な自由を支配しようとしたり、それを自分の対象物にしたり、そこから同意を取りつけようとしたりするということではない。自由による同意や抵抗を超えたところで、愛撫はいまだないものを、「無以下のもの〔moins que rien〕」を探し求める。いまだないもの、「無以下のもの」は、未来〔*avenir*〕の彼方に閉じこめられてまどろんでおり、つまりは可能事とはまったく別の仕方で――可能事は予期に差し出されるから――まどろんでいる。愛撫のなかに入りこんでいる冒瀆は、こうした不在の次元がもつ独自性と正しく対応している。抽象的な無の空虚とは異なる不在である。存在に準拠した不在ではあるが、自分なりのやり方で存在に準拠する不在である。あたかも未来のさまざまな「不在」は、すべてが画一的に同一の水準にあって、それゆえ未来ではないかのようだ。予期は、さまざまな可能事をつかむ。愛撫が探求するものは、なんらかの見通しや《つかめるもの》の光のなかに位置づけられることはない。これ以上ないほど柔和なものであり、愛撫の相関者である肉感性、《愛された女性》は、生理学者の事物的身体とも、「私はできる」の固有身体とも同じではないし、みずからの現出に立ち会うこと――ないしは顔――であるような表出としての身体とも同じではない。愛撫はある面では依然として感性的な関わりだが、愛撫のうちで身体はすでに自分の形態それ自体を脱いで裸になり、エロス的な裸性として差し出されている。柔和さという肉感性においては、身体は存在者の身分を捨て去っているのである。

〈愛された女性〉は、つかみうるものであると同時に、裸性のうちで手つかずのまま、対象と顔の彼方、つまりは存在者の彼方にあって、処女性のなかに身を置いている。本質的に犯しうると同時に犯しえない〈女性的なもの〉、すなわち〈永遠に女性的なもの〉*3は、《処女的なもの》もしくは処女性の不断の再開であり、官能の接触そのもののうちなる《触れられないもの》、現在のうちなる《触れられないもの》である——つまりは未来《フュテュール》なのだ。とはいえ、それは征服しようとしてくる者と闘争し、みずからの物象化と対象化を拒絶する自由としてではなく、非‐存在との境界にある脆弱さとしてである。この非‐存在のうちには、単に《消失してもはやないもの》だけでなく、《いまだないもの》も宿っている。処女は、つかみえないものであり続け、殺されることなく死に、恍惚として、予期に対して約束されるあらゆる可能事の彼方で、自分自身の未来のうちに身を退いていく。《ある》〔il y a〕の無名のざわめきとしての夜のかたわらには、《エロス的なもの》の夜が広がっている。不眠の夜の背後には、《処女的なもの》の祖国たる《隠されたもの》の、《隠匿的なもの》の、《神秘的なもの》の夜が広がっており、《処女的なもの》は〈エロス〉によって覆いを剝がされると同時に〈エロス〉に身を拒んでいる——これは冒瀆を語る、もう一つの仕方である。

　愛撫は人間《ペルソンヌ》〔＝人格〕を目指す〔＝思念する〕わけでも、事物を目指すわけでもない。愛撫は、意志を欠いた、抵抗すら欠いた非人称的な夢のようなもののうちに雲散霧消する存在のなかに紛れていく。この存在は、すなわち一つの受動性であり、すでに全面的に死に向かっている、はじめから動物のような、子どものような匿名態である。《柔和なもの》の意志は、次第に消えゆく儚さを通して生起する。あたかも自分の死を知らない動物性に根づいているかのように、そして元基態の偽りの安定性や、自分になにが到来するのかを知らない子どもっぽさのうちに沈みこんだものとして、である。だが、これはまた、いまだないもの、ないものが有する目がくらむほどの深さでもある。といっても、これは、観念ないし投企が取り結ぶような類縁関係を存在とのあいだに有することさえない非実存によってないのであり、これらの資格のいずれをもってしても、存在するなにかの化身であるなどとは言い張らない非実存によってないのである。愛撫が目指す《柔和なもの》は、もはや「存在者」の身分をもっておらず、「数と諸存在」から抜け出してしまって[*4]、存在者のもつ性質ですらない。《柔和なもの》は、一つの様態を、すなわち《あること》と《いまだないこと》のあいだのノー・マンズ・ランド〔無人地帯、中間地帯〕に身を置く様態を名指している。なんらかの意義としてさえ表示されない様態であり、いかなる仕方でも輝くことなく、消失し、恍惚とする様態であって、これが傷つきやすいもの、および死をまぬがれないものとして生起する〈愛された女性〉の本質的弱さなのである。

だが、まさに《柔和なもの》の次第に消えゆく儚さと恍惚を通って、主体は可能事の未来に身を投企するわけではない。私が実現しうるすべては、すでに未来のうちでひしめき合っていて、光のなかできらめき、私の予期に差し出され、私の権能を懇請するが、《いまだないこと》は、これと同じ未来のなかに仕舞われることはない。《いまだないこと》は、まさに、他のさまざまな可能事より単に遠くにあるだけの一つの可能事ではない。愛撫は行動するわけではなく、可能事をつかみとることはない。愛撫がこじ開ける秘密は、なんらかの経験と同じようにして愛撫に情報を与えるわけではない。秘密は、自我と自己の関係、自我と非‐自我の関係を転覆させる。無定形の非‐自我は、自我を絶対的な未来に連れ去り、そこに自我は逃避して、主体としての立ち位置を失う。自我の「志向」は、もはや光の方、《有意味なもの》の方には向かわない。まったくの情熱〔＝受苦〕としての自我の「志向」は、《柔和なもの》〔le tendre〕の受動性、苦痛、次第に消えゆく儚さに同情する〔＝共苦する〕。自我の「志向」は、この死によって死に、この苦痛を苦しむ。《柔和な感傷》〔attendrissement〕であり、苦痛なき苦痛であるこの「志向」は、苦痛のうちで楽しむことによって、すでに慰められている。《柔和な感傷》は、楽しみを見いだす哀れみであり、快楽であり、幸福に変わった苦痛――官能――である。そして、この意味で、官能はすでにエロス的欲望のなかで始まっており、あらゆる瞬間に欲望であり続けるのだ。官能は、欲望を埋めにやって来るのではなく、この欲望そのものである。だからこそ、官能は、単に辛抱ができないだけでなく、《辛抱できないこと》〔impatience〕そのものであり、《辛抱できないこと》を吸いこみ、不意にその終わりに襲われて窒息する。なぜなら、官能は終わりに向かうことなく終わりに向かっているからである。

　冒瀆としての官能は、まさに《隠されたもの》を隠されたものとして発見する〔＝覆いを剝ぐ〕。こうして、形式論理にとっては矛盾から生じるであろうような接続状態《コンジョンクテュール》のなかで、ある例外的な関係が成し遂げられる。すなわち、《発見されたもの〔＝覆いを剝がされたもの」》は、発見されても、その神秘を失うことがなく、《隠されたもの》は暴露されず、夜は散り散りに消え去らないのだ。《発見 - 冒瀆》は羞恥のうちに身を置いている。たとえ羞恥のなさというかたちをとっていたとしても、そうである。《隠匿的なもの》は、発見されたからといって、《暴露されたもの》の地位を得るわけではないのだ。ここで、発見する〔＝覆いを剝ぐ〕こととは、ある秘密を暴露することよりも、むしろ犯すこと〔violer〕を意味する。自分の厚かましさから立ち直ることのない侵犯である。たしかに、冒瀆にともなう恥は、《発見されたもの》を詮索すべきだったはずの目を伏せさせる。エロス的裸性は《語りえないもの》を語るが、《語りえないもの》はこの《語ること》から分離されることはない。表出とは無縁の神秘的オブジェが、それを取り囲んで境界をはっきりさせようとする明晰な発話から分離されるのとは異なるのだ。「語る」仕方や「明らかにする」仕方それ自体が、発見することによって隠すのであり、《語りえないもの》を語るとともに、黙秘し、せきたて、挑発する。「語ること」——単に《語られたこと》だけでなく——は両義的である。両義性は、発話の二つの意味のあいだで作動するわけではなく、発話と発話の放棄とのあいだ、言語の有意味性と、沈黙がなおも包み隠している煽情の無意味さとのあいだで作動する。官能は冒瀆するが、見ることはない。視覚なき志向性である発見は、光を投げかけることがない。それが発見するものは、意義〔＝意味作用〕として差し出されるわけではなく、いかなる地平も照らし出さない。《女性的なもの》が差し出す顔は、顔の彼方に向かう。《愛された女性》の顔は、〈エロス〉が冒瀆する秘密を表出するわけではない。《愛された女性》の顔は表出するのをやめる、あるいはこう言った方がよければ、この顔は表出することの拒否だけを、言説と上品さのこうした終焉だけを、さまざまな現前の秩序のこうした唐突な中断だけを表出するのだ。女性の顔においては、表出の純粋さがすでに官能的なものの両義性によって曇らされている。表出は、下品さに転換し、早くも《無以下のもの》を語る両義性にすっかり近いものとなって、早くも笑いに、嘲弄になる。

この意味で、官能とは、純粋な経験であり、いかなる概念にも流れこまない経験、盲目的に経験であり続けるような経験である。冒瀆——《隠されたもの》を隠されたものとして啓示すること——は、実践《プラクシス》においてさえ対象化するような志向性には還元不可能な存在のモデルである。なぜ志向性が実践においてさえ対象化するのかといえば、志向性は「数と諸存在」から抜け出ることがないからだ。愛は、予見されざる存在の次元を開示してくれるような情動的要素が混ざり合った認識には還元されない。愛は、なにもつかまず、概念に行き着くこともなく、そもそも行き着くということすらなく、主体‐客体構造も我‐汝構造ももたない。エロスは、対象を固定する主体として成就するわけでも、可能事に向かう投‐企〔pro-jection〕として成就するわけでもない。エロスの運動は、可能事の彼方に向かうことを特徴とする。

不定形の質料の闇が芸術家の与える形態に先立つのとは異なり、エロス的裸性の無意味さは顔の有意味性に先立ってはいない。この無意味さは、自分の背後にすでに形態を有しており、未来から、可能事がきらめく未来の彼方に位置する未来から、やって来ている。というのも、顔の貞節な裸性は、エロス的なものの露出症のうちでも消え去ることはないからである。顔は慎みのなさのなかでも神秘的かつ言い表せないものであり続けるが、この慎みのなさは、まさに当の慎みのなさがもつ途方もない極端さによって証拠づけられる。顔の率直さを有する存在だけが、煽情の無意味さのうちで「覆いを剝がされて発見される」ことができる。

意味作用〔＝意義〕に関わる要点を、いくつか思い出しておこう。意味作用の最初の事態は、顔において生起する。顔は、なにかとの関わりから一つの意義を受けとるわけではない。顔は自分自身で意味し、顔の意義〔＝意味作用〕は意味付与《ジンゲーブング》に先立っている。顔の光のなかには有意味な振る舞いがすでに浮かびあがっていて、光そのものが見られるような光がそこから放たれるのだ。顔について説明をおこなうには及ばない。説明なるものはすべて顔から始まるからだ。別の言い方をすれば、《ある》の不条理なざわめきの終わりをしるす〈他人〉との社会は、意味を付与する〈自我〉の所産として構成されるわけではない。思考が有する志向と相関的である意味の現象が生じうるには、すでに他人のために存在する——単に働いて所産を生むだけでなく、外に向かって存在する——ことが必要である。《他人のために存在すること》は、なんらかの合目的性をほのめかしてはならないのであって、知らないなにかの価値をあらかじめ措定したり、それを評価したりすることを含意してはいない。他人のために存在すること——それは善良《ボン》であるということだ。たしかに、〈他人〉という概念は、私《モワ》という概念と比べて、いかなる新しい内実ももっていない。だが、《他人のために存在すること》は、内包が合致する概念どうしの関わりでも、自我がなんらかの概念を概念化することでもなく、私の善性《ボンテ》である。他人のために実存することで、私は、私のために実存するのとは別の仕方で実存するということ——これこそがまさに道徳性である。道徳性は、〈他人〉についての私の認識をあらゆる方面から包括しているのであって、〈他人〉の認識から、この第一の認識に加えて、さらに他人を評価することによって引き出されるわけではない。超越そのものとしての超越とは、「道徳意識」である。形而上学とは超越することだとするなら、道徳意識こそが形而上学を成就するのだ。私たちが本書でここまで試みてきたのは、顔の公現を外部性の起源として提示することだった。意味作用〔＝意義〕の第一の現象は、外部性と合致する。外部性は、有意味性そのものである。そして、ただ顔だけが、道徳性をまとって外部にあるのだ。こうした公現における顔は、内実を帯びた形態として、一つの像として光り輝くのではなく、背後にもはやなにもないような原理《プランシップ》〔＝根源〕の裸性として光り輝く。死者の顔は、形態に、デスマスクになり、なにかを窺わせることなくみずからを示すが、まさにそれゆえに、もはや顔として現れることはない。

　以上のことを、さらに別の仕方で言うこともできる。すなわち、外部性が存在者を存在者として定義するのであり、顔の意味作用〔＝意義〕は存在者と《意味するもの《シニフィアン》》の本質的な合致に由来するのではない。意義は存在者にあとから付け加わるのではない。《意味する《シニフィエ》》ことは、記号として現前することと同じではなく、みずからを表出すること、言い換えれば、その身みずから〔＝人格として〕現前することと同じである。記号の象徴体系は、すでに表出の意味作用を、顔を前提としている。顔において、存在者の最たるものが現前する。そして、身体全体が、手も、肩のカーブも、顔と同じように表出する〔＝人格として〕現前することができる。存在者の本源的有意味性――存在者がその身みずから表出すること、あるいは存在者が表出すること――、成型された像の外に存在者がたえず突き出る仕方が具体的に生起するのは、全面否定の誘惑としてであると同時に、無防備なあの目の、これ以上なく柔らかく、これ以上なく覆いを剥がされたものの頑強な抵抗のうちで、他なるものとしての他者を殺すことに無限に抵抗することとして、である。存在者としての存在者は、道徳性のうちにしか生起しない。あらゆる意味作用〔＝意義〕の源泉である言語は、顔の廉直さのまえで襲ってくる無限の目眩《めまい》のなかで生まれ、こうした顔の廉直さが殺人を可能にするとともに不可能にする。

顔の有意味性そのものである「殺人を犯してはならない」という原理は、〈エロス〉が冒瀆する神秘、《柔和なもの》の女性性のうちで告げられる神秘とは正反対にあるように思われる。顔のうちで〈他人〉は、その卓越性、高さと神性の次元を表出しており、〈他人〉はそこから降りてきている。〈他人〉の優しさのうちには、その力と権利が芽吹いている。女性性の弱さは、ある意味でいまだないものへの哀れみに誘うとともに、羞恥なく露出されるもの、露出されるにもかかわらず発見されないもの〔＝覆いを剥がされないもの〕、言い換えれば、冒瀆されるものへの不敬に誘う。

しかし、不敬は顔を前提としている。元基や事物は、尊敬と不敬の外側に身を置いている。裸性が煽情の無意味さを獲得しうるには、あらかじめ顔が看取されていなければならない。女性の顔は、この明るさと暗がりを併せもっている。《女性的なもの》という顔においては、混濁が明るさを攻囲し、すでに明るさのなかに侵入している。一見すると非社会的に見えるエロスの関係も、否定的な仕方であれ、社会的なものに準拠することになる。女性性による顔のこの逆転においても――顔に準拠したこの歪曲においても[*5]――無意味さは顔の有意味性のうちに身を置いている。このように、顔の有意味性のうちに無意味さが現前すること、ないし無意味さが有意味性に準拠すること――そこでは顔の貞節さと上品さが猥褻さとすれすれのところにあり、猥褻さはなおも押しのけられてはいるものの、すぐそこにあり、期待させるものとなっている――は、女性の美しさがもつ独自の出来事、そして美しさが《女性的なもの》のうちで獲得する卓越した意味がもつ独自の出来事である。だが、この卓越した意味を、芸術家は絵の具や石材といった血の通わない質料を切り刻むことで、「重力なき優美さ」[*6]に変えてしまうのであり、そこで美しさは、静謐な現前に、飛翔の至高性に、根拠《フォンドゥマン》のない実存に――というのも、それには基礎《フォンダシオン》がないから――なるだろう。芸術の美は、女性の顔の美しさを反転させる。芸術の美は、女性の美しさが告げるとともに隠している未来の、「無以下のもの」の混濁させる深さ（世界の深さではなく）のかわりに、一つの像《イマージュ》を対置する。芸術の美は、飛翔するなかで自分自身へと切りつめられ、深さを奪われた美しい形態を提示する。あらゆる芸術作品は、瞬間ないし瞬間の周期的回帰のなかで不動になった絵画であり、彫像である。詩は、女性の生のかわりに、リズムを対置する。美しさは、神秘を隠しもつ形態ではなく、無感動な質料を覆う形態と化す。

このように、エロス的裸性は、逆向きの意味作用〔＝意義〕、間違って意味する意味作用、熱と夜に転換した明るさ、自己を表出するのをやめ、表出と発話を放棄したことを表出する表出、沈黙の両義性に陥る表出のようなものとなる。この発話は、意味を語るのではなく、露出を語るのだ。これこそが、エロス的裸性がもつ煽情性そのものなのである——シェイクスピアの魔女たちの集会で沸き起こる、ほのめかしに満ち、発話の上品さを超え出た、あらゆる真剣さや発話の可能性の不在としての笑いであり、「両義的な〔＝いかがわしい〕話」の笑いであって、そこでの笑いのメカニズムは、例えばベルクソンが『笑い』で取り出したような滑稽さの形式的諸条件だけに属するわけではない。[*7] 真剣さが完全に欠けた秩序に私たちを連れていくような内実が、こうした形式的諸条件に付け加わる。《愛された女性》は、私の意志と闘争する意志や、私の意志に服従した意志として私と対立するのではなく、反対に、本当の発話を語らない無責任な動物性として私と対立する。責任のない幼少期の地位に戻った《愛された女性》、あの媚びた表情、あの若さ、「少し愚かな〔＝動物的な〕」あの純粋な生は、人格《ペルソンヌ》の身分を離れてしまっている。顔は、色あせ、非人称的で非表出的な中性性をまとったまま、動物性へと曖昧に延びていく。他人との関係が戯れの対象となる——幼獣と戯れるように、ひとは他人と戯れるのである。

つまるところ、煽情の無意味さは、質料のぼんやりとした無関心と同じものではない。表出を喪失したものの表出を裏返しにしたように、この無意味さはそれ自体が顔に向かわせる。顔において自己同一的なものとして現前する存在は、冒瀆された秘密との関わりによって意義を喪失し、両義性を演じる。両義性が《女性的なもの》の公現をかたちづくっている――《女性的なもの》は、同時に対話者であり、協力者であり、きわめて知性に満ちた師であって、参入した男性文明のなかで頻繁に男性を支配し、文明社会の不可侵の規則にもとづいて、女性として扱われるべき女性である。まったき廉直さであり、率直さである顔は、女性的な公現のうちに、さまざまな暗示やほのめかしを隠しもってもいる。顔は、自分自身の表出のかげで忍び笑いをし、いかなる明示的意味にも導かず、空虚のうちで暗示し、《無以下のもの》を表示するのだ。

こうした啓示の暴力は、まさに、この不在の、この《いまだ……ない》の力を、すなわち羞恥や隠されたものという本質から大胆に引き剝がされた、この《無以下のもの》の力を示している。未来より遠くにある《いまだ……ない》、時間的であって、無のうちにもいくつかの段階があることを証明する《いまだ……ない》である。つまり、〈エロス〉とは、あらゆる投企、あらゆる力学を超えた歓天喜地であり、根本的な慎みのなさであり、冒瀆であって、光輝や意味作用〔＝意義〕としてすでに実存しているものを暴露することではない。したがって、〈エロス〉は顔の彼方に向かう。とはいえ、それは、顔が別の顔の仮面であるかのように、上品さを介して、さらになにかを覆い隠している、ということではない。エロス的裸性の羞恥なき出現は、顔を鈍重にし、顔に投げかけられる無意味の影をまとって怪物じみた重さをなすが、それは顔の背後からまた別の顔が現れることになっているからではなく、《隠されたもの》が羞恥から引き剝がされるからである。《隠されたもの》であって、隠された存在者や、存在者の可能性ではない。《隠されたもの》、いまだないものであり、それゆえ何性《キデイテ》を完全に欠いたものである。愛は単に、より遠回りの道や、よりストレートな道を通ることで〈君〉に導くのではない。愛は〈君〉と出会う方向とは別の方向に進んでいくのだ。《隠されたもの》――決して十分に隠されるということがない《隠されたもの》――は、人格的《ペルソネル》なものの彼方にあり、その裏返しのように光に逆らっており、存在と無の戯れの外部にある範疇であって、可能事の彼方――というのも、絶対につかむことができないから――にある。可能事の彼方という《隠されたもの》の様態は、恋人たちの社会がもつ非社会性のうちに、恋人たちが自分の身を委ねながらも身を引き渡すことの拒否のうちに、官能を構成する身を引き渡すことの拒否のうちに現出する。官能は自分自身の飢えによって養分補給され、《隠されたもの》ないし《女性的なもの》に、《非‐人格的なもの》に目眩《めまい》を覚えながら近づいていくが、《人格的なもの》がこの《非‐人格的なもの》に陥ることはないだろう。

官能のうちで、愛する者どうしのあいだに打ち立てられる関わりは、普遍化に根本的に逆らっており、社会的な関わりとは正反対のものである。この関わりは、第三者を排除し、内密性、二人だけの孤独、閉じた社会、《非‐公共的なもの》の典型であり続ける。《女性的なもの》とは、〈他者〉であり、社会に逆らっていて、二人の社会、内密な社会、言語なき社会の成員である。このような社会の内密性を記述しなければならない。なぜなら、官能が

《無《ノン》意味なもの》と取り結ぶ比類なき関係は、ある複合体をなしており、この複合体は、こうした無〔*non*（＝否）〕の繰り返しに帰着するのではなく、こう言ってよければ、未来と《いまだない》もの（そして、単に可能事の身分で居続ける存在者ではないもの）を規定するさまざまな肯定的特徴に帰着するからである。

官能を《社会的なもの》に還元することの不可能性――官能が通じている無意味さ、官能を語らんとする言語の下品さのうちに現出する無意味さ――によって、恋人たちは世界に自分たちしか存在していないかのように孤立する。世界を単に否定するだけではない孤独であり、単に世界を忘れているだけではない孤独である。官能が成就する《感じるもの》と《感じられたもの》の共同作用が、カップルの社会を囲い、閉じ、それに封をする。官能の非社会性とは、肯定的には《感じるもの》と《感じられたもの》の共同体である。他者は、単に《感じられたもの》ではなく、あたかも同じ感情が私《モワ》と他者に実質的に共通しているかのように、《感じられたもの》のなかに《感じるもの》が明確に現れる。だが、それは二人の観察者が共通の風景を目にしていたり、思考する二人の人間が共通の観念をもったりするような仕方で、そうなのではない。ここでは同一の客観的内実が共同体を媒介しているわけではないし、感じることの類比に共同体が由来しているわけでもない。この共同体は、感じることの自己同一性に由来するのだ。「与えられた」愛が「受けとられた」愛に準拠すること、愛を愛すること、すなわち官能は、反省のような第二段階における感情ではなく、自発的意識と同じく廉直なものである。官能は、内密でありながら相互主観的に構造化されていて、単一の意識にまで単純化されるわけではない。官能における〈他者〉は、私《モワ》であり、かつ私から分離されている。感じることのこの共同体のただなかで〈他者〉が分離されていることが、官能の鋭さをなす。官能がもつ《官能的なもの》は、〈他者〉の飼いならされた自由、物象化され、対象化された自由ではなく、〈他者〉の飼いならされざる自由であり、私はこの自由が対象化されることなど、まったく欲望していない。だが、この自由が欲望されて官能的であるのは、顔の明るさにおいてではなく、闇においてであり、あたかも《隠匿的なもの》の悪徳において、あるいは、発見された〔＝覆いを剝がされた〕にもかかわらず隠匿的なものとして維持される未来、それゆえまさに避けがたく冒瀆である未来においてである。所有ほど〈エロス〉から遠く隔たったものはない。〈他人〉を所有する際、私は私を所有するかぎりでの他人を所有するのであり、私は奴隷であると同時に主人である。所有においては、官能は消え去ってしまうだろう。だが、他方で、官能が非人格性を有することから、私たちは愛する者どうしの関わりを相補性とみなすことも禁じられている。したがって、官能は他人ではなく他人の官能を目指す〔＝思念する〕のであり、官能とは官能の官能、他者の愛を愛することである。それゆえ、愛は友愛《アミティエ》の個別事例を表しているのではない。愛と友愛は、単に異なる仕方で感得されるだけではない。それらの相関者が異なるのだ。友愛は他人に向かうが、愛が探し求めるのは、存在者の構造をもたないものであり、無限に未来のもの、生み出されるべきものである。私が十全な仕方で愛するのは、他人が私を愛する場合に限られる。それは、私が〈他人〉による承認を必要としているからではなく、私の官能が

〈他人〉の官能を喜ぶからである。そして、かかる同一化[*8]の比類なき接続状態《コンジョンクテュール》のうちで、この超‐実体化〔*trans-substantiation*〕のうちで、〈同〉と〈他〉が混ざり合うのではなく、まさに——あらゆる可能な投企を超えて——有意味かつ知解的なあらゆる権能を超えて、〈同〉と〈他〉が子どもを生み出すからである。

愛することが、〈愛された女性〉が私に向ける愛を愛することだとすれば、愛することはまた、愛のうちで自分を愛し、そうやって自己に戻ることでもある。愛は両義性なしに超越するわけではない——愛は楽しみを見いだすのであって、快楽であり、二人のエゴイズムである。だが、愛は、この自己満足のうちで、同じく自己からも遠ざかっている。愛は、もはやいかなる意味作用によっても照らし出されることのない他性の深さ——露出され、冒瀆された深さ——を超えた目眩《めまい》のなかに身を置く。他者であると同時に私自身でもある子どもとの関係——子どもを欲すること——は、官能のうちですでに描かれており、子ども自身のうちで成就する〈欲望〉は目的のうちで消え去ることも、充足のうちで和らげられることもなく成就しうるが、それと同様である）。いまや私たちは新しい範疇をまえにしている。すなわち、存在の扉の背後にあるもの、エロスが否定性から引き剝がしてきて冒瀆する《無《リヤン》以下のもの》をまえにしている。これは、不安の無《ネアン》とは区別される無、《無以下のもの》の秘密のなかに埋められた未来の無である。

＊1　ステファヌ・マラルメ（一八四二―九八年）の詩「半獣神の午後」（一八七六年）からの引用（『マラルメ詩集』渡辺守章訳、岩波書店（岩波文庫）、二〇一四年、八二頁を参照）。

＊2　レヴィナスは、捕虜収容所で記したメモで、文学上でなすべき仕事として「⑴悲しき豪奢（Triste opulence）、⑵非現実性と愛（L'irréalité et l'amour）」を挙げている（『レヴィナス著作集1　捕囚手帳ほか未刊著作』三浦直希・渡名喜庸哲・藤岡俊博訳、法政大学出版局、二〇一四年、八九頁）。いずれもレヴィナスが構想していた小説のタイトルだと思われるが、遺稿から判断するかぎり、後者の「非現実性と愛」は『ヴェプラー家の奥方（*La Dame de chez Wepler*）』と改題された可能性が高い。これらの小説の遺稿は、『レヴィナス著作集3　エロス・文学・哲学』（渡名喜庸哲・三浦直希・藤岡俊博訳、法政大学出版局、二〇一八年）に収められている。

＊3　ゲーテ『ファウスト　第二部』（一八三三年）の末尾に登場する表現。「永遠なる女性は／われらを引きて昇らしむ」（『ファウスト　第二部』相良守峯訳、岩波書店（岩波文庫）、一九五八年、四九五頁）。

＊4　ボードレール『新・悪の華』（一八六六年）第八番「深淵」からの引用。「――ああ！　もろもろの〈数〉および〈存在〉からかつて脱け出さぬこと！」（『ボードレール全詩集Ⅰ』阿部良雄訳、筑摩書房（ちくま文庫）、一九九八年、三八二頁）

＊5　ポッシュ版は、Cette présence de la non-signifiance dans la signifiance du visage の dans la signifiance を誤って削除している。

＊6　「重力なき優美さ（grâce sans pesanteur）」は、シモーヌ・ヴェイユ（一九〇九―四三年）の遺稿のタイトル『重力と恩寵（*La pesanteur et la grâce*）』（一九四七年）を想起させる。なお、レヴィナスは、ユダヤ教や聖書の解釈をめぐって、しばしばヴェイユに対して批判的なスタンスをとっている。「聖書に反抗するシモーヌ・ヴェイユ」（一九五二年）、「神よりもトーラーを愛すること」（一九五五年）などを参照（いずれも『困難な自由』（増補版・定本全訳）、合田正人監訳、三浦直希訳、法政大学出版局（叢

書・ウニベルシタス)、二〇〇八年所収)。

＊7　ベルクソンは『笑い』(一九〇〇年)の冒頭で、「おかしみ」を構成する要素として、固有の意味で人間的であること、笑いにともなう無感動、集団であることの三点を挙げている。「我々の予備的な三つの観察が寄り集まる点をはっきりマークしておこう。おかしみというものは、おもうにグループとなって集まっている人びとが、彼らの感性を沈黙させ、ただ彼らの理智のみを働かせてその全注意を彼らのうちの一人に向けるときに生まれるものであろう」(『笑い』(改版)、林達夫訳、岩波書店(岩波文庫)、一九七六年、一七頁)。「笑いのメカニズム(mécanisme)」というレヴィナスの表現は、ベルクソンが具体的に分析した「生けるものの上に貼りつけられた機械的なもの(*du mécanique plaqué sur du vivant*)」(同書、四二頁)を想起させる。

＊8　ドイツ語訳は、私と〈他人〉との単なる合致、〈同〉による〈他〉の吸収などと区別するために「同一化」を引用符に入れているが、この相違は文脈から明らかだと思われるので従わない。

C　繁殖性

秘密を犯す冒瀆は、顔の向こうに、この顔が表出しているかもしれない別のより深遠な自我を「発見する〔＝その覆いを剝ぐ〕」のではない。冒瀆は子どもを発見する。ある全面的な超越――超‐実体化の超越――によって、自我は、子どものうちで、他者である。父性は、自己の自己同一化でありながらも、自己同一化のうちなる区別――形式論理では予見できない構造――でもある。青年期の著作でヘーゲルは、子どもとは両親である、と述べることができた。*1 また、シェリングは『世界年代』のなかで、神学的必要性のために、子であること《フィリアリテ》を〈存在〉の自己同一性から演繹することができた。*2 父性のうちで成就する関わりがもつ意味は、父が子どもを所有することに尽きるわけではない。父性において、父は単に息子の立ち居振る舞いのなかに自分自身を再発見するだけでなく、息子の実質、唯一性のなかにも自分自身を再発見する。私の子どもは、一人の異邦人《エトランジエ》であるが（『イザヤ書』第四九章）、*3 単に私の《モワ》ものであるだけではない。なぜなら、私の子どもは私であるからだ。それは自己《ソワ》と無縁《エトランジエ》であるような私《モワ》である。単に私の所産《ウーヴル》、私の創造物ではない。たとえ私がピュグマリオンのように私の作品《ウーヴル》が生き返るのを見るに違いなかったとしても、そうなのだ。*4 官能のなかで欲された息子は、活動に差し出されるわけではなく、権能に合致しないものであり続ける。いかなる予期も、息子を表象することはないし、息子を――今日言われるように――投企するわけでもない。新奇で目新しいものとして創出されたり創造されたりした投企であっても、孤独な脳髄から抜け出して照明し、了解する。こうした投企は、光に解消され、外部性を観念に変換する。したがって、権能とは、権利上、私の観念に解消される世界のうちに現前することとして定義できる。ところで、可能事の彼方から、さまざまな企図の彼方から子どもの未来が到来するには、《女性的なもの》としての〈他人〉との出会いが必要である。この関係は、無限の観念について記述された関係と似ている。光に満ちた世界を独力で説明するのとは違って、私は無限の観念を独力で説明できないのだ。こうした未来は、アリストテレス的な種子[*5]（存在以下のもの、より小さい存在）でもなければ、存在そのものを構成しはするが未来との関わりを主体の権能に変形させてしまうハイデガー的な可能性でもない。私のものであると同時に私のものではなく、私自身の可能性であるが〈他者〉の、〈愛された女性〉の可能性でもある――私の未来は、可能事の論理的本質には回収されない。さまざまな可能事に対して行使される権能には還元不可能な、このような未来との関係を、私たちは繁殖性〔fécondité〕と呼ぶ。

　繁殖性は〈自己同一的なもの〉の二元性を含んでいる。繁殖性は、私がつかみうるすべてを――私の全可能性を――指しているのではない。繁殖性が指しているのは、〈同〉の未来ではないような私の未来である。これは新たな分身ではない。自己同一性の残滓に、細い糸を握りしめる自己同一性に、数々の分身の連続性を保証するような自我に到来しうる一つの歴史や出来事ではないのだ。だがしかし、これは依然として私の冒険《アヴァンテュール》であって、それゆえ、非連続性があるにもかかわらず、きわめて新しい意味での私の未来である。官能は、脱自的に自我から人格を奪うのではなく、相変わらず欲望であり、相変わらず探求であり続ける。官能は、そっくりそのまま私《モワ》に――私の老いや私の死に――戻ってくることはないとはいえ、なんらかの終着点のうちで消え去り、私《モワ》のうちにあった起源と訣別して、この終着点に吸収されてしまうわけではない。主体としての、権能の支持体としての自我によって自我の「概念」が尽くされるわけではないし、かかる自我が主体性、起源、自己同一性といったものが生起するすべての範疇に指令を与えているわけでもない。無限の存在、言い換えれば、つねに再開する存在、そして主体性なしでは済ませられない存在——なぜなら、主体性がなければ再開することはできないから——は、繁殖性のかたちをとって生起するのだ。

子どもとの関係——言い換えれば、権能ではなく繁殖性であるような〈他者〉との関係——は、絶対的な未来ないし無限の時間と関わらせる。可能事がもつ不確定性は、それでもこの可能事をつかむ自我の固定性の痕跡をはらんでいるが、これから私がなろうとする他者は、こうした不確定性を有するわけではない。権能においては、可能事がもつ不確定性は自我の繰り返しを排除せず、自我はこの不確定な未来へと冒険しながらも、両足で着地して無事に切り抜け、自己に釘づけにされたまま、見せかけだけの超越であることを白状する。こうした超越においては、自由は一つの運命を描いているにすぎないのだ。プローテウス[*6]がどれほど多種多様な形態をまとったとしても、彼は自己同一性から自由にならない。繁殖性においては、こうした反復の退屈さは停止し、自我は他なるもの、若きものとなるが、こうした自己放棄にあっても、存在にその意味と方向づけを与えていた自己性が失われることはない。繁殖性は、老いを生み出すことなく歴史を継続する。無限の時間は、老いゆく主体に永遠の生をもたらすわけではない。無限の時間は、諸世代の非連続性を通じてより良くなるのであり、子どもの汲み尽くしえない若さが、この時間に際立った拍子を与えるのだ。

繁殖性のうちで、自我は光の世界を超越する。それは、《ある》の無名態のなかに溶解するためではなく、光よりも遠いところに、ほかの場所に向かうためである。光のなかに身を置くこと、見ること――つかむよりもまえにつかむこと――は、まだ「無限に存在すること」ではなく、より年老いた自己に、言い換えれば、自己がつめこまれた自己に回帰することである。無限に存在することは、次のような自我のかたちをとって生起することを意味する。すなわち、この自我は、つねに起源にありながらも、自分の実体を更新することに障害を――たとえそれが自分の自己同一性そのものから生じる障害だとしても――見いださないような自我なのだ。哲学的概念としての若さ〔jeunesse〕が、こうして定義される。繁殖性における息子との関係は、光と夢、認識と権能からなる閉じた広がりのなかに私たちを押しとどめるわけではない。息子との関係が関節になって、絶対的に他なるものの時間――なにかをなしうる者の実体そのものの変質、その超－実体化――を組み立てている。

無限の存在は分離した存在に閉じこめられた可能性ではないということ、そうではなく無限の存在は繁殖性として生起するということ、つまりは〈愛された女性〉の他性に訴えるということ――このことは汎神論の空しさを示している。人格的自我は、繁殖性のうちで自分自身の帳簿を見いだす。このことは、非人間的で無名の、中性的な《聖なるもの》の超越が人々〔＝人格〕を無や脱自で脅かすような恐怖の終焉を示している。存在は、多様なものとして、〈同〉と〈他〉に分割されたものとして生起する。これが存在の究極的な構造である。存在とは、社会であり、それゆえ時間である。こうして、私たちはパルメニデス的な存在の哲学から抜け出る。哲学それ自体が、こうした時間的《タンポラル》[*7]成就の一契機であり、つねに他者を宛先とする言説である。いままさに私たちが提示しているこの哲学も、それを読みたいと思うひとたちを宛先としている。超越とは、時間であり、〈他人〉に向かっている。だが、〈他人〉は終着点ではない。〈他人〉が〈欲望〉の運動を停止することはないのだ。〈欲望〉が欲望する他者は、それもまた〈欲望〉であり、超越は超越する者に向かって超越する——これこそが、父性[*8]、超‐実体化の真の冒険であり、それによって、主体が避けがたく老衰していくなかで可能事がただ単に更新されるだけという事態が乗り越えられる。超越——《他人のため》〔le pour autrui〕——、顔の相関者である善性は、より深遠な関係、すなわち善性の善性の基礎になる。繁殖性を生み出す繁殖性が、善性を成就する。すなわち、贈与を課す犠牲を超えた、贈与する権能の贈与であり、子どもを懐胎することである。本書の冒頭で私たちが欲求と対置した〈欲望〉、不足ではないような〈欲望〉、分離した存在の自存性であり、その超越であるような〈欲望〉が、ここで成就する。それも、みずからを充足させ、そうして自分が欲求であったことを明かすことによってではなく、みずからを超越すること、〈欲望〉を生み出すことによってである。

訳注

*1　イエスがみずからを「神の子」と呼び、「神の子」としての自己を「人の子」としての自己に対置し

ていることについて、ヘーゲルはこう述べている。「〔この場合の〕子の父に対する関係は、心術の統一や一致、原則の等しさなどという類いの概念的統一ではない。すなわち、単なる思念されたものにすぎない、生けるものからの抽象にすぎないような統一ではなくて、生けるもの同士の生ける関係であり、生の親しさなのである。それは、同一の生のとる諸様態にほかならないのであって、本質上の対立ではなく、絶対的な実体が複数あることではない。それゆえ「神の子」は、その父と本質において同一なのであるが、ただそれぞれの反省のはたらきにとっては、しかもそうしたはたらきにとってのみ、それは〔差別された〕一つの特有の実在なのである」（G・W・F・ヘーゲル『キリスト教の精神とその運命』伴博訳、平凡社（平凡社ライブラリー）、一九九七年、一八四頁）。

＊2　「〔…〕子のたんなる現実存在によって、直接に、父そのものではなく、諸力の無差別と閉鎖性へと向かう父の統一が、父自身においてではないが、子への関係において存在しないものとして置かれるのである。自己自身においては存在しながら、他者への関係において存在しないものとみなされるものは、過ぎ去ったものとして位置づけられる。それゆえ、子の産出によって、父それ自身の暗い根源力が過去へと後退し、子への関係において過ぎ去ったものとして認識されるのである」（シェリング「諸世界時代　第一巻　過去（第一草稿　一八一一年）」山口和子訳、『シェリング著作集』第四b巻「歴史の哲学」文屋秋栄、二〇一八年、六八頁）。

＊3　「あなたは心に言うであろう／誰がこの子らを産んでわたしに与えてくれたのか／わたしは子を失い、もはや子を産めない身で／捕らえられ、追放された者なのに／誰がこれらの子を育ててくれたのか／見よ、わたしはただひとり残されていたのに／この子らはどこにいたのか、と」（『イザヤ書』四九・二一）。

＊4　ピュグマリオンは、ギリシア神話の人物で、キプロス島の王。みずから彫刻した女性の像に恋して、人間になることを願った。アプロディテが彼の願いに応えて像を生きた女性に変え、ピュグマリオンは彼

女を妻にした。

*5 生殖発生の始動因としての「精液、種子（σπέρμα）」については、アリストテレス『動物発生論』第一巻第二一章（島崎三郎訳、『アリストテレス全集』第九巻、岩波書店、一九六九年、一三八頁以下）などを参照。

*6 プローテウスは、海の老人と呼ばれるギリシア神話の海神で、あらゆるものに姿を変える力をもつ。

*7 第Ⅲ部Cの訳注*18を参照。

*8 ドイツ語訳に従って、la paternité de la trans-substantiation の paternité のあとにカンマを入れる。

D　エロスにおける主体性

《愛する者》と《愛された女性》の一致としての官能は、両者の二元性を糧《かて》にしている。すなわち、融合であると同時に区別なのだ。二元性を維持することは、愛のうちで、《愛する者》のエゴイズムが、受け入れられた愛から承認の証しを集めたいと欲することを意味してはいない。ひとが私を愛してくれるのを愛することは、志向ではないし、自分の官能を思考する主体、つまりは《感じられたもの》の共同体の外部にある主体が有する思考でもない

（官能を脳内に拡大適用することができるとしても、また相互性の欲望が愛する者どうしを官能に導くとしても）。官能は主体自身を変貌させるのであり、それ以後、主体はみずからの自己同一性を、なにかをなしうる主導性からではなく、受け入れられた愛の受動性から引き出してくる。主体は、情熱〔＝受難〕かつ混乱であり、主導性〔*initiative*〕であるよりも、むしろ神秘へのたえざる入門儀式〔*initiation*〕である。個体を土台および主体〔＝基体〕とするような上部構造として、〈エロス〉を解釈することはできない。官能における主体は、ある他者の自己（他者の対象や主題という意味ではない）として自分を再発見するのであって、単に自己自身の自己として再発見するわけではない。《肉感的なもの》や《柔和なもの》との関係が、まさにこうした自己をたえず再出現させる。主体の混乱は、主体としての統御《メトリーズ》によって受けとめられるのではなく、まさにそれこそが主体の《柔和な感傷》であり、主体の女性化であって、これを英雄的で雄々しき自我は「真面目な物事」とは際立った対照をなす物事の一つのように思い出すことになる。エロス的関係には、定位に由来する主体性の特徴的な方向転換がある、すなわち、定位することで《ある》の無名態を停止し、光を開示する実存様式を規定していた雄々しき英雄的な自我の方向転換がある。光のうちでは自我のさまざまな可能性の戯れが作動し、この戯れのなかで、起源が自我というかたちをとって存在のなかに生起する。そこで存在は、ある全体性の決定事項として生起するのではなく、たえざる再開として、つまりは無限として生起する。しかし、主体のうちに起源が生起することは、権能をものともしない老いと死が生起することでもある。自我は、自己に回帰し、どれほど再開を繰り返しても、みずからを〈同じもの〉として再発見するのであり、孤独なまま両足で着地して無事に切り抜け、不可逆的な運命を描き出すだけである。自己の所有は、自己をつめこまれることと化す。主体は自分自身にのしかかり、自己自身を所有物として引きずっていく。定位する主体の自由は、風のように自由な存在の自由とは似ても似つかない。定位する主体の自由は、責任を含意する――このことは、ひとを驚かせるに違いないだろう。責任という非自由以上に自由と対立するものはないからだ。しかし、自由と責任の一致が、自己によって二重化され、自己がつめこまれた自我を構成しているのである。〈エロス〉は、こうしたつめこみ状態から解放し、自我が自己に回帰するのを停止する。〈エロス〉において自我は他人と結合して消滅するわけではないが、所産《ウーヴル》をつくり出すわけでもない。たとえピュグマリオンの作品《ウーヴル》のように完璧なものだったとしても、それは死んだ所産であり、自我が冒険の果てに再発見する自分の老いに、自我をただ一人委ねることになる。〈エロス〉は、単に主体の思考を対象や顔の彼方に広げていくわけではない。〈エロス〉は、いまだない未来、私がつかむことのない未来に向かうだけでなく、私がこれからなろうとする未来に向かう――もはや〈エロス〉は、オデュッセウスのように、あらゆる冒険を経ても自分の島に帰ってくる主体という構造をもっていない。自我は、回帰することなく身を投げ出し、ある他者の自己として、みずからを再発見する。自我の快楽や苦しみは、共感や同情によるのではなく、他者の快楽の快楽、ないしは他者の苦しみの快楽になる[*1]。自我の未来は、更新する必要があった過去のうえに降りかかるわけではない――表象や権能を下支えすることではなく、繁殖性のうちで絶対的に超越することを特徴とする主体性を介して、自我の未来は絶対的な未来であり続けるのだ。「繁殖性の超越」は、志向性の構造をもたない。なぜなら、この超越は自我の権能のうちに宿ってはいないからであり、《女性的なもの》の他性がこの超越に結びついているからである。エロス的主体性は、《感じるもの》と《感じられたもの》の共同行為のうちで、ある〈他者〉の自己として構成されるのであり、まさにそのことから、〈他者〉との関係のただなかで、顔との関係のただなかで構成される。たしかに、この共同体では、ある両義性が作動している。すなわち、〈他者〉は、私自身によって生きられたものとして、私の享受の対象として差し出されるのである。だからこそ、エロス的な愛は、すでに述べたように欲望の彼方と欲求の手前で揺れ動くのであり、エロス的な愛の享受は、生における他のすべての快楽や喜びのなかに場を得るのである。しかし、エロス的な愛は、同時に、あらゆる快楽、あらゆる権能の彼方に、〈他者〉の自由とのあらゆる戦いの彼方に場を占めてもいる。なぜなら、愛する主体性は超実体化そのものであり、二つの実体のあいだのこの比類なき関係――そこでは実体の彼方が露出している――は父性のうちに溶けこんでいるからである。「実体の彼方」は、権能に差し出されて自我を堅固にするのではないし、非人称的なもの、中性的なもの、無名のもの――下部人格的なもの、ないし上部人格的なもの――を存在のなかに生み出すわけでもない。この未来は依然として人格的なものに準拠しているが、それでもこの人格的なものから自由になっている。この未来とは、子ども、ある意味では私のものであり、より正確に言えば私自身ではないが私であって、この未来は、私の過去のうえに降りかかってそこに接合され、一つの運命を描き出すのではない。繁殖性の主体性は、もはや〔通常の意味での主体性と〕同一の意味をもっていない。欲求としての〈エロス〉は、論理的な意味で自分自身と自己同一的な主体に結びついている。しかし、エロス的なものが繁殖性を通じて不可避的に未来に準拠していることは、これとは根本的に異なる構造を明らかにする。主体とは、単に主体が今後おこなうであろうすべての事柄の総和ではない。主体は、他性とのあいだで他者を主題として所有するような思考の関係を取り結ぶわけではないし、他人に呼びかける発話の構造ももっていない。主体は自分自身であり続けながらも自分自身とは他なるものになるのであって、それも以前の分身と新しい分身に共通の残滓を通じてそうなるわけではないのだ。繁殖性によるこうした他者化《アルテラシオン》および自己同一化――可能事と顔の彼方での――が、父性を構成する。父性において、欲望は満たされえない欲望として――言い換えれば、善性として――維持され、成就する。この欲望は、みずからを充足させることで成就することはできない。〈欲望〉が成就することとは、善良な存在を生み出すこと、善性の善性であることに等しい。

〈エロス〉を起点として生起する主体性の自己同一性の構造は、私たちを古典的論理の諸範疇の外に連れていく。たしかに、自我は、自己同一性の最たるものでありながらも、自我の背後にまたもう一つの自我が姿を見せるといった具合に、しばしば自己同一性の余白に見いだされてきた。思考は自分の声を聴いている。ムーサであれ、霊《ジェニ》であれ、ソクラテスの守護霊《ダイモーン》であれ、ファウストのメフィストフェレスであれ、彼らは自我の奥底で話し、自我を導いているのだ。また別の場合には、絶対的な始まりの自由は《非人称的なもの》や《中性的なもの》の隠然とした諸形態に服従していることが明かされる。ヘーゲルの《普遍的なもの》、デュルケームの《社会的なもの》、私たちの自由を指揮する統計的諸法則、フロイトの無意識、ハイデガーにおいて《実存的なもの《エグジスタンシエル》》を下支えしている《実存論的なもの《エグジスタンシアル》》が、そうである。こうした概念は、どれも自我の多種多様な能力のあいだの対立を表しているのではない。そうではなく、かならずしも自我と対立するわけではないが敵のような様相を呈しうる異質な原理が、自我の背後に現前することを表している。こうした影響力に、私以外のなにものにもなりたくないと願うテスト氏[*2]は対立している。この場合の私は、これらのあらゆる主導性の絶対的起源にあり、とるべき行動を耳打ちしてくる人格も存在体も、その背後には存在しない。私たちの議論展開は、こうしたテスト氏の絶対的自我とは区別される主体の概念を導入しなければならないが、かといって、自我の背後にある自我、意識的自我には知られておらず、意識的自我に新たな障害をもたらすような自我を肯定することには向かわない。〈自我〉は、まさに自分自身として、女性性における〈他人〉との関係によって、みずからの自己同一性から自由になり、起源としての自己を起点としながら他なるものでありうる。〈自我〉というかたちをとって、存在は無限に再開するものとして、言い換えれば、厳密な意味での無限なものとして、生起することができるのである。

　繁殖性の概念は、自我が一つの偶発事として到来するような、まったく客観的な種《エスペス》の観念には従わない。あるいは、こう言ってよければ、種の統一性は、起源という出来事——そこでは自我の存在が《力を‐発揮する》〔s'é-vertue〕——を放棄していない自我の欲望から演繹される。繁殖性は自我の劇そのものの一部をなすのだ。繁殖性の概念を通して得られる《相互主観的なもの》が開示する次元では、自我が、自己に回帰する悲劇的なエゴ性を脱ぎ捨てながらも、単純に《集団的なもの》のうちに溶解することもない。繁殖性があかしだてている統一性は、多様性に対立するのではなく、語の正確な意味で、多様性を生み出すのである。

訳注

*1　原文は、plaisir de sa douleur となっている。「共感（sympathie）」が「他者の快楽の快楽」を指すとすれば、それと対になっている「同情（compassion）」は「他者の苦しみの苦しみ（douleur de sa douleur）」であるべきだと思われるが、原文どおりに訳しておく。

*2　ポール・ヴァレリー（一八七一－一九四五年）『ムッシュー・テスト』（一八九六年）の「詩」と題された断章を参照。「おお　わが「精神」よ！／しかしわたしは思いあたる、おお　わが「精神」よ、／きみをすでに、まったく別な愛しかたで愛していたということに！／きみは、他人たちではなく、きみ自身のことをきみに想い起こさせ、／そしてきみはますます、他の何者にも類似しなくなってゆく。／ますますいよいよ同じ者に、ますますわたしと同じ者になってゆく。／おお「わたしの精神」よ——しかしそれはまだ、まったく「自己」ではない！」（『ムッシュー・テスト』清水徹訳、岩波書店（岩波文庫）、二〇〇四年、一〇六－一〇七頁）。また「ムッシュー・テストの肖像のために」と題された章には、「絶対的な自己（*moi absolu*）」という表現が現れる（同書、一三六頁）。

E　超越と繁殖性*1

古典的な考え方では、超越という観念は自己矛盾している。超越する主体は、超越のなかにみずからを運び去る。つまり、主体は自分を超越してはいないのだ。超越が、特性や気候や水準の変化に還元されるのではなく、主体の自己同一性そのものを巻きこむとしたら、私たちは主体の実体上の死に立ち会うことになってしまう。

なるほど、死こそが超越そのものなのではないか、と問うことはできる。この世界の諸要素、すなわち単なる分身——そこに変化があるとしても、それは永続的な項を単に変形させるだけであり、つまりはこの項を保護し、前提としている——のなかにあって、死は超実体化の生成という例外的な出来事を表しているのではないか、と問うことはできる。この出来事は、無に戻ることなく、自己同一的な項の存続によるのとは別の仕方で、この項の連続性を保証するのだ。しかし、このことは、超越という「疑わしい概念」を定義することと同じになってしまう。超越の概念は、私たちの論理の基盤を揺るがしてしまう。

実際、私たちの論理は、〈一なるもの〉と〈存在〉のあいだの断ちがたい絆に依拠している。この絆が考察にとって重きをなすのは、私たちが《実存すること》を、つねに一つの単一な実存者のなかで考慮するからだ。《存在すること》としての存在は、私たちにとってモナドである。西洋哲学のなかに多元的様態《プリュラリスム》が現出するときには、それは実存する主体たちの多元性《プリュラリテ》でしかない。これらの実存者の《実存すること》のなかに多元的様態が現れたことは一度もなかったのだ。《多元的なもの《プリュリエル》〔＝複数形〕》は、諸存在の実存の外部にあって、数える主体に数として与えられており、すでに「私は考える」の総合に従属している。統一性だけが存在論的特権を保ち続けている。数量なるものは、西洋のあらゆる形而上学に表層的範疇という軽蔑を抱かせている。それゆえ、超越それ自体も、一度も深遠なものになることはない。超越は、「単なる関係」として、存在するという出来事の外側に位置づけられる。意識は、次のような《実存すること》の類型そのものとして現れる。すなわち、そこには《多様なもの》があるが、総合によってもはやないものとなり、それゆえ超越も単なる関係として、存在以下のものになるのだ。対象は主体の出来事に転換される。光――認識の元基――は、私たちが出会うすべてを私たちのものにする。認識が脱自的な意義を獲得するときでも、そしてレオン・ブランシュヴィックのような人物にとってそうであるように、精神的自我が、自分を拒否することで措定され、自分のエゴイズムを否定し、寛大なものとなってその人格性をたしかなものにするときでも、認識はスピノザ的統一性に行き着くのであり、かかる統一性に対しては、自我は一つの思考にすぎない。[*2] そして、超越の運動と称されるものも、想像上の流謫からの回帰に還元されてしまう。

《実存すること》を《不変のもの》の永続性のうちに固定するかわりに時間として分節化する生成の哲学は、超越を損なう《一なるもの》の範疇から解き放たれようとする。未来の湧出ないし投企は超越する。単に認識によってではなく、存在の《実存すること》そのものによって超越するのだ。《実存すること》は、実存者の統一性から自由になる。〈存在〉のかわりに〈生成〉を置くことは、なによりもまず存在を存在者の外側で考慮することである。持続における瞬間どうしの相互浸透、未来への開かれ、「死に臨む存在」——これらは統一性の論理に従わない《実存すること》を表現するいくつかの手段である。〈存在〉と〈一なるもの〉からのこの分離は、可能事を復権することで得られる。可能性は、もはやアリストテレス的な現実態の統一性にもたれかかることなく、みずからの力学の多様性そのものを隠しもっており、これまでは成就された現実態のかたわらで貧しいものだった可能性は、いまでは現実態より豊かなものになっている。しかし、可能事は、すぐさま〈権能〉や〈支配〉に変換される。可能事から湧出する新しいもののなかに、主体は自分の姿を認める。主体は、そこに自分を再発見し、この新しいものを統御する。主体の自由が記述する主体の歴史は単一の歴史であり、主体のさまざまな企図は、主体がその主人であり奴隷でもあるような一つの運命を描き出すのである。一つの実存者が、権能の超越の原理であり続ける。力に飢え、神格化されるのを切望し、結果として孤独を余儀なくされる人間が、この超越の終着点に現れる。

ハイデガーの「最新の哲学」には、権能が君主制のように維持されることの不可能性、権能が全面的統御を確固たるものにすることの不可能性がある。了解と真理の光は、非了解と非‐真理の暗闇に浸りこんでいる。神秘と結びついた権能は、自分が無力であることを告白するのである。それによって実存者の統一性は打ち破られるかに見える。彷徨としての運命が、了解によって運命を導こうとする存在を、ふたたび嘲弄するのである。この告白は、なにを意味するのだろうか。ド・ヴェーレンス氏[*3]が『真理の本質について』に付した序論で試みたように、そのものとしての彷徨は認識されるのではなく感じとられると言ったとしても、それはおそらく言葉遊びだろう。ハイデガーにおいて権能として捉えられた人間存在は、実際には真理であり、光であり続けている。それゆえ、ハイデガーは、現存在の有限性がすでに含んでいる神秘との関わりを記述するためのいかなる概念も持ち合わせていないことになる。権能が同時に無力であるとしても、この無力が記述されるのは権能との関わりにおいてだからである。

　私たちは、超越の基礎となる存在の概念を、意識と権能の外側に探し求めてきた。この問題の深刻さは、超越のうちで自我を維持する必要性に宿っている――これまで自我は超越とは両立不可能だと思われてきたからである。主体とは、単に知の主体、権能の主体なのだろうか。主体は別の意味で主体として差し出されるのではないだろうか。探求されている関係、すなわち主体が主体として支えると同時に、こうした矛盾する要請をも充たすような関係は、エロス的関係のなかに書きこまれていると私たちには思われた。

　そこに新たな存在論的原理はあるのか、と疑う向きもあるかもしれない。社会的関わりは、全面的に意識や権能の諸関係に解消されてしまうのではないだろうか。実際、集団表象としての社会的関わりがなんらかの思考と異なるのは、ただ内実によってのみであり、形式的構造によってではない。融即は、対象をめぐる論理の基本的な諸関係を前提としており、レヴィ＝ブリュールにおいてさえ心理学的な関心事として扱われている。融即はエロス的関係の絶対的な独自性を隠してしまい、エロス的関係は軽んじられて《生物学的なもの》のなかに追い返されてしまうのだ。

　奇妙な事態だ！《生物学的なもの》の哲学それ自身が、機械論を乗り越えるに際して、目的原因論や全体と部分の弁証法で間に合わせているのである。生の跳躍《エラン・ヴィタル》が個体間の分離を貫いて伝播すること、その軌道は非連続的であること——言い換えれば、生の跳躍においては、性が有する間隔と特殊な二元論が、それを組み立てる関節として前提されていること——こうしたことは真剣に考慮されないままである。フロイトとともに性が人間的次元で扱われるとき、性は快楽の追求の地位におとしめられてしまい、官能がもつ存在論的意義や、官能が利用する還元不可能な諸範疇は、そうしたものがあると気づかれることすらない。ひとは出来合いの快楽を自分に与えたうえで、それにもとづいて推論している。見過ごされてきたのは、《エロス的なもの》——繁殖性として分析された《エロス的なもの》——が、類と種、部分と全体、能動（＝行動）と受動（＝情念）、真理と誤謬といった関わりには還元不可能な関係に現実を切り分けるということである。さらには、性によって主体は絶対的に他なるものとの——形式論理では予見不可能なタイプの他性との——決して「私のもの」には変換されずに関係のうちで他なるものであり続けるものとの——関わりに入るということであり、それにもかかわらず、この関係には脱自的なところがいささかもないということである。なぜなら、官能の悲愴さは二元性でできているからだ。知《サヴォワール》でもなく、権能《プヴォワール》でもない。官能において、他人——《女性的なもの》——は神秘へと身を退ける。《女性的なもの》との関係は、その不在との関係である。これは、認識の面からすれば不在であり、未知であるが、官能においては現前なのだ。それは権能でもない。というのも、傷の受動性のなかから湧き出てくる愛の出発点には、主導性が場を占めているわけではないからだ。性とは、私たちのなかにあっては、知でも権能でもなく、私たちの《実存すること》の多元性そのものである。

実際、自我の自己性そのもの、主体の主体性そのものを特徴づけるものとしてこそ、エロス的関係を分析しなければならない。繁殖性を存在論的範疇に昇格させなければならないのだ。自己同一的主体という一元論的概念を組み立てる関節である、自我から自己への回帰は、父性のような状況では全面的に変様してしまう。息子は単に、一篇の詩や一つのオブジエのように、私の所産《ウーヴル》なのではない。息子は私の所有物でもない。私と子どもの関係を記述するのは、権能の範疇でも知の範疇でもない。自我の繁殖性は、原因でも支配でもない。私は私の子どもをもつのではなく、私は私の子どもである。父性とは、他人でありながらも——「あなたは心に言う。誰が私のためにこの子らを世界にもたらしたのか、私は子を産めない身で、一人なのに、と」(『イザヤ書』第四九章)[*4]——私であるような異邦人との関係であり、自我と自己との、しかし私《モワ》ではない自己との関係である。この「私は……である」のうちでは、存在はもはやエレア派的な統一性ではない。《実存すること》それ自身のうちに、多様性があり、超越があるのだ。この超越のなかに自我がみずからを運び去ることはない。息子は私《モワ》ではないからだ。それでも、私は私の息子である。自我の繁殖性とは、自我の超越そのものである。この概念は生物学的な起源をもつとはいえ、この概念が有する意義の逆説はいかなる仕方でも無効化されないし、そこでは生物学的経験界を乗り越える構造が描き出されているのである。

訳注

＊1　本章は、一九四八年の講演「多元的様態と超越」（『レヴィナス・コレクション』合田正人編訳、筑摩書房（ちくま学芸文庫）、一九九九年所収）にもとづいている。

＊2　レオン・ブランシュヴィック（一八六九―一九四四年）の『理性と宗教』（一九三九年）を参照。「神学者たちは、《私とともにいない者は私に逆らっている》という狭い道と、《私に逆らっていない者は私とともにある》という広い道を見分けることに専念してきた。しかし、福音を成就するためには、もはや許す言葉ではなく、許すものがなにもない言葉、忘れるものさえなにもないような慈愛の言葉にまでおもむかなければならない。すなわち、《私に逆らっている者もなお私とともにある》なのだ。そして、知性の無限の広がりと、愛による絶対的な無私無欲性のなかで、神が私たちに教えた唯一の真理を見いだすことのできた者だけが、この言葉を述べるのに値するのである」（Léon Brunschvicg, *La raison et la religion*, nouvelle éd., Paris: Presses universitaires de France, 1964, p. 110）。

*3　アルフォンス・ド・ヴェーレンス（一九一一―八一年）は、ベルギーの哲学者。『マルティン・ハイデガーの哲学』（一九四二年）などの著作を通してフランスにハイデガーの哲学を紹介した一人。レヴィナスには「アルフォンス・ド・ヴェーレンスの思い出に」（一九八四年）というテクストがある（『外の主体』合田正人訳、みすず書房、一九九七年所収）。なお、レヴィナスは、ここで言及されている『真理の本質について』（一九四三年）のフランス語訳の書評を一九五九年に発表している。

*4　第Ⅳ部Cの訳注*3を参照。

F　子であることと兄弟関係

父性のうちで自我は自己自身から解放されるが、そのことによって自我であるのをやめることはない。というのも、自我はその息子であるからだ。

父性の反対物――《子であること《フィリアリテ》》、父子関係は、断絶の関係を指し示すと同時に、《助けを求めること》〔recours〕をも指し示す。

断絶、父の否認、始まりである《子であること》は、創造された自由という逆説を、たえず成就し、反復する。しかし、この見かけ上の矛盾のうちで、そして息子というかたちをとることで、存在は無限に、非連続的にあるのであり、運命ぬきで歴史的である。新たな地点から、そしてベルクソン的持続にも依然のしかかるようないかなる連続性にも損なわれない新しさからスタートして、過去はおのおのの瞬間に取り戻される。実際、連続性においては存在が過去の重荷のすべてを担っており（たとえ未来への投企のうちで、存在は死をものともせずに再開するはずだとしても）、そこで過去は存在の無限性に制限を加え、この制限は存在の老衰を通して現出する。

こうした過去の取り戻しは、《助けを求めること》として生起しうる。すなわち、〈自我〉は、父のうちに依然として存続している実存を実存することによって、自分の子どもであるような父なる〈自我〉の超越とこだまするのである。息子は「自分の責任で」存在することなくあるのであり、自分の存在を他者に転嫁し、その結果、自分の存在を演じることになる。このような実存様式は、両親の保護的実存に本質的に準拠した幼少期として生起する。このような《助けを求めること》を説明するには、ここに母性の概念を導入しなければならない。しかし、息子がみずからの自己性で過去と訣別したにもかかわらず、このように過去に《助けを求めること》は、連続性とは区別される概念、家族や国民《ナシオン》のうちで具体化される歴史の糸とふたたび結び合わされる仕方を定義する。連続性と区別されるこうした結び合わせの独自性は、自己性を構成する反抗ないし永続革命のうちでたしかめられる。

しかし、繁殖性を通した息子と父の関わりは、単に、すでに実存する私《モワ》として息子の自我が成就するような《助けを求めること》および断絶のうちで《力を - 発揮する》わけではない。自我は、みずからの唯一性を父の〈エロス〉から受け継いでいる。父は単に息子の原因なのではない。自分の息子であることが意味するのは、息子のうちで私《モワ》であることであり、息子のうちで自己同一的に維持されることなく、息子のうちで実体的に存在することである。繁殖性をめぐる私たちの分析はすべて、二つの矛盾する運動を保ちもつこうした弁証法的な接続状態《コンジョンクテュール》を打ち立てることを目指していた。息子は、父の唯一性を引き継ぎながらも、父にとって外部的であり続ける。息子は唯一の息子なのだ。それは数によって唯一なのではない。父の息子のそれぞれが唯一の息子であり、選ばれた息子である。息子に対する父の愛こそが、他者の唯一性そのものとのあいだで起こりうるただ一つの関係を成就するのであり、その意味では、どんな愛も父の愛に近づかなければならない。しかし、こうした父と息子の関係は、もうすでに構成されている息子の自我に、幸運のようにあとから付け加わるのではない。ただ父の〈エロス〉だけが息子の唯一性を任命する――子としての息子の自我は、享受ではなく選びのなかで始まるのだ。息子の自我が自己にとって唯一的なのは、それが父にとって唯一的だからである。まさにそうだからこそ、息子の自我は、子どもとして、「自分の責任で」実存しないことができる。そして、息子が自分の唯一性を父の選びから受け継ぐがゆえに、息子は育てられ、命じられ、従うことができるのであり、家族という奇妙な接続状態《コンジョンクテュール》が可能になるのだ。[*1] 創造が被造物の自由と矛盾するのは、創造が因果関係と混同される場合だけである。反対に、超越の——結合と繁殖性の——関係としての創造は、唯一的な存在の措定と、選ばれた者という自己性の条件である。

しかし、繁殖性のうちで自分の自己同一性そのものから自由になった自我が、仮に唯一、子どものうちで、みずからの未来とふたたび結びつくのだとしたら、自我はこの未来からの分離を維持することはできない。それゆえ、選ばれた者としての唯一の子どもは、唯一的であると同時に唯一的ならざるものである。父性は無数の未来として生起し、生み出された自我は、世界に唯一のものとして実存すると同時に、兄弟たちのなかの兄弟として実存する。私《モワ》は私であり、選ばれた者だが、他の選ばれた者たち、平等な者たちのなかから選ばれるのでなかったら、私はいったいどこで選ばれることができるというのか。したがって、私《モワ》であるかぎりでの自我は、倫理的な仕方で、他者の顔の方を向いたままでいる——兄弟関係とは顔との関係そのものであり、そこでは私の選びと平等が、言い換えれば、〈他者〉によって私《モワ》に行使される統御が同時に成就する。自我の選び、自我の自己性そのものが特権であり、かつ従属として明らかになる——それは、選びによって自我が他の選ばれた者たちのなかに置かれるからではなく、まさに彼らと対面し、彼らに仕えるために置かれるからであり、誰一人として自我の身代わりとなって、その責任の広がりを推しはかることができないからである。

以上のような関係のすべての原型を生物学が私たちに提供してくれるとしたら、たしかにそれは生物学が存在の本質的生起とはなんの関わりもない存在のただの偶然的秩序を表しているのではないことの証左である。しかし、これらの関係は、生物学的な制限から自由である。人間的自我は、兄弟関係のなかで措定される。すべての人間が兄弟であることは、道徳的に獲得されたものとして人間に付け加わるのではなく、人間の自己性を構成しているのだ。私《モワ》としての私の立ち位置がすでに兄弟関係のなかで《力を発揮する》がゆえに、顔は顔として私《モワ》に現前しうる。兄弟関係において、他人の方はすべての他者と連帯した者として現れるが、こうした兄弟関係における顔との関係が社会的秩序を構成する。社会的秩序とは、すなわち、どんな対話も第三者に準拠しているということである。こうした準拠によって、〈私たち〉〔le *Nous*〕――あるいは党派――が対面という対峙を包含し、《エロス的なもの》を家族それ自体の構造を包含する社会的な生――まったき有意味性であり、上品さ――へと至らしめるのだ。しかし、《エロス的なもの》と、それを組み立てる関節である家族は、こうした社会的な生に――そこで自我は消滅することなく、善性を約束され、善性へと呼び求められている――勝利の無限の時間を保証する。この無限の時間がなければ、善性はただの主観性であり、狂気になってしまうだろう。

訳注

＊1　ドイツ語訳は、Et parce que le fils tient... を Et c'est parce que le fils tient... qu'il peut être élevé... と修正し、強調構文として解釈している。ポッシュ版は、l'élection paternelle のあとに単にカンマを入れて初版を修正しているが、構文の不明瞭さは改善されていない。本訳は、ドイツ語訳に従って

訳出した。

G　時間の無限

無限に存在すること——無限化——が意味するのは、制限なく実存することであり、それゆえ起源や始まりのかたちをとって実存すること、さらに言い換えれば、存在者として実存することである。《ある》の——実存者なき実存することの——絶対的な不確定性は、無限の段階を経るやむことのない否定であり、それゆえ無限の制限である。《ある》の無始原に抗して、存在者が、到来しうるものの主体、起源、始まり、権能として生起する。自己同一性を自己から受け継ぐような起源がなければ、無限化は可能ではないだろう。しかし、無限化は、存在に巻きこまれることのない存在者、存在と結びついていながらも存在から隔たりうるような存在者を介して生起する。別の言い方をすれば、無限化は、真理のうちで〔=本当に〕実存する存在者を介して生起するのだ。存在からの隔たりによって、存在者は真理のうちで〔=本当に〕（あるいは無限に）実存するのだが、こうした隔たりは時間として、意識として、あるいはまた可能事の予期として生起する。こうした時間の隔たりを通して、《決定的なもの》は決定的なものではなくなり、存在は、存在しながらも、いまだないものであり、未解決であり続け、あらゆる瞬間に開始することができるのだ。意識ないし時間性の――隔たりと真理の――構造は、全体化を拒否する存在の基本的な振る舞いに由来する。こうした拒否は、《包含しえないもの》との関係として、他性を迎え入れることとして、具体的には顔の現前化として生起する。顔は全体化を停止する。したがって、他性を迎え入れることが、意識と時間の条件である。無限化は権能を介して生起するが、死がやって来て、この権能を危うくするのは、存在の否定、無としてではない。[*1] 死は隔たりを撤廃することで権能を脅かすのだ。権能を介した無限化には、権能の出所である主体、《決定的なもの》を生み出すことで権能が老いさせる主体に権能が回帰するなかで、制限が加えられる。存在が無限に生起する場である時間は、可能事の彼方に向かう。繁殖性を介した存在との隔たりは、単に《現実的なもの》のうちで準備されるわけではない。この隔たりは現在そのものとの隔たりからなっているが、この現在は、さまざまな可能事を選びながらも現実化してしまい、ある意味では老いてしまっていて、それゆえ決定的な現実として凝固し、すでに可能事を犠牲にしてしまっている。失われた時を求める想起《スヴニール》は、さまざまな夢想をもたらしてくれるが、失われた機会を返してくれるわけではない。したがって、《決定的なもの》が決定的にはならないような真の時間性が前提とするのは、ひとがそうありえたすべてを再度つかみとる可能性ではなく、未来の無際限な無限をまえにして、失われた機会をもはや悔やまない可能性である。さまざまな可能事からなる得体の知れないロマン主義に楽しみを見いだすことではなく、運命に変わる実存の圧倒的な責任から逃れることであり、無限に存在するために、ふたたび実存の冒険《アヴァンテュール》に乗り出すことである。〈自我〉とは、こうした関与《アンガジュマン》であると同時に、こうした離脱《デガジュマン》である――そして、この意味で、〈自我〉とは時間であり、いくつもの幕からなる劇なのだ。多様性がなければ、非連続性がなければ――繁殖性がなければ――〈自我〉は、どんな冒険も一つの運命の冒険に逆戻りしてしまうような、そうした主体であり続けてしまうだろう。自分の運命とは別の運命が可能である存在とは、繁殖力のある存在である。不可避の死という《決定的なもの》を貫いて、〈自我〉が〈他者〉のうちへと延長されていく父性において、時間はその非連続性を介して老いと運命に勝利する。父性――自己自身でありながらも他なるものである仕方――は、時間内での変形とも――こうした変形では時間を貫通する当のものの自己同一性を克服することができない――、なんらかの転生とも――そこで自我は一つの分身を経験するだけで、別の自我になることはできない――まったく共通点をもっていない。この非連続性を強調しなければならない。

どれほど軽く、どれほど定住から離れていて、どれほど優美で、どれほど未来に飛翔した存在であっても、そのうちで自我がただ永続するだけで、《取り戻せないもの》が生み出され、その結果、制限を加える。《取り戻せないもの》は、私たちがおのおのの瞬間の思い出《スヴニール》を保存しているという事実によるのではない。反対に、思い出の方が、こうした過去の不朽性や、自我から自己への回帰に基礎を置いている。しかし、新しい瞬間のそれぞれに浮かびあがる思い出は、すでに過去に新しい意味を与えているのではないか。この意味では、思い出は、過去を支えとするよりも、むしろすでに過去を取り戻しているのではないか。実際、古い瞬間に新しい瞬間が回帰することには、継起がもつ救済の性格が宿っている。しかし、この回帰は現在の瞬間にのしかかるのであり、現在の瞬間は、未来の一切をはらんでいるとはいえ、「過去の一切で重く」[*2]なってしまう。瞬間の老いが、瞬間のさまざまな権能に制限を加え、瞬間を死の切迫性へと開くのである。

繁殖性の非連続の時間は、絶対的な若さと再開を可能にする。その際、この再開には、同時に、過去への自由な――記憶の自由とは別の自由によって自由な――回帰のうちで、自由な解釈と自由な選択のうちで、全面的に赦されたものとしての実存のうちで、再開された過去との関係も残されている。こうした瞬間の再開、死をまぬがれずに老いていく存在の生成に対する繁殖性の時間の勝利とは、時間の働き《ウーヴル》そのものとしての赦し〔pardon〕である。

直接的な意味での赦しは、過誤〔faute〕という道徳的現象と結びついている。赦しの逆説は遡及的効果に由来しており、通俗的時間の観点からすると、赦しは事物の自然な秩序の逆転、時間の可逆性を表している。時間の可逆性には、いくつもの側面が含まれている。赦しは流れ去った瞬間に準拠しており、赦しのおかげで、流れ去った瞬間に過ちを犯した主体は、あたかも瞬間が流れ去らなかったかのように、過ちを犯さなかったかのように存在することができる。忘却は忘れられた出来事の現実には関わらないが、赦しはこうした忘却よりも強い意味で能動的であり、過去に働きかけ、いわば出来事を純化しながら出来事を反復する。だが、他方で、忘却が過去との関係を破棄するのに対して、赦しは赦された過去を純化された現在のうちに保存している。赦された存在は、無垢な存在ではない。この差異が可能にするのは、赦しを超えたところに無垢を位置づけることではなく、赦しのうちにある幸福の剰余、和解という奇妙な幸福、《幸いなる罪》〔*felix culpa*〕——《幸いなる罪》は、もはや驚くにはあたらない普通の経験によって与えられている——を見分けることを可能にする。

過誤の赦しの逆説は、時間それ自体を構成するものとしての赦しに向かわせる。瞬間は、たがいに無関係なものとして並置されているのではなく、〈他人〉から〈私《モワ》〉へと並べられている。私の現在に流れこんできて、私がつかみとれるような識別不可能な可能事のひしめきから、未来は私にやって来るわけではない。未来は、絶対的な間隔を通じて私にやって来る。そして、絶対的に他なる〈他人〉——たとえそれが私の息子であっても——だけが、この絶対的な間隔の向こう岸に標柱を立て、そこで過去とふたたび結び合うことができる。だが、まさにそのことによって、絶対的に他なる〈他人〉は、過去を賦活していた古き〈欲望〉、おのおのの顔の他性が増大させ、より深々とえぐるような〈欲望〉を、当の過去から引き継ぐことができるのだ。時間は、数学的時間におけるたがいに無関係な瞬間を継起させるわけではないが、かといってベルクソンの連続的持続を成就するわけでもない。時間をめぐるベルクソンの考えは、なぜ「砂糖が溶ける」[*3]のを待たなければならないかを説明する。時間は、もはや、第一原因に全面的に含まれた存在の統一性が、原因と結果からなる見かけのうえでの亡霊的な連続体に、知解不可能な仕方で分散することを言い表しているのではない。時間は、存在に《新しいもの》を、絶対的に《新しいもの》を付け加える。しかし、瞬間は当然ながら先立つ瞬間に似ており、かかる瞬間のただなかで花開く春の新しさは、すでに生きられたすべての春で重くなる。時間の深遠な働き《ウーヴル》によって、父と訣別する主体のうちに、この過去からの解放がもたらされる。時間は、《決定的なもの》が有する《非決定的なもの》であり、《成就したもの》が有するつねに再開される他性——この再開の「つねに」——である。時間の働きは、持続の連続性が可能にする《決定的なもの》の中断の彼方に向かう。連続性の断絶と、断絶を通じた連続化が必要である。時間の核心は、一つの劇であること、すなわち後続の幕が最初の幕に決着をつけるといった、複数の幕からなる多様性である、ということだ。存在は、もはや一発で、容赦なく現在のものとして生起するのではない。現実とは、それが今まとっている姿だが、しかし、それがもう一回《フォワ》、自由な仕方で取り戻され、赦された別の回《フォワ》にまとうことになる姿でもある。無限の存在は時間として生起する、言い換えれば、父と息子を分離する《死時》[*4]を通じた複数の時間のうちで生起する。ハイデガーが考えるのとは異なり、時間の本質をなすのは、存在の有限性ではなく、存在の無限である。死による停止〔＝死刑判決〕は、存在することの終わりとしてではなく、未知なるものとして接近するのであり、まさに未知なるものとして権能を中断する。運命による制限から存在を自由にする間隔という構成が、死を呼び求める。間隔の無——《死時》——は無限の生起である。時間の主要な出来事をなすのは復活である。したがって、存在のうちに連続性はない。時間は非連続なのだ。ある瞬間は、脱自によって途切れることなく別の瞬間から出てくるわけではない。瞬間は、その連続化のうちに一つの死を見いだし、復活する。死と復活が時間を構成しているのだ。だが、このような形式的構造は、〈私《モワ》〉と〈他人〉の関係と、その土台として、時間を構成する《非連続的なもの》を通した繁殖性を前提としている。

したがって、《幸いなる罪》という心理学的事実――断絶を組みこんでいるがゆえに和解がもたらす剰余――は、時間がもつ神秘の全体に向かわせる。時間という事実と時間による正当化は、再開のなかに宿っている。現在のうちで犠牲に捧げられたすべての《ともに可能だったもの》が繁殖性を通じて復活することで、時間はこうした再開を可能にするのだ。

なぜ彼方は手前から分離されているのか。なぜ――善に向かうためには――悪が、進化が、劇が、分離が必要なのか。非連続的な時間のうちなる再開は、若さをもたらし、そうして時間の無限化をもたらす。時間という無限の《実存すること》は、今日の善性がぶつかる挫折の背後で、真理の条件である裁きの状況を確固たるものにする。真理が語られるために必要な無限の時間、そして弁明の個別主義が、弁明の自我をその個別性をそのままに維持する実効的な善性に転換するために必要な時間を、私は繁殖性によって手にする――その際、いまだ主観的なものと自称するこの合致を、歴史が打ち砕き、押しつぶすことはない。

しかし、無限の時間は、それ[*5]が約束する真理をたえず問いただすことでもある。幸福から逸《そ》れてしまった人間のなかに残り続ける幸福な永遠への夢は、単なる錯乱ではない。真理は、無限の時間を要請すると同時に、真理それ自体が封をすることのできる時間——仕上がった時間——を要請する。時間を仕上げるのは死ではなくメシア的時間であり、そこでは《永続的なもの》が《永遠のもの》に転換する。メシア的な勝利は、純粋な勝利である。無限の時間は悪の回帰を禁じてはいないが、メシア的な勝利は悪による復讐にあらかじめそなえている。この永遠は、時間の新たな構造だろうか、それともメシア的意識の極度の警戒だろうか。これは本書の枠を越える問題である。

訳注

＊1　ドイツ語訳も英語訳も「存在の否定、無として」を「無限化」に結びつけているが、従わない。次の記述を参照。「死は存在の否定ではなく、存在に対する隔たりの否定である」（『レヴィナス著作集2　哲学コレージュ講演集』藤岡俊博・渡名喜庸哲・三浦直希訳、法政大学出版局、二〇一六年、三〇七頁）。

＊2　のちにレヴィナスは、一九七六年一月三〇日のソルボンヌ講義でベルクソンの持続について語った際に、同じ表現を用いている。「根源的な時間、持続と呼ばれるこの生成にあっては、どの瞬間も過去全体の重みを課せられ、未来全体をはらんでいます（Le temps originaire s'appelle *durée*, devenir où chaque instant est lourd de tout le passé et gros de tout l'avenir）」（『神・死・時間』ジャック・ロラン編、合田正人訳、法政大学出版局（叢書・ウニベルシタス）、一九九四年、七五頁）。なお、これと似た表現を、ライプニッツが「微小表象」を説明する際に用いている。「これら微小表象の結果として、現在は未来を孕みかつ過去を担っているとさえ言えるのだ」（『ライプニッツ著作集』（新装版）、第I期第IV巻「認識論『人間知性新論』上」谷川多佳子・福島清紀・岡部英男訳、工作舎、二〇一八年、一二三頁）。ライプニッツの原文は « On peut même dire qu'en consequence de ces petites perceptions le present est gros de l'avenir et chargé de passé [...] »（ゲルハルト版四八頁）。

＊3　ベルクソン『創造的進化』（一九〇七年）を参照。「一杯の砂糖水をこしらえようとする場合、とにもかくにも砂糖が溶けるのを待たねばならない。この小さな事実の教えるところは大きい。けだし、私が待たねばならぬ時間はもはやあの数学的な、すなわち物質界の全歴史がかりに空間内に一挙にくり拡げられたばあいにもやはりぴったりそれに当てがわれるような時間ではない。それは私の待ちどおしさに、すなわち私に固有な、勝手に伸ばしも縮めもできない持続のある一齣に合致する。これはもはや考えられたものではない、生きられたものである」（『創造的進化』（改版）、真方敬道訳、岩波書店（岩波文庫）、一九七九年、三一頁）。

＊4　第Ⅰ部九〇頁を参照。

＊5　原語は elle だが、il の誤植とみなし、「無限の時間」ととる。

結論

1 《似たもの》から〈同じもの〉へ

本研究を通して記述しようとしたのは、形式論理のなかに決定的な仕方で反映されていて、そのもとで基礎的範疇どうしの永遠の戯れが続けられるような、社会的関係の心理学ではない。社会的関係、無限の観念、内包するもの《コントゥナン》の収容能力を内容《コントゥニュ》〔＝内包されたもの〕が凌駕しつつ、そこに現前すること——反対に、これらが本書では存在の論理的骨組みとして記述された。ある概念の種別化が当の概念の個体化に行き着くとき、この種別化は、究極的な種差を——質料に起因する種差であれ——付け加えていくことで生起するわけではない。このように最近種の内部で得られる個体性は、たがいに識別不可能なものになってしまうだろう。こうした《これなるもの《ト・デ・ティ》》の個体性に対して、ヘーゲルの弁証法はそれを概念に還元するのに絶大な力を有している。というのも、一つの《いま》や《ここ》[*1]を指で指し示すことは状況をさまざまに参照することを前提としているからであり、そこでは外側から人差し指の運動が同定されるからである。個体の自己同一性とは、自分自身と似ていることではないし、指し示す人差し指によって外側から同定されることでもなく、《同じもの》であること——自己自身であること、内奥から自己同一化すること——である。《似たもの》から〈同じもの〉へは論理的な移行が存在する。眼差しにさらされ、全体性として組織されている論理的領域が自我の内奥性に転換することによって——こう言ってよければ、凸面が凹面に転換することによって――単独性はかかる領域を起点にして論理的に出現するのである。そして、本書で探求された内奥性の分析はすべて、この転換の諸条件を記述している。無限の観念のような諸関係は眼差しがそなえる形式論理によっては不条理なものとして現れるほかなく、私たちはそれを神学的用語や心理学的用語で（奇跡や錯覚として）解釈するよう駆りたてられるが、こうした諸関係は内奥性の論理のなかに――《これなるもの《トデ・ティ》》の彼方で論理が追い求められるような一種のミクロ論理のなかに――居場所を取り戻す。社会的諸関係は、単に類種の論理の用語で取り扱うべき上位の経験的材料を私たちに提供するのではない。社会的諸関係とは、含まれる項を抱握する眼差しにもはや差し出されることのない〈関係〉、対面のうちで〈私〉から〈他者〉に向かって成就する〈関係〉の、本源的展開である。

2　存在とは外部性である

存在とは外部性である。この定式は、単に《主観的なもの》の錯覚を告発することには帰着しないし、恣意的な思考がはまりこんで消え去る砂地と対比される客観的形態だけが存在の名に値すると主張することにも帰着しない。このような考え方は、結局のところ、外部性を毀損してしまう。というのも、その場合には、主観性それ自体が外部性に吸収されてしまい、全貌的な戯れの一契機として現れるからだ。そのとき、外部性は、もはやなにも意味しなくなってしまう。外部性というこの呼び方を正当化する内奥性それ自体を、外部性が包含してしまうからである。

だからといって、外部性は、客観性のなかに溶けこまない主体、外部性が対置されるような主体を肯定することによっても維持されない。今度は、外部性は《大》が《小》に対してそうであるような相対的意味をもつことになるだろう。しかしまた、絶対者のうちでも、主体と対象は依然として同一の体系の部分をなし、全貌的な仕方で作用し合い、たがいに啓示し合うことになる。外部性――あるいは、この方がよければ他性――は〈同〉に転換されてしまう。そして、内部と外部の関わりの彼方に、この関わりを知覚するための余地が側面からの視線に対して残されることになり、この視線が内部と外部の戯れを抱握し、知覚する(ないし貫通する)ことになるだろう。あるいは、こうした視線によって、この関わりが演じられる究極的場面、この関わりの存在が真の意味で力を発揮するような究極的場面が提供されることになるだろう。

存在とは外部性である。存在がみずからの存在を行使することそれ自体が外部性から成り立っており、いかなる思考も、この外部性に支配されることでしか、より良い仕方で存在に従うことはできないだろう。外部性が真であるのは、外部性を内奥性との対立によって感得する側面からの視線においてではなく、対面においてであり、対面は、もはや完全には視覚ではなく、視覚より遠くに向かう。対面はある一点にもとづいて確立されるが、この一点は、きわめて根本的な仕方で外部性から分離されているがゆえに、独力でみずからを支える、すなわち私《モワ》である。したがって、この分離された一点、結果として恣意的な一点（だが、この恣意性と分離は、私《モワ》として肯定的な仕方で生起する）から出発しないような他のいかなる関係も、真理の領野を――必然的に主観的である領野を――欠いてしまうことになるだろう。人間の真の本質は、人間の顔のうちで現前する。顔において、人間は、暴力とは――私の暴力に似た暴力とは――無限に他なるものであり、私たちが同一の体系に参与する歴史的世界のなかで私の暴力とすでに格闘しているような、私の暴力に対立する敵対的な暴力とは無限に他なるものである。顔は呼び声によって私の暴力を停止し、麻痺させるが、この当の呼び声は暴力を加えることなく高所からやって来る。存在の真理とは、存在の像やその本性の観念ではなく、主観的な領野に位置づけられた存在であり、この主観的な領野は、視覚を変形させるものの、そうすることでまさに外部性が全面的な命令かつ威光として――全面的な優越性として――語られるのを可能にするのだ。相互主観的空間のこうした湾曲は、隔たりを高揚へと方向転換させ、存在を歪めることなく、存在の真理を唯一可能にする。

主観的な領野によって「おこなわれる」こうした屈折を「割り引いて」、それを「修正する」ことはできない。この屈折は、存在の外部性がみずからの真理において実効化される仕方そのものである。「全面的反省」の不可能性は、主観性の欠陥に由来するわけではない。それどころか、こうした「空間の湾曲」の外に現れるとされる存在者たちの、いわゆる「客観的」本性――つまりは現象――は、形而上学的真理の喪失を、すなわち語の字義的な意味での上位《スユペリウール》の真理を喪失してしまったことを示しているだろう。[*2] 外部性が優越性《スユペリオリテ》として実効化される場（「外部性が現れる場」とは言わない）である相互主観的空間の「湾曲」と、現れている諸対象に関してとられた「視点」の恣意性とを区別しなければならない。とはいえ、後者の恣意性は、誤謬や臆見の源泉であり、外部性に対立する暴力に由来するものではあるが、まさにそれが前者の「湾曲」の代償なのである。

この「空間の湾曲」は、人間存在どうしの関係の表明である。もし私が〈他人〉に対しておこなう迎え入れが一つの本性を「知覚する」ことだとしたら、〈他人〉が〈私《モワ》〉より高いところに場を占めていることは単純な誤謬を意味してしまうだろう。それゆえ、社会学、心理学、生理学は、外部性に耳を貸していないのである。〈他人〉としての人間は、外側から、分離したものとして――あるいは聖潔なものとして――顔として、私たちのもとに到来する。〈他人〉の外部性――言い換えれば、私《モワ》への呼び声――が〈他人〉の真理なのだ。私の応答は〈他人〉の客観性の「核」に偶発事として付け加わるのではなく、唯一それが〈他人〉の真理を生起させる（私《モワ》に関する〈他人〉の「視点」も、この真理を廃することはできないだろう）。私たちが「相互主観的空間の湾曲」という隠喩によって示唆している存在や存在の観念に対する真理の剰余は、あらゆる真理が有する神的な志向を意味している。もしかすると、この「空間の湾曲」[*3]が神の現前そのものなのかもしれない。

対面とは最終的かつ還元不可能な関係であり、いかなる概念も、この概念を思考する思考者がただちに新たな対話者と対面するのでなければ、この関係を抱握することはできない。

かかる対面こそが、社会の多元的様態を可能にするのである。

3　有限と無限

存在の本質としての外部性は、《多様なもの》を全体化する論理に社会的多様性が抵抗することを意味する。多様性は、この論理にとって〈一なるもの〉や〈無限〉からの堕落、存在のうちなる縮減であって、多様な諸存在のおのおのがこの縮減を克服し、《多様なもの》から〈一なるもの〉に、そして有限から〈無限〉に帰らなければならないとされる。それとは反対に、形而上学が――すなわち、外部性との、言い換えれば、優越性との関わりが――示すところによれば、有限と無限の関わりの特徴とは、有限が自分に対面するものに吸収されることではなく、自分固有の存在のうちにとどまり、そこで身を保って、この地〔＝現世〕で行動することである。善性という峻厳な幸福は、それによって私たちが神と混ざり合うのだとしたら、意味を変え、歪められてしまうだろう。存在を外部性として了解することと――存在の全貌的な《実存すること》ならびに、外部性が生起する場であるような全体性と訣別すること――によって、有限の意味を了解することが可能になるが、だからといって、無限のただなかで有限に加えられる制限は、無限が堕落するという不可解な堕落を要求することはない。さらには、有限性とは無限への郷愁や帰りたいつらさである、ということでもない。存在を外部性として位置づけることは、無限への〈欲望〉として無限を感得することであり、それゆえ無限の生起が分離を呼び求め、自我ないし起源の絶対的恣意性の生起を呼び求めることを了解することである。

分離が獲得する制限や有限性といった特徴は、「無限に以上のもの」や減退することのない無限の充溢を起点として知解可能になるような、単なる「以下のもの」を確立するのではない。これらの特徴は、無限の溢出そのものを、あるいは具体的に言うなら、社会的関係のうちで生起する存在に対する剰余のすべて――〈善〉のすべて――の溢出そのものを保証する。有限がもつ《否定的なもの》は、この〈善〉にもとづいて了解しなければならない。社会的関係は、存在に対する〈善〉の、そして〈一なるもの〉に対する多様性の、この剰余を生み出す。社会的関係は、『饗宴』の神話のように、アリストパネスが語る完全なる存在の全体を再構成することではない。さらには、ふたたび全体のうちに潜りこんだり、《非時間的なもの》のうちで自己放棄したり、歴史によって全体を勝ちとったりして、完全なる存在の全体を再構成することでもない。分離によって開始される冒険は、〈一なるもの〉の至福や、〈他者〉を否定したり吸収したりした挙げ句にいかなるものとも出会うことのない〈一なるもの〉の例の自由に対して、絶対的に新しいものである。〈存在〉を超えた〈善〉、〈一なるもの〉の至福を超えた〈善〉――これこそが、否定でも、制限でも、〈一なるもの〉からの流出でもない、厳密な創造の概念を告げるものだ。外部性とは否定ではなく驚異である。

4　創造

神学は、神と被造物のあいだの関わりという観念を、軽々しく存在論の用語で取り扱っている。神学が前提としているのは、存在と合致した全体性が有する論理的特権である。それゆえ、神学は、無限な存在が自分の外側のなにかと隣り合ったり、それを容認したりすることや、自由な存在が神の無限のなかに根を張っていることを理解できない、という困難にぶつかる。だが、超越は、まさに全体性を拒むのであり、外側からそれを包含するような視線に供されることはない。実際、超越についてのどんな「了解」も超越者を外側に残したままにし、それ自体が超越の面前で演じられる。全体性と存在という概念が重なり合うのだとすれば、私たちは超越者の概念によって、存在の諸範疇の彼方に場を占めることになる。こうして、私たちは、私たちなりの仕方で、〈存在〉の彼方の〈善〉というプラトンの観念と出会う。超越者とは、包含されえないもののことである。ここには、神学的概念をまったく用いない、超越の概念のための本質的に正確な特徴づけがある。創造を存在論の用語で取り扱う伝統的神学を困惑させるもの——創造するためにみずからの永遠性から抜け出る神——は、超越から出発する哲学にとっては、第一の真理として重きをなす。永遠性と時間のあいだの隔たり以上に、全体性と分離を見事に区別してくれるものはない。しかし、それ以後、私の主導性に先立つ他人は、その意味作用〔＝意義〕によって、神と似たものになる。この意味作用の方が、私の意味付与《ジンゲーブング》の主導性に先行する。

存在論的哲学は全体性の観念のなかに《多様なもの》を真の意味で併合する——あるいは了解する〔=包摂する〕——が、こうした全体性の観念のかわりに、総合に抵抗する分離の観念を対置しなければならない。虚無から出発する起源を創造によって肯定することは、永遠性のなかにあらかじめつくられた万物の共同体——存在論に導かれた哲学的思考は、それが共通の母型であるかのように、諸存在をそこから出現させる——に異議を申し立てることである。超越が前提とする分離の絶対的なずれを語るのに、創造という用語以上に適したものはないだろう。創造という用語においては、諸存在のあいだの類縁関係が肯定されると同時に、それらの根本的な異質性、無を起点とするそれら相互の外部性が肯定される。全体性としてふたたび閉じることのない超越のうちに位置づけられた存在者たちを特徴づけるために、被造物という言葉を使うことができる。対面において、自我は、主体という特権的な立ち位置をもつのでもなければ、体系内で占める場によって定義される事物としての立ち位置をもつのでもない。自我とは弁明であり、自己の利益《プロ・ド・モ》を守るための〔=自分の家のための〕言説であるが、それは〈他人〉をまえにした正当化の言説でもある。〈他人〉は知解可能な第一のものである。というのも、〈他人〉こそが、私の自由に意味付与《ジンゲーブング》ないし意味を期待するかわりに、私の自由を正当化できるからだ。創造という接続状態《コンジョンクテュール》においては、自我は自己原因《カウサ・スイ》であることなく自己のために〔=対自的に〕ある。自我の意志は、無限なものとして（言い換えれば、自由なものとして）肯定されるとともに、従属しているかぎりで、制限を加えられたものとして肯定される。自我の意志は、他者との隣接関係から、みずからの限界を引き出してくるわけではない。他者は、超越するものであって、自我の意志を定義する〔＝限界を画定する〕わけではないのだ。自我たちは全体性を形成しない。こうした自我たちがそれぞれの原理〔＝根源〕において把握されうるような、特権的な平面は存在しない。多様性にとって本質的な無始原。こうした無始原は、次のような仕方で存在する。すなわち、全体性に多様性を結びつけようとして、全体性に共通する平面を執拗に探し求めたところで、そうした平面はなく、複数の意志からなる自由なゲームのなかで、いったいどの意志がゲームの糸を引いているのかは決して分からないし、誰が誰を手玉にとっているのかも分からないのだ。しかし、顔が現前して正義を求めるときには、一つの原理〔＝根源〕がこうした目眩《めまい》や震えのすべてを貫通するのである。

5　外部性と言語

私たちの出発点は、全体化《トタリザシオン》に対する諸存在の抵抗——諸存在が構成する総計《トタル》なき多様性、〈同〉のうちで諸存在を両立させることの不可能性——だった。

実のところ、諸存在が両立することのこうした不可能性——この根本的な異質性——は、生起する一つの仕方、全貌的実存やその暴露と同じではないような一つの存在論を示している。常識にとっては、さらにはプラトンからハイデガーに至る哲学にとっても、全貌的実存やその暴露の方が、存在の生起そのものと合致している。というのも、真理ないし暴露[*4]（＝幕を剥ぐこと）」は、存在の働き《ウーヴル》ないし存在の本質的な効力《ヴェルテュ》――すなわち存在者《ザイエンデス》の存在《ザイン》――であると同時に、真理が最終的に指揮するという人間の振る舞いの働きないし効力でもあるからだ。人間の態度はすべて「光のもとに置くこと」だとするハイデガーのテーゼ（近代技術それ自体が、「白日のもとにさらす」という意味で、事物を採掘し、生産する一つの仕方にすぎないとされる）[*5]は、こうした《全貌的なもの《パノラミック》》の優位に依拠している。全体性の破裂、存在の全貌的構造の告発は、存在の《実存すること》そのものに関わるのであって、体系に逆らう存在者たちの配置や布置に関わるのではない。これと相関して、志向性を《可視的なもの》やイデアの思念として示そうとする分析は、存在の究極的効力、存在者の存在としての《全貌的なもの》の、こうした支配の表明である。情態性や実践や実存をめぐる現代の分析において、観想の概念がどれほどおとなしいものにされているとしても、こうした効力は維持されている。本書で主張された主要なテーゼの一つは、ノエシス－ノエマ構造に志向性の原初的構造という身分を与えるのを拒否する、ということである（だからといって、これは志向性を論理的関係や因果性として解釈することと同じではない）。

　存在の外部性は、実際、多様性が関わりを欠いていることを意味しない。ただし、この多様性を結び合わせる関わりは、分離の深淵を埋めるのではなく、深淵を確固たるものにするのだ。こうした関わりのなかに私たちは言語を認めたが、言語は対面においてしか生起しない。そして、言語のなかに私たちは教えを認めたのだった。教えとは真理が生起する一つの仕方であるが、その際、真理が私の所産《ウーヴル》であったり、私がこの真理を自分の内奥性から入手したりすることはできない。このような真理の生起を主張することで、真理の本源的な意味や、志向性の意味としてのノエシス－ノエマ構造は変容を被ることになる。

実際、私に話しかける存在、私が応答する存在、私が問いかける存在は、私《モワ》に差し出されるわけではないし、私がこの存在の現出を引き受けることができたり、それを私の内奥性の尺度に合わせたり、私自身からやって来たかのようにそれを受けとったりする仕方で、この存在はみずからを与えるわけでもない。視覚の方は、言説においてはまったく不可能な、こうした仕方で事をおこなっていく。事実、視覚とは、本質的に、外部性が内奥性に合致することである。つまり、そこでは外部性は観想する魂に吸収され、合致した〔＝十全な〕観念として、意味付与《ジンゲーブング》から帰結するア・プリオリなものとして明らかになる。言説の外部性が内奥性に転換することはない。対話者が内密性のうちに場を見いだすことは――どんな仕方であれ――ない。対話者は永遠に外側にいるのだ。分離した存在どうしの関わりが、それらを全体化することはない。これは、誰一人として包含することも主題化することもできない「関わりなき関わり」である。あるいは、より正確に言うなら、この関わりを思考し、全体化する者は、この「反省」によって存在内の新たな分裂を示すことになるだろう。彼はこの総計をまだ誰かに語るだろうからだ。分離した存在の「諸断片」どうしの関わりとは、還元不可能で最終的な関係としての対面である。確実性のあらゆる否定の背後にコギトの確実性がふたたび出現するのと同じように、思考が捉えたばかりの者の背後に、ふたたび対話者が出現する。本書で私たちが試みた対面の記述は、〈他者〉に、私の言説や叡智の背後にふたたび現れる読者に語られている。哲学は決して一つの叡智ではない。なぜなら、哲学が把握したばかりの対話者は、すでに哲学の手を逃れているからだ。師であれ、生徒であれ、「全体」が語られる相手である〈他人〉を、哲学は本質的に儀礼的な意味で呼び出す〔invoque（＝その加護を祈る）〕。まさにこのことによって、言説の対面は、主体と対象を結びつけるのではないし、本質的に合致したものである主題化とも異なる。というのも、いかなる概念も外部性をつかみとることはないからである。

主題化された対象も即自的であり続けるが、私《モワ》によって知られたという事態がこの対象の本質に属しているのであり、私の知に対する即自の剰余は次第に知に吸収されていく。対象に向かう知と、対象の即自ないし堅固さに向かう知のあいだの差異は、思考が展開されていくなかで徐々に小さくなり、ヘーゲルによれば、こうした思考の展開が歴史そのものだとされる。対象性は絶対知に吸収され、それによって思考者の存在、人間の人間性は一つの全体性のなかで即自的に《堅固なもの》が有している永続性と適合することになり、かかる全体性のうちで、人間の人間性と対象の外部性は保存されると同時に吸収されることになる。そうだとすれば、外部性の超越とは未完成の思考を証示しているにすぎないのだろうか、そして外部性の超越は全体性のなかで克服されるのだろうか。外部性は内奥性に転換しなければならないのだろうか。外部性とは悪しきものなのだろうか。

私たちは、存在の外部性を、存在が分散したり堕落したりする際に、偶然的に、または暫定的に帯びうる形態として扱ったのではなく、この存在の《実存すること》そのもの――汲み尽くせない無限の外部性――として扱ってきた。このような外部性は、〈他人〉のうちで開かれ、主題化を退ける。だが、この外部性が主題化を拒否するのは、肯定的な仕方で、みずからを表出する存在のうちで、この外部性が生起するからである。形態的現出とは反対に、そしてなにかをなにかとして現出させる暴露、《暴露されたもの》が自分の独自性や新奇さをそなえた実存を放棄する場である暴露とは反対に、表出においては、現出と《現出されたもの》が一致し、《現出されたもの》は自分自身の現出に立ち会うのであり、結果として、ひとがそこから取り出すであろうあらゆる像に対して外部的であり続ける。このとき《現出されたもの》は、誰かが自分の名前を名乗りながら自己紹介する《ス・プレザントウ》――この当人はいつまでも自分の現前の源泉であり続けるが、名前によってこのひとに言及することが可能になる――というような意味で現前する《ス・プレザントウ》のである。「私は私です」と語る現前化であって、ひとが私と同一視したくなるような他のなにものでもない。私たちの世界のなかにいかなる参照項も見いださない、こうした外部的存在の現前化を、私たちは顔と呼んだ。そして、発話において現前する顔との関係を、私たちは欲望として――善性であり、正義として――記述したのだった。

　発話が視覚を拒むのは、発話する者がおのずから像だけを引き渡すわけではないからであり、みずからの発話において人格的に現前し、いかなる像を残すにせよ、そのすべてに対して絶対的に外部にあるからである。言語において、外部性は、みずからを行使し、みずからを展開し、《力を‐発揮する》。発話するひとは、自分の現出に立ち会っており、聞き手がこの現出から、獲得された結果として、そして言説の関係そのものの埒外で取り出したいと願う意味――あたかも発話によるこの現前が聴くひとの意味付与《ジンゲーブング》に還元されるかのように――とは合致しない。言語とは、意義がたえず意味付与《ジンゲーブング》を乗り越えることである。スケールの面で自我の尺度を凌駕するこの現前は、私の視覚には解消されない。視覚がなおも外部性に尺度をあてがうにもかかわらず、そうした視覚には合致しない外部性の溢出が、まさに高さの次元、ないし外部性の神性を構成する。神性は隔たりを保つ。〈言説〉とは、神との言説であって、『パイドロス』でプラトンがおこなった区別に従えば、対等な者たちとの言説ではない。*6 形而上学は神とのこうした言語が有する本質であり、形而上学は存在を超えたところに導くのである。

6　表出と像

あらゆる意味作用の源泉としての〈他人〉の現前、すなわち表出は、知解可能な本質のように観想されるわけではなく、言語として聞きとられ、それゆえ外部的なものとして力を発揮する。表出、すなわち顔は、私の思考につねに内在する像――あたかも私の方からやって来たかのように内在する像《ムズユール》――から溢れ出る。この溢出《デムズユール》は、溢出の像には還元不可能であり、〈欲望〉と善性の尺度に合わせて――あるいは尺度を超えた法外さに合わせて――自我と他者の道徳的非対称性として生起する。この外部性との隔たりは、即座に高さへと延びていく。眼が高さを思い描くことができるのは、ほかならぬ定位のおかげだが、高所から低所に向かう配置である定位は、道徳性という基本的事実である。顔は、外部性の現前であるがゆえに、決して像や直観にはならない。いかなる直観も、直観には還元不可能な意味作用に依存している。意味作用は直観より遠くからやって来るのであり、意味作用だけが遠くからやって来るのである。直観には還元不可能な意味作用に尺度をあてがうのは、〈欲望〉であり、道徳性であり、善性である——すなわち、自己に対する無限の要請、〈他者〉への〈欲望〉、無限との関係である。

顔の現前、すなわち表出は、あまたある他の有意味な現出の同類になることはない。人間のさまざまな所産《ウーヴル》はすべて意味をもっているが、人間存在はすぐさま所産には不在になり、所産にもとづいて見通しをつけられ、人間存在もまた「……として［en tant que］」の脈絡のなかで与えられる。ほかのひとたちにとって意味をもつ所産、他者たちが手に入れられる所産——すでに貨幣に反映された商品——に行き着く労働と、私が代替不可能なものとして警戒を怠らず、自分の現出に立ち会う場である言語とのあいだの深淵は深い。しかし、この深淵が口を開けるのは、表出から離れることなく警戒を怠らない現前の内的‐活動力によってである。この現前と表出の関係は、意志とその所産の関係とは異なっている。意志は、所産をそれ自身の運命に委ねることで所産から身を退け、意欲したわけではない「たくさんのこと」を意欲したことになってしまう。というのも、こうした所産がもつ不条理さは、所産をかたちづくった思考の欠陥によるわけではないからだ。この不条理さは、所産をかたちづくった思考がすぐさま陥る匿名態、この本質的な匿名態から帰結する労働者《ウヴリエ》〔＝所産を生む者〕の過小評価による。労働は表出ではない、と述べるジャンケレヴィッチ[*7]は正しい[(1)]。所産を手に入れると、私はそれを生産した隣人を神聖視するのをやめてしまう。人間が真に例外的で包含されえないのは表出においてのみであり、そこで人間は自分自身の現出を「救援する」ことができるのである。

（1）『峻厳さと道徳的生〔*L'Austérité et la vie morale*〕』三四頁〔参照箇所でジャンケレヴィッチは、ジンメルの「文化の概念と文化の悲劇（Der Begriff und die Tragödie der Kultur）」（一九一一年）を間接的に引用して、次のように述べている。「創出する精神は諸々の作品〔œuvres〕に行き着くが、それらは当の精神を否定し、その本来の意図を否認し、恩知らずにも当の精神に歯向かう。創造的思考は、その子孫においては見分けられないものになってしまう。記号はもはや意味を表出しないし、法典も正義の必要性を表出しない」（Vladimir Jankélévitch, *L'Austérité et la vie morale*, Paris: Flammarion, 1956, p. 34)〕。

反論を受けることのない政治的生においては、人間性はその所産にもとづいて了解される。これは、相互に交換可能な人間たちからなる人間性であり、相互的諸関係からなる人間性である。人間をたがいに入れ替えることは本源的な不敬であり、それによって搾取それ自体も可能となる。歴史――諸国家の歴史――のなかでは、人間存在はその所産の総体として現れる——人間存在は生きながらにして自分自身の遺産になるのだ。表出は非相互性のうちで人間（＝人格）が唯一のものとして現前する場であるが、正義とはかかる表出をあらためて可能にするものである。正義とは発話への権利である。もしかすると、そこでこそ宗教という視野が開かれるのかもしれない。宗教は政治的生から遠ざかる。そして、哲学がかならずしも政治的生に導くというわけではないのだ。

7 〈中性的なもの〉の哲学にあらがって

こうして私たちは〈中性的なもの〉の哲学と訣別したという確信を抱いている。すなわち、ブランショ[*8]の批評作品がその非人称的な中性性を浮かびあがらせるのに大いに貢献したハイデガーにおける存在者の存在や、人格的意識に対して狡智を示すだけのヘーゲルの非人称的理性[*9]と、である。〈中性的なもの〉の哲学における諸観念の運動は、それらの起源や影響力の点で異なるものの、みな声をそろえて哲学の終焉を告げている。というのも、これらの運動は、いかなる顔も命じることのない服従を称揚しているからだ。ソクラテス以前の哲学者たちに啓示されたとされる〈中性的なもの〉に魅惑された〈欲望〉、あるいは欲求として解釈された結果、行為《アクト》のもつ本質的暴力に連れ戻された欲望は、哲学を追い払い、芸術や政治にしか楽しみを見いださなくなってしまう。〈中性的なもの〉の称揚は、〈私〉《モワ》に対する〈私たち〉の先行性、状況内にある諸存在に対する状況それ自体の先行性として提示できる。本書が享受による分離を強調したのは、〈自我〉を状況から自由にする必要性に導かれてのことだった。理性が主体を飲みこんでしまうヘーゲル的観念論と同じくらい全面的な仕方で、哲学者たちは少しずつ〈自我〉を状況のなかに溶解させてしまった。唯物論は、感性がもつ原初的機能の発見のうちにあるのではなく、〈中性的なもの〉の優位性のうちにある。存在という〈中性的なもの〉を、この存在が規定する存在者——いわば当の存在者のあずかり知らぬかたちで——を超えたところに置くこと、存在者たちのあずかり知らぬかたちでさまざまな本質的出来事を置くことは、唯物論を公言することである。ハイデガーの最近の哲学は、こうした恥ずべき唯物論と化している。この哲学は、〈天空〉と〈大地〉のあいだで神々を待機し、ひとびとと付き合う人間の居住のなかに存在の啓示を据え、風景、すなわち「死せる自然《ヴェルブ》（＝静物）」を人間的なものの起源に仕立てあげる。存在者の存在は、誰の言葉でもないような〈ロゴス〉である。意味の一切が現れる源泉としての顔から出発すること、絶対的な裸性をまとった顔から、頭を横にして休む場所を見つけられない悲惨に満ちた顔から出発することは、存在は人間どうしの関わりのなかで演じられると主張することであり、欲求よりもむしろ〈欲望〉がさまざまな行為に指令を与えると主張することである。〈欲望〉——なんらかの不足から生じるのではない切望——形而上学であり、人間《ペルソンヌ》（＝人格）の欲望である。

8 主体性

存在とは外部性であり、外部性はその真理のうちで、主観的な領野で、分離した存在に対して生起する。分離は、自己に準拠し、おのずから自分を支える存在の内奥性として、肯定的な仕方で成就する。無神論に至るまで！ 自己への準拠は、具体的には享受、すなわち幸福として構成される、あるいは成就する。この本質的な充実状態は——知となって——晴れやかにみずからを開くことで自分の起源までをも手にするのであり、この充実状態の究極の本質は批判（自分自身の条件をふたたび手に入れること）によって展開されていく。形而上学的思考とは、有限なものが無限の観念を有する場——徹底的な分離と他者との関わりが同時に生起する場——であり、私たちはこの形而上学的思考のために志向性や《……についての意識》という用語を残しておいた。形而上学的思考は、発話への注意ないし顔の迎え入れであり、歓待性であって、主題化ではない。自己意識は、私が〈他者〉について有する形而上学的意識の弁証法的なレプリカではない。さらに、自己意識と自己との関わりは、自己の表象ではない。自己についてのあらゆる視覚に先立って、自己意識は自分を支えることで成就する。自己意識は、身体として自己に植えつけられ、内奥性と家のうちで身を保つ。このように、自己意識は、肯定的な仕方で分離を成就するのであって、自己意識がそこから分離される当の存在の否定には還元されない。だが、だからこそ、まさに自己意識は存在を迎え入れることができる。主体とは、主人なのだ。

主体的実存は、みずからの輪郭を分離から受けとる。個体化とは、ある存在の内奥的な自己同一化であり——この存在の本質は自己同一性によって尽くされている——〈同〉の自己同一化なのであって、個体化があとからやって来て、分離と呼ばれるなんらかの関係の項を捉えるわけではない。分離とは、個体化の行為そのものであり、一般的に、存在内に定位する存在体が全体への準拠や、ある体系のなかで占める場所によって定義されるのではなく、自己を起点にして定義される可能性のことである。自己を起点にするという事態が、分離に相当する。しかし、自己を起点にするという事態と分離そのものが存在内で生起することは、内奥性の次元を開くことによってのみ可能である。

9　主体性の維持、内奥的生の現実と国家の現実、主体性の意味

形而上学ないし〈他者〉との関わりは、奉仕として、歓待性として成就する。〈他人〉の顔が私たちを第三者との関係に置くのに応じて、〈私〉《モワ》と〈他人〉の形而上学的な関わりは、〈私たち〉という形態にすべりこんでいき、普遍性の源泉である国家や制度や法律を切望するようになる。だが、政治は、それだけで放っておかれると、自分のなかに圧政を宿す。政治は、みずからを呼び起こした自我と〈他者〉を歪めてしまう。というのも、政治は、普遍的規則に従って、そしてまさにそのことによって、あたかも欠席裁判のように自我

と〈他者〉を裁くからである。〈他人〉を迎え入れる際、私は〈至高者〉を迎え入れており、私の自由はこの〈至高者〉に従属するのだが、この従属は不在とは異なる。私の道徳的主導性の人格的な働き《ウーヴル》全体のうちで（この働きがなければ、裁きの真理も生起しえない）、唯一性および顔（顔は政治的なものの可視性によっては見えないままである）としての〈他人〉への注意のうちで、そして自我の唯一性においてしか生起しえない〈他人〉への注意のうちで、この従属は力を発揮するからである。こうして主体性が真理の働き《ウーヴル》のなかで復権されるが、それは傷を負わせてくる体系を拒むようなエゴイズムとして復権されるのではない。主体性によるエゴイスト的な抗議に対しては――こうした一人称での抗議に対しては――もしかするとヘーゲル的な現実の普遍主義の方が正しいだろう。しかし、普遍的な――言い換えれば、可視的な――諸原理を、この非人称的正義の残忍さに尻ごみせずに、同じような傲慢さで、どうやって他者の顔にぶつけるというのか！　いまや唯一可能な善性の源泉として自我の主体性を導入しないということが、どうして考えられるだろうか。

したがって、形而上学は唯一性としての自我の成就に私たちをふたたび連れていくのであり、国家の働き《ウーヴル》もこうした自我の成就との関わりで位置づけられ、形成されなければならない。

国家に抗して維持される自我の代替不可能な唯一性は、繁殖性によって成就する。《個人的なもの〔＝人格的なもの〕》は国家の普遍性に還元できないと主張するとき、私たちは、理性的現実が歯牙にもかけない内奥性の砂地に消えていく、単に主観的な出来事に訴えているのではなく、政治の次元や視野と同じくらい現実的で、それよりも真であるような超越の次元や視野に訴えているのである。なぜより真かといえば、自己性の弁明はこうした超越の次元や視野のうちで消え去ることはないからだ。分離によって開かれる内奥性は、言いようのない《隠匿的なもの》や《地下のもの》ではない――そうではなく、繁殖性の無限の時間である。繁殖性によって、現在《アクテュエル》を未来の玄関として引き受けることが可能になる。内奥的と呼ばれる単に主観的なだけの生が逃げこんでいると目されていた《地下のもの》は、繁殖性によって存在に到達するのである。

したがって、真理の裁きに姿を現す主体性は、単に、全体性と客観的全体化にあらがう無力で、隠匿された、予見不可能で、外からは見えない抗議には還元されない。とはいえ、主体性が存在内に入ることは、分離によって打ち破られた全体性への統合として生じるのでもない。繁殖性とそれが開くさまざまな視野は、分離が有する存在論的な性格を証拠だてている。だが、繁殖性は、壊された全体性の断片を、主観的歴史として、ふたたび接合するわけではない。繁殖性によって、無限で非連続的な時間が開かれる。繁殖性は主体をみずからの事実性から自由にするが、それはこの主体を、事実性が前提としていて乗り越えることのない可能事の彼方に位置づけることによってである。繁殖性は、主体が他者になるのを可能にすることで、主体から宿命の最後の痕跡さえ取り除く。エロスにあっても、主体性の諸々の根底的要請は保存されている――だが、この他性のうちでは、自己性はエゴイスト的な重さを下ろして軽くなり、優美なもの〔＝見返りを求めないもの〕になるのだ。

10 存在の彼方へ

外部性との関わりの意味は、主題化に尽きるわけではない。主題化ないし対象化は、単に無感動な観想として記述されるわけではなく、アリストテレス以来、存在の類比の項とされてきた《堅固なもの〔＝固体〕》、事物との関係としても記述される。《堅固なもの》が帰着する構造は、観想する眼差しの無感動によって課されるものではなく、この《堅固なもの》が通過する時間との関係によって課されるものである[*10]。対象の存在とは、永続化であり、終わりとしての死にあらがって慰めのない空虚な時間を埋めることである。外部性が、主題として現前することではなく、いつまでも欲望されることだとすれば、外部性を欲望する分離した存在の実存は、もはや存在するのを気遣うことではないことになる。《実存すること》は、全体性の永続化とは別の次元で意味をもつ。《実存すること》は、存在の彼方に向かうことができるのだ。スピノザ的伝統とは反対に、こうした死の乗り越えは、思考の普遍性のうちで生起するのではなく、多元的関係、他人のための存在の善性、正義のうちで生起する。存在を起点とした存在の乗り越え――外部性との関係――は、持続を尺度にして測られるのではない。持続それ自体も〈他人〉との関係のなかで可視的になるのであり、〈他人〉との関係のうちで存在は乗り越えられるのだ。

11　任命された自由

言語は顔の現前によって始まるが、こうした言語のうちでの外部性の現前は、形式的意味がまだ展開されずにいるような主張として生起するのではない。顔との関係は、善性として生起する。存在の外部性は、道徳性そのものである。恣意性をまとった分離の出来事である自由は、自我を構成すると同時に、存在内でのあらゆる我有化や全体化に道徳的に抵抗する外部性との関係を保ち続ける。仮に自由が外部性との関係の外側に定位するとすれば、あらゆる関わりは、多様性のただなかにあったとしても、ある存在を別の存在が把握したり、それらが共通して理性に融即したりする――そこでは、どの存在も他の存在の顔を見ることなく、全存在がたがいに否定し合う――だけになってしまうだろう。そして、認識や暴力が、存在を実現する出来事として、多様性のただなかに現れることになってしまうだろう。共通の認識は、統一性へと歩んでいく。ある場合には、共通の認識は、諸存在の多様性のうちに理性的な体系が出現することへと歩んでいき、かかる体系のなかでは、これらの存在は対象にすぎず、そこに自分の存在を見いだすことになるだろう。また別の場合には、共通の認識は、一切の体系の外側で、暴力が諸存在を乱暴に征服することへと歩んでいく。科学的思考のうちであれ、学知の対象のうちであれ、また最後に、理性の現出として理解された歴史、暴力それ自体が理性として明らかになる歴史のうちであれ――哲学は、存在の実現として、言い換えれば、多様性の抹消による存在の解放として姿を現す。認識は、把握や掌握、あるいは把握するのに先立って把握する視覚による、〈他者〉の抹消になってしまう。本書では、形而上学はまったく異なる意味をもっている。形而上学の運動が超越者それ自体に連れていくのだとすれば、超越は《存在するもの》の我有化を意味するのではなく、《存在するもの》の尊重を意味する。存在の尊重としての真理――これこそが形而上学的真理の意味なのだ。

存在の尺度としての自由に優位を置く伝統に反して、存在内での優位性が視覚にあることに異議を唱えたとしても、そしてロゴスの地位に到達しようとする人間的支配の野心に異議を唱えたとしても――私たちは合理主義を捨てるわけではないし、自由という理想を捨てるわけでもない。権能とロゴスが同一であることに疑いを差しはさんだとしても、非合理主義者や神秘家、あるいはプラグマティストだということにはならない。自由のための正当化を求めたとしても、自由に反対していることにはならない。私たちには理性と自由はそれらより古い存在構造に基礎をもつと思われるのであり、こうした存在構造を第一に組み立てる関節を描き出すのが、形而上学的運動であり、尊重であり、正義――真理と同一の正義――なのだ。真理の根拠を自由に据える考え方の項を逆転させなければならない。真理における正当化は、あらゆる外部性からの独立として位置づけられた自由のうちに根拠をもつわけではない。たしかに、正当化された自由というものが、理性的秩序によって主体に課される必然性を表すにすぎないのなら、事態はそうなるだろう。しかし、真の外部性とは、形而上学的なものである――真の外部性は、分離した存在にのしかかるのではなく、自由であるべきだという指令をこの存在に与えるのだ。本書は、形而上学的外部性を記述しようとした。この概念自体から生じる帰結の一つは、正当化を要求するものとして自由を位置づけることである。自由にもとづいた真理の基礎は、自分で自分を正当化する自由を前提にしていた。その場合、自由にとっては、自分が有限であるのを発見すること以上に大きなスキャンダルはないことになるだろう。自分の自由を選んだわけではないこと――これこそが実存の最高度の不条理さであり、最高度の悲劇であって、これこそが《非理性的なもの》である。ハイデガーの被投性《ゲヴォルフエンハイト》は、有限な自由を、それゆえ《非理性的なもの》を示している。サルトルにおいて〈他人〉との出会いは、私の自由を脅かすのであり、他の自由の眼差しにさらされて私の自由が減退することに等しい。もしかすると、ここには存在と真に外部的であり続けるものとの両立不可能性が最も強力に現出しているのかもしれない。しかし、私たちにとっては、むしろ、ここに現れているのは自由の正当化という問題である。他人の現前は自由の素朴な正当性を問いに付すのではないか。自由は自己に対する恥として自分自身に現れるのではないか。そして、自由が自己に還元されると、それは簒奪として現れるのではないか。自由が有する《非理性的なもの》は、自由の限界に由来するのではなく、自由の恣意性が無限であることに由来する。自由は正当化されなければならないのだ。自由がそれ自身に還元されると、自由は至上権ではなく恣意性をまとったものとして成就する。充溢したものとして自由が表出するはずの存在も、まさに自由を通すことによって――自由に制限が加えられることによってではなく――みずからの根拠《レゾン》〔＝理由〕を自分のなかにもたないものとして現れる。自由は、自由によっては正当化されないのだ。存在を説明すること〔＝理由を与えること〕、あるいは真理のうちにあることは、了解することでも、《……をつかみとること》でもなく、反対に、アレルギーなしに他人と出会うこと、言い換えれば、正義のうちで他人と出会うことである。

〈他人〉と接することは、私の自由、生物としての私の自発性、事物に対する私の支配、「突き進む力」[*11]のこの自由、すべてが可能な――殺人すら可能な――この激流を問いただすことである。〈他人〉が生起する場としての顔を描き出す「殺人を犯してはならない」によって、私の自由は裁きに服す。それ以後、認識活動としての真理への自由な同意や、自由意志――デカルト以降、自由意志は確実性のただなかで明晰な観念に同意する――が自分のために根拠〔＝理由〕を探し求めるとしても、その根拠はこうした明晰かつ判明な観念そのものの輝きと一致するわけではない。明晰な観念は、それがもつ明晰さによって重きをなすにもかかわらず、自由の厳密に個人的な〔＝人格的な〕働き《ウーヴル》に訴えている。かかる自由は、自分を問いただすことなく、せいぜい挫折を経験することがあるだけの、独りの自由である。道徳においてのみ、自由は自分を問いただす。それゆえ、道徳が真理の働き《ウーヴル》きをつかさどっているのである。

確実性の徹底的な問いただしは、また別の確実性の探求に帰着する、と言うひとがいるだろうか。その場合、自由の正当化は相変わらず自由に従うことになるだろう。たしかに、そうだ。正当化が非確実性に行き着いてはならないというかぎりでは、そうである。しかし、実を言うと、自由の道徳的正当化は、確実性でも不確実性でもない。自由の道徳的正当化は結果としての身分をもたず、運動および生として成就するのであり、この正当化は、無限の要請を自由に向けて差し出すこと、自由に対して徹底的な不寛容を示すことである。自由は、確実性の意識のうちで正当化されるのではなく、自己への無限の要請のうちで、一切の善良な意識を乗り越えるなかで正当化される。しかし、こうした自己への無限の要請は――まさにそれが自由を問いただすがゆえに――私が独りではない状況、私が裁かれるような状況に私を置き、そこにとどまらせる。第一の社会性である。人格的な関わりは、私を裁く正義の厳格さのなかにあるのであって、私を許してくれる愛のなかにあるのではない。実際、この裁きは〈中性的なもの〉から私にやって来るわけではない。〈中性的なもの〉のまえでは、私は自発的な仕方で自由である。自己への無限の要請のなかでは、対面の二元性が生起している。そうすることで神が証明されるわけではない。というのも、これは証明に先立つ状況であり、形而上学そのものだからだ。視覚と確実性を超えた倫理が、外部性それ自体の構造を描き出す。道徳は、哲学の一部門ではなく、第一哲学なのだ。

12　善性としての存在－〈自我〉－多元的様態－〈平和〉

私たちは、形而上学を〈欲望〉として位置づけた。そして、〈欲望〉を、いかなる終着点や充足によっても停止されることのない〈無限〉の「尺度」として記述した〈〈欲求〉と対置される〈欲望〉〉。複数の世代間の非連続性――言い換えれば、死と繁殖性――によって、〈欲望〉は自分自身の主体性の牢獄から脱出し、みずからの自己同一性の単調さを停止する。形而上学を〈欲望〉として位置づけることは、存在の生起を――〈欲望〉を生み出す欲望を――善性として、幸福の彼方として解釈することである。つまり、存在の生起を《他人のために存在すること》として解釈することである。

しかし、「他人のために存在すること」は、《普遍的なもの》のうちで〈自我〉が毀損されるような〈自我〉の否定ではない。普遍的な法それ自体が対面という立ち位置に従っており、対面という立ち位置は外部から「視覚に収められること（＝撮影）」をすべて拒否する。普遍性は対面という立ち位置に従うと述べることは、存在が全貌として、対面もその一様態にすぎないような共存として生起することに（哲学の伝統全体に反して）異議を唱えることである。本書のすべてが、このような考え方に反対している。対面は、共存の一様態ではないし、ある項が別の項についてもちうる（それ自体が全貌的な）認識の一様態でさえなく、存在の本源的な生起であり、考えられるかぎりでの複数の項のあいだの配置は、すべてそこにさかのぼるのだ。顔のうちで第三者が啓示されるのは不可避のことだが、この啓示も顔を通じてしか生起しない。善性は、全貌的に差し出される集団の無名態に伝播して、そこに吸収されてしまうのではない。善性は、顔のうちで啓示される存在に関わるが、それゆえ始まりを欠いた永遠を有しているわけではない。善性には原理（＝根源）、起源があり、自我から出てくるのであって、主観的なものなのだ。善性は、それを現出させる個別の存在の本性に書きこまれた諸原理を模範とするわけではないし（もしそうだとすれば、善性はふたたび普遍性から生じることになり、顔に応答しないことになってしまう）、国家の法典に書きこまれた諸原理を模範とするわけでもない。善性とは、照明するいかなる思考も――言い換えれば、いかなる全貌的な思考も――先発していない場所に向かうことであり、どことも知らずに向かうことである。原初的な軽率さをまとった絶対的な冒険である善性は、まさに超越そのものである。超越とは、一人の自我の超越である。自我だけが顔の厳命に応答することができる。

　したがって、自我が善性のうちで保存されるとき、体系への自我の抵抗は、幸福や救済を依然として気遣う、キルケゴールの主体性のエゴイスト的な叫びとして現出することはない。存在を〈欲望〉として位置づけることは、孤立した主体性の存在論と、歴史のなかで実現される非人称的理性の存在論を、同時にはねつけることである。

　存在を〈欲望〉として、善性として位置づけることは、事後的に彼方に向かうような自我を、あらかじめ孤立させることではない。それは次のように主張することである。内奥から自分をつかみとること――私《モワ》として生起すること――とは、外‐向し〔extra-verser〕、現出させ――自分がつかむものの責任を負うために――、そして表出するために、すでに外部の方を向いているのと同じ身振りで自分をつかみとることである、と。そして、意識化とはすでに言語であり、言語の本質は善性である、さらには言語の本質は友愛であり、歓待性である、と。ヘーゲルならそう望むだろうが、それとは異なり、〈他〉は〈同〉の否定ではない。〈同〉と〈他〉への存在論的分裂という根底的事実は、〈同〉と〈他〉のアレルギーなき関わりである。

超越ないし善性は、多元的様態として生起する。存在の多元的様態は、想定されうる一つの眼差しのまえに陳列された布置の多様性のように生起するわけではない。もしそうだとすれば、この多様性は、すでに全体化され、ふたたび存在体として接合されてしまうからだ。多元的様態は、私《モワ》から他者に向かう善性のなかで成就する。善性は、絶対的に他なるものとしての他者が唯一生起しうる場であり、その際、この運動を捉えた側面からの眺望と称するものが、善性それ自体のうちで生起する真理より上位の真理をつかむ、なんらかの権利を有するということはない。発話（善性はそのなかで生起する）を介してつねに外側にとどまっているのでなければ、こうした多元的社会に入ることはない。しかし、単に内側から自分を見るために、この社会から出ていくこともないのだ。多元性の統一とは、平和であって、多元性を構成する諸要素の首尾一貫性ではない。つまり、平和とは、戦う者がいなくなり、一方の敗北と他方の勝利で終わる戦闘の終焉――言い換えれば、墓地か未来の世界帝国か――と同じではありえない。自我から出発して〈他者〉に向かう関係のうちにあって、自我が維持されると同時にエゴイズムなしに実存するような欲望と善性のうちにあって、平和とは私の平和でなければならない。平和は、道徳性と現実の一致を請け合う自我を起点として、言い換えれば、無限の時間――繁殖性を通じて自我の時間となる無限の時間――を請け合う自我を起点として構想される。真理が言表される裁きのまえでは、自我は人格的な〔＝個人的な〕私《モワ》であり続ける。この裁きは、自我の外側からやって来るが、ひとびと〔＝人格たち〕に策を弄し、彼らが不在のうちに発せられる非人称的理性からやって来ることはない。

このように自我が、みずからの主観的道徳性を繁殖性による無限の時間のなかに置くことで、真理のまえに定位するような状況――エロティスムの瞬間と父性の無限が結合した状況――は、家族という驚異のなかで具体的なものになる。家族は、単に動物性を理性的に整備することから帰結するわけではないし、国家の無名の普遍性に向かう一段階を示しているわけでもない。たとえ国家が家族に枠組みをあてがうとしても、家族は国家の外側で自己同一化する。人間の時間の源泉である家族によって、主体性は発話を保持しながらも裁きのもとに場を占めることができる。これは形而上学的に不可避の構造であって、プラトンとともに国家が立ち去らせることのできない構造[*12]、またヘーゲルにおけるように国家がその消滅を目指して実存させることもできない構造[*13]である。繁殖性という生物学的構造は、生物学的事実にはとどまらない。繁殖性という生物学的事実のうちで描き出されているのは、国家を構成する諸構造とは似ても似つかない、人間と人間の、そして〈自我〉と自己の関係としての繁殖性一般の輪郭であり、国家に手段として従属するわけでも、さらには国家の縮小模型を表しているわけでもない一つの現実の輪郭である。

繁殖性による無限の時間のうちに生きる主体の対極に位置するのは、国家がその雄々しき美徳の数々によって生み出す、孤立した英雄的存在である。こうした存在は、純然たる勇気によって、また自分がいかなる大義のために死ぬのかもものともせず、死に接する。この存在は、有限な時間、《終わりとしての死》または《移行としての死》——非連続性を欠いた存在の継続を停止することがない《移行としての死》——を引き受ける。英雄的実存、孤立した魂は、自分自身のために永遠の生を探し求めながら、救済を得るための徳を積むことができる——あたかも、連続的な時間のうちで自己に戻っても、かかる実存の主体性が自分自身を裏切ることがないかのように、また、この連続的な時間のうちで、自己同一性それ自体が一つの強迫として顕現することがないかのように、そして、これ以上ないほど突飛な数々の変身を経てもなお残存する自己同一性のうちで、「不死性と同じ規模の、陰鬱な無関心の果実である倦怠[*14]」が勝利を収めることがないかのように。

訳注

＊1　ドイツ語訳・英語訳に従って、ou を où と訂正する。

＊2　ドイツ語訳・英語訳に従って、la vérité métaphysique のあとにカンマを入れる。

＊3　この箇所のみ、ギュメが二重引用符になっているが、特に区別しない。

＊4　ドイツ語訳に従って、*Seiendes* のあとにダッシュを入れる。

＊5　ハイデガー「技術とは何だろうか」（「技術への問い」）（一九五三年）を参照。「〔…〕現代技術をあまねく支配している顕現させること〔Entbergung〕が、おのずと展開していくと、ポイエーシスという意味でのこちらへと前にもたらして産み出すことになる、ということはありません。現代技術において支配をふるっている顕現させることとは、一種の挑発することです。つまり、自然をそそのかして、エネルギー

を供給せよという要求を押し立て、そのエネルギーをエネルギーとしてむしり取って、貯蔵できるようにすることです」（『技術とは何だろうか――三つの講演』森一郎編訳、講談社（講談社学術文庫）、二〇一九年、一一八頁）。

＊6　第I部一一六頁を参照。

＊7　ウラジミール・ジャンケレヴィッチ（一九〇三―八五年）は、フランスの哲学者。『第一哲学』（一九五四年）や『死』（一九六六年）などの著作のほか、数多くの音楽論でも知られる。

＊8　モーリス・ブランショ（一九〇七―二〇〇三年）は、フランスの作家・批評家で、ストラスブール大学時代からのレヴィナスの友人。主著に『謎の人トマ』（一九四一年）、『文学空間』（一九五五年）、『終わりなき対話』（一九六九年）など多数。

＊9　ヘーゲルの「理性の狡智（奸計、窮知）（List der Vernunft）」については、『論理学』（『大論理学』）（一八一二―一六年）の「目的論」を参照。「目的が直接客観に関係し客観を手段とすること、また目的が手段を介して他のものを規定することは、暴力と見なされうる。目的は客観とはまったく別の本性を持ち、二つの客観も同じく互いに自立的な全体であるかぎりでである。しかし、目的が客観との間接的な関係に入り、自己と客観の間に別の客観を挿入することは、理性の窺知と見なされうる」（『論理の学Ⅲ　概念論』山口祐弘訳、作品社、二〇一三年、一九八頁）。『歴史哲学講義』では、個人や民族といった特殊なものが犠牲になるなかで一般理念が実現されていく様態が「理性の狡智」と呼ばれる。

＊10　ドイツ語訳は、mais par sa relation avec le temps を mais est caractérisé par sa relation avec le temps に修正しているが、ne... pas... mais を本訳文のように読み替えれば問題は生じないと思われるので、従わない。

＊11　第II部Dの訳注＊10を参照。

＊12　プラトン『国家』四一七A以下で述べられる、国家の守護者たちの私有財産の禁止の議論を参照。

「けれども、彼らがみずから私有の土地や、家屋や、貨幣を所有するようになるときは、彼らは国の守護者であることをやめて、家産の管理者や農夫となり、他の国民たちのために戦う味方であることをやめて、他の国民たちの敵としての主人となり、かくて憎み憎まれ、謀り謀られながら、全生涯を送ることになるであろう」（『国家』上、藤沢令夫訳、岩波書店（岩波文庫）、一九七九年、二五八頁）。

＊13　ヘーゲルの『法の哲学』（一八二一年）で「家族」が「市民社会」を通過して「国家」に移行していくことを指す。

＊14　ボードレール『悪の華』（一八五七年）第七六番「憂鬱」より。「何にも興味のなくなった陰鬱な心の果実、倦怠が、／不滅のものの規模をもって、拡がる時」（『ボードレール全詩集Ⅰ』阿部良雄訳、筑摩書房（ちくま文庫）、一九九八年、一七二頁）。

訳者解説

本書は、二〇世紀を代表するフランスのユダヤ系哲学者の一人であるエマニュエル・レヴィナス（一九〇六―一九九五年）の主著 *Totalité et infini: essai sur l'extériorité*, La Haye: Martinus Nijhoff, 1961 の全訳である。

すでにレヴィナスの著作はほぼすべてが日本語に訳され、すぐれた入門書や解説書にも恵まれているが、二〇〇九年からフランスで刊行が始まった『レヴィナス著作集』（現在は第三巻まで出版されており、邦訳は法政大学出版局刊）や、サロモン・マルカ『評伝レヴィナス――生と痕跡』（斎藤慶典・渡名喜庸哲・小手川正二郎訳、慶應義塾大学出版会、二〇一六年）などを通じて、これまで知られていなかった伝記的事実や歴史的経緯も明らかになってきている。本書ではじめてレヴィナスの哲学に触れる読者の便宜のために、あらためてレヴィナスの来歴と、本書の成立に至る過程を確認しておきたい。

1　エマニュエル・レヴィナスについて

エマニュエル・レヴィナスは、一九〇六年、当時ロシア帝国領だったリトアニアのカウナス（ポーランド名コヴノ）に、書籍や文房具を扱う商店を営むイェヒエル・レヴィンの長男として生まれた。リトアニアは、ヴィルナのガオン（一七二〇―九七年）や、その高弟ヴォロズィンのラビ・ハイーム（一七四九―一八二一年）といった偉大なタルムード学者を輩出した、東欧ユダヤ教の中心地である。リトアニアでは、一八世紀以降ポーランドを皮切りに東欧各地に広まったハスィディズム（伝統的な学問より敬虔な祈りを重視するユダヤ教の運動）ではなく、むしろハスィディズムに反対する者たち（ミトナグディーム）の潮流が優勢だった。コヴノ（レヴィナスはつねにそう呼ぶ）にもシナゴーグやイェシヴァー（トーラーやタルムードを学ぶ学校）が数多く存在しており、レヴィナスも六歳頃から週二回の頻度で家庭教師にヘブライ語を習ったが、ユダヤ教を専門的に学んだわけではない。両親はイディッシュ語を話し、子どもたちとの会話はロシア語でおこなわれた。

第一次世界大戦の勃発とともに一家はウクライナのハリコフに逃れ、レヴィナスは五名という厳しいユダヤ人定員制限に合格して、ロシア人中学校に入学を許可される。プーシキン、ドストエフスキー、トルストイといったロシア文学への愛好は終生変わることがなかった。レヴィナスが一五歳からロシア語で綴っていた詩や散文も残されている（『レヴィナス著作集』第三巻所収）。一九一七年のロシア革命を経て、一九二〇年にレヴィナスは独立国家となっていたリトアニアに家族とともに戻り、ユダヤ系の高等学校に入学する。文学博士でもあった校長からドイツ語を習ったことが、「ヨーロッパ」への憧れを育てた。当時レヴィナスはケルン大聖堂を見たことがないのを本当に恥ずかしく思っていたという。

一九二三年、レヴィナスはフランス最東端のストラスブール大学に入学する。第一次大戦の敗北で混乱し、すでに反ユダヤ主義のきざしもあったドイツは避けられ、リトアニアに最も近いストラスブールが選ばれたのである。その地でレヴィナスは、生涯の友人となるモーリス・ブランショ（一九〇七―二〇〇三年）と知り合う。ストラスブール時代の恩師としては、反フロイト派の心理学者シャルル・ブロンデル（一八七六―一九三九年）、哲学概論を講じたモーリス・プラディーヌ（一八七四―一九五八年）、デュルケーム派の社会学者モーリス・アルヴァックス（一八七七―一九四五年）、古代哲学の専門家アンリ・カルテロン（一八九一―一九二九年）の名前が挙げられるのがつねである。

さらに、ストラスブールでは、その後の人生を決定づける大きな出来事があった。エトムント・フッサールの現象学との出会いである。のちに『デカルト的省察』（一九三一年）をともに訳すことになるガブリエル・パイファーのすすめで『論理学研究』（一九〇〇―〇一年）を読み始めたレヴィナスは、すぐにこの新しい哲学に魅了された。折よくストラスブールではフッサールのもとで博士論文を書いた神学者ジャン・ヘーリンク（エラン）（一八九〇―一九六六年）も教鞭をとっており、レヴィナスは彼から今度はマルティン・ハイデガーの『存在と時間』（一九二七年）を教わる。現象学を博士論文の主題に決めたレヴィナスは、一九二八年からフライブルクに留学し、退職直前のフッサールと、マールブルクから転任したばかりのハイデガーの講義に出席した。留学を終えてフランスに戻ったレヴィナスは、一九三〇年に博士論文『フッサール現象学における直観の理論（*Théorie de l'intuition dans la phénoménologie de Husserl*)』を出版し、同年フランスへの帰化申請をおこなう。一九三二年、コヴノ時代の幼なじみだったライッサ・レヴィと結婚し、夫妻はのちにシモーヌ（一九三五年生）とミカエル（一九四九年生）の二人の子どもに恵まれる。なお、息子のミカエル・レヴィナスは、オリヴィエ・メシアンに学んで著名な作曲家となり、現在はパリ国立高等音楽院の分析クラスの教授を務めている。

博士号取得後のレヴィナスは、世界イスラエリット連盟（Alliance Israélite Universelle）の職員として勤務しながら（「イスラエリット」とは、一九世紀以降、フランス国籍をもつユダヤ人が、否定的なニュアンスのある「ユダヤ（juif）」という語のかわりに自称として用いた語である）、機関誌である『平和と権利』誌に時評的な短文を寄せるとともに、哲学的出発点と言える論文「逃走について（De l'évasion）」（一九三五年）を発表する。ロシアやドイツからの亡命哲学者がパリに増えていくなか、レヴィナスも、ヘーゲル講義で有名なアレクサンドル・コジェーヴ（一九〇二—六八年）や、中世ユダヤ哲学の専門家ヤーコプ・ゴルディン（ジャコブ・ゴルダン）（一八九六—一九四七年）らと接する機会を得る。本書の内容に深い痕跡をとどめているフランツ・ローゼンツヴァイクの『救済の星』（一九二一年）を知るのも、この頃である。

第二次世界大戦が始まると、レヴィナスはロシア語およびドイツ語の通訳兵として召集される。配属された第一〇軍は一九四〇年六月にドイツ軍に降伏し、レヴィナスもレンヌで捕虜になるが、戦争捕虜の保護を義務づけるジュネーヴ条約により、フランス軍捕虜として絶滅収容所ではなく捕虜収容所に送られた。一九四二年までレンヌ、ラヴァル、ヴズールの収容所を転々としたあとドイツ国内へと移送され、ハノーヴァーとブレーメンの中間に位置するファリンクボステルの捕虜収容所（Stalag XI B）で終戦を迎えることになる。収容所でレヴィナスは他のユダヤ人戦争捕虜たちとともに森林伐採の強制労働に従事し、夜に許された自由時間を読書や執筆に費やした。捕虜期のレヴィナスは、手帳に大量のメモ書きを残しただけでなく（これらのメモは『レヴィナス著作集』第一巻で公表された）、一九四七年に公刊する『実存から実存者へ（*De l'existence à l'existant*）』の大部分を完成させた。ただし、一九四五年一月の妻への手紙では、この著作がほとんど出来上がったことを報告する一方で、収容所の外の知的雰囲気を想像できないことから生じる不安を吐露してもいる。収容所に伝わっていなかったのは当時の哲学界の状況だけではなかった。リトアニアの父母、二人の弟が虐殺されたことをレヴィナスが知るのも戦後のことである。

復員後のレヴィナスは、世界イスラエリット連盟管轄の東方イスラエリット師範学校（École Normale Israélite Orientale）の校長として、中東や北アフリカのユダヤ・コミュニティの未来の教師を育てるかたわら、ジャン・ヴァール（一八八八―一九七四年）が主宰していた哲学コレージュで「時間と他者（Le temps et l'autre）」に代表される講演をおこなった（一九四八年の講演「発話と沈黙（Parole et silence）」などの講演録は『レヴィナス著作集』第二巻に収められている）。この頃、シュシャーニ師という謎めいた人物から三年間にわたりタルムードの手ほどきを受けたことが、のちにフランス語圏ユダヤ知識人会議で恒例となるタルムード講話につながっていく。一九六一年、本書『全体性と無限（*Totalité et infini*）』で国家博士号を取得したレヴィナスは、一九六三年からポワティエ大学で、一九六七年から七三年にはパリ第一〇大学（ナンテール）で教鞭をとり、その後ソルボンヌ大学で一九七六年まで教授を務めた。その間、ユダヤ教に関する論文集『困難な自由（*Difficile liberté*）』（一九六三年）や『タルムード四講話（*Quatre lectures talmudiques*）』（一九六八年）、本書に次ぐ二冊目の哲学的主著である『存在するとは別の仕方で あるいは存在の彼方へ（*Autrement qu'être ou au-delà de l'essence*）』（一九七四年）などの重要な著作を発表し、旺盛な執筆活動は晩年まで続いた。

2　本書『全体性と無限』について

リトアニアからストラスブールに来た当初のレヴィナスは、まったくフランス語が堪能ではなかった。guerre（戦争）という単語を「ゲール」ではなく「ギュエール」と発音していたほどで、大学の最初の年度には辞書をたえず引きながらコルネイユやジョルジュ・サンドを読んだと語っている。しかし、それからわずか数年後、弱冠二三歳で最初の論文「エトムント・フッサール氏の『イデーン』について（Sur les « Ideen » de M. E. Husserl）」（一九二九年）を発表し、翌年の『フッサール現象学における直観の理論』ではサルトルをはじめとする多くの哲学者に現象学を広める役割を果たすことになる。ロシア語とヘブライ語をベースとする著者が、別系統の言語であるドイツ語でフッサールを読み、フランス語というまた別の外国語で博士論文を書いて、現代哲学史に足跡を残す業績を生み出したのだから、途轍もない才能だと言わなければならない。だが、こうした学問上の功績にもかかわらず、教授資格のなかったレヴィナスは戦後すぐ大学に職を得ることはできなかった。

終戦後から一九六〇年代初頭にかけてのレヴィナスは、東方イスラエリット師範学校長として哲学とヘブライ語の授業を担当しつつ、多感な年頃の生徒たちの生活上の指導や問題解決にも奮闘する一方で、数多くの講演や論文を通じて哲学者としても精力的な活動を続けた。主著である本書『全体性と無限』が生まれたのも、まさにこの円熟期においてである。息子のミカエルによれば、本書は一九五五年にエヴィアンの小さな家で書き始められた（『評伝レヴィナス』）。内容的には同時期の論文や講演を再構成しながら執筆を進めたと考えられるが、すでに一九五七年一二月三日の講演「分離（La séparation）」の頃には本書の草稿が逆に講演の方に活用されており、遺稿には本書の初期の表題案と見られる『全体あるいは無限／形而上学的〈存在〉の外部性についての試論（LE TOUT OU L’INFINI / Essai sur l’extériorité de l’Être métaphysique）』という表現も認められる（『レヴィナス著作集』第二巻）。しかし、ミカエルの証言によると、順調に書き進められていたはずのこの本は、あやうく日の目を見ることなく葬られる寸前だったという。ガリマール社の創業者と親しく、同社で重要な立場にいたブリス・パランに電話で出版を断られたレヴィナスは、そのまま原稿を破り捨てようとしたのだ。家族が必死に思いとどまらせた結果、原稿は救われ、ヘルマン＝レオ・ファン・ブレダに託された。ファン・ブレダは、フッサールの遺稿をドイツから救出し、ルーヴァンにフッサール文庫を創設した人物である。その後、ジャン・ヴァールがレヴィナスに電話を寄越し、出版をすぐに止めて博士論文として提出するよう促したという。

『全体性と無限』の口頭試問は、一九六一年六月六日の一三時四五分からソルボンヌ大学で開催された。主査はジャン・ヴァールで、副査にウラジミール・ジャンケレヴィッチ、ガブリエル・マルセル、ポール・リクール、ジョルジュ・ブランが名を連ねた。「現象学研究(Études sur la phénoménologie)」と題された副論文は、以前の研究ではタイプ原稿だとされていたが(Marie-Anne Lescourret, *Emmanuel Levinas*, Paris: Flammarion, 1994)、最近の資料では二冊の既刊著作だと言われているので(*Cahiers de philosophie de l'Université de Caen*, n° 49, 2012)、おそらく『実存から実存者へ』と『フッサール、ハイデガーとともに実存を発見しつつ(*En découvrant l'existence avec Husserl et Heidegger*)』(一九四九年)が一緒に提出されたものと思われる。審査では、五〇歳を越えたこの博士論文準備者《テザール》に対して、ジャンケレヴィッチが「あなたは私のかわりにこちらに座るべきでしょう」と述べたと伝えられる。この審査をもってレヴィナスは国家博士号(現在の研究指導学位に相当するもので、一九八四年に廃止)を取得し、二年後にポワティエ大学の講師となった。

一方、ファン・ブレダが預かった原稿はというと、彼が創設した現象学研究のための叢書

「フェノメノロギカ」の編集秘書ジャック・タミニョーに渡されていた。「フェノメノロギカ」は、フッサールの校訂版全集『フッセリアーナ』と対をなす叢書で、フッサールの思想や現象学運動に関する研究、そして現象学から着想を得た独創的な著作を出版することを主旨とし、一九五八年にその第一巻としてオイゲン・フィンクの『存在・真理・世界』が刊行された。著作の選定にあたっては、まずタミニョーが当該原稿を通読して刊行可否の提案を添えた報告書を作成し、これにもとづいてファン・ブレダを委員長とする編集委員会（マーヴィン・ファーバー、オイゲン・フィンク、ジャン・イポリット、ルートヴィヒ・ラントグレーベ、モーリス・メルロ＝ポンティ、ポール・リクール、カール＝ハインツ・フォルクマン＝シュルック、ジャン・ヴァール）が六週間をかけて検討する、という方式が採られた。一九五九年に三八三頁からなる『全体性と無限』のタイプ原稿を手にしたタミニョーは、一九六〇年五月一七日付で報告書を作成している。この報告書自体は『全体性と無限』の全体を忠実に要約したものだが、それには同書の即時の刊行を留保なしに推薦する旨のタミニョーとファン・ブレダの共同署名による手紙が添えられた。この提案に編集委員会の全員が賛同し、『全体性と無限』は博士論文としての審査の少し前に「フェノメノロギカ」叢書の第八巻として刊行されている。

それから六〇年近くが経過した今日、『全体性と無限』はすでに現代フランス哲学の古典の一つに数えられている。二〇一一年の哲学の教授資格試験《アグレガシオン》で本書が口頭試験のフランス語テクスト解釈の課題に選ばれたことが、なによりの証左である。日本語で読めるものでも、入門的な解説から、より本格的な専門書に至るまで、さまざまな書籍が刊行されており、内容的な説明はそちらに譲りたい。むしろ、ここでは、本書にまだ残されていると思われる新しい読解や解釈のための豊かな鉱脈について、訳者なりの観点をいくつか提示しておきたい。

第一に、レヴィナスの著作全体のなかで本書が占める位置である。本書以前について言えば、一冊の著作も刊行されなかった一九四九年から六一年までの「空白期間」に、レヴィナスが自身の哲学についてどのような見通しをもっていたのかが、哲学コレージュの講演録によって詳細に分かるようになった。今後は『全体性と無限』の内容上の生成過程が、これらの講演との比較検討を通じて明らかになるだろう。次に本書以後について言うと、従来の研究では、ジャック・デリダの重要なレヴィナス論「暴力と形而上学」(『エクリチュールと差異』所収)がレヴィナスに思想の「転回」を促し、第二の主著『存在するとは別の仕方で』での変容をもたらした、という見解が一般的だった。現在では、この二冊のあいだに断絶はなく、『全体性と無限』に含まれていた新しい思想の萌芽が、デリダの批判を契機として、より先鋭化ないし深化されて以後の著作で姿を現したと考える研究者が多いように思われる。実際、後期著作で本格的に用いられる「無私無欲性＝脱利益内存在（désintéressement)」や、「語ること（le dire)」と「語られたこと（le dit)」といった概念は、すでに本書にも登場している。後期著作から逆照射する仕方で本書を読み直す試みも、あらためて必要になるだろう。

第二に、本書でのエロスをめぐる議論についてである。『レヴィナス著作集』第三巻には、『ヴェプラー家の奥方』と、『エロス』または『悲しき豪奢』という題名の二作の小説の草稿が収められており、この草稿を執筆当時のレヴィナスはエロスに関する考察を哲学ではなく文学作品として世に問おうとしていたと推測される。ロシア語で書かれた文学テクストにもエロスと関係するモチーフがたびたび現れることを考えると、これらの遺稿と照らし合わせた本書第Ⅳ部の「エロスの現象学」の再解釈は、哲学者ではなく「文学者」としてのレヴィナスの相貌を垣間見せてくれるだろう。

第三に、他の哲学者との内在的および外在的な関係である。特に、引用する暇がないほど本書に姿を見せていると言われるローゼンツヴァイクの『救済の星』との関連は、日本でも近年ローゼンツヴァイクの研究が盛んになっているだけに、これからいっそう活発な研究対象になるものと思われる。『救済の星』は Vom Tode という言葉で始まり、Ins Leben という言葉で終わる。つまり、この本全体が「死から生へ」という壮大な枠構造をなしているわけだが、『全体性と無限』の本論は、原文では「本当の生（la vraie vie）」で始まり、結論は「不死性（immortalité）」という語で締めくくられている。この類似に着目するなら、本書も『救済の星』と同様に、書物としての形態を通して、本論末尾で述べられる「時間の新たな構造」を提示しているとも考えられる。

＊

最後に、翻訳作業について述べておきたい。先に触れた出版をめぐる複雑な経緯のためか、タミニョーが編集に十分な時間を割けなかったと見られ、残念ながら本書の初版にはおびただしい数の誤植が含まれていた。そのなかには、réduction（還元）と déduction（演繹）の取り違いのような決定的な「誤り」もあった（詳しくは、序の訳注＊15を参照）。ほとんどの誤植は一九九〇年のポッシュ版（Le livre de poche）で直されたが、この版もまた別の新しい誤記を多く含む、きわめて不十分なものである。そこで、訳者としては、まず訳すべきテクストを確定する作業から始めなければならなかった。訳者は、本文の訳出にあたって、初版（一九六一年）、第二版（一九六五年）、第三版（一九六八年）、第四版の Kluwer Academic Publishers 版（一九七一年／一九八四年）、ポッシュ版（一九九〇年／二〇〇三年）を一文ずつ照合し、気づくことのできた異同のすべてを表にまとめた。およそ六五〇箇所あった異同のほとんどはつまらない誤植だったが、なかには翻訳に影響を及ぼしたものもあるため、以下の基準で選定をおこない、新たに作成した異同表を巻末に掲載することにした。掲載した異同は、以下のものである。

(1)第二版から第四版でなされた修正（単なる誤植も含まれるが、レヴィナス本人による介入の可能性も否定できないため残した）。

(2)ポッシュ版の誤記（原書としてはポッシュ版が最も普及しているため。ただし、単なる綴りなどの誤りは除く）。

(3)初版にある正誤表に掲げられているもの（三箇所）。
(4)ドイツ語版訳者ヴォルフガング・ニコラウス・クレヴァニがレヴィナスの了承を得たうえで作成した修正提案（ただし、本訳では採用していないものもある）。

以上のうち、特に重要なものについては、訳注にもそのつど記した。

訳出にあたっては、「凡例」に掲げたドイツ語訳および英語訳を参照している。また、以下の既訳はつねに参照し、読み方および訳注に関して多大な示唆を受けた。

『全体性と無限』合田正人訳、国文社、一九八九年、改訂版、二〇〇六年。
『全体性と無限』（全二冊）、熊野純彦訳、岩波書店（岩波文庫）、二〇〇五―〇六年。

合田氏の訳書は、私がはじめて『全体性と無限』を読んだ際の思い出深いものである。学生にとって安価ではないこの本を思い切って大学生協で買い求め、自宅まで大事に持ち帰った日のことは、いまでもありありと覚えている。また、熊野氏の訳書が出たとき、私はパリに留学中だったが、ぜひともすぐ参考にしなければならないと家族に無理を言ってわざわざ送ってもらったのを記憶している。いずれの訳書も、学生時代いつも私の最も近いところにいた「学友」である。先生方の深い学恩に心からの感謝を記したい。

そもそも本書は、二〇一五年の夏に、講談社学術文庫のための新訳として、合田先生と私による共訳を前提に企画されたものだった。しかし、多忙を極める合田先生にかわり、すべての作業を私が一人で進めるなかで、最終的に私の単独訳として出版することを合田先生が快諾してくださった。先生の寛大なご配慮に感謝の言葉はとうてい言い尽くせないが、いただいたご恩にこの翻訳が少しでも報いることができれば、と願う次第である。

翻訳の作業はすべて、滋賀大学経済学部の在職中におこなったものである。必要な資料の収集にあたっては、滋賀大学附属図書館の方々に大変お世話になった。

講談社編集部の互盛央氏は、企画の段階からつねにあたたかい言葉で励ましてくださった。互氏の思いに応えたいという気持ちが、作業の大きな原動力となっていた。四年間もお待たせしてしまったことをお詫びしつつ、深く感謝を申し上げたい。

二〇二〇年一月

藤岡俊博

第3版	第4版	ポッシュ版
第2版と同	第2版と同	第2版と同
初版と同	初版と同	face à face
初版と同	初版と同	face à face
初版と同	初版と同	face à face
第2版と同	第2版と同	第2版と同
初版と同	初版と同	face à face
初版と同	初版と同	face à face
初版と同	初版と同	初版と同 * *Seiendes* — et [K]
初版と同	初版と同	face à face
初版と同	初版と同	face à face
第2版と同	第2版と同	第2版と同
初版と同	初版と同	face à face
第2版と同	第2版と同	第2版と同
初版と同	初版と同	face à face
第2版と同	第2版と同	第2版と同
第2版と同	第2版と同	第2版と同
初版と同	初版と同	初版と同 * mais est caractérisé par sa relation [K]
第2版と同	第2版と同	第2版と同
第2版と同	第2版と同	第2版と同
初版と同	初版と同	face à face
第2版と同	第2版と同	第2版と同
初版と同	初版と同	face à face
初版と同	初版と同	face à face
初版と同	初版と同	face à face
初版と同	初版と同	face à face
第2版と同	第2版と同	第2版と同

初版の頁，行	初版	第2版
p. 265, 30	idée	l'idée
p. 265, 39	face-à-face	初版と同
p. 266, 27	face-à-face	初版と同
p. 266, 28	face-à-face	初版と同
p. 267, 12	apparatîrait	apparaîtrait
p. 267, 34	face-à-face	初版と同
p. 269, 39	face-à-face	初版と同
p. 270, 29	*Seiendes* et	初版と同
p. 271, 13	face-à-face	初版と同
p. 271, 35	face-à-face	初版と同
p. 271, 36	ressurgit	resurgit
p. 271, 38	face-à-face	初版と同
p. 271, 38	tenté	tentée
p. 272, 5	face-à-face	初版と同
p. 278, 5	Au delà	Au-delà
p. 278, 9	solide	solide,
p. 278, 11	mais par sa relation	初版と同
p. 278, 18	au delà	au-delà
p. 280, 5	Sartre,	Sartre
p. 281, 16	face-à-face	初版と同
p. 281, 18	certitude	certitude,
p. 281, 34	face-à-face	初版と同
p. 281, 35	face-à-face	初版と同
p. 281, 38	face-à-face	初版と同
p. 281, 39	face-à-face	初版と同
p. 284, 2	et ses	par ses

第3版	第4版	ポッシュ版
初版と同	初版と同	la non-signifiance du visage
第2版と同	第2版と同	第2版と同
初版と同	初版と同	l'avenir du
第2版と同	第2版と同	第2版と同
第2版と同	第2版と同	第2版と同
第2版と同	第2版と同	第2版と同
初版と同	初版と同	初版と同 * « l'identification » [K]
第2版と同	第2版と同	第2版と同
初版と同	初版と同	初版と同 * de la paternité, de la trans-substantiation [K]
第2版と同	第2版と同	第2版と同
第2版と同	第2版と同	第2版と同
第2版と同	第2版と同	第2版と同
第2版と同	第2版と同	第2版と同
第2版と同	第2版と同	第2版と同
第2版と同	第2版と同	第2版と同
第2版と同	第2版と同	第2版と同
第2版と同	第2版と同	第2版と同
第2版と同	第2版と同	第2版と同
初版と同	初版と同	l'oppose
第2版と同	第2版と同	第2版と同
初版と同	初版と同	初版と同 * Et c'est parce que [K]
初版と同	初版と同	paternelle, qu'il
初版と同	初版と同	face à face
第2版と同	第2版と同	第2版と同
第2版と同	第2版と同	第2版と同
第2版と同	第2版と同	第2版と同

初版の頁，行	初版	第2版
p. 240, 30	la non-signifiance dans la signifiance du visage	初版と同
p. 240, 38	fondemente	fondements
p. 241, 1	l'avenir, du	初版と同
p. 241, 4	privé	privée
p. 241, 29	ambiguité	ambiguïté
p. 242, 18	doive	devrait
p. 244, 10	l'identification	初版と同
p. 244, 27	l'angoisse,	l'angoisse:
p. 247, 17	de la paternité de la trans-substantiation	初版と同
p. 248, 12	ressurgir	resurgir
p. 248, 14	effemination	effémination
p. 248, 27	irreversible	irréversible
p. 248, 29	traine	traîne
p. 249, 2	au delà	au-delà
p. 249, 20	oscille-t-il	oscille
p. 249, 25	trans-substantiation	transsubstantiation
p. 249, 27	au delà	au-delà
p. 251, 1	évènement	événement
p. 251, 6	s'oppose	初版と同
p. 254, 4	espère	espèce
p. 256, 15	Et parce que	初版と同
p. 256, 16	paternelle qu'll	初版と同
p. 257, 11	face-à-face	初版と同
p. 257, 37	et suspens	en suspens
p. 258, 8	par le retour	dans le retour
p. 265, 8	définitive, dans	définitive dans

第3版	第4版	ポッシュ版
qu'il vous plaira	第3版と同	第3版と同
初版と同	l'ambiguïté	第4版と同
第2版と同	第2版と同	第2版と同
初版と同	初版と同	初版と同 ＊ Elle les attend [K]
初版と同	初版と同	Autrui
第2版と同	第2版と同	第2版と同
第2版と同	第2版と同	第2版と同
初版と同	初版と同	hors d'elle-même ＊ hors de lui-même [K]
第2版と同	第2版と同	初版と同
初版と同	初版と同	« patience »
第2版と同	第2版と同	第2版と同
第2版と同	第2版と同	第2版と同
第2版と同	第2版と同	第2版と同
初版と同	初版と同	初版と同 ＊ constituent [K]
第2版と同	第2版と同	第2版と同
初版と同	初版と同	pas
初版と同	初版と同	jugement
第2版と同	第2版と同	初版と同
初版と同	初版と同	face à face
第2版と同	第2版と同	第2版と同
第2版と同	第2版と同	第2版と同
第2版と同	第2版と同	第2版と同
第2版と同	第2版と同	第2版と同
第2版と同	第2版と同	第2版と同
第2版と同	第2版と同	第2版と同
第2版と同	第2版と同	第2版と同
初版と同	初版と同	aveuglément ＊ aveuglément [K]

初版の頁，行	初版	第2版
p. 205, 24	que vous voudrez	初版と同
p. 206, 11	ambiguïté	初版と同
p. 207, 19	and wish ...	*and wish ...*
p. 208, 4	Elle l'attend	初版と同
p. 209, 33	autrui	初版と同
p. 211, 38	ultima latet	*ultima latet*
p. 213, 14	c'est à dire	c'est-à-dire
p. 213, 19	hors d'elle même	初版と同
p. 213, 23	par-delà	par delà
p. 216, 2	*patience*	初版と同
p. 217, 29	le jeu	un jeu
p. 219, 24	pas	par
p. 220, 30	l'être	l'être,
p. 223, 29	constituant	初版と同
p. 224, 10	appelé	appelée
p. 224, 17	que	初版と同
p. 225, 3	jugement même	初版と同
p. 229, 7	face à face	face-à-face
p. 229, 24	face-à-face	初版と同
p. 230, 10	moi	Moi
p. 230, 17	moi	Moi
p. 230, 20	La	Ma
p. 232, 26	ambiguité	ambiguïté
p. 232, 39	au delà	au-delà
p. 235, 18	au delà	au-delà
p. 238, 7	au delà	au-delà
p. 238, 16	aveuglement	初版と同

第3版	第4版	ポッシュ版
初版と同	初版と同	face à face
第2版と同	第2版と同	第2版と同
初版と同	初版と同	初版と同 * ma destinée [K]
初版と同	初版と同	sous-estimer * sur-estimer [K]
第2版と同	第2版と同	第2版と同
初版と同	初版と同	face à face
第2版と同	第2版と同	第2版と同
第2版と同	第2版と同	第2版と同
初版と同	*quam*	第4版と同
初版と同	que suscite	第4版と同
初版と同	初版と同	dispositions que * dispositions que [K]
prends à	第3版と同	第3版と同
初版と同	初版と同	初版と同 * qui me [K]
初版と同	初版と同	初版と同 * constitue [K]
第2版と同	第2版と同	第2版と同
第2版と同	第2版と同	第2版と同
初版と同	初版と同	初版と同 * capables de renouvellement, de Désir [K]
初版と同	初版と同	face à face
初版と同	初版と同	初版と同 * subjectivité [K]
初版と同	初版と同	forme
第2版と同	第2版と同	第2版と同
初版と同	初版と同	初版と同 * interpersonnelle [K]
du	第3版と同	第3版と同

初版の頁，行	初版	第2版
p. 177, 15	face-à-face	初版と同
p. 178, 12	liberée	libérée
p. 178, 24	sa destinée	初版と同
p. 180, 7	sousestimer	初版と同
p. 181, 21	évènement	événement
p. 181, 22	face-à-face	初版と同
p. 181, 30	c'est à dire	c'est-à-dire
p. 183, 34	c'est à dire	c'est-à-dire
p. 186, 12	*qnam*	初版と同
p. 187, 31	qui suscite	初版と同
p. 187, 33	dispositions qui	初版と同
p. 187, 33	prendsà	初版と同
p. 187, 34	qui le	初版と同
p. 189, 3	constituent	初版と同
p. 189, 16	non coïncidence	non-coïncidence
p. 191, 37	relation	relations
p. 193, 23	capables de renouvellement de Désir	初版と同
p. 196, 27	face-à-face	初版と同
p. 196, 29	objectivité	初版と同
p. 197, 23	formule	初版と同
p. 200, 11	arme	âme
p. 201, 25	impersonnelle	初版と同
p. 205, 15	de	初版と同

第3版	第4版	ポッシュ版
初版と同	初版と同	élémentaire
初版と同	初版と同	face à face
第2版と同	第2版と同	第2版と同 ＊初版ERRATA
初版と同	初版と同	métaphysiques ＊ métaphysiques [K]
第2版と同	第2版と同	第2版と同 ＊初版ERRATA
第2版と同	第2版と同	第2版と同
初版と同	初版と同	初版と同 ＊ il montre [K]
初版と同	初版と同	初版と同 ＊ marée [K]
第2版と同	第2版と同	第2版と同
第2版と同	第2版と同	第2版と同
第2版と同	第2版と同	第2版と同
第2版と同	第2版と同	第2版と同
第2版と同	第2版と同	第2版と同
初版と同	初版と同	juré
初版と同	初版と同	face à face
初版と同	初版と同	face à face
第2版と同	第2版と同	第2版と同
初版と同	初版と同	初版と同 ＊ ...du non-moi, elles ne sont pas [K]
第2版と同	第2版と同	第2版と同
第2版と同	第2版と同	第2版と同
初版と同	初版と同	neutralisable
第2版と同	第2版と同	第2版と同
第2版と同	第2版と同	第2版と同
初版と同	初版と同	face à face

初版の頁，行	初版	第2版
p. 133, 9	élémentale	初版と同
p. 133, 36	face-à-face	初版と同
p. 135, 14	qualité	quantité
p. 136, 29	métaphysique	初版と同
p. 140, 14	*avoir*	*avenir*
p. 144, 11	a	à
p. 144, 13	elle montre	初版と同
p. 144, 28	marais	初版と同
p. 144, 36	“Sein und Zeit”	*Sein und Zeit*
p. 145, 1	inserré	inséré
p. 145, 24	évènement	événement
p. 148, 37	hic et nunc	*hic et nunc*
p. 149, 8	no man’s land	*no man’s land*
p. 156, 22	jugé	初版と同
p. 157, 33	face-à-face	初版と同
p. 158, 17	face-à-face	初版と同
p. 161, 37	et représentatif	représentatif
p. 162, 16	[...] du non-moi ne sont pas	初版と同
p. 162, 17	spécifcité	spécificité
p. 163, 10	Critique de la Raison pure	*Critique de la Raison pure*
p. 172, 26	non neutralisable	初版と同
p. 174, 17	mème	même
p. 175, 17	intérieures	intérieurs
p. 176, 29	face-à-face	初版と同

第3版	第4版	ポッシュ版
第2版と同	第2版と同	第2版と同
第2版と同	第2版と同	第2版と同
第2版と同	第2版と同	第2版と同
第2版と同	第2版と同	第2版と同
初版と同	初版と同	face à face
differentiam	第3版と同	第3版と同
第2版と同	第2版と同	第2版と同
第2版と同	第2版と同	第2版と同
初版と同	初版と同	d'âmes
第2版と同	第2版と同	第2版と同
初版と同	初版と同	et entièrement
第2版と同	第2版と同	第2版と同
初版と同	初版と同	l'infini du système
第2版と同	第2版と同	第2版と同
初版と同	初版と同	se perdre de l'infini
Ce que	第3版と同	第3版と同
第2版と同	第2版と同	第2版と同
第2版と同	第2版と同	第2版と同
第2版と同	第2版と同	第2版と同
第2版と同	第2版と同	第2版と同
第2版と同	第2版と同	第2版と同
第2版と同	第2版と同	第2版と同
初版と同	初版と同	初版と同 * fermée et ouverte [K]
第2版と同	第2版と同	第2版と同
初版と同	初版と同	troublé
第2版と同	第2版と同	第2版と同
s'invertit	第2版と同	第2版と同 * s'invertit [K]

初版の頁，行	初版	第2版
p. 58, 4	au delà	au-delà
p. 58, 26	réminescence	réminiscence
p. 60, 8	et,	et
p. 60, 30	au delà	au-delà
p. 61, 14	face-à-face	初版と同
p. 72, 14	diffetentiam	初版と同
p. 78, 14	ex-nihilo	ex nihilo
p. 78, 16	ex-nihilo	ex nihilo
p. 88, 9	d'âme	初版と同
p. 89, 38	C'est que,	C'est que
p. 96, 32	et comme entièrement	初版と同
p. 100, 11	repose	reposent
p. 107, 6	l'infini et du système	初版と同
p. 110, 32	formés	formes
p. 115, 25	se perdre dans le *nulle part*, se distingue de la présence de l'infini	初版と同
p. 116, 5	Ce qui	初版と同
p. 120, 14	s'inserrent	s'insèrent
p. 120, 17	déreliction	déréliction
p. 120, 28	Geworfenheit	*Geworfenheit*
p. 121, 1	ambiguité	ambiguïté
p. 121, 37	évènements	événements
p. 122, 34	démente	réfute
p. 123, 9	fermée ou ouverte	初版と同
p. 123, 20	une minute Monsieur	une minute, Monsieur
p. 123, 22	troublé,	初版と同
p. 124, 21	évènement	événement
p. 129, 39	s'invertissait	s'invertissant

第3版	第4版	ポッシュ版
第2版と同	第2版と同	第2版と同
初版と同	初版と同	初版と同 * L'historique ne se définit pas que par le passé [K]
削除	削除	削除
初版と同	初版と同	初版と同 * la présence du visage [K]
第2版と同	第2版と同	第2版と同
初版と同	初版と同	face à face
第2版と同	第2版と同	第2版と同
初版と同	初版と同	初版と同 * Elles demeurent, dans [...] [K]
初版と同	初版と同	ne sont pas égaux,
第2版と同	第2版と同	第2版と同
第2版と同	第2版と同	第2版と同 * 初版ERRATA
初版と同	初版と同	ou
初版と同	初版と同	face à face
初版と同	初版と同	face à face
初版と同	初版と同	face à face
第2版と同	第2版と同	第2版と同
第2版と同	第2版と同	第2版と同
第2版と同	第2版と同	第2版と同
第2版と同	第2版と同	第2版と同
第2版と同	第2版と同	第2版と同
第2版と同	第2版と同	第2版と同
初版と同	初版と同	face à face
初版と同	初版と同	face à face
第2版と同	第2版と同	第2版と同

初版の頁，行	初版	第2版
p. 35, 16	ex nihilo	*ex nihilo*
p. 36, 27	L'historique ne se défi-nit pas par le passé	初版と同
p. 37, 20-22	doit seulement [...] qui	削除
p. 37, 37	la présence de l'image	初版と同
p. 38, 12	évènement	événement
p. 39, 38	face-à-face	初版と同
p. 40, 11	soustend	sous-tend
p. 40, 35	Elles demeurent dans [...]	初版と同
p. 44, 2	ne sont pas égaux;	初版と同
p. 49, 20	quinte-essence	quintessence
p. 50, 17	ne tire	ne tire pas
p. 50, 30	et	初版と同
p. 51, 6	face-à-face	初版と同
p. 51, 14	face-à-face	初版と同
p. 52, 18	face-à-face	初版と同
p. 52, 20	l'infini	l'Infini
p. 52, 22	l'infini	l'Infini
p. 52, 24	l'infini	l'Infini
p. 52, 29	l'infini	l'Infini
p. 52, 35	l'infini	l'Infini
p. 53, 27	soustend	sous-tend
p. 53, 34	face-à-face	初版と同
p. 53, 39	face-à-face	初版と同
p. 54, 33	prime-sautiers	primesautiers

第3版	第4版	ポッシュ版
初版と同	序文の後、第I部の前	第4版と同
第2版と同	第2版と同	第2版と同
l'être auxquelles	第3版と同	第3版と同
Phaenomenologica 4	第3版と同	第3版と同
第2版と同	第2版と同	第2版と同
初版と同	初版と同	初版と同 * La pensée universelle est un je pense. [K]
toutes choses	初版と同	初版と同
初版と同	pp. 139-140	第4版と同
初版と同	初版と同	*face à face*
第2版と同	第2版と同	第2版と同
初版と同	初版と同	transcendance
初版と同	初版と同	字下げあり
第2版と同	第2版と同	第2版と同
第2版と同	第2版と同	第2版と同
第2版と同	第2版と同	第2版と同
第2版と同	第2版と同	第2版と同
第2版と同	第2版と同	第2版と同
第2版と同	第2版と同	第2版と同
初版と同	初版と同	que
初版と同	初版と同	pas
初版と同	初版と同	face à face
第2版と同	第2版と同	第2版と同
第2版と同	第2版と同	第2版と同
初版と同	初版と同	existence * existence [K]
第2版と同	第2版と同	第2版と同
初版と同	初版と同	naissance
初版と同	初版と同	désir

初版の頁，行	初版	第2版
献辞	目次の前	初版と同
p. XV, 31	ce	de
p. XVI, note 1	l'êtres auxquels	初版と同
p. XVI, note 2	Phaenomenologica	初版と同
p. XVII, 15	etre	être
p. 6, 28	Pensée universelle, est un "je pense"	初版と同
p. 7, 35	toute chose	初版と同
p. 7, note 1	pp. 127-128	初版と同
p. 9, 33	*face-à-face*	初版と同
p. 11, 16	prononcent	prononce
p. 12, 1-2	transascendance	初版と同
p. 13, 1	字下げなし	初版と同
p. 13, 15	ontologie —	ontologie
p. 13, 22	au delà	au-delà
p. 13, 31	— l'accueil	, l'accueil
p. 14, 11	c'est à dire	c'est-à-dire
p. 16, 39	te	et
p. 17, 29	payens	païens
p. 21, 2	pas	初版と同
p. 23, 1	que	初版と同
p. 23, 7	face-à-face	初版と同
p. 23, 23	c'est à dire	c'est-à-dire
p. 25, 1	soustend	sous-tend
p. 27, 13	existance	初版と同
p. 28, 5	autre	Autre
p. 29, 19	puissance	初版と同
p. 34, 3	Désir	初版と同

異同表

・原書の初版〜第4版、およびポッシュ版の異同を以下に示す。
・ここに掲載した異同の詳細については、「訳者解説」を参照。
・各版の刊行年は以下のとおり。

初版（1961年）
第2版（1965年）
第3版（1968年）
第4版（1971 / 84年）
ポッシュ版（1990年）

・特記すべき点がある場合は、ポッシュ版の欄に「＊」として付記した。[K]は、ドイツ語訳の訳者であるヴォルフガング・ニコラウス・クレヴァニ（Wolfgang Nikolaus Krewani）による指摘を示す。

KODANSHA

＊本書は、講談社学術文庫のための新訳です。

エマニュエル・レヴィナス

1906-95年。フランスの哲学者。主な著書として，本書（1961年）のほか，『存在の彼方に』（1974年。講談社学術文庫）など。

藤岡俊博（ふじおか　としひろ）

1979年生まれ。東京大学准教授。主な著書に，『レヴィナスと「場所」の倫理』（東京大学南原繁記念出版賞）。主な訳書に，『レヴィナス著作集』第1～3巻（共訳）ほか。

講談社学術文庫

定価はカバーに表示してあります。

全体性《ぜんたいせい》と無限《むげん》

エマニュエル・レヴィナス

藤岡俊博《ふじおかとしひろ》 訳

2020年4月8日　第1刷発行
2024年3月4日　第3刷発行

発行者　森田浩章
発行所　株式会社講談社
東京都文京区音羽 2-12-21 〒112-8001
電話　編集（03）5395-3512
販売（03）5395-5817
業務（03）5395-3615
装　幀　蟹江征治
印　刷　株式会社新藤慶昌堂
製　本　株式会社国宝社

ISBN978-4-06-519344-0

「講談社学術文庫」の刊行に当たって

これは、学術をポケットに入れることをモットーとして生まれた文庫である。学術は少年の心を養い、成年の心を満たす。その学術がポケットにはいる形で、万人のものになることは、生涯教育をうたう現代の理想である。

こうした考え方は、学術を巨大な城のように見る世間の常識に反するかもしれない。また、一部の人たちからは、学術の権威をおとすものと非難されるかもしれない。しかし、それはいずれも学術の新しい在り方を解しないものといわざるをえない。

学術は、まず魔術への挑戦から始まった。やがて、いわゆる常識をつぎつぎに改めていった。学術の権威は、幾百年、幾千年にわたる、苦しい戦いの成果である。こうしてきずきあげられた城が、一見して近づきがたいものにうつるのは、そのためである。しかし、学術の権威を、その形の上だけで判断してはならない。その生成のあとをかえりみれば、その根は常に人々の生活の中にあった。学術が大きな力たりうるのはそのためであって、生活をはなれた学術は、どこにもない。

開かれた社会といわれる現代にとって、これはまったく自明である。生活と学術との間に、もし距離があるとすれば、何をおいてもこれを埋めねばならない。もしこの距離が形の上の迷信からきているとすれば、その迷信をうち破らねばならぬ。

学術文庫は、内外の迷信を打破し、学術のために新しい天地をひらく意図をもって生まれた。文庫という小さい形と、学術という壮大な城とが、完全に両立するためには、なおいくらかの時を必要とするであろう。しかし、学術をポケットにした社会が、人間の生活にとってより豊かな社会であることは、たしかである。そうした社会の実現のために、文庫の世界に新しいジャンルを加えることができれば幸いである。

一九七六年六月

野間省一

西洋の古典

2502・2503
世界史の哲学講義 ベルリン 1822／23年(上)(下)
G・W・F・ヘーゲル著／伊坂青司訳
一八二二年から没年（一八三一年）まで行われた講義のうち初年度を再現。上巻は序論「世界史の概念」から本論第一部「東洋世界」を、下巻は第二部「ギリシア世界」から第四部「ゲルマン世界」をそれぞれ収録。
電P

2504
小学生のための正書法辞典
ルートヴィヒ・ヴィトゲンシュタイン著／丘沢静也・荻原耕平訳
ヴィトゲンシュタインが生前に刊行した著書は、たったの二冊。一冊は『論理哲学論考』、そして教員生活を送っていた一九二六年に書かれた本書である。長らく未訳のままだった幻の書、ついに全訳が完成。
電P

2505
言語と行為 いかにして言葉でものごとを行うか
J・L・オースティン著／飯野勝己訳
言葉は事実を記述するだけではない。言葉を語ることがそのまま行為をすることになる場合がある――「確認的」と「遂行的」の区別を提示し、「言語行為論」の誕生を告げる記念碑的著作、初の文庫版での新訳。
電P

2506
老年について 友情について
キケロー著／大西英文訳
偉大な思想家にして弁論家、そして政治家でもあった古代ローマの巨人キケロー。その最晩年に遺された著作のうち、もっとも人気のある二つの対話篇。生きる知恵を今に伝える珠玉の古典を一冊で読める新訳。
電P

2507
マルティン・ハイデガー著／森 一郎編訳
技術とは何だろうか 三つの講演
第二次大戦後、一九五〇年代に行われたテクノロジーをめぐる講演のうち代表的な三篇「物」、「建てること、住むこと、考えること」、「技術とは何だろうか」を新訳で収録する。技術に翻弄される現代に必須の一冊。
電P

2508
閨房の哲学
マルキ・ド・サド著／秋吉良人訳
数々のスキャンダルによって入獄と脱獄を繰り返し、人生の三分の一以上を監獄で過ごしたサドのエッセンスが本書には盛り込まれている。第一級の研究者がついに手がけた「最初の一冊」に最適の決定版新訳。
電P

西洋の古典

2509
物質と記憶
アンリ・ベルクソン著／杉山直樹訳
フランスを代表する哲学者の主著――その新訳を第一級の研究者が満を持して送り出す。簡にして要を得た訳者解説を収録した文字どおりの「決定版」である本書は、ベルクソンを読む人の新たな出発点となる。
電P

2519
科学者と世界平和
アルバート・アインシュタイン著／井上　健訳（解説・佐藤優／筒井　泉）
ソビエトの科学者との戦争と平和をめぐる対話「科学者と世界平和」。時空の基本概念から相対性理論の着想、統一場理論への構想まで記した「物理学と実在」。平和と物理学、それぞれに統一理論はあるのか？
電P

2526
中世都市　社会経済史的試論
アンリ・ピレンヌ著／佐々木克巳訳（解説・大月康弘）
「ヨーロッパの生成」を中心テーマに据え、二十世紀を代表する歴史家となったピレンヌ不朽の名著。地中海を囲む古代ローマ世界はゲルマン侵入とイスラーム勢力によっていかなる変容を遂げたのかを活写する。
電P

2561
箴言集
ラ・ロシュフコー著／武藤剛史訳（解説・鹿島茂）
十七世紀フランスの激動を生き抜いたモラリストが、人間の本性を見事に言い表した「箴言」の数々。鋭敏な人間洞察と強靱な精神、ユーモアに満ちた短文が、自然に読める新訳で、現代の私たちに突き刺さる！
電P

2562・2563
国富論（上）（下）
アダム・スミス著／高　哲男訳
スミスの最重要著作の新訳。「見えざる手」による自由放任を推奨するだけの本ではない。分業、貨幣、利子、貿易、軍備、インフラ整備、税金、公債など、経済の根本問題を問う近代経済学のバイブルである。
電P

2564
ペルシア人の手紙
シャルル＝ルイ・ド・モンテスキュー著／田口卓臣訳
二人のペルシア貴族がヨーロッパを旅してパリに滞在している間、世界各地の知人たちとやり取りした虚構の書簡集。刊行（一七二一年）直後から大反響を巻き起こした異形の書、気鋭の研究者による画期的新訳。
電P

西洋の古典

2566
全体性と無限
エマニュエル・レヴィナス著／藤岡俊博訳

特異な哲学者の燦然と輝く主著、気鋭の研究者による渾身の新訳。二種を数える既訳を凌駕するべく、原書のあらゆる版を参照し、訳語も再検討しながら臨む。次代に受け継がれるスタンダードがここにある。

電P

2568
イマジネール
想像力の現象学的心理学
ジャン＝ポール・サルトル著／澤田　直・水野浩二訳

「イメージ」と「想像力」をめぐる豊饒なる考察――ブランショ、レヴィナス、ロラン・バルト、ドゥルーズなどの幾多の思想家に刺激を与え続けてきた一九四〇年刊の重要著作を第一級の研究者が渾身の新訳！

電P

2569
ルイ・ボナパルトのブリュメール18日
カール・マルクス著／丘沢静也訳

一八四八年の二月革命から三年後のクーデタまでの展開を報告した名著。ジャーナリストとしてのマルクスの舌鋒鋭くもウィットに富んだ筆致を、実力者が達意の日本語にした、これまでになかった新訳。

電P

2570
レイシズム
R・ベネディクト著／阿部大樹訳

レイシズムは科学を装った迷信である。人種の優劣や純粋な民族など、存在しない――ナチスが台頭しファシズムが世界に吹き荒れた一九四〇年代、『菊と刀』で知られるアメリカの文化文類学者が鳴らした警鐘。

電P

2596
イミタチオ・クリスティ
キリストにならいて
トマス・ア・ケンピス著／呉　茂一・永野藤夫訳

十五世紀の修道士が著した本書は、『聖書』についで多くの読者を獲得したと言われる。読み易く的確な論しに満ちた文章が、悩み多き我々に安らぎを与え深い瞑想へと誘う。温かくまた厳しい言葉の数々。

電P

2677
我と汝
マルティン・ブーバー著／野口啓祐訳（解説・佐藤貴史）

経験と利用に覆われた世界の軛から解放されるには、全身全霊をかけて相対する〈なんじ〉と出会わねばならない。その時、わたしは初めて真の〈われ〉となるのだ――。「対話の思想家」が遺した普遍的名著！

電P

西洋の古典

2700
方法叙説
ルネ・デカルト著／小泉義之訳

われわれは、この新訳を待っていた——デカルトから出発した孤高の研究者が満を持してみずからの原点に再び挑む。『方法序説』という従来の邦題を再検討に付すなど、細部に至るまで行き届いた最良の訳が誕生！

電P

2701
永遠の平和のために
イマヌエル・カント著／丘沢静也訳

哲学者は、現実離れした理想を語るのではなく、目の前の事実から出発していかに「永遠の平和」を実現できるのかを考え、そのための設計図を描いた——従来の邦訳が与えるイメージを一新した問答無用の決定版新訳。

電P

2702
国民とは何か
エルネスト・ルナン著／長谷川一年訳

「国民の存在は日々の人民投票である」という言葉で知られる古典を、初めての文庫版で新訳する。逆説的にもグローバリズムの中で存在感を増している国民国家の本質とは？　世界の行く末を考える上で必携の書！

電P

2703
個性という幻想
ハリー・スタック・サリヴァン著／阿部大樹編訳

対人関係が精神疾患を生み出すメカニズムを解明し、いま注目の精神医学の古典。人種差別、徴兵と戦争、プロパガンダ、国際政治などを論じ、社会科学の中に精神医学を位置づける。本邦初訳の論考を中心に新編集。

電P

2704
人間の条件
ハンナ・アレント著／牧野雅彦訳

「労働」「仕事」「行為」の三分類で知られ、その絡み合いの中で「世界からの疎外」がもたらされるさまを描き出した古典。はてしない科学と技術の進歩の中、人間はいかにして「人間」でありうるのか——待望の新訳！

電P

2749
宗教哲学講義
G・W・F・ヘーゲル著／山﨑　純訳

ドイツ観念論の代表的哲学者ヘーゲル。彼の講義は人気を博し、後世まで語り継がれた。西洋から東洋までの宗教を体系的に講じた一八二七年の講義に、一八三一年の講義の要約を付す。ヘーゲル最晩年の到達点！